JN112231

Innovation

イノベーション

From Basics to Frontiers

清水 洋

有斐閣

まえがき

　イノベーションにはパターンがあります。パターンとは，経験的に見られる規則性です。

　「オイオイ！　パターンを壊すものがイノベーションじゃないの？」と思う人もいるでしょう。たしかに，イノベーションと呼ばれるケースを見てみると，それぞれまったく違うようにも見えます。しかし，それらを多く集めてくると，そこには規則性が見られるのです。規則性が見られるということは，イノベーションのあり方を形づくる何らかの要因があると考えられます。

　イノベーションには，およそ100年の研究の歴史があります。研究が蓄積するにつれて，基本的な用語の定義や論理の整理もなされています。イノベーションにまつわる現象の理解も進んできました。本書は，イノベーションの性質の丁寧な説明を提供することによって，さらに議論や考えを一歩進めるための土台づくりを狙いとしています。イノベーションについての知識のバウンダリーが広がるようにと思って書いたものです。

　これまでにイノベーションについての教科書がたくさん出版されてきましたが，本書はそれらとはやや趣が違うかもしれません。

　これまでに日本で出版されてきた教科書の多くは，イノベーションのマネジメントについてのものです。これらは経営学を基礎としており，経営学を学ぶ学生や実務家が想定する主たる読者です。そこでは，イノベーションをどのように管理していくのかに焦点が当てられています。イノベーションは企業の競争優位の重要な源泉の1つですから，経営学の観点からすれば当然の焦点です。より具体的には，そこではイノベーションのために研究開発や新製品開発，知識創造，企業間関係，あるいはビジネスモデルなどをどのようにマネジメントするかが重要なポイントです。技術経営（MOT: Management of Technology）もイノベーション・マネジメントのサブカテゴリーの1つになっています[1]。しかし，一企業がイノベーションを完全にマネジメントして，コントロールできるわけではありません。企業がマネジメントしうる範囲を超えるものではあるけれども，イノベーションに影響を与

える要因はたくさんあるのです。

　本書の特徴はイノベーションそれ自体の性質に焦点を当てる点にあります。イノベーションのマネジメントの教科書がカバーしている範囲よりも，本書のカバー範囲は広くなっています。マネジメントのテキストとは補完的なものともいえます。イノベーションという現象についての理解が深まれば，より有効なマネジメントや戦略的な起業も可能になるはずです。また，イノベーションという現象そのものを主に扱うため，企業の新事業担当者や起業を考えている人だけでなく，政策担当者やイノベーションに対する一般的な理解を深めたいと考えている人など，より幅広い読者を想定しています。

　本書を読めば誰でもイノベーターになれるわけではありません。「それじゃあ，買うのはやめよう」と思ったあなた。早まらないでください（どうせ早まるなら，早まって本書を1ダースぐらい買ってください）。宗教学の教科書を読んでも神様には（たぶん）なりませんし，バイオメカニクスの教科書を読んでもボクシングの世界王者には（たぶん）なりません。しかし，それらを学べばどのようなメカニズムで宗教が成り立っているのか，どのようなメカニズムで人間のカラダは動いているのかが理解できるはずです。また，なぜ，本書を読んでもイノベーターになれるわけではないのかは巻末の補論でも説明しています。

　イノベーションにはどのような性質があるのでしょうか。どのようなメカニズムで生み出されるのでしょう。一緒に考えていきましょう。

---

1 MOT では，延岡［2006］，近能・高井［2010］，原・宮尾［2017］などがおすすめです。

本書の学び方

【本書の読み方】

　本書は5部からなっています。本書は,「敷居は低く, 奥は深い」をモットーに書かれています。どこから読んでもらっても構いません（右から左へ, あるいは下から上に読むと, 理解が難しくなります）。

　第Ⅰ部では, イノベーションの基本を見ていきます。そもそも, イノベーションとはどのような現象なのでしょうか。どのように測定されるのでしょう。これらを考えた上で, 100年ほどのイノベーション研究の歴史の中でも最も重要な発見であるイノベーションのパターンについて見ていきます。

　第Ⅱ部では, イノベーションが生み出される環境について考えていきます。イノベーションは環境によって, 多く生み出されたり, まったく生み出されなかったりするのです。それを歴史的な時間の流れや, 国, 産業, そして企業ごとに考えていきます。

　第Ⅲ部で焦点を当てるのは, 企業の組織です。新しいモノゴトを生み出せる組織とはどのような組織なのでしょう。また, 新しいモノゴトを生み出せる個人やチームについても考えていきます。

　第Ⅳ部では, 企業の戦略に焦点を当てて考えていきます。本書で見ていくように, イノベーションとは経済的な価値を生み出す新しいモノゴトです。経済的な価値を生み出すための企業の戦略を見ていきましょう。第Ⅲ部と第Ⅳ部は, 密接に関係しているもので, セットとして考えてもらいたいと思います。

　最後の第Ⅴ部では, イノベーションが社会に与える影響を考えていきましょう。第Ⅲ部と第Ⅳ部が企業の目線だったのに対して, ここでは国民, あるいは政策担当者の目線からイノベーションを見ていきます。また, 最後の補論ではイノベーションによくある質問についても一緒に考えていきます。

　なお, 本書では人名の敬称は省略しています。また, 所属組織は論文や書籍が出版された当時のものです。

【各章を読み進める前に】

　各章の冒頭に，ぜひとも考えてもらいたい設問が2つずつ用意してあります。その章を読み進める前に，時間をとって考えてみてください。検索すればどこかに答えが出てくるような問いではありません。本を読んで学ぶことは，自分への投資です。落ち着いて考えて，自分の答えを書き出してみてください。自分の考えを持ち寄り，グループで議論してみてもよいでしょう。

　自分の考えがまとまったら，章を読み進めてください。その中で，自分が当初考えていたことが「やっぱりそうだ」と確認できることもあるでしょう。あるいは，考え方が違っていたことがわかり，最初の自分の考えを（こっそりと）訂正したくなることもあるかもしれません。本書で書かれていることで修正が必要なポイントに気がつくこともあるかもしれません（これは知識の境界線を広げる上で重要です）。この確認作業はとても大切な学習のプロセスです。ぜひ，チャレンジしてみてください。

　本書を教科書として使う先生方には，【この章を読み進める前に】についての簡単な動画，また本書の図表スライドを有斐閣のウェブサポートページに用意してあります。授業やディスカッションなどを通じて理解を深めるために利用してください。

【もう一歩詳しく知るためのリーディング】

　各章の最後には，おすすめの書籍を紹介しています。おすすめのポイントや気をつけてほしいところも正直に書いています。できるだけ（少なくとも2冊のうち1冊は）日本語で読めるものを紹介していますので，興味がある方は，ぜひ手にとってみてください。

――――――――― ウェブサポートページのご案内 ―――――――――

　以下のページで，本書の図表スライドや動画などを提供しています。ぜひご利用ください。

http://www.yuhikaku.co.jp/books/detail/9784641166028

目　次

第Ⅰ部　イノベーションの基本

第Ⅲ部　新しさを生み出す企業

第8章　規模，範囲と若さ ──────── 170

この章を読み進める前に（170）

第9章　ガバナンスと意思決定，資源動員 ──── 196

この章を読み進める前に（196）

第Ⅴ部　イノベーションの政策と社会

コラム一覧

本書のコピー，スキャン，デジタル化等の無断複製は著作権法上での例外を除き禁じられています。本書を代行業者等の第三者に依頼してスキャンやデジタル化することは，たとえ個人や家庭内での利用でも著作権法違反です。

第 I 部

イノベーションの基本

　まずは，イノベーションの基本について考えていきましょう。イノベーションとはそもそもどのような現象のことなのでしょう。それは，どのように測ることができるのでしょう。曖昧に捉えられがちなイノベーションだからこそ，ここはしっかりおさえたいところです。

　その上で，イノベーションのパターンを見ていきましょう。イノベーションの生成には規則性があるということは，これまでのイノベーション研究で最も大きな発見だといってよいでしょう。

第1章

イノベーションとは何か？

- これはイノベーションだと思うものを5つ考えてみてください。できるだけ具体的にリストアップしてください。
- その5つに共通する特徴はどのようなものでしょう。

　イノベーションという言葉はよく耳にするものの，何のことなのかどうもピンとこないという人も多いのではないでしょうか。横文字でちょっとカッコいいような気もしますし，横文字にごまかされてはいけないと懐疑的になる人の気持ちもわかります。ここでは，イノベーションとは何のことなのかを考えた上で，それが生まれる上で重要な2つのポイントを見ていきましょう。

1　経済的な価値を生み出す新しいモノゴト

　イノベーションとは，経済的な価値を生み出す新しいモノゴトです。これ
は2つのポイントに分けて考えることができます。経済的な価値を生むとい
う点と，新しいという点です。経済的な価値から考えていきましょう。

　経済的な価値を生み出していなければ，いくら新しくてもイノベーション
とはいえません。世の中には，新しいのだけれども，経済的な価値を生み出
していないものはたくさんあります。新しい製品やサービスは毎日多く生み
出されています。しかし，その中で実際に経済的な価値を生み出すものはご
くわずかです。ほとんどが経済的な価値を生み出せずに，終わっていきます。
もう1つ例を出しましょう。企業が研究開発を行い，上手く成果が出れば，
それが特許化できるものであり，なおかつ戦略的な理由がない限りは，特許
をとるでしょう。技術的な進歩性などがなければ，特許はとれません。とい
うことは，特許を取得できた技術は，技術的に新しさがあるわけです。しか
しながら，特許の中で実際に経済的な価値を生み出せているのは，ごくわず
かです。技術的な新しさがあったとしても，それが経済的な価値を生み出す
とは限らないのです。いくら新しくても，経済的な価値を生み出していなけ
れば，イノベーションとは呼べません。

　経済的な価値を生み出していたとしても，新しくないモノゴトもあります。
昔ながらのやり方を忠実に守ることで経済的な価値を生み出す伝統産業もあ
ります。あるいは，政府によって参入が規制されているような業界の利益率
は一般的には高くなります。経済的な価値が生み出されているわけです。し
かし，それはその業界の企業がイノベーティブだったからというよりも，参
入障壁が高く，新規参入の脅威が少ないので，利益率が高くなっているので
す。

　新しいモノゴトが経済的な価値を生み出すと，イノベーションとなるので
す。

2　新しさとは

　経済的な価値と新しいモノゴトという2つのポイントが大切になるという
話をしました。それぞれをもう少し掘り下げていきましょう。まずは，新し
いという点から見ていきましょう。

　どのくらい新しければ，イノベーションなのでしょうか。3年前ぐらいな
らまだ新しいでしょうか。10年も経ったものだと，もうイノベーションと
はいえないでしょうか。

　イノベーションの新しさとは，時間がどれだけ経過していないか（つまり，
どれだけ最近に生み出されたか）というものとは関係ありません。既存のモノ
ゴトとどれだけ異なっているかがポイントです。既存のモノゴトと違えば，
新しいということになるわけです。昨日，発売開始になった新製品は，たし
かに新しいのですが，それがこれまでの既存製品と何も変わらないようなも
のであれば，新しくないのです。「新しいけど，新しくないものなーんだ？」
というなぞなぞができそうです（答えが，自分の会社の新製品だと困ります）。

　それでは，「どのくらい新しければイノベーションといえるのか」という
疑問が出てきます。これは，「既存のモノゴトをどのくらい革新すればイノ
ベーションといえるのか」という問題です。

　イノベーションを考える上では，ジョセフ・シュンペーターは欠かせませ
ん。彼からイノベーションの研究が始まったといっても過言ではありませ
ん[1]。彼の見解から聞いてみましょう。シュンペーターは，経済成長を考え
る上でイノベーションの役割に注目しました。1912年に彼が発表した『経
済発展の理論』では，モノゴトの新しい組み合わせを新結合（New
Combination）と名付け，経済成長の上で重要な役割を果たすと考えていま
した[2]。彼は，「郵便馬車を何台連ねても列車を得ることはできない」と例え
たように，その新結合を既存のモノゴトを創造的に破壊するものと捉えてい

1　実際，スタンフォード大学のネイサン・ローゼンバーグは，イノベーションの研究
　はシュンペーターの議論に脚注をつけるようなものだと言っていたりもするほどです
　（Rosenberg [1982a]）。

2　Schumpeter and Opie [1934].

ました。既存のモノゴトを破壊するものですから，その新規性がかなり大きいものをイノベーションだとシュンペーターは考えていたのです。蒸気機関の発明によって，動力が馬から大きく刷新されました。電子レンジの発明によって，われわれの料理の仕方は大きく変わりました。インターネットによって，われわれの情報のやり取りが大きく変わりました。これらはイノベーションの一般的なイメージ通りです。

　しかし，シュンペーターの『経済発展の理論』から100年以上が過ぎています。そこからイノベーションの研究も蓄積してきました。現在では，既存のモノゴトをそれほど破壊しないような，わずかな改良や改善のようなものでもそれが新しく，なおかつ経済的な価値を高めるものであれば，イノベーションと考えられるようになっています。次は，この新規性を生産性のフロンティアという観点から考えてみましょう。

■ 生産性のフロンティア

　生産性のフロンティアとは，簡単に言えば，「ベストを尽くした時に生産できる集合」です。これでも，ややわかりづらいので，企業の競争戦略の2つの基本戦略（差別化戦略とコスト・リーダーシップ戦略）を例に考えてみましょう。差別化戦略とは，製品やサービスの品質を高めたり，デザインを工夫したり，あるいブランディングをすることにより，他社の製品やサービスに対して差別化し，希少性を高める戦略です。コスト・リーダーシップ戦略とは，他社よりも低い価格づけをすることにより，顧客を引きつける戦略です。差別化戦略とコスト・リーダーシップ戦略は基本的にはトレードオフにあります。短期的には同時に追求することはできても，その持続可能性は小さいのです。

　図表1-1は，差別化戦略とコスト・リーダーシップ戦略をめぐる生産性のフロンティアを表したものです。実線の既存の生産性のフロンティアを見てください。差別化の程度を高めようとすると，どうしても価格は高くなってしまいます（コスト・リーダーシップの程度が小さくなります）。コスト・リーダーシップの程度を高めようとすれば，どうしても差別化の程度は低くなってしまうのです。生産性のフロンティア上のどこで実際に生産するかは，その企業の戦略的な選択です。

■ 図表 1-1：生産性のフロンティアとイノベーション ■

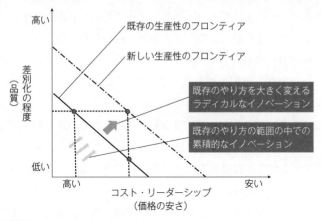

出所：著者作成。

　シュンペーターが考えたイノベーションは，この生産性のフロンティアを
変えるものです。新しい生産性のフロンティアを生み出すものであり，既存
のやり方を創造的に破壊するものです。この図でいえば，品質を落とすこと
なく，さらなるコスト・リーダーシップ戦略を追求することを可能にするよ
うなものや，コスト・リーダーシップ戦略の程度を落とさずに，品質を高め
ることを可能にするようなものです。既存のやり方を変え，生産性のフロン
ティアを変えるものはラディカル・イノベーションと呼ばれています。既存
のモノゴトとは大きく異なっているので，新しさの程度も大きいといえます。
　しかし，前述のように，既存のモノゴトをそれほど破壊しないような，わ
ずかな改良や改善のようなものでもイノベーションと考えられるようになっ
ています。図表 1-1 では生産性のフロンティアが明確に引かれていますが，
実際には生産性のフロンティアがどこにあるのか事前に明確になっているこ
とは多くはありません。さらに，企業は生産性のフロンティア上で生産を常
に行えているわけではありません。効率的ではないことをしていたりするわ
けです。既存のやり方を前提にして，その延長線上で，改善をしていくこと
で，生産性のフロンティアに近づいていくことができるのです。このような
ものは，累積的なイノベーションやインクリメンタル・イノベーションと呼
ばれています。シュンペーターはラディカルなイノベーションを念頭におい

ていたのですが，その後，イスラエル・カーズナーやネイサン・ローゼンバーグらの研究によって，累積的なイノベーションも経済的な価値を生み出すことが明らかになり，新規性の程度という点ではラディカルなイノベーションよりも小さいかもしれませんが，これもイノベーションとして大切だと考えられるようになりました[3]。

「小さな改良や改善もイノベーションなの？」と思う人もいるはずです。たしかに，既存のモノゴトとの差の程度から言えば，ずいぶん小さなものも含まれることになります。しかし，経済的な価値を生み出すためには，小さな改良や改善の積み重ねが重要な役割を担っているのです。これまでのモノゴトを大きく変革するようなモノ（たとえば，上記のような蒸気機関，電子レンジ，あるいはインターネット）は，それが生み出された当初から経済的な価値を生み出すようなことはほぼないのです。改良の余地が大きいのです。初期の蒸気機関のエネルギー効率はとても悪く，すぐに「使える」ものではなかったのです。これを「使える」ものにしていくためには，蒸気機関についての累積的な改良が不可欠なのです。

既存のモノゴトとの差が大きいラディカルなイノベーションと，既存のモノゴトの延長線上の改善であるインクリメンタルなイノベーションを同じイノベーションとして扱ってよいのかと思う人もいるでしょう。たしかに，この2つは異なる性質を持っています。また，本書ではイノベーションのさまざまな区分が出てきます。それらは区分によって，生み出す人や生み出されるタイミングなど性質が違ってくるのです。

3　経済的価値とは

それでは，経済的な価値を考えてみましょう。少し話が抽象的で長くなるのですが，我慢してください（リラックスできる飲み物〔アルコール以外〕と何か甘いものがあると良いかもしれません）。まずは，生産関数から考えていきましょう。

3　Kirzner [1973], Rosenberg [1982a].

コラム①　シュンペーターの５つのイノベーション ~~~~~~~~~~~~~~~~~~

　シュンペーターは，イノベーションを新結合（New Combination）と考えていました。これまでとは違った新しい組み合わせです。そして，この新結合が経済的な価値を生み出すと，イノベーションと呼ばれるわけです。そして，シュンペーターは，この新結合は，次の５つに分けられると考えていました。具体的に頭に思い描きやすいので，イノベーションのイメージがしやすいと思います。イメージ作りのためにも，それぞれ簡単に見てみましょう。

　⑴　新しい製品やサービス

　これは一番イメージしやすいものです。消費者に知られていない新しい製品やサービス，あるいはこれまでにないような品質の製品やサービスを提供することです。日本企業が生み出したものでは内視鏡やインスタントラーメンあるいは，ウォークマンなどが代表的なものです。もちろん，毎日のように新製品や新サービスは生み出されています。その中で，実際に経済的な価値を生むものは一部です。新しい製品やサービスであれば，すぐにイノベーションというわけではないことには注意をしてください。しかし，新しい製品やサービスは，イノベーションの重要な源泉なのです。

　⑵　新しい工程

　新しい生産方法もイノベーションの源泉の１つです。ジャスト・イン・タイムやカンバンシステムに代表されるようなトヨタ生産方式は，この新しい工程の代表例です。新しい工程というと，どうしても製造業における生産工程の刷新だと考える人もいるでしょう。しかし，サービスを提供するプロセスを新しくすることももちろん含まれます。いくら画期的な製品やサービスができたとしても，費用を下げることができなくて社会に受け入れられないこともあります。既存の製品やサービスであっても，それを生み出す工程を改善していくことで，コストを下げることができるかもしれません。

　⑶　新しい市場

　新しい市場を開拓することも経済的な価値の源泉となる新結合の１つです。シュンペーターがこれを指摘した当時は，新しい市場とはそれまでに進出したことがない地域（地理的な新しさ）のことでした。しかし，新しい市場は地理的な新しさだけではありません。たとえば，スターバックスは地理的に新しい市場を開拓していったわけではありません。サードプレイスという新しい市場を作り出していったわけです。

　⑷　新しい原材料・半製品

　新しい原材料あるいは半製品を見出すことも大切な新結合です。製品やサービス，それを生み出す工程，あるいはターゲットとする市場が同じであったとしても，新しい原材料や半製品を見つけられるとコストを低減できる可能性があるのです。炭素繊維を用いたボーイング787ドリームライナーは新しい原材料を取り入れることによって，経済的な価値を生み出した例の１つです。

(5) 新しい産業組織

　最後は，新しい組織でビジネスをすることです。シュンペーターが考えたのは，独占的な地位を構築することなどであり，産業組織上のものです。その点では，企業の市場での競争力を上げる新しい競争戦略もこの新結合につながるものでしょう。また，新しい組織でビジネスを行うことも経済的な価値を生み出すこともあります。その点で，ゼネラル・モーターズやデュポンなどの多角化戦略を進めていった企業で発明された事業部制組織もこの新結合として考えられるでしょう。

　以上，シュンペーターによる5つの新結合を見てきましたが，ただ新結合を生み出せば，それが経済的な価値につながるわけではありません。大福にイチゴを入れた新結合は大成功でした。しかし，大福にネジを入れれば新結合にはなりますが，（おそらく）経済的な価値は生み出さないでしょう。新結合はあくまでも新しい組み合わせなので，それだけつくればすぐに経済的な価値につながるわけではありません。しかし，経済的価値の源泉がこの新結合だとシュンペーターは考えていたのです。

■ 生産関数を変える

　経済学ではイノベーションは，技術変化として捉えられてきました（実は今でもイノベーションという言葉は経済学ではそれほどポピュラーではないかもしれません）。ここでの技術というのは，一般的な意味よりもやや広く，インプットをアウトプットに変換する生産関数のことです。

　インプットをアウトプットに変換する生産関数といっても，ピンときません。そのような時には，簡単な例で考えてみましょう。リンゴづくりはどうでしょうか。リンゴをつくるのに必要なもの（インプット）はたくさんあります。リンゴのタネが必要ですし，農薬も必要です。受粉のためにハチも使いますし，労働力と土地も必要です。

　これらのインプットを組み合わせて使い，生産をすると，1ヘクタールあたり，およそ20トンのリンゴ（アウトプット）が収穫できるとしましょう。もちろん，天候などによって収穫量は変わります。それでも，20トンはサボっていて達成できるものではありません。農家の方々がこれまでの知見を使って，品質の高いリンゴをできるだけ効率的に生産した時の生産量です。このようなインプット（タネや農薬やハチ，労働力，土地など）を組み合わせて，アウトプット（リンゴ）をつくります。

　生産関数とは，このつくり方のことです（前述の生産性のフロンティアは，この生産関数のことです）。もしも，これまでのリンゴのつくり方を変えて，1ヘクタールあたりに50トンのリンゴを収穫できるようになったとしましょう。つまり，生産関数が変わったのです。これがイノベーションです。

■ リンゴのつくり方と美味しいリンゴをつくること

　ここで，「リンゴのつくり方を変えることがイノベーションなのか」，「これまでにないような美味しいリンゴをつくるのはイノベーションではないのか」と考える人もいるでしょう。

　これは，両方ともイノベーションです。ここでは，「新しいつくり方でリンゴをつくること」と「新しいリンゴをつくること」がなぜイノベーションになるのかを考えてみましょう。少々面倒なのですが，大切なのでついてきてください。

　イノベーションとは，「経済的な価値を生み出す新しいモノゴト」です。この経済的な価値は，社会的余剰と呼ばれているものです。つまり，社会的余剰を生み出す新しいモノゴトがイノベーションです。それでは，社会的余剰とは何でしょう。

　社会的余剰とは，社会全体が市場での取引から得る便益を合計したものです。簡単にいえば，社会が経済的に豊かになった分です。この社会的余剰は，消費者が豊かになった部分（消費者余剰）と生産者が豊かになった部分（生産者余剰）に分けることができます。次の図表1-2は，それらを説明しています。

　需要曲線（D）と供給曲線（S）から考えましょう。高校生の頃に何となく聞いたことがある人も多いのではないでしょうか。需要曲線というのは，消費者側の目線で考えるものです。消費者が，このくらいまでだったら払ってもいいかなと思っている額があります。これは支払意思額（あるいは支払意欲額）と呼ばれています。これを示しているのが需要曲線です。この曲線よりも価格が上にあるときには，消費者にとっては「高すぎる」のであり，消費者は買ってくれません。供給曲線は，企業側の目線です。企業が生産するのにコストがどのくらいかかるかを表しています。生産する量が増えれば，普通はコストも増えるので右上がりになります。企業はこの生産曲線よりも

■ 図表1-2：社会的余剰（消費者余剰と生産者余剰）

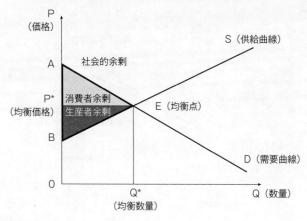

出所：著者作成。

下の価格では，費用を賄えないので，生産をしてくれません。

　この需要曲線と供給曲線が交わるところ（E）で価格（P*）が決まります。消費者と生産者が折り合いをつける価格です。価格 P* は，消費者にとってはこれなら買ってもよいと思う価格であり，生産者にとってはこれなら生産してもよいと考える価格です。

　消費者が支払ってもよいと思う額を表している需要曲線から低い価格（需要曲線の下の部分）であれば，消費者はもちろん喜んで買います。しかし，実際に消費者が支払うのは，この図でいえば均衡価格の P* です。ということは，△AEP* は，消費者が支払ってもよいと思っている額よりも低い価格で買えたわけですから，消費者にとっては得をした部分です。これを消費者余剰といいます。

　生産者にとっては，コストを上回る価格（つまり，供給曲線よりも上側）で買ってもらえれば，儲けがでます。つまり，この図でいえば，△BEP* は生産者が得をした部分です。これを生産者余剰といいます。

　この消費者余剰と生産者余剰（消費者と生産者がそれぞれ得をした部分）を足したものが，社会的余剰です。これが，イノベーションが生み出す経済的な価値の中身です。言い方を変えれば，社会的余剰を大きくするような新しいモノゴトがイノベーションです。

■ 図表 1-3：供給曲線を押し下げるイノベーション ■

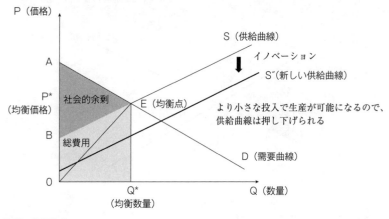

出所：著者作成。

　そして，社会的余剰は，需要曲線，供給曲線，あるいはその両方が変化することで大きくなったり，小さくなったりします。これが，「新しいつくり方でリンゴをつくること」と「新しいリンゴをつくること」とも関係しています。

　新しいつくり方でリンゴをつくることから考えてみましょう。これまで，1ヘクタールあたりの収穫量は 20 トンだったとしましょう。これをつくり方を工夫して，1ヘクタールあたり，30 トンのリンゴを収穫できるようになったとしましょう。この場合は，同じインプット（1ヘクタール）で，より多くのアウトプット（30 トンのリンゴ）を生産できるようになっているわけです。図表 1-3 のように，供給曲線を押し下げる（SからS″に移る）ことによって，社会的余剰が増えます。つまり，「新しいつくり方でリンゴをつくること」は供給曲線を押し下げるイノベーションなのです。経営学では，これはプロセス（生産工程）のイノベーションと呼ばれます。

　それでは，「新しいリンゴをつくること」はどうでしょうか。消費者は，より美味しいリンゴができれば大歓迎です。美味しいリンゴだったら，もう少し高くてもいいかなと考える人もいるでしょう。つまり，「新しいリンゴ」が消費者の支払意思額を押し上げることができれば，それは，需要曲線が上に押し上げられることになります。次の図表 1-4 にあるように，需要曲線が

■ 図表 1-4：需要曲線を押し上げるイノベーション ■

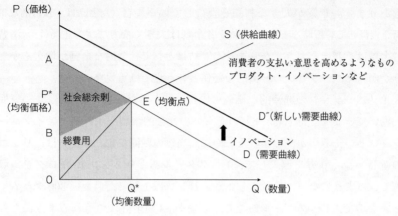

出所：著者作成。

押し上げられる（D から D″に移る）ので，社会的余剰も増加します。このように，消費者の支払意思額を高める（需要曲線を押し上げる）イノベーションは，経営学ではプロダクト・イノベーションと呼ばれています。

　このように，「新しいつくり方でリンゴをつくること」と「新しいリンゴをつくること」は，それぞれ供給曲線を押し下げる，需要曲線を押し上げることにより社会的余剰を増やすことにつながります。このように社会的余剰を増やす経路は違うのですが，両方ともイノベーションということになります。

　消費者が求めるような新しい製品やサービスをつくったとしても，企業がうまく利潤を獲得できないような場合（たとえば，競争が激しい時など）もあるでしょう。新しいプロセスを導入してコスト・ダウンを行っても，ライバル企業もどんどんコスト・ダウンをしていくようなこともあります。そのような場合には，生産者余剰は小さくなります。つまり，企業の取り分である経済的な価値が小さくなるのです。このような場合は，企業にとっては，新しいモノゴトをつくりだしても，経済的な価値を享受できていないのです。

　それでは，これはイノベーションといえないのかということになりますが，そうではありません。そのような場合には，生産者余剰は小さくなるのですが，消費者余剰が増えます。消費者にとっては，すぐれた新製品やサービス

が安く手に入るということになるからです。もちろん，これと反対のケースもあります。企業が大きな利潤を獲得している場合（たとえば，独占的な市場を獲得している時など）は，生産者余剰は大きくなります。しかし，消費者余剰はそれほど大きくなりません。結果として社会的な余剰が増えるかどうかがイノベーションの経済的な価値という点では重要なのです。

　イノベーションの経済的な価値の中身はわかったと思いますが，1 つ疑問が湧いてきます。それは，「どのくらいの社会的余剰を生み出せばイノベーションといえるのか」です。たしかに，当然の疑問です。たとえば，リンゴの新しいつくり方を導入して，1 ヘクタールあたり 2 トン 10 キログラム収穫できるようになったとしましょう。リンゴは 1 個でだいたい 300 グラムぐらいなので，1 ヘクタールあたり，およそ 33 個余計につくれるようになったことになります。1 ヘクタールは結構広いですから，そこで 33 個というと，「たいした変化ではない」と考える人もいるでしょう。「いやいや，33 個も侮れない」と感じる人もいるでしょう。

　どのくらいの経済的な価値を生み出せばイノベーションといえるのかについては，実は答えはありません。経済的な価値を高めているかどうかが重要なポイントです。もちろん，大きな経済的な価値を生み出したイノベーションと，生み出した経済的な価値が小さいイノベーションは存在します。大きな経済的な価値を生み出したものに（あるいは生み出しそうなものに）どうしても注目は集まりますが，ほんのわずかでも経済的な価値を生み出している新しいモノゴトであればイノベーションです。

4　「新しさを生み出すこと」と「経済的な価値に転換すること」

　これまで見てきたように，イノベーションとは経済的な価値をもたらす新しいモノゴトです。重要なポイントは，①経済的な価値と②新しいという 2 つです。第 1 章の最後に，この 2 つの点についてもう少し考えていきましょう。

■ 新しい技術のことだけではない

　イノベーションとは技術革新のことだと考えられてきたことがあります。

⁓⁓ コラム②　必要は発明の母なのか問題 ⁓⁓⁓⁓⁓⁓⁓⁓⁓⁓⁓⁓⁓⁓⁓⁓⁓⁓⁓⁓⁓⁓⁓⁓⁓⁓⁓⁓

　「必要は発明の母」と言われます。必要としている人がいるから，その必要性を満たすものが発明されるというわけです。これは，イノベーションにおいて，ディマンド・プル（Demand Pull）と呼ばれています。その名の通り，需要（ディマンド）がイノベーションを引っ張る（プル）というわけです。

　ディマンド・プルの考え方の代表的な研究者は，ジェイコブ・シュモックラーといってよいでしょう。シュモックラーは，需要が増えていくことで，期待収益率が高まるからこそ，企業はその領域での発明活動を増加させる（研究開発投資をする）と考えたのです[4]。

　ディマンド・プルは，非常にパワフルです。「イノベーションの秘訣は？」という問いに，多く返ってくる答えの1つ（とくにプロダクト・イノベーションの場合）は「潜在的な需要（あるいはニーズやウォンツ）を開拓することです」というものです。たしかに，世の中にそれまでなかった新規性の高い製品やサービスが成功したとすれば，それまでになかった需要を掘り起こしたということになるでしょう。

　このディマンド・プルの考え方について，「もう少し慎重に考えたほうがよい」と言っているのが，デビッド・モウリーとネイサン・ローゼンバーグです。彼らはディマンド・プルという考え方は慎重に分析しないと，常に「真」となる仮説だといいます[5]。経済的な価値を生み出すことに成功した新しい製品やサービスは，定義的に常に「潜在的な需要があり，それを開拓した」ということになるのです。

　もう少し詳しく見ていきましょう。あるモノゴトの原因と結果の関係は，因果関係と呼ばれています。因果関係が成立するためには，次の3つの条件がそろっている必要があります。それは，①時間的先行性があること，②相関関係があること，そして，③第3の因子が存在していないことです。もしも，需要が原因となってイノベーションが誘発されるとすれば，イノベーションが実際に生み出される前に，需要側に変化が見られなければなりません。大切なので，もう

---

[4]　Schmookler [1966].

[5]　常に「真」になる仮説は，反証可能性がありません。反証可能性がない仮説は，科学とは見なされません。反証可能性がある仮説とは，その仮説が「偽」であるということがわかる可能性があるということです。たとえば，「営業成績が悪いのは，頑張りが足りないからだ」というのは，典型的な反証可能性がない言明であり，常に「真」です。営業成績が良ければ，「十分に頑張った」ということになりますし，営業成績が悪ければ「頑張りが足りない」ということになります。どちらにしても，「営業成績が悪いのは，頑張りが足りない」というのは常に正しいのです。科学的には意味のないものです。ダイエット中にカツ丼を食べている著者を見つけても，「心が弱いからダイエットに失敗するのだ」と言わないでください。反証不可能な仮説です。

一度言いますが，ディマンド・プルが正しいとするならば，イノベーションが起こるよりも時間的に先行して，需要の変化が起きていなくてはならないのです。ディマンド・プルが正しいとすれば，需要曲線の方がイノベーションが生み出される前に動いているはずなのです。

　モウリーとローゼンバーグは，「そんなことは実際には観察できるのか？」と指摘したのです。イノベーションが起これば（とくにプロダクト・イノベーションの場合），消費者の支払意思額が上がる（需要関数が上にシフトする）ことは頻繁に起こります。つまり，プロダクト・イノベーションが起こった場合には，ほぼ定義的に需要側に変化が起こるわけです。しかし，これは需要側に変化が起こったから，イノベーションが生まれたと言えるのでしょうか。「いやいや，ほとんどの場合，それはイノベーションの原因ではなくて，結果として開拓された需要なのでは？」というのが，彼らの主張です。つまり，ディマンド・プルはないとはいわないけれど，実際にいわれているほどではないのではというわけです。

　さらに，イノベーションが生み出されるタイミングを考える上では，需要だけでは説明できないことが多いのです。たとえば，ギリシャ神話でのイーカロスにも見られるように，人間にとって空を飛ぶのは長年の夢でした。つまり，空を飛びたい！　というニーズは太古の昔からあったといえます[6]。しかし，実際に有人の動力飛行がライト兄弟によって達成されるのは 1903 年です。なぜ，1903年まで有人動力飛行が達成されなかったのかを考えるためには，科学知識や技術，あるいは資金などの供給側の状況も考える必要があります。

1956 年度の『経済白書』で，イノベーションを技術革新と訳したことがその発端だといわれています。その『経済白書』でもイノベーションは技術革新のことだけではないという断りを入れているのですが，そこまできちんと読んでいる人が少ないのかもしれません（そうだとすると本書についてもやや不安を感じますが，皆さんはそんなことはないはずです！）。訳語が技術革新だったこともあって，それからイノベーションは新しい技術のことと考えられるようになったのです。今では，技術革新だけではないというのは浸透し

6　コトラーらはニーズとウォンツ，そしてディマンドはそれぞれ異なると指摘しています。ここでいう「空を飛びたい」というのは厳密にいえば，需要というよりもニーズです。ニーズとは人の満たされていないものです。必要性といえます。そのため，イノベーションが生まれた理由についてのニーズ面からの説明は，「必要は発明の母」ということになります。これらの区分については詳しくは Kotler and Armstrong [2001] を参照してください。

■ 図表 1-5：イノベーションと技術革新，新しい科学的発見 ■

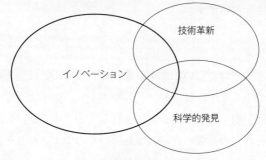

出所：著者作成。

てきたように思いますが，注意が必要です。

　ここまで見てきたとおり，イノベーションは，経済的な価値をもたらす新しいモノゴトです。ということは，いくら技術的に新しくてもそれが経済的な価値を生んでいなければ，イノベーションではありません。「うちの会社は特許をたくさん取っているのだから，イノベーションを生み出している」と言いたくなるのはとてもわかります。しかし，新しい技術を生み出しているということは，必ずしもイノベーションを生み出しているとは限らないのです。科学的な発見についても同じです。公的な研究機関や大学，あるいは企業の基礎的な研究では，新しい科学的な発見がなされています。その中にはノーベル賞をとるような重要な発見もあるでしょう。しかし，新しい科学的発見もそれが経済的な価値を生み出していなければイノベーションとは呼びません（図表 1-5）。

　技術革新や科学的発見は，将来のイノベーションのとても大切なタネだといえます。そのため，良いタネがあるかどうかは大切です。しかし，タネだけつくったとしても，それが経済的な価値を生み出していなければ，イノベーションにはならないのです。もちろん，技術的な新しさや科学的な新しい発見がそのまま経済的な価値に直結しやすい産業もあります（サイエンス型産業と呼ばれています）。しかし，そのような場合であったとしても，新しい技術や科学的発見を生み出せば，すぐに経済的な価値につながるほど甘くはありません。新しさを模倣から守る戦略や効率的な生産体制，さらには顧客まで製品やサービスを届ける流通網などの補完的な経営資源が必要です。

企業にとってイノベーションを生み出すこととは，新しいタネを経済的な価値に転換することなのです。

■ 知識という財

イノベーションには新しい知識が含まれています。財は競合財と非競合財に分けることができます。競合財は石油やクルマ，アイスクリームなど，誰かが消費すれば，他の人の消費が制限されるものです。非競合財は，誰かが消費しても，他の人の消費の制限にならないものです。たとえば，小説や音楽などのコンテンツ，料理のレシピなどです。

競合財は使うほどそこから得られる収穫が低減しますが，非競合財にそのような性質はありません。美味しい肉じゃがのレシピは，何度作っても美味しいのです。知識を活用する量や手段が増えれば，その知識から得られる価値は逓増していきます。

また，知識を生み出すには，投資が必要です。その費用の多くは固定費です。固定費はある一定のまとまりのある費用です。研究開発でいえば，実験設備を整備する費用や研究開発に携わる人の人件費などです。研究開発費用の多くは埋没費用（サンク・コスト）でもあるという特徴があります。サンク・コストとは，第6章で詳しく見ていきますが，特定のビジネスのために必要な投資のうちで，その市場から撤退する時に戻ってこないものです。このような性質が知識にあるため，新規性の高いすぐれた知識が生み出せれば，できるだけ多重利用したいところです。

■「新しさを生み出すこと」と「経済的な価値に転換すること」

繰り返しですが，重要なポイントは①新しいモノゴトをつくるということと，②経済的な価値を生み出すということです。

新しいモノゴトとは，新しい製品やサービスであったり，新しい生産工程であったり，あるいは新しい技術であったりします。あるいは，新しいビジネスの仕組みかもしれません。煎じ詰めれば，新しい知識があるのです。新しいモノゴトを生み出すことは，「価値創造（Value Creation）」と呼ばれることもあります。

これらを創造するためには何が必要でしょうか。個人の創造性は必要で

しょう。また，個人の創造性を活かす組織も欠かせません。新しいアイディアがどんどん生み出されるような組織とはどのようなものかを考えなくてはなりません。

　新しいアイディアがでてくるだけでは十分ではありません。企業はそれを経済的な価値に転換していかなければなりません。このプロセスは，「価値創造」に対して，「価値獲得（Value Capture）」と言われています。顧客のニーズに合うような製品やサービスへとつくり上げていったり，ライバル企業に対してどのような競争優位を構築するのか，供給業者や顧客に対してどのように交渉力を高めるのか，新規参入企業や代替品の脅威にどのように立ち向かうのかなど考えなくてはならないことがたくさんあります。これまでにないような新しい製品やサービスを提供すればよいというほど単純な話ではないのです。企業にとっては新しいアイディアを経済的な価値に転換するための戦略が必要です。また，どれだけ生産者余剰を得られるかは，個別企業の戦略だけにかかっているわけではありません。市場での競争がどの程度なのか，製品や産業のライフサイクルのどの段階にあるのかなどにも（むしろそちらのほうが影響は大きいかもしれません）大きく左右されます。

　本書では，この「新しさを生み出すこと」と「経済的な価値に転換すること」という2つの点に影響を与えるポイントを，国レベル，産業レベル，そして企業レベル，そして個人レベルで考えていきましょう。

5　本章のまとめ

　イノベーションは一般的にはさまざまな定義で語られています。新しい技術のことをイノベーションと呼ぶ人もいます，ビジネスに関する新しいアイディアのことをイノベーションと呼ぶ人もいるでしょう。これはイノベーションという考え方が一般的になってきたことの証しです。多義的になっていくことにより，多くの人がイノベーションというレンズを通して現象を見ているということです。ただし，かみあった議論をしっかりと積み上げていくためには，イノベーションといった時に何を意味しているのかを明確にしておく必要があります。本章では，イノベーションを「経済的な価値を生み出す新しいモノゴト」と定義した上で，「経済的な価値」と「新しさ」のそ

コラム③ イノベーション研究の歴史

イノベーション研究は，ジョセフ・シュンペーターの1912年の『経済発展の理論』から始まったといえます。およそ100年の歴史があることになります。しかし，実際に研究が本格化するのは第二次世界大戦後です。

アメリカでは，ハーバード大学のアーサー・コールがシュンペーターのイノベーションの研究を企業者に焦点を当てて促進しようと企業者史研究センターを1948年に設立しました。1950年代にアメリカの国防に対する研究・コンサルティングを行うランド研究所（RAND Corporation）が，ケネス・アローやリチャード・ネルソン，シドニー・ウィンターらの当時の若手研究者を集め，彼らに研究開発やイノベーションの経済学をするように促したのです[7]。農業セクターの支援により，イノベーションの普及の研究がなされてきました（たとえば，Rogers [1962]）。1961年には，企業や行政が資金提供した研究プロジェクトの結果として，バーンズとストーカーが The Management of Innovation を出版しました[8]。

イギリスでは，クリストファー・フリーマンがイギリスを代表する経済連合のイギリス産業連盟（Federation of British Industries）のために，イギリス企業の研究開発のデータを集め始めました。そののち，コンサルタントとして OECD に移ったフリーマンは，国際的に研究開発のデータをとるためのフレームワークづくりをしていきました。これが，現在でも OECD が収集している研究開発のデータの基盤になりました（Frascati Manual と呼ばれるものです）。

このようにイノベーション研究は少しずつ立ち上げられてきたのです。ただし，これらはプロジェクト型であり，体系的に研究のための組織があったわけではありません[9]。その後，さまざまなところで，イノベーションを研究する学術的な組織が設立されました。そのきっかけは，1966年にイギリスのサセックス大学にスプルー（SPRU：Science Policy Research Unit）と呼ばれる研究ユニットができたことでした。フリーマンが初代のディレクターでした。この数カ月前には，スウェーデンのルンド大学がイノベーションのための政策の研究を促進するために，リサーチ・ポリシー・インスティテュートを設立しました。1971年には，フリーマンらが最初のイノベーションの国際的な学術誌として，「リサーチ・ポリシー（Research Policy）」を創刊しました。日本では，1997年に一橋大学にイノベーション研究センターが設立されています。このように徐々にアカデミックでもイノベーション研究の体制が整ってきたのです。

初期の段階の研究の多くは，成功したケースを分析し，その共通点を探るとい

---

7 それらは，Nelson [1959]，Arrow [1962] などのすぐれた成果につながっています。
8 Burns and Stalker [1961].
9 アーサー・コールが設立した企業者史研究センターは1958年に閉鎖されてしまいました。

うものでした。しかしながら，さすがに成功を収めた（多くの場合は商業的な成功あるいは技術的な高い進歩性の達成）ものの共通項を探っていても，それが本当に共通項なのか（実は成功していないものも同じような特徴を持っているかもしれない）がわかりません。そのため，1970 年代中頃からは，成功を収めたものとそうではないものを比較してみるという試みが始まりました。初期の代表的なものとしては，Sappho Project と呼ばれるものがあります[10]。

　また，ケーススタディではなく，全体的な特徴を知ろうという研究も進められるようになってきました。イノベーションを調べていくと，どうも組織のサイズや産業によってずいぶんイノベーションに関する活動（より具体的には研究開発）に違いがありそうだということがわかってきました。そこで，さまざまなところで，サーベイがなされるようになったのです。たとえば，イエール大学のリチャード・レビンらは，企業はそもそも研究開発投資からどのように，どの程度利益を得られているのか（専有可能性）を分析するために，研究開発を行っているアメリカ企業を対象に質問票調査を行いました。これはイエール・サーベイと呼ばれています[11]。徐々に質問票調査がさまざまなところで行われるようになってきたので，それを取りまとめるかたちで，1992 年にヨーロッパで最初に国レベルでの大型のサーベイであるコミュニティ・イノベーション・サーベイ（CIS: Community Innovation Survey）が行われました。サーベイは少しずつ改良されています。2005 年以降は，製品や工程のイノベーションだけでなく，新しい市場の開拓や組織の革新もサーベイに加えられるようになっています。

　これらのサーベイによって，新しく明らかになってきたこともあります。たとえば，経済学では知的財産権の制度整備は，イノベーションにとって重要だと考えられてきました。それがあるからこそ，イノベーションを生み出した人や組織がその利益をしっかりと得られるのです。つまり，専有可能性が上がるわけです。しかし，サーベイの結果，研究開発投資から利益を獲得する手段としての知的財産権（典型的には特許です）の重要性が大きい産業もあれば，それほど大きくない産業もあることがわかってきています[12]。特許性向も産業によって異なるのです。

　また，研究の方向性としては，ある特定の企業に焦点を当てるものから，企業が埋め込まれている環境に焦点を当てる研究へと変化してきています。これもサーベイの結果だといえるでしょう。企業レベルのイノベーションを考えるにあたっては，その環境のあり方がとても重要だということがわかってきたのです。

10　Rothwell et al.［1974］.

11　Levin et al.［1987］.

12　Fontana et al.［2013］.

れぞれについてこれまでの議論を基礎に考えてきました。

もう一歩詳しく知るためのリーディング

　イノベーションのマネジメントという観点を政策面も含めて全体像を知りたい人には，これがよいでしょう。やや専門的なところもありますが，わかりやすく説明されているのでまずはこれがおすすめです。

⇨ 一橋大学イノベーション研究センター編［2017］，『イノベーション・マネジメント入門』（第 2 版）日本経済新聞社。

　企業のマネジメントの観点からイノベーションを考えるのであれば，次のバーゲルマンらの本がよいでしょう。やや長い（上・下巻あります）のですが，とてもよく体系的にまとまっているテキストです。

⇨ Burgelman, Robert A., Clayton M. Christensen and Steven C. Wheelwright [2009], *Strategic Management of Technology and Innovation* (5th ed.), McGraw-Hill.（岡真由美他訳『技術とイノベーションの戦略的マネジメント（上・下）』翔泳社，2007 年）

第**2**章

イノベーションはどう測るのか？

この章を読み進める前に

■ 自分の好きな国を1つ取り上げ，イノベーションという観点からその国のパフォーマンスがどのように推移しているのかを分析してください。

■ ある企業を2社選び，その企業をイノベーションという側面から測定して，比較，評価してください。

　身長，体重，血圧，肝機能など健康診断ではさまざまなものが測定されます。測定するからこそ，カラダがどのような状態にあるのかを把握できます。測定ができるからこそ，知見も体系的に蓄積され有効な対処もできるのです[1]。

　イノベーションは，どのように測ったらよいのでしょうか。測定できなければ，イノベーションが多くなっているのか，少なくなっているのかすらわかりません。これでは，分析は体系的に蓄積されていきませんし，マネジメントに活かすこともできません[2]。

　測定はなかなか難しい問題です。「これで測っておけば大丈夫！」という万能選手がいないのが現状です。いろいろな測り方があるのですが，それぞれ得手不得手があります。大木を切り倒すためにメスはあまりにも無力ですし，アジを3枚におろすのにチェーンソーを使うのもおすすめしません。それぞれの特徴を理解した上で，適切な測定の仕方を選択することが大切です。

1　生産性で測る

　基本的なものから考えていきましょう。第1章で見たように，イノベーションは生産関数を（もちろん，良く）変化させるものです。企業は，ヒト・モノ・カネ（さらには情報）といった経営資源を投入し，有形・無形の資産と組み合わせて，製品やサービスを生産します。生産関数が変化すると，より少ないインプットで，より大きなアウトプットを生み出せるようになります。つまり，生産性（アウトプットをインプットで割ったもの）が向上するのです。

　だからこそ，インプットとアウトプットを測れば，イノベーションが生まれているかどうかがわかるのです。イノベーションの成果を測っているといえます。インプットとアウトプットについては，さまざまなものがあります。

　インプットは，投下した資本や従業員数，あるいは原材料など，生産に必要な資源です。アウトプットもさまざまなものがありますが，売上高や利益，あるいは生産量などが典型的なものです。インプットとアウトプットにそれぞれ関心があるものをとれば，その生産性を測ることができます。たとえば，人の仕事の仕方に興味がある場合には，労働生産性を見てみるとよいでしょう。労働生産性とは，アウトプットをある企業（あるいはある工場やある支店）の生産量として，インプットをその生産のために投入された労働の量（人数×時間）で割ったものです。資本をどれだけ上手く使えているかに興味がある場合には，付加価値額を総資本で割った資本生産性を見るとよいかもしれません。このように生産性は，インプットとアウトプットのとり方で，さまざまなものがあり，必要に応じて関心のあるものを測ることができます。

　ここで1つ注意が必要です。生産性というと誤解されることがあるのです。

1　有効な対処をされたくない場合には，測定されないようにすることは重要です。私も，夜食に食べたカツ丼は数えないようにしていますし，どうしても測定して申告する必要がある時には，豚肉，卵，玉ねぎ，ご飯，パン粉などと（カツ丼を食べたとばれないように）分解しています。

2　社会における測定が持つパワーやその問題については，Hacking［1990］，Crosby［1997］，Porter［1995］などがとても示唆的です。イノベーションからはややそれますし，読みやすい本ではありませんが，興味がある方はぜひ挑戦してください。

それは，新しい製品やサービスを生み出すことこそイノベーションだから，生産性などでは測定することはできないという誤解です（とくにビジネスパーソンから多く聞かれる気がします）。しかし，これは完全な誤解です。生産性を高めるというと，小さな工夫を積み重ねて，より効率的なやり方を探るというイメージがどうしてもあるのかもしれません。このイメージと新しい製品やサービスを生み出すことがどうも結びつかないのでしょう。たしかに，企業で働く人々の行動としては，既存のモノゴトの延長線上で改良を加えていくということと，新しいモノゴトを生み出すということは異なっています。この点は，第7章で詳しく見ていきます。しかし，重要なポイントは，既存のモノゴトの延長線上での累積的な改良も，既存のモノゴトの延長線上にはない新しいモノゴトを生み出すことも，生産性の向上として測定できるのです。新しい製品やサービスを生み出すために大きな投資が必要であったとしても，それが上手く成果を上げれば，売上高や利益も上がるはずです。新しい製品やサービスを生み出したとしても，それが成果につながらなかったとしたら，インプットが大きくなり，アウトプットがそれほど大きくならないので，生産性は低下してしまいます。

　生産性で測定することは，イノベーションを生産関数の変化として捉える見方と整合的であり，なおかつさまざまなイノベーションのタイプを一括して捉えることもできるので有効です。また，国レベルでも生産性は測れますし，産業レベル，企業レベル，あるいは企業の工場や支店，部や課など（もちろん個人レベルでも）さまざまな単位で生産性を測ることができます。生産性を比較することによって，イノベーションがどこで生まれているのかもわかります。また，生産性を時系列で記録していけば，イノベーションについてのトレンドも見てとれます。

　このように，生産性はイノベーションの成果の測定として有力なのですが，課題もあります。生産性に影響を与える要因はさまざまなので，生産性が上がっていたとしても何が原因で上がっているのかがわからないのです。たとえば，ある工場の労働生産性が上がっていたとします。単に生産性だけを調べるのであれば，これでよいのですが，なぜ，生産性が上がったのかを知りたいときもあります。もしかしたら，新しい生産設備を導入して，省力化が可能になり，これまでと同じ生産量をより少ない労働投入量で達成できるよ

うになったために，生産性が上がったのかもしれません。あるいは，工場で
働く人々の小さな工夫によって，より多く生産できるようになったために，
生産性が向上したのかもしれません。

　生産性はアウトプットをインプットで割ったものです。ただし，アウト
プットを生み出すためのインプットは，1つではないのです。通常，企業は
さまざまな生産要素をインプットとして組み合わせて生産します。そのため，
生産性が上がったとしても，単一のインプットでアウトプットを割っていて
は，生産性の向上の原因がどこにあるのかがよくわからないのです。

■ 残差で測る：全要素生産性

　そのため，いくつかの生産要素をインプットとして考慮に入れた上で，イ
ノベーションを測る方法が考えられてきました。これは主に，国の経済成長
の要因を分解して何が経済成長に貢献しているのかを議論しようという領域
（成長会計と呼ばれています）で考えられてきました。

　経済成長の要因として考えられているのは，大きくは次の3つです。1つ
めは資本投入です。資本投入とは，その名の通り，投下された資本です。企
業が工場をつくったり，生産設備を拡充したりすることが典型的な資本投入
になります。資本投入が増えれば，当然，アウトプットも増えます。「いく
ら設備投資をしても，そこでつくった製品が売れるとは限らないじゃない
か」と考える人もいるかもしれませんが，製品が売れないのに設備投資をし
続ける企業は，早晩，撤退しなくてはならなくなるはずです。2つめは，労
働投入です。これは，アウトプットを生み出すために投入された労働量です。
労働量は，働いた人の人数と働いた時間です。労働投入量が増えれば，当然，
アウトプットも増えるでしょう。3つめは，イノベーションです。イノベー
ションがあれば，当然，アウトプットも増えるはずです。

　資本投入量や労働投入量は計測できるのですが，イノベーションは直接計
測することはできません。そこで，資本投入量と労働投入量では説明できな
いアウトプットの成長を，イノベーションとして考えるようになったのです。
つまり，アウトプットの成長のうち資本投入量と労働投入量の貢献部分を差
し引いた残差部分をイノベーションと考えたのです[3]。この残差部分は，全
要素生産性（TFP：Total Factor Productivity）と呼ばれています。TFP は，資

本や労働の投入量を考慮に入れた上，生産性の向上を分析するものといえます。

　TFPは，国の経済成長の要因を資本と労働，そしてその残差（TFP）に分けて分析する成長会計という領域で一般的に使われています。ロバート・ソローは，1909年から40年間の米国の成長要因を分析し，その結果，労働と資本による生産性が経済成長に対する寄与度は全体のおよそ8分の1程度であり，残りはこの残差部分であるTFPの貢献であると推計しています[4]。1960年代から1973年のオイルショックの前までの時期における日本の経済成長では，TFPの成長の貢献がとくに大きかったことや，1990年代からの「失われた10年」の背後には，TFPの成長が低下していたことも観察されています[5]。

　国の成長会計の領域で生み出されてきたTFPですが，これは企業のイノベーションの計測にも使うことができます[6]。国の場合と同じように，企業のアウトプットの成長を労働，資本，そしてTFPに分けて分析できます。

　TFPは，イノベーションの測定において基本的な測り方の1つといってもよいでしょう。よくわからないものに名前をつけただけと揶揄されることもありますが，「他よりはマシ」な指標と考えられています。「イノベーションってどうやって測るのか」と聞かれたら，「基本的にはTFPで測られています」と答えておいてよいでしょう。

　アウトプットの成長にどの程度イノベーションが貢献しているのかを，他のインプットの要因を考慮に入れた上で測定できるので，TFPはとても便利なのです。また，横断的な比較や，長期的な時間の流れの中でのイノベーションの分析にも有効です。

3　Solow［1956］．TFPを計算するためには，資本投入量と労働投入量を計測して，アウトプットの残差を測ることが一般的です。しかし，資本と労働以外にもアウトプットを生み出すための生産要素がある場合には，それも計測に入れた上で，残差としてTFPを測定することもできます。

4　Solow［1957］．

5　Hayashi and Prescott［2002］．

6　日本，中国，韓国，台湾の上場企業についてのTFPのデータベースが東アジア上場企業データベース2010（EALC2010）として，日本経済研究センターから公開されています。

それならイノベーションの測定はTFPだけでよいのではという声が聞こえてきそうですが，それほど簡単ではありません。TFPは，かなり大雑把な測定方法なのです。繰り返しですが，TFPは，労働と資本の投入量では説明できない成長の部分です。イノベーションとはいうものの，その内容は残差（悪くいえば，残り物全部）です。残差ですから，さまざまなものが含まれます。国レベルであれば，制度変化は大きな影響を与えるかもしれません。新しい技術が導入された結果も含まれますし，新しい戦略や組織内部の人事評価システムを刷新した結果も含まれるのです。そのため，TFPが上昇したとしても，具体的には一体何が要因になっているのかを特定することが難しいのです。

2　新しい技術を測る

イノベーションを新しい技術で測定することもあります。技術は究極的には知識です。そのため，それを「1つ，2つ……」と数えることがとても難しいのです。しかし，最近，特許を使ってイノベーションを測定することが一般的になってきました。特許情報のデジタル化が進んだために，大量のデータが取り扱いやすくなったという背景があります。ただし，取り扱いには注意が必要です。そのため，ここでは少し詳しく見ていきましょう。

■ 特許とは

特許は，知的財産権の1つであり，その技術を排他的にある一定期間実施する権利を付与するものです[7]。特許には，重要な新しい発明をすることへのインセンティブを高めるという機能があります。これは知的財産として技術を守ることで，専有可能性（Appropriability）を高めているといえます。専有可能性とは，イノベーションを生み出した企業や個人が，そのリターンを専有できる程度です。もしも，専有可能性が低ければ，イノベーションを生み出したとしても，その利益を十分に得られないということになります。イ

---

[7]　特許やその引用数を用いることについてもう一歩詳しく知りたい方は，Jaffe and Trajtenberg [2002]，Higham et al. [2021] などを参照してください。

ノベーションを生み出すためには，ヒト・モノ・カネといった経営資源を動員する必要があります。残念ながら，タダで生み出せるものではないのです。だからこそ，専有可能性が低い場合には，わざわざイノベーションを生み出すために投資をする人がいなくなってしまいます。特許制度がない場合には，すぐれた技術を生み出しても，コピーされてしまいます。これでは，社会からイノベーションがなくなってしまいます。

特許は，一定期間，独占的にその技術を使用する権利を付与するものですが，権利内容の公開と登録が条件です。出願公開制度がある日本では，特許を出願すると，その内容が全文公開されます。新しい技術を公開することによって，企業が二重投資をしてしまうことを回避できます。また，研究開発の成果は，次の研究開発の投入物となります。外部の組織の研究開発の成果が公開されることにより，それを考慮に入れて自社の研究開発を進めることができるのです。特許には，知識の波及効果を高める機能もあるのです。

特許を得るためには，次の要件を満たすことが必要です。要件には順番は関係なく，すべてを満たす必要があります。

まず，①自然法則を利用した発明という要件です。発明が人間の社会的な行動の法則を利用したものでは特許は受けられません。また，自然法則を発見しただけではだめです。それを利用した発明でなければだめです。

2つめは，②産業上利用することができることです。そもそも，特許制度は産業の発展のために設けられています。明らかに産業上実施できないものでは特許を受けられません。違法薬物の吸引器，カンニングのための機器，あるいは紙幣偽造機器など公序良俗を害するおそれのあるものやそもそも違法なものは当然ダメです。

3つめの要件は，③新規性です。当たり前のようですが，新しい発明でなくてはだめです。もちろん，その新規性は客観的に説明できるものでなければなりません。いくら自分で「新しい」と言い張っても，客観的にその新規性を説明できるものでなくてはなりません。

次の要件は，④進歩性です。いくら新しいとしても（特許としてこれまでに出願されていなかったとしても），特許を出願する時点で，すでに公知の技術水準からすると容易に考えつくことができるものはだめです。公知のものにも特許を付与してしまうと，私たちの日常生活が特許だらけになってしま

い，支障をきたすことになりかねません。

　誰に対して特許を付与するかについては，大きく分けると先願主義と先発明主義という2つの考え方があります。日本では，先願主義を採用しています。これは，早く特許出願をしたものに優先して特許権を与えるものです。誰が早く発明をしたかは問いません。とにかく，早く出願したほうが勝ちなのです。これに対して，先発明主義というものもあります。これは，早く発明をしたものに優先して特許を与えるものです。誰が早く出願したかは問いません。自分がいち早く発明したことの証拠を残しておけばよいのです。しかし，訴訟が多くなるというデメリットもあります。特許がある人に付与されたと思ったら，「実は自分の方が先に発明していたのじゃ！」などという人が出てきてしまうのです。先願主義の場合には，出願順に番号が付与されますから，同じような技術が出願されたとしてもどちらが先かが争いになることはありません。アメリカは伝統的に先発明主義を採用してきましたが，2013年に先願主義へ変更しています。これにより現在ではすべての国で先願主義がとられています。

■ 特許でイノベーションの測定をする利点

　特許は公開されるために，データとしてアクセスがしやすいというメリットがあります。また，出願日や特許登録日，発明者や権利者，その住所や技術区分，技術内容，引用情報などの情報が同じフォーマットで蓄積されています。これはイノベーションの分析にとっては有用です。また，特許の制度はたびたび改正されているものの，特許は体系的に各国の特許庁によって記録されているため，時系列の分析のデータとして使いやすいという利点もあります。

　そうはいっても，特許の技術的な記述を見ても，何の技術なのかさっぱりわからないということもあるでしょう。それでも特許は，国際特許分類（IPC：International Patent Classification）などによって技術が分類されています。このIPCは，1971年にストラスブール協定に基づいてつくられた国際的に共通の分類です。新しい技術が生み出されるたびに技術の分類も改定していく必要があるため，IPCはこれまで5年に一度改定を行っています。2006年以降は，分類項目をより柔軟に改定できるように，5年に一度の改定

ではなく，適時に改定できるようになっています。改定の際には，それまでの分類との関係性が明記されているため，ある技術領域を時系列で追っていくことができます。特許の技術の分類は，IPC だけではありません。日本では特許庁により FI（File Index）と呼ばれる分類がなされてきました。FI は明治期以降のすべての特許に付与されています。また，1987 年からは，F ターム（File Forming Term）と呼ばれている新たな独自の分類もされています。アメリカでは，USC（United States Code）と呼ばれる IPC とは異なる独自の分類がされています。このような特許に付与されている技術区分を用いることで，ある技術領域での新しい技術についてのデータを集めることができます。

　特許には，「新しい技術はわかっても，それが重要な技術なのかどうかはわからない」という短所もあります。たしかに，特許の技術的な内容を読んだだけでは，それがどの程度重要なのかはわかりません。技術的にだけでなく，経済的な価値をどの程度生み出しているのかについてはさらにわかりません。つまり，新しい技術であることはわかっても，その技術の質はわからないのです。

　しかし，特許の引用情報を分析することで，技術の質を評価しようという試みが行われています[8]。特許を申請するときには，その技術が過去にとられた特許とどのような関連があるのかを説明しなければなりません。同じような特許が過去にとられている場合には，その特許を引用した上で，どこに新規性があるのかを発明した人が説明するのです。これは発明者引用といわれています。また，審査の段階で，新規性の範囲を明確にするために，審査官が過去の特許を引用することもあります。これは審査官引用と呼ばれています。

　他の特許に多く引用されている特許は，その特許が発明されてから多くの類似の特許が発明されていると考えることができます。引用される件数は，被引用件数といいます。被引用件数が多い特許は，その特許を基礎として研究開発が多く進められていると考えることができます。そのため，多く引用

8　Griliches［1990］，Griliches and National Bureau of Economic Research［1984］．引用情報で技術の質を評価する上での注意点については，Higham et al.［2021］を参照してください。

されている特許は，技術的な重要性が高いものだと考えられています[9]。知
識集約的な産業では，そのような特許は企業の市場価値を上昇させることも
観察されています[10]。

　特許の引用だけでは測れない重要な特許を発見するために，特許の引用の
ネットワークを利用する試みもなされています。引用の数は多くないものの，
異なる複数の技術の流れを結びつける特許があります。引用のネットワーク
図を書くことによって，このような異なる科学や技術の流れを結びつけて新
しい重要な技術の源になった知識を発見しようという試みです[11]。ただし，
特許の引用を知識の波及の経路と考えたり，技術進化の経路だと考えたりす
るのには注意が必要です。発明者が特許を引用する時に，本当にその特許の
技術に基づいて研究開発を行っていたのか，過去に類似の特許がすでにとら
れていたので引用しているのかがわからないのです。とくに審査官引用の場
合には，発明者が引用しなかったものを審査官が審査の段階で引用するわけ
ですから，それを知識の波及経路と見なすことは無理があります。

　特許の引用情報だけでなく，そこに書かれている技術の記述の分析も行わ
れています[12]。特許に記述されているものが，どの程度，新規性が高いもの
なのか，あるいはその後に同じような記述がどのくらい見られるようになっ
ているのかなどを見ることで，特許の質を把握しようという新しい試みです。
これは，自然言語処理技術が進展したため，大量のテキストを使って，その
新規性や結びつきなどを測定できるようになったことが背景にあります。

■ 特許でイノベーションの測定をする注意点

　特許はイノベーションの研究でよく使われている測定方法ですが，注意点
もあります。最初の注意点は，特許を使った測定は，あくまでも新規性のあ
る技術を測っているということです。第1章で見たように，新しい技術は将

9　Carpenter and Narin［1983］, Carpenter et al.［1981］, Narin et al.［1987］, Stoneman
　　［1995］, Wartburg et al.［2005］.
10　Cockburn and Griliches［1988］, Jaffe［1986］.
11　Fontana et al.［2009］. また，引用情報を用いて技術の系譜を追うという研究もあり
　　ます（Verspagen［2007］）。
12　具体的な分析方法については，Tseng et al.［2007］, Arts et al.［2021］が詳しく説
　　明してくれています。

来のイノベーションの大切なタネではあるのですが，あくまでもタネなのです。もちろん，研究開発によってすぐれたタネを生み出しているということはとても大切なのですが，すぐれた特許が経済的な価値に直結しやすいサイエンス型の産業でもない限りは，それだけで経済的な価値につながるわけではないのです。つまり，技術的な新しさは，それだけでイノベーションになるわけではないのです。もう一度繰り返しますが，特許での測定は，イノベーションを測っているというよりも，新しい技術を測っているということを忘れてはいけません。

　2つめの注意点は，すべての技術が特許化できるわけではないという点です。特許を受けられるのは，上述のような要件をすべて満たす必要があります。明細書の記述で説明することが難しいようなノウハウは特許になりません。自然法則の発見に関する基礎的な研究開発の成果として，新しい現象の理解が進んだとしても，それが発明でなければ特許を受けることはできません。

　3つめは，特許を受けることができる技術的な成果であったとしても，企業は戦略的に特許化しないこともあります。特許はその内容の公開を条件に，一定期間排他的にその技術の利用の権利を付与するものです。技術の内容を公開することによって，社会的に重複した研究開発への投資を防ぐことができるわけです。また，公開された特許は，企業にとっては次の研究開発のための重要な知識源となります[13]。公開された技術内容をベースとして次の研究開発がされるため，社会的には技術の進化が促進されるのです[14]。これは，技術内容が公開されるため，ライバル企業もその情報を手にすることができるということを意味しています。技術自体が模倣される危険性があります。自社の研究開発の方向性や進捗状況，あるいは事業戦略が明らかになってしまう可能性もあります。企業にとっては，研究開発の成果を経済的な価値に転換する方法は，特許をとるだけではありません。企業は，垂直統合や補完的な経営資源の占有化などによって研究開発の成果からの利益を得ることができます。特許化とこれらの専有可能性を高める戦略は相互に排他的なもの

13　Walsh and Nagaoka［2009］.
14　Merges and Nelson［1990］.

ではありませんし，多くの場合は並行して行われています。リバース・エンジニアリングなどによってライバル企業が容易に技術内容を解析できる場合には，企業はその技術内容を特許化して専有可能性を高めることが基本的な戦略的な定石となります。しかし，技術を秘匿化できる場合には，特許化よりも秘匿化に多くの企業が高い価値を見出しています[15]。技術を生み出すノウハウや必要となる補完的な経営資源の内部化等によって専有可能性が高められる場合には，企業は戦略的に研究開発の成果を特許化しない場合があるのです。企業が研究開発の成果を戦略的に秘匿化している場合は，特許だけを見ていては重要な技術を見逃す可能性があります。

　4つめの注意点は，産業横断的な分析や国際比較を行う時のものです。企業が研究開発の成果を特許化するかどうかは，産業によって大きく異なっているのです。研究開発の成果を特許化する程度は，特許性向（Patent Propensity）と呼ばれています。これまでの特許性向に関する研究では，統一的な指標がないためにさまざまな異なるアプローチがされており，分析結果の特許性向も異なっています[16]。たとえば，マンスフィールドの1986年の調査と，エイクスとオードレッチの1990年の調査は，同時期のアメリカにおける特許性向を分析しているにもかかわらず，前者の石油産業の特許性向は86％であり，最も高いものでしたが，後者のそれは他産業と比べて最も低いものとなっていました[17]。しかし，産業ごとに特許性向が異なっている点は，これまでの研究で繰り返し見られています。このことは，特許を用いて産業横断的に企業を分析するときには注意が必要だということを示しています。

　特許の質を被引用件数を用いて分析する際にも注意が必要です。まず，被引用件数は，古い特許の方が多くなる傾向があります。これは古い特許の方がすぐれているからではなく，古い特許の方が引用される余地が大きいからです。20年前に公開された特許と1年前に公開された特許とでは，引用される時間が違います。20年前に公開されたものは，現在までに20年間引用される時間があるのに対して，1年前に公開された特許はまだ1年しか経っ

15　Arundel [2001].
16　この点については，Fontana et al. [2013]。
17　Mansfield [1986], Acs and Audretsch [1990].

ていません。1年前の特許を基礎に研究開発を行ったとしても，まだ研究開発中か，早くてもようやく特許を申請したところでしょう。その結果，特許の被引用件数を時系列で比較すると，最近に近づくにしたがって，被引用件数は低減するのです。つまり，異なる時点の特定の特許の質を比較するときには，古い特許と若い特許とでは引用される余地が違うことを考慮に入れなければいけません。これが考慮されず，単純に被引用件数だけで時系列の分析をすると，「特許の被引用件数は年々少なくなってきているから，良い技術が生み出されていない」という間違った結論に至ってしまいかねません。それぞれの時点の特許の被引用件数が大きく異なる場合は，その年の特許の平均被引用件数から分析対象の特許の被引用件数がどの程度乖離しているのかを見ることによって，この問題を回避できます。

　また，分野が違えば被引用件数も当然異なります。多くの特許が出されているような領域（たとえば半導体）では，当然，質の高い特許の被引用件数は多くなる傾向があります。引用する特許が多く生み出されているからです。これに対して，相対的に特許が少ない領域では，質の高い特許の被引用件数は小さくなります。そもそも引用する特許が少ないからです。そのため，半導体の領域でとられた特許と鉄鋼の領域でとられた特許を被引用件数を用いて，どちらの方がすぐれた特許かを単純に比較することはできません。どうしても，比較したければ，それぞれの領域での平均の被引用件数からの乖離など用いて，どちらの方がその領域で相対的にすぐれているのかを検討することになります。

　さらに，特許制度や慣行はそれぞれの国で異なっています[18]。そのため，特許性向も国ごとにも大きく違います。たとえば，アメリカの電気工学分野の特許性向は8.21％であったのに対して，アジア（主に日本）のそれは31.4％と大きな違いが見られています[19]。この分析では，全般的にアメリカはヨーロッパやアジアと比べて低い特許性向が見られています。また，海外からの出願について，長い審査期間や低い特許付与率が見られており，これは海外からの特許の出願に対して何らかの難しさがあることを示唆してい

---

18 Basberg [1987], Wartburg et al. [2005].

19 Fontana et al. [2013].

す[20]。このことから，国際比較をするためには，第三国でとられた特許で行うことが望ましいという指摘もあります[21]。しかし，それは分析対象の企業が海外への進出に対してどのような戦略を持っているかに依存しています。たとえば，アメリカと日本の比較を行うときに，ヨーロッパでの特許を分析したとしても，それはそれぞれの国の企業がどの程度ヨーロッパ市場に重きをおいているのかによって，分析結果は異なるはずです。つまり，特許を用いて国際比較を行う場合，それぞれの国の特許制度の違いを考慮に入れることとともに，分析対象の持つ特許戦略を考える必要もあります。

3　新しい科学的な知識を測る

　特許と同じように，論文を使ってイノベーションを測定することもあります。論文とは，ある研究成果を文章や数式，あるいは図表などで表したものです。一般的には，研究者による査読のプロセスを経て，学術的な雑誌に掲載されたものを指します。査読のプロセスでは，新規性がどこにあるのか，科学としての手続きがきちんとふまれているのかなどが審査されます。この審査のプロセスは，多くの場合，ダブル・ブラインドと呼ばれる論文執筆者と査読者がともに誰だかわからない匿名の状態で行われるため，権威主義的にならず，公平性を保つように制度化されています。また，論文も，特許と同じように新規性が大切です。新規性がなければ，査読を通らずに，出版されないのです。研究者たちは1番をめぐるプライオリティ（先取権）競争をしている点も特許と同様です。

　論文は，基礎的な研究成果の測定に使われることが一般的です。上述のように，研究開発の成果でも，自然法則を利用した発明でなければ，特許をとることはできません。しかし，新しい自然法則の発見や，理解の進展は重要です。それらが基盤となって，次の技術が開発されるのです。

　論文も特許と同じように，デジタル化されたデータベースが整備されてきたことによって，分析に使われるようになってきました。論文には，著者や

20　Kotabe［1992］．

21　Basberg［1987］．

━ コラム④　コレクティブ・インベンション ━━━━━━━━━━━━━━━

　特許は技術をある一定期間排他的に使える権利です。そのため，新しい技術を生み出そうというインセンティブを高めます。また，特許によって，技術内容は公開されます。そのため，二重投資は回避され，その技術を土台として次の技術開発が進みます。

　その一方で，すぐれた技術が生み出されたとしても，それが特許で守られている場合，その技術をある一定期間は使えない可能性があります。その特許の権利を持っている人や組織が，他者がその技術を使うことを許可しなかったり，使用を制限したりする可能性があるわけです。そうすると，すぐれた技術が利用されなくなってしまうので，社会的には損失です。ここにトレードオフがあります。すぐれた技術を開発した人の専有可能性を高める一方で，すぐれた技術の普及を遅らせてしまうという2つの効果が特許には共存しているのです。

　歴史家によって興味深い発見がされています。イギリスのイングランド北東部の鉄鋼産業では1850〜1875年の間に，競合企業が互いに自らの技術についての情報（設計や性能など）をやり取りしていたというのです。企業は，技術的な課題を解いたり，さらなる改善をするために共通の知識のプールを使ったのです。これは驚きです。ライバル企業に，自社がせっかく投資をして開発した技術の情報をあげてしまうわけですから，それまでの投資がライバル企業に出し抜かれてしまうかもしれません。同じような現象は，イギリスのコーンウォール地方の蒸気機関でも見られていました[22]。ロバート・アレンはこれをコレクティブ・インベンション（Collective Invention）と呼びました[23]。

　重要な技術的な情報へのアクセスが可能になったため，この時期に技術的な水準は上がりました。イノベーションが次のイノベーションを生み出すというプロセスが促進されていたのです。また，コレクティブ・インベンションが起こると，累積的なイノベーションが支配的になります。情報をやり取りするので，そこで生み出される技術的な成果は累積的になるのです。

　それにしても，自分で開発した新しい技術の重要な情報までも，誰でも自由にアクセスできるように共有してしまうのですから，なんとお人好しの人たちなのでしょう。コレクティブ・インベンションは，いつでも起こる現象ではありません。むしろ，普通では起こらない現象です。互いに技術的な情報を秘匿し合うよりも，それを共有した方が利益が大きいという考えが浸透し，なおかつ機会主義的な行動（自分は共有されている情報を使うのに，自分の情報だけは秘匿するようなフリーライダー）に対するモニタリングがなされている場合に成立するので

---

22 Nuvolari [2004].

23 Allen [1983]，また，日本の研究開発コミュニティでも，ネガティブなデータが企業を超えて共有され，研究開発の水準が上がったことも見られています（清水 [2011]）。

す。産業が比較的小さい場合には，その産業のリーダー企業は技術的知識のストックを増やすために投資し，他の企業による模倣を妨げないことを選択することがモデルでも示されています[24]。

その所属，連絡先などが明記されています。論文の書誌情報により，その成果を生み出した人（あるいはその所属組織）を特定することができます。どこの誰が，どのようなチームで，どのような研究成果を生み出していたのかが見えやすいのです。さらに，その研究成果が外部の研究費を獲得して行われたものである場合には，そのファンディングが明示されています。

　論文には，特許と同じように，引用文献が載っています。これをもとに，どれだけ後の他の論文に引用されたのか（被引用件数）を測ることができます。被引用件数が高い論文は，すぐれた論文だと解釈することができます。つまり，論文の質を測定することができるのです。論文の質でトップ1％あるいはトップ0.1％になってくると，きわめて質の高い研究成果だということができるでしょう。さらに，特許の場合には審査官が引用することもあるのに対して，論文の場合には必ず著者が引用を行います。つまり，著者が引用したことは明らかであるために，引用をたどることで知識の流れを分析する場合などには便利です。

　論文は，基礎的な研究成果を測定するために用いられていますが，次の点には注意が必要です。基本的な注意点は特許のものと同じです。

　第1点は，あくまでも基礎的な研究成果の測定だというポイントです。しつこいようですが，基礎的な研究成果は将来のイノベーションのタネですが，イノベーションそのものではありません。2つめのポイントは，領域間の比較と異時点間の分析に関するものです。被引用件数を見ることで，どの論文がすぐれた成果なのかを定量的に測ることはできるのですが，研究者の数が多い領域では被引用件数も多くなる傾向があることには注意が必要です。そのため，異なる領域での研究成果で，どちらの方がすぐれているのかを，被引用件数をそのまま使って比較することはできません。異なる領域の研究成果を比較したい場合には，特許の場合と同じように，その領域の平均からの

---

24 Braguinsky et al.［2007］.

乖離の程度を算出することが一般的です。また，古くに発表された論文の方が被引用件数は多くなります（これも特許と同じです）。たとえば，20年前に発表された論文と1年前に発表された論文を考えてみてください。20年前に発表されたということは，すでにその成果は陳腐化しているかもしれませんが，20年の間引用されうる状態にあったということを意味します。1年前に発表されたものであれば，まだ1年間しか経っていないのです。1年間では引用されうる余地は限られます。現在に近づくにつれて被引用件数は低減してくるのですが，それは成果がだんだん悪くなってきているからというよりも，単純に引用されうる期間が短いからです。異なる時点の分析を行う時には，この点は注意する必要があります。もしも，20年前と1年前に発表された成果を分析するのであれば，異なる領域の成果を比較する時と同じように，その年に発表された論文の平均の引用数からの乖離を算出したり，時間の経過の影響を取り除いて分析することが一般的です。

4　専門家に尋ねる・表彰を見る

　イノベーションを測定するために，それぞれの領域の専門家に尋ねるということもあります。測定というよりも，具体的なイノベーションを特定するという方がより正確でしょう。たとえば，自動車業界のイノベーションを知りたかったら自動車業界の専門家に，製薬業界のイノベーションを知りたかったら製薬業界の専門家に聞いてみるというわけです。

　直接尋ねに行くというのもよいかもしれませんが，誰に聞いたらよいのかも，答えてくれるかもわかりません。専門家の意見を使う代表的な方法は，専門家の審査を経た上で贈られる賞を用いるものです。スウェーデン王立科学アカデミーが主催するノーベル賞は最も有名な賞の1つでしょう。ノーベル賞は，物理学や化学，生理学・医学などにおいてすぐれた知見を生み出した人物に贈られる賞です。日本ではすぐれた科学や技術の発展に大きく貢献した人物に贈られる稲盛財団の京都賞が有名です。すぐれた産業技術の開発に贈られる大河内記念会の大河内賞もあります。発明協会の全国発明表彰や市村清新技術財団の市村産業賞などは，産業分野でのすぐれた技術開発を表彰しています。発明協会は，戦後日本のイノベーション100選を選定し，公

開しています[25]。

　学会でもすぐれた業績を残した人物は表彰されています。アメリカ電気電子学会（IEEE: The Institute of Electrical and Electronics Engineers）の栄誉賞やエジソンメダルなどはその代表的なものです。政府も賞を出しています。たとえば，アメリカでは，政府が国家科学賞や国家技術賞をそれぞれの領域ですぐれた業績を残した人物に贈っています。日本では，科学技術分野での文部科学大臣賞がすぐれた科学技術上の功績を上げた人物に贈られています。

　このように，さまざまな賞があります。これらは賞の授与理由や選考プロセスなどに違いがありますが，その領域の専門家がそれぞれの基準で成果を評価しています。賞の授与理由は開示されることが一般的です。それにより，すぐれた成果として専門家たちは何を評価しているのかを詳しく知ることができます。そのため，科学や技術上のすぐれた成果を測定する際にはしばしば用いられています[26]。

　ただし，それぞれの賞によって授与基準が異なるため，比較を行うことは難しいという短所もあります。さらに，多くの場合は，すぐれた科学技術上の成果に賞が授与されており，イノベーションとして賞が授与されているものはそれほど多くありません。たとえば，ノーベル賞を受賞していたとしても，その成果が経済的な価値を生み出しているとは限らないのです。この点には注意が必要で，それぞれの賞の授与基準や選考のプロセスを精査する必要があります。

　賞以外に，専門家の意見を反映しているものとして，政府機関や産業組合，あるいは専門雑誌などが行っている技術についてのサーベイなどもあります。たとえば，特許庁が実施した技術分野別特許マップなどはその代表的なものです。これらのサーベイは通常専門家によって行われるため，その技術の把握には専門性が反映されています。ある特定の領域の技術の動向を把握するのには便利です。しかし，このようなサーベイが行われていない分野や時期

25　実際に選ばれているのは 100 ではなく，105 です。

26　表彰とイノベーションのインセンティブの間の関係については，Khan [2015] が示唆的です。表彰をデータとして用いた研究は以下のようなものがあります。Hori et al. [2020]，武石・青島・軽部 [2012]，Stephan and Levin [1993]，Berry [1981]，Fontana et al. [2012]。

も多く，すべての領域をカバーしているものではありません。また，それぞれの科学技術の領域での教科書や専門書を使って，イノベーションを特定するということもあります[27]。『人類の歴史を変えた発明1001』，『世界の発明発見歴史百科』，そして『1000の発明・発見図鑑』などといった入門書を使って，代表的なイノベーションを特定することもなされています[28]。

さらに，専門家たちが書いたものを分析するという点では，アナリストのレポートを分析して，イノベーションを測定しようというものもあります。特許などの分析では，研究開発をして特許を出願している企業は分析できますが，それ以外の企業は分析できません。特許性向が低い産業の企業（たとえば，小売業や金融機関など）は分析できないのです。しかし，アナリスト・レポートであれば，そのような企業もアナリストが調査し，レポートを書いてくれます。レポートは，投資家に対する情報提供のために書かれているものであり，そこに虚偽の情報は書けません。ウソを書けば，そのアナリストや所属する組織に対する信頼が失われてしまうからです。もちろん，アナリスト・レポート自体も間違うことはあるでしょうし，あくまでもアナリストの判断という点には注意が必要です。実際にS&P500（Standard & Poor's 500 Stock Indexの略で，アメリカの代表的な株価指数）に選ばれている企業のアナリスト・レポートのテキストを分析して，イノベーションを測定した分析では，その後の企業の成長や，特許を取得している企業については特許の質とアナリスト・レポートの結果が一貫していることも確認しています[29]。このようなテキストの分析は，これまでにも行われてきましたが，最近では機械学習を取り入れることにより，より体系的に大きなデータを使ったアナリスト・レポートの分析が可能になっています。

5 実務家にサーベイする

イノベーションを測定したかったら，実際にそれを生み出す活動を行って

---

27 教科書に書かれていることが客観的で正しいとは考えてはいけません。これは，トーマス・クーンが指摘しています（Kuhn [1962]）。

28 この点については，清水 [2019] の第7章を参照してください。

29 Bellstam et al. [2021].

いる企業の人に聞いてみればよいのではと思う人も多いでしょう。質問票調査をして，イノベーションについて聞いてみればよいというわけです。実際に，イノベーションについてはさまざまな質問票調査がされてきました。古くは，1969 年にサマー・マイヤーズとドナルド・マーキスらが鉄道，鉄道部品メーカー，住宅関連メーカー，コンピューターメーカーそして，コンピューターの部品メーカーの5つの産業の企業に質問表調査を行い，どのようなイノベーションが生み出されているのかを調査しています[30]。

　実務家にイノベーションの動向について質問表調査をすることによって，イノベーションの成果だけでなく，現在進行中の新しい取り組みや，取り組みのプロセス，どのようなチャレンジに直面しているのかといった組織内部の様子を尋ねることができます。しかも，調査の目的に合わせて，質問項目も変えられますし，誰に回答してもらうかも変えられます。そのため，これまでに多くの質問表調査が行われてきました。

　しかし，課題もありました。多くの質問票調査が行われてきたにもかかわらず，体系的に分析をするためのデータが積みあがらなかったのです。質問票調査があまりにバラバラだったのです。イノベーションの定義や質問項目，分析の対象などもさまざまでした。さらに，ほとんどの質問票調査は，1 回しか行われません。つまり，定点調査になっていないために，イノベーションが増えているのか，減っているのかもよくわからないという状態だったのです。

　そのため，イノベーションの質問表調査をする時の基盤となるようなマニュアルを経済協力開発機構（OECD）と欧州委員会統計庁（Eurostat）が1992 年に一緒につくりました。これは，オスロ・マニュアル（Oslo Manual）と呼ばれています。オスロ・マニュアルにしたがって，ヨーロッパでは「共同体イノベーション調査（Community Innovation Survey）」が実施されています。オスロ・マニュアルに従った調査はさまざまな国で行われるようになっており，日本でも文部科学省の科学技術・学術政策研究所が「全国イノベーション調査」として調査を実施しています。これらの調査の結果はすべて公

30　Myers et al. [1969]．この調査で得られたデータは，その後にイノベーションのパターンの研究に活かされています。

表されていますので，興味がある人はぜひ見てみてください。オスロ・マニュアルは，できるだけ包括的で，体系的にイノベーションに関する質問表調査を行うために1997年，2005年，そして2018年と改定されてきています。体系的にデータを集めることにより，イノベーションについての国際比較研究もできるようになってきています。

6 プロダクト・イノベーションを測る

特定の製品やサービスがイノベーションであるかどうかを測る方法もあります。第1章で考えたように，プロダクト・イノベーションは消費者の支払意思額を上げるものです。新しい製品やサービスをいくら発売していても，消費者が支払ってもよいと思う金額が上がっていないようであれば，それはイノベーションとは呼べません。

製品やサービスがどの程度，消費者の支払意思額を増加させたのかを測る方法は，ヘドニック分析（Hedonic Regression）と呼ばれています。ややこしそうな名前がついていますが，それほど難しいものではありません。用意するものは，製品やサービスのスペックと価格です。そして，価格をスペックで回帰することにより，スペックが1単位上がると，いくら価格を上げられたのかがわかるのです（企業が頑張って価格を高く設定したとしても，その価格が消費者が支払ってもよいと思える額を超えていた場合には，消費者は買ってくれません。そのような場合には，企業は価格を消費者の支払意思額まで下げることになります）。

たとえば，パソコンのCPUのクロック数が1上がると，どれだけ価格が上がるのかが分析できるのです。これによって，新しい製品やサービスが消費者の支払意思額をどの程度上げられたのかがわかるのです。ヘドニック分析によって，たとえば，賞を受賞したワインの価格がどれだけ上がったのかなどを分析することもできます。

注意点は2つあります。1点めは，ヘドニック分析をするためには，製品やサービスの品質を数値化する必要があります。CPUのクロック数やクルマの燃費などといった数値化できる製品ではヘドニック分析はやりやすいのですが，新しいデザインのバッグや時計などのスペックとして数値化しにく

━ コラム⑤　研究開発投資で測る ━━━━━━━━━━━━━━━━━━━━━━

　最近ではあまり見なくなりましたが，イノベーションを研究開発投資の額で測るということもありました。研究開発投資は，化学や医薬などのサイエンス型と呼ばれる産業ではとくにその影響が大きいものです。これらの産業においては研究開発投資の額は，技術変化に大きな重要性をもっています。研究開発投資の額は，比較的測定が容易であるため，実証分析において多く用いられてきたのです。

　しかしながら，研究開発投資の額はインプットの測定であり，アウトプットの測定でないことには大きな注意が必要です。イノベーションは決して研究開発投資額によってのみ決まるものではありません。同じ額が研究開発に投資されていたとしても，それぞれの企業や企業間の学習のパターンによって，そこで生み出される技術は大きく異なるものになるでしょう。また，労働の流動性が高く，研究者が所属組織を頻繁に移るような状況の場合には，研究開発投資額はそこで生み出される研究開発の成果を必ずしも反映しないかもしれません。投資額が大きかったとしても，鍵となる研究者が他の組織へと移ってしまってはその成果は限られたものとなるでしょう。それとは反対に，ベンチャー企業によく見られるように，累積的な研究開発投資額が小さかったとしても，優秀な研究者を集められれば大きな成果を上げることもできるかもしれません。

いものはヘドニック分析をやりにくいのです。また，消費者が製品やサービスを購入する時には，ある特定のスペックだけを重視して購買を決めることもあるとは思います。このような場合にはヘドニック分析が比較的簡単にできます。しかし，クルマなどのさまざまな要素から成り立っている製品の場合には，ある特定のスペックだけを判断材料にするのではなく，総合的に判断するのです。このような場合には，あるスペックがどの程度消費者の支払意思額を上げたのかを分析するためには，消費者の支払意思額に影響しそうな他のスペックやデザインなどを考慮した分析をする必要があります。

　2つめは，価格についてです。企業は消費者の支払意思額を考慮に入れた上で，できるだけ高い価格付けをします。これがヘドニック分析の前提です。しかし，実際の企業の価格戦略はそれほど単純ではないかもしれません。自分の新しい製品やサービスを普及させるために，戦略的に価格をそれほど上げない（あるいはむしろ下げる）こともあるでしょう。そのような場合には，ヘドニック分析をすると，製品のスペックが上がったのに，価格は下がっており，むしろ経済的な価値を減じたという結論になってしまいます。

7　本章のまとめ

　本章では，イノベーションをどのように測定するのかについて考えてきました。国の政策や企業の戦略を構築する，あるいはマネジメントを行う上でも，測定はとても大切です。きちんとした測定がなければ，印象論になってしまいがちです。

　しかし，イノベーションを測定するのはなかなか難しいのです。本章で見てきたように，イノベーションの測定はさまざまな方法がとられてきました。新しい測定方法も次々と考え出されてきています[31]。繰り返しですが，どの測定も，イノベーションのある側面に光を当てたものであり，長所と短所があるという点には注意が必要です。その具体的な長所と短所を理解した上で，測定し，分析していきましょう。

もう一歩詳しく知るためのリーディング

　測定についてはなかなかまとまった文献がないのですが，基本的なポイントについては次のものがまとまっています。

⇨　一橋大学イノベーション研究センター編［2017］，『イノベーション・マネジメント入門』（第2版）日本経済新聞社。

　また，特許とイノベーションについては，論文で多くの議論がされています。書籍としては，専門的なので読んでいて「楽しい！」となる人はあまりいないかもしれませんが，次の本がおすすめです。特許を使った分析や特許制度についての研究に関心のある人はぜひトライしてみてください。

⇨　長岡貞夫［2022］，『発明の経済学：イノベーションへの知識創造』日本評論社。

31　新しい測定については，吉岡（小林）［2021］を参照してください。

第3章

イノベーションのパターン

この章を読み進める前に

■ 第1章で見たラディカルなイノベーションを生み出している企業にはどのような特徴があるでしょうか。その特徴を書き出してみてください。

■ 第1章で見たインクリメンタルなイノベーションを生み出している企業にはどのような特徴があるでしょうか。その特徴を書き出してみてください。

　　　イノベーションにはパターンがあります。100年近くのイノベーション研究の歴史の中で最も大きな発見といってよいでしょう。「既存のパターンを壊すものがイノベーションじゃないのか」と思う人もいるでしょう。しかし，経験的な規則性が見られているのです[1]。規則性があるということは，そのパターンを形成する要因が存在しているということです。これを特定できれば，マネジメントにも活かすことができます。ここでは，そのパターンについて見ていきましょう。

1　プロダクトとプロセスの2つのイノベーションのパターン

　イノベーションには経験的にいくつかのパターンが観察されています。ま ずは，最初に観察されたイノベーションのパターンについて見ていきましょ う。それは，プロダクト・イノベーションとプロセス・イノベーションの間 の関係です。

　これを発見したのは，ハーバード大学のウィリアム・アバナシーとマサ チューセッツ工科大学のジェームズ・アターバックです。このパターンは， 彼らの名字の頭文字（アバナシーのAとアターバックのU）から，A-U モデル と呼ばれています。

　彼らは，それまで十把一絡げに扱われてきたイノベーションを2つに分類 しました。1つめは，新しい製品やサービスに関するイノベーションである 「プロダクト・イノベーション（製品イノベーション）」です。2つめは，製品 やサービスは新しくはないのだけれど，それの新しい作り方である「プロセ ス・イノベーション（工程イノベーション）」です。この分類が大きな発見に つながったのです。

　彼らは，第2章でもふれたマイヤーズとマーキスが行った質問票調査を用 いて，567の商業的に成功したアメリカのイノベーションを分析し，それら がプロダクト・イノベーションであったのか，あるいはプロセスのイノベー ションであったのか，いつの時点で生み出されたイノベーションなのかを調 べました[2]。

　その結果，初期の段階ではプロダクト・イノベーションが多く起こってい た一方で，プロセス・イノベーションは少なかったことがわかりました。そ

1　経験的な規則性とは法則と混同されることがあるのですが，まったく別物です。経 験的な規則性とは，たとえば，雨の日や夕方に交通事故が多くなったり，背の高い男 性がアメリカ大統領に多かったり，あるいは人口が増加したりすることです。これら は条件依存的で，可逆的でもあります。つまり，これらを成り立たせている条件が変 われば，規則性も変わるのです。この点については，Popper [1960] を参照してくだ さい。また，社会科学がいかに法則についての議論から離れ，経験的な規則性や蓋然 性に目を向けてきたかについては，Hacking [1990] が示唆的です。

2　Myers et al. [1969].

■ 図表 3-1：プロダクト・イノベーションとプロセス・イノベーションの推移 ■

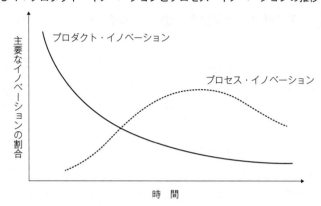

出所：Utterback and Abernathy［1975］，Figure 1 を参考に著者作成。

　して，徐々にプロダクト・イノベーションが少なくなるとともに，プロセ
ス・イノベーションが多くなっていったのです。これを図示したものが，図
表 3-1 です。
　この図にあるように，初期の段階ではプロダクト・イノベーションの割合
が高くなります。この段階では，まだ製品がそもそもどのようなものなのか
についてよくわかっていません。消費者側も生産者側も手探りです。それぞ
れが製品についていろいろな解釈をしていきます。だからこそ，さまざまな
製品を出してみることが重要です。さまざまな製品を試していくわけですか
ら，当然，それを製造する工程にこの段階で大きな投資をするのはあまり合
理的ではありません。自社が投資した製造プロセスから生み出される製品と
は異なる製品が市場で支配的になってしまうかもしれません。その場合，製
造プロセスへの投資は無駄になってしまいます。そのため，初期の段階では
工程のイノベーションが少なくなります。
　初期の段階では，多様な新しい製品やサービスが生み出されてきます。し
かしながら，それはいつまでも続きません。徐々に，解釈の多義性が減って
きます。製品やサービスに対しての理解が消費者側も生産者側にも共有され
てくるのです。製品やサービスの機能や特性，価格などの共有理解が進むと，
徐々に，同じような製品やサービスが増えていきます。

■ ドミナント・デザイン

なぜ，このようなパターンがでてくるのでしょう。なぜ，いつまでもプロダクト・イノベーションが続かないのでしょうか。なぜ，プロセス・イノベーションの割合は初期には少ないのでしょうか。

プロダクト・イノベーションからプロセス・イノベーションへと移り変わるきっかけとなるものがドミナント・デザインです。ドミナント・デザイン（Dominant Design）とは，その産業で支配的になった製品デザインです。たとえば，ダグラス・エアクラフトが開発したプロペラ機であるDC-3は，航空輸送業界における典型的なドミナント・デザインと考えられています。

ドミナント・デザインが登場すると，プロダクト・イノベーションの割合はぐっと減っていきます。多くの企業がドミナント・デザインに沿った製品やサービスをつくりだします。もちろん企業は差別化した製品やサービスをつくろうとはするかもしれませんが，その新規性の程度は小さく，ドミナント・デザインに沿ったものが多くなります。競争の焦点が，それをいかに安価に生産するかに変わっていきます。そのため，工程のイノベーションが多くなります。

しかし，いつまでも工程のイノベーションも続きません。コスト・ダウンの競争になっていきますから，規模の経済性が効くような産業の場合は，企業はできるだけ大規模な生産をしようとします。せっかく大型の設備投資をしたのだから，改良だからといって頻繁に設備を組み替えていてはなかなか投資も回収できません。そうすると，生産設備も固定化されて，工程のイノベーションもなかなか起きにくくなります。抜本的な工程のイノベーションのみならず，小さな変更でもやりにくくなっていきます。このように徐々にイノベーションがなくなっていくのです。

■ 生産性のジレンマ

アバナシーは，アメリカの自動車産業のイノベーションと工場レベルでの生産性を丁寧に分析し，ここでもプロダクト・イノベーションとプロセス・イノベーションの間にトレードオフが存在していることを確認しました[3]。

---

3 Abernathy [1978].

～ コラム⑥　ドミナント・デザインという概念 ～

　ここで少し，ドミナント・デザインを考えていきましょう。イノベーションの
パターンを考えるにあたって，ドミナント・デザインはとても大切な概念なので
すが，残念ながらそれほど明確に定義されているとはいえません[4]。

　以下，見ていきましょう。ドミナント・デザインという概念を最初に持ち出し
たのは，アバナシーやアターバックです。ドミナント・デザインは，製品の生産
プロセスの変化のターニング・ポイントになるものです。それは，オーダーメイ
ドで生産されていた製品が，標準化された大量生産システムによって生産される
製品への変化です。この変化をもたらすものを，ドミナント・デザインとアバナ
シーらは考えていました[5]。アンダーソンとタッシュマンは，ドミナント・デザ
インを「新製品あるいは新しく導入されたプロセスで50％以上のシェアを4年
間以上継続して達成した製品やプロセスの特定の構成」と操作化しています[6]。
ドミナント・デザインは，支配的なマーケット・シェアをとった製品やプロセス
のデザインと捉えられています。

　ドミナント・デザインは，分析単位が曖昧になりやすいので注意が必要です。
たとえば，自動車という製品のデザインのことをドミナント・デザインと考える
のか，はたまた，自動車を構成するコンポーネント（たとえば，エンジンや
シャーシなど）にもドミナント・デザインが存在すると考えるのでしょうか。こ
れは研究者によってバラバラです。自動車の内燃機関やマイクロ・プロセッサー，
トランジスタなどもドミナント・デザインとして捉えられてきたのです。

　ドミナント・デザインは，ある製品を構成する要素の中でも入れ子状になって
います[7]。T型フォードが自動車のドミナント・デザインとなりました。T型
フォードは，内燃機関をパワートレインとして，そのエンジンは直列4気筒エ
ンジンを縦置きとしたものであり，主要部品にはバナジウム鋼を使っていました。
エンジンやシャーシといった構成要素にはそれぞれのドミナント・デザインがあ
ります。そして，また構成要素の中には，さらにそれを構成する要素があり，そ
こにもドミナント・デザインがあります。このように入れ子状になっているわけ
です。ドミナント・デザインが入れ子状になっていく過程は，製品がモジュール
化されていく過程でもあります。

　これは，図表3-1で見た上述の通りのイノベーションのパターンです。

　さらに，もう1つ重要な発見がされています。自動車を組み立てる工場の
生産性が高くなればなるほど（工場レベルでのプロセス・イノベーションが増

4　この点に関しては，Murmann and Frenken [2006]。
5　Abernathy [1978]。
6　Anderson and Tushman [1990]。
7　Murmann and Frenken [2006]。

えていけばいくほど），製品において新規性の高いイノベーションは減っていたことを見つけたのです。つまり，効率性と製品の新規性の間にトレードオフがあるのです。アバナシーはこのトレードオフを「生産性のジレンマ」と名付けました。生産性を上げていこうとすればどうしても製品の新規性が犠牲になってしまい，新規性の高い製品を出していくと，生産性が犠牲になってしまうのです。このようなトレードオフは，南北戦争（1861〜65年）前のアメリカの互換性部品を生産する製造システムでも見られてきたことが，歴史家によって明らかにされています[8]。自動車産業などの製造業だけでなく，ゲームのソフトウェア開発や映画のコンテンツなどさまざまな領域でこのような生産性のジレンマといわれるトレードオフがあることがわかってきています[9]。

■ ラディカルなものとインクリメンタルなもの

　プロダクト・イノベーションとプロセス・イノベーションというと，どうしてもプロダクト・イノベーションの方が大きな革新であり，プロセス・イノベーションは小さな改善（そして，プロダクト・イノベーションの方が重要である）と考えられることもあります。しかし，これは大きな誤解です。

　そもそもラディカルとかインクリメンタルとかというものは何なのでしょう。ラディカルとは，革新的とか非連続的といった意味です。ラディカルなイノベーションで最もよく出てくる例は，おそらく，「郵便馬車を何台連ねたとしても，列車にはならない」というシュンペーターのものでしょう。既存のモノゴトのあり方を創造的に破壊するものこそが，ラディカルなイノベーションといわれています。これに対して，インクリメンタルとは累積的とか連続的なものです。既存のモノゴトを破壊するのではなく，むしろその延長線上でそれを改良させるものです。

　つまり，ラディカルかインクリメンタルかは，既存のモノゴトのあり方からどの程度，非連続的であるかによって決まるわけです。非連続的であればラディカルと捉えられ，連続的であればインクリメンタルと考えられます。

---

8 この点については，Hounshell［1984］を参照してください。
9 生稲［2012］.

■ 図表3-2：ラディカル／インクリメンタルとプロダクト／プロセス ━━━

	プロダクト	プロセス
ラディカル	革新的な新製品	革新的な新工程
インクリメンタル	累積的な新製品	累積的な新工程

出所：著者作成。

　ということは，イノベーションが製品（プロダクト）なのか工程（プロセス）なのかとは独立です。図表3-2のように，4つの象限に分けることができます。

　革新的な新製品というのは，既存の延長線上にはない革新的な製品です。たとえば，電子レンジやトランジスタ，GPSなどは良い例でしょう。一般的なイノベーションのイメージに近いのではないでしょうか。累積的な新製品というのもあります。いわゆるバージョンアップです。また，これまでのプロセスの延長線上にはないような新しい工程は，革新的な新工程です。T型フォードの生産システムなどは代表的な例でしょう[10]。そして，既存のプロセスをさらに改良するようなものが，累積的な新工程です。ラディカルかインクリメンタルかは，既存の延長線上からどれだけ離れているのかですから，どちらかに完全に分類できるものというよりも，連続的なものであり，程度の問題といえるでしょう。

　しかし，ラディカルなものがプロダクト・イノベーションであり，インクリメンタルなものがプロセスのイノベーションであると考えられてしまうと，どうしても，革新的な新工程や累積的な新製品が見逃されてしまうのです。

■ プロダクトとプロセス，どちらのイノベーションが重要なのか

　「いやいや。『見逃されてしまうのです。』とカッコつけて言っても，やっぱりラディカルなものこそがイノベーションでしょ」という声が聞こえてき

10　フォードとトヨタの生産システムについて興味がある方は，和田［2009］はおすすめです。

■ 図表3-3：プロダクト・イノベーションとプロセス・イノベーション ■

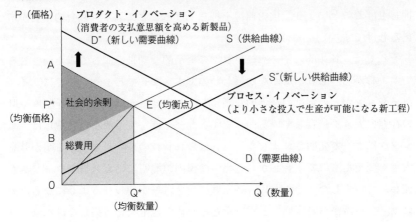

出所：著者作成。

そうです。「プロセスのイノベーションよりも，やっぱり大切なのはプロダクトの方でしょう」と考える人もいるでしょう。

　どちらが大切なのかを考える上で，基本に立ち返ってみましょう。イノベーションとは，経済的な価値をもたらす新しいモノゴトです。プロダクトかプロセスか，あるいはラディカルかインクリメンタルか，どちらの方が大切なのかと問われれば，どちらの方が経済的な価値をもたらすのかという点から考えてみるのが自然です。

　もしも，プロダクト・イノベーションこそが経済的な価値を生むものであるとすれば，トレードオフがあったとしても，プロダクト・イノベーションをどのように生み出していくかを中心に考えていけばよいということになります。ラディカルなイノベーションとインクリメンタルなイノベーションにしても同じです。ラディカルなイノベーションのみが社会的な余剰の源泉であるのであれば，インクリメンタルなイノベーションを目指してもあまり意味はないかもしれません。逆も同じです。

　まずは，プロダクトとプロセスの方から考えてみましょう。これは，復習です（図表3-3）。プロダクト・イノベーションとは，新しい製品やサービスのことです。それらは消費者の支払意思額を高めるので，需要曲線を上方にシフトさせてくれます。プロセス・イノベーションは，より小さな投入で生

産を可能にするものなので，供給曲線を押し下げます。それぞれ需要曲線を
押し上げることにより，供給曲線を押し下げることにより，社会的余剰が増
えるわけです。

　それでは，具体的にイノベーションの経済的な効果を測ってみたいところ
です。しかし，これがなかなか難しいのです。なぜでしょう。第 1 に，イノ
ベーションがどの程度の経済的な価値を生み出せるかは，補完的な制度や財
の存在に大きく依存しているからです。たとえば，実用的な白熱電球は，エ
ジソンによって発明されました。これはわれわれの暮らしを支える明かりを
大きく変えたものです。しかし，当時の屋内の照明にはガス灯やローソクが
使われていました。そのため，各家庭に白熱電球が使われるようになるため
には，発電所から各家庭へと電気を送るための送電網を構築しなければなり
ませんでした。つまり，送電網という補完財が整備されたからこそ，白熱電
球が経済的な価値を生むようになったわけです。送電網を構築するときには，
もちろん，その補完財である効率的な発電所やコストが安く耐久性のある電
線などが必要になります。これらのそれぞれが改良され，最終的に白熱電球
を支えるシステムができるわけです。そのため，白熱電球だけの経済効果を
取り出して測ることはなかなか難しいのです。

　第 2 に，イノベーションの影響は，代替的な財にも現れます。蒸気船が登
場したことにより，蒸気船に代替されるかもしれないと考えられた帆船の生
産性が高まったのです。ハイブリッドや電気などで走るクルマが登場したこ
とにより，ガソリンで走るクルマの燃費も向上したのです。大型のシステム
投資をしているスーパーマーケットが街に進出して来ると，既存の商店街の
在庫管理の生産性が上がることが見られています[11]。これはイノベーション
の波及効果の 1 つで帆船効果と呼ばれています。このようにある特定のイノ
ベーションの経済効果では，帆船効果も含めて測りたいところですが，どの
範囲までを測定すればよいのかについて同意はありません。

　さらに，プロダクトとプロセスを分けて経済効果を測ることは難しいので
す。プロダクト・イノベーションを測定しようと思ったら，どのくらい消費
者の支払意思額が大きくなったのかを調べる必要があります。これには，第

11　Matsa [2011].

2章で見たように，ヘドニック分析で測定できます。簡単にいえば，スペックが向上すると，どの程度価格が上がっているのかを推計する方法です。しかし，消費者は，スペックと価格だけで選ぶわけではありません。現実的にはより多くのポイント（たとえば，その企業の信頼性や製品のこれまでの評判，デザインやアフター・サービス，上司あるいは配偶者からの承認が得られるかなどなど）を考慮に入れ，総合的に判断します。さらに，需要関数の変化を見るときには，ある1つの財を考えていても本当はダメです。他の財の市場の変化からの影響があるからです。

　プロセスのイノベーションは，供給曲線を下げるものなので，企業が同じものを，より小さいコストで生産できるようになることを意味しています。つまり，生産性がどれだけ改善しているのかを見ればよいのです。しかし，実際には，プロセスのイノベーションは，かなり細かなものであり，なおかつ累積的なものが多いのです。ですから，実際に，どのプロセス・イノベーションがどの程度生産性を上げたのかを調べるのは，そう簡単ではありません。

　きわめつけは，プロダクト・イノベーションとプロセス・イノベーションはそれぞれ補完的だということです。独立してその効果を測ることが難しいのです。新しい製品やサービスが生み出されたとしても，それが実際に社会に浸透するためには，それを生み出すためのプロセスのイノベーションが欠かせません。コストの低減も重要だからです。社会に浸透しなければ，もちろん社会的余剰も上がりません。

　つまり，今のところのファイナル・アンサーは，「よくわからない」けれど，どうも「一般的なイメージよりはプロセスのイノベーションは大きなインパクトがありそうという」というものです。繰り返しですが，重要なポイントは，プロダクト・イノベーションがプロセス・イノベーションより多くの経済的な価値を生み出すために重要であるということは，これまでの知見からは見出されていないという点です。

■ 累積的なイノベーションの重要性

　「インクリメンタルなイノベーションは所詮小さな改良であり，イノベーションといえるのは，ラディカルなものだけだ」と考える人もいるでしょう。

たしかに，イノベーションのイメージに合うのは，ラディカルなものでしょう。また，技術的に実現可能な範囲を超えたチャレンジを行っている企業はそれが失敗に終わったとしても，成長につながりやすいことも日本の産業革命期のデータを使った分析で観察されています[12]。やはり，現在の能力の範囲を超えるような大きなチャレンジをすることは大切そうにも思えます。

　その一方で，累積的なイノベーションは地味です。既存のモノゴトの延長線上での小さな改良の積み重ねです。しかし，イノベーション研究では，累積的なイノベーションの重要性が繰り返し発見されてきました。そこで繰り返し発見されているのは，ラディカルなイノベーションは，それが生まれた段階では，ほとんど「使いものにならない」ということです。社会を大きく変革し，大きな経済的な価値を生み出す潜在性を持ってはいるのですが，そのままでは粗野すぎて生産性を上げるどころか，むしろ下げてしまいかねない代物なのです。

　イギリスの産業革命で重要な役割を担った蒸気機関も，それが発明された当初の熱効率は低く，故障も多く，はっきり言って使いものにならないものだったのです。累積的な改良が積み重ねられることによって，はじめて実用的な蒸気機関になっていくわけです。もしも，そのような累積的なイノベーションがなかったとすれば，大きな可能性を秘めているものであったとしても花開くことはないのです。

　産業革命なんて古い時代の話であり，現代ではそんなに時間はかからないと考える人もいるでしょう。しかし，現在，大きな注目を集めている人工知能や自動運転などにしても，同じことです。人工知能は1956年にはすでに基本的なアイディアが生み出されていました。しかも，そのアイディアは1956年に唐突に生み出されたものではなく，1950年代初頭から研究者の間で議論がされていたものでした。しかし，人工知能を実際に「使えるもの」にするのには，長い時間がかかっているのです。自動運転技術もここ数年で急に開発されたものではなく，アンチロック・ブレーキ・システム（ABS：Anti-lock Brake System）は1978年に導入されています。1980年代から，各社で自動で走る車の開発が少しずつ始まり，1987年にはヨーロッパで無人で

12　Braguinsky et al. [2021].

走る自動車を開発する EUREKA プロメテウス計画が始まりました。そこから 20 年経っても，まだ部分的な自動化が精一杯で，人の手を借りずに車自体が自律的に動く技術は完成されていないのです。ラディカルなイノベーションであると考えられている人工知能や自動運転ですら，累積的な改良がなされているからこそ，徐々に「使えるもの」になっていくわけです。

　ラディカルなイノベーションを生み出しただけでは，生産性は上がりません。それに対する累積的なイノベーションを積み重ねていくことによって，ようやく生産性は向上し，「使えるもの」となっていくのです[13]。

2　イノベーションの担い手は誰か

　誰がイノベーションを生み出すかについても経験的にパターンが見られています。ここではそのパターンを考えていきますが，その前にもう少し，ラディカルなイノベーションとインクリメンタルなイノベーションについて考えていきましょう。これまでも繰り返し述べてきたように，ラディカルなものとインクリメンタルなものを分けるのは，既存の技術の延長線上にあるかどうかです。これを考えるには，技術のS字カーブが役に立ちます。このS字カーブを考えると，イノベーションを生み出す主体のパターンがよくわかるのです。

■ 技術のS字カーブ

　あるドミナント・デザインが成立し，そこで生産性を向上させる累積的なイノベーションが積み重ねられたとしても，経営資源の投入量に対していつまでも同じような成果が得られ続けるわけではありません。当たり前ではありますが，そのようなうまい話は（なかなか）ないのです。だんだん，そこから得られる成果は逓減してくるのです。

　コンサルティング会社のマッキンゼー・アンド・カンパニーのリチャー

---

13 累積的なイノベーションの効果の測定は簡単ではないのですが，オーストリアから導入した精錬技術に対して，日本の鉄鋼企業が行った累積的なイノベーションを分析したところ，TFPや売上高の向上に重要な寄与をしていたこともわかっています（Nakamura and Ohashi [2012]）。

■ 図表 3-4：技術進歩の S 字曲線 ■

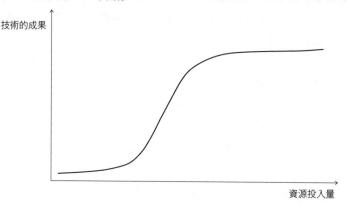

出所：著者作成。

ド・フォスター（Richard N. Foster）はこれを経験的に示しました。彼は，図表 3-4 にあるように，ある技術に対する資源投入量とそこから得られる技術的な成果の間には，S 字曲線で表せる関係があることを示したのです[14]。

　技術がまだ萌芽段階にあり，研究開発への資源投入量が少ない時には，技術的な課題の所在やそれへの解決策がどのようなものであり得るかのコンセンサスもありません。そのために，研究開発に資源を投入してもそこから生み出される技術的な成果はそれほど多くなりません。最初はなかなか思ったように進まないわけです。

　研究開発が進んでくると，技術的な知識の蓄積が進んできます。その結果，研究開発投資に対する技術的な成果は徐々に大きなものとなってきます。成長期です。加速度的に成果が出てきます。

　しかし，残念ながら，いつまでも大きな技術的な成果が得られ続けるわけではありません。だんだん研究開発への資源投入から得られる技術的な成果が逓減してきてしまいます。成熟期です。そのうち技術的な成果がほとんど得られなくなっていきます。

　この S 字曲線は，理論的なものというよりも経験的に観察されたものです。人工心臓，タイヤコード，レーザー，繊維などさまざまな技術領域にお

14　Foster［1986］.

いて繰り返し観察されています。しかし，なぜ，このような曲線を描くのか
については，「まあ，物理的な限界もあるから，いつまでも伸びる技術なん
てない」と理解されているぐらいで，よくわかっていませんでした。

　S字曲線はいろいろなところで経験的に見られているのですが，技術の進
化の予想に使うのはなかなか難しいのです。実際に現時点でこの曲線のどこ
のフェーズにいるのかを確定することは難しいのです。技術が成熟段階にあ
る場合には，得られる技術的な成果が逓減しているために，比較的わかりや
すいのですが，技術が急速に進歩するような成長期がいつまで続くかを事前
に予測することは難しいのです[15]。

■ S字カーブにおけるラディカルとインクリメンタルなイノベーション，
　脱成熟

　このように技術の発展は，最初の萌芽段階から成長期へ，そして成熟期に
入ってきます。萌芽段階から成長期にかけて，グッと技術的成果を上げてく
れるのが，インクリメンタルなイノベーションです。既存の技術（別に技術
ではなくても，既存の製品やサービスでも構いません）を連続的に磨き上げて
いくわけです。インクリメンタルなイノベーションというのはとても地味で
すが，これがあるからこそ，ある技術や製品，サービスは成熟していき，
「使えるもの」になっていくのです。

　既存の技術の延長線上にはない新しいラディカルな技術が生まれたばかり
なのに，さらに次のラディカルなイノベーションを頑張って起こそうとして
もあまり意義はありません。ラディカルなイノベーションは生み出された当
初は，通常は非常に粗野なもので，はっきりいえば使いものにならないもの
がほとんどです。いくら新しくても，粗野なものばかり生み出していても仕
方ありません。それよりもむしろ，新しく生まれたラディカルな技術を累積
的に磨き上げて，経済的な成果を上げていく方が重要です。つまり，いつで
も，なんでもかんでも，「ラディカルなイノベーションを生み出そう」と号

15　Christensen［1992a］，［1992b］は，産業レベルのS字カーブを個別の企業レベル
　　の戦略へと応用し，イノベーターのジレンマを論じています。また，加藤［2011］は
　　イノベーションがこのようなパターンを見せるのは，人々が共通の認識を抱くかどう
　　かに依存することを指摘しています。

令をかけても意味がないのです。

　しかし，これまで見たように，インクリメンタルなイノベーションばかり積み重ねていると，だんだんそこから得られる成果が少なくなってきます。乾いたぞうきん絞り状態です。

　そのような時にこそ，既存のモノゴトの延長線上にはないラディカル・イノベーションの出番です。既存の技術や製品，サービスの累積的な改善ではなく，そこから非連続的なイノベーションが求められるのです。もちろん，既存のモノと違った新しいものが何でもラディカルなイノベーションとなるとは限りません。既存のモノと違っていても，経済的な価値をもたらさない失敗作もあります。さらに，多くの場合，ラディカルなイノベーションが生まれた当初は，それは既存の技術と比べると，技術的にははるかに粗野です。これまでの技術を磨き上げてきた企業が，新しく生み出された非連続的なものを「使えないもの」と認識することもしばしばです。これは，企業の競争戦略上，とても重要なポイントなので，第7章で詳しく見ていくこととしましょう。

　生まれた当初は粗野で，まだまだ粗削りということもあり，最初にそれを採用するのは多くの場合，消費者のごく一部です。しかし，このラディカルなイノベーションこそが，成熟した技術（あるいは製品やサービス）から，新しい技術（あるいは製品やサービス）への転換を促してくれます。

　アターバックとアバナシーは，この転換を脱成熟と呼びました。彼らは，フォスターのS字カーブのように，ドミナント・デザインの確立後のプロセスのイノベーションによる生産性の向上はいつまでも持続するわけではないと考えていました。フォスターのS字カーブで，技術的な成果が飽和してくるように，プロセス・イノベーションから得られる生産性の向上も逓減してきます。そこで，アバナシーらは，既存のドミナント・デザインが，それを破壊するようなラディカルなイノベーションによって置き換えられるプロセスを分析したのです[16]。

　脱成熟の具体的な例としては，レーヨンのタイヤコードからナイロンのタイヤコードへの転換，白黒テレビからカラーテレビへ，機械式時計からク

16　Abernathy et al. [1983].

■ 図表3-5：S字カーブと脱成熟

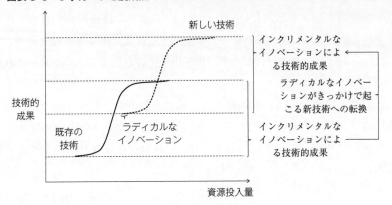

出所：著者作成。

オーツ式の時計へ，真空管からトランジスタへなどがあります。

　アバナシーらは，脱成熟のきっかけとなる要因として次の3つを挙げています[17]。第1の要因は技術と消費者の好みとのギャップです。顧客の嗜好の変化などにより，既存技術と消費者の好みの間に乖離が生じてくるというわけです。2つめの要因は，政府の規制です。政府の規制が大きく変化すれば，成熟した既存の技術（や製品，サービス）が新しいものになるきっかけになります。3つめの要因は，既存の技術（あるいは技術やサービス）を陳腐化させるような技術変化です。これらの要因をきっかけとして，既存のドミナント・デザインとなっている製品やサービスを変更することに，ビジネス機会が生まれるのです[18]。フォスターのS字カーブと，アターバックとアバナシーの脱成熟を一緒に考えると，これらの3つの要因（のどれか，あるいは組み合わせ）によって，ラディカルなイノベーションが誘発されるとも考えられます。脱成熟はそれほど頻繁に起こるような現象ではないのですが，イノベーションのパターンや企業の競争力にとってとても大切です。

---

17 Abernathy et al.［1983］, Abernathy and Clark［1985］.

18 Abernathy et al.［1983］では，ドミナント・デザインではなく，デザイン・コンセプトと呼んでいました。

■ 誰がイノベーションを生み出すのか

生産性のジレンマと名付けられたトレードオフや技術のＳ字カーブが発見されてから，これを企業の競争力に応用する研究が出てきました。そこで，イノベーションのタイプによって，生み出す主体が異なる傾向が発見されたのです。

このことは今では当たり前のことに感じられるかもしれませんが，1986年にコロンビア大学のマイケル・タッシュマンとコーネル大学のフィリップ・アンダーソンらが実証するまでは，それほど認識されていませんでした[19]。

まず，彼らはイノベーションを３つのタイプに分類しました。１つめは能力破壊型（Competence-Destroying）です。これはその産業の既存企業の能力を破壊するようなものです。２つめは能力増強型（Competence-Enhancing）です。これは産業の既存企業の能力をさらに強くするようなものです。そして，３つめはニッチ市場開拓型（Niche-Opening）です。これはその名の通り，新しいニッチ市場を切り開くものです。この３つにイノベーションを分類した上で，セメント，航空機，そしてミニコンピューターのそれぞれの産業で生み出されたイノベーションのパターンを分析しました。

その結果，能力破壊型のイノベーションは新規参入企業によってもたらされる傾向がある一方で，能力増強型のイノベーションは既存企業によって生み出される傾向があることを発見したのです[20]。たとえば，セメント産業では，1896年に燃料として粉末の石炭を燃やすプロセスの開発がなされました。セメントは，石灰と粘土を混ぜて回転式の窯で焼いたものを，粉砕してつくるのですが，これによりセメントの製造に使われる回転式の窯が効率的に活用できるようになりました。これは当時の既存のセメントメーカーの能力を大きく破壊するイノベーションでした。これを開発していたのは，新規参入企業４社であり，既存企業で開発していたのはわずかに１社でした。1935年にダグラス・エアクラフト（現在のボーイング）はDC-3という新し

19　Tushman and Anderson［1986］.

20　能力破壊型のイノベーションが新規参入企業から生み出されている傾向が統計的に有意に見られたのは，1965年の最初のICミニコンピューターであるPDP-8のケースだけだったことには注意が必要です。

い航空機のデザインを生み出しました。世界で最初の大型で輸送力の高い機
体であり，これによって多くの乗客や荷物を経済的に運ぶことが可能になり
ました。それまで航空機の需要は軍関係のものがほとんどだったのですが，
このイノベーションのおかげで民間での空の旅が実現され，民間の空の需要
が広がったのです。しかし，実はDC-3は既存の航空機メーカーの累積的な
イノベーションを基礎にしているものであり，既存のメーカーの能力を破壊
するものではありませんでした。このDC-3と同様のタイプの開発を行って
いたのは，すべて既存企業であり，新規参入企業でそれを行っていたのは1
社もなかったのです。このように，能力破壊型のイノベーションは新規参入
企業からもたらされる傾向がある一方，能力増強型のイノベーションは既存
企業からもたらされることが多いのです。

　既存企業にとっては，自分の能力を陳腐化したり，破壊したりするような
イノベーションに投資するインセンティブは大きくありません。新規参入企
業にとっては，既存企業と同じ土俵（既存企業が蓄積してきたノウハウなど）
で競争していてはなかなか勝てません。だからこそ，能力破壊型のイノベー
ションをもって新規参入するわけです。このようにイノベーションのパター
ンをかたちづくっているのは，企業の戦略であり，その戦略の基礎になって
いるのは企業の能力構築です[21]。

　日本企業は累積的なイノベーションには長けているものの，ラディカルな
イノベーションは少ないといわれることがあります。この点については第II
部でも考えていきますが，その理由の1つは，日本の産業の新規参入の少な
さにあります。業界の顔ぶれが何十年も前と変わらないところでは，大きな
イノベーションは期待できません。新規参入企業こそが産業のダイナミズム
を生むのです（スタートアップだけでなく，既存企業でも新規参入はありえま
す）。ただし，アメリカの1983年から2013年までのデータを分析してみる
と，新規参入企業による能力破壊的なイノベーションよりも，既存企業によ
る累積的なイノベーションの方が雇用の創出や経済成長への貢献が大きいと
いうことも観察されていますので，新規参入企業の過大評価には気をつけた

21　この点については，軽部［2001］，Nelson［1995］，Nelson and Winter［1982］など
を参照してください。

いところです²²。

　破壊的なイノベーションと累積的なイノベーションのどちらが大きな経済
的な価値を生み出すのかについては議論がなされているところです。ここで
注意が必要なのは，破壊的なイノベーションが効果的なのか，あるいは累積
的なイノベーションが重要なのかは，その国の状況によって異なるという点
です。あくまでも，破壊的なイノベーションと累積的なイノベーションは補
完的な関係です。ということは，破壊的なイノベーションが相対的に多く生
み出されている社会では，累積的なイノベーションの必要性が大きくなりま
す。その一方で，累積的なイノベーションが多く生み出される社会では，破
壊的なイノベーションが生み出されると大きな効果が見られやすくなります。
この点については，第 10 章のコラム㉑を御覧ください。

3　変化するイノベーションのタイプ

　自動車産業を分析していたアバナシーは，ハーバード大学のキム・クラー
クとともにもう 1 つイノベーションのパターンを発見しました。イノベー
ションの性質が時間とともに移り変わるのです。この章の最初で見たように，
ドミナント・デザインの成立を契機に，プロダクト・イノベーションの割合
が少なくなり，プロセス・イノベーションが増えるというのもイノベーショ
ンの性質の移り変わりです。彼らは，このプロダクトからプロセスへという
イノベーションの移り変わりを，詳細な事例研究をベースに洗練させたので
す。

　彼らは市場と技術という 2 つの軸で，イノベーションがどの程度，既存の
能力を保全するものなのか，既存の能力を破壊するものなのかを分けました。
図表 3-6 は，その 2 軸とそれぞれのイノベーションのタイプを表したもので
す。

　第 1 象限にあるものは，技術的な能力も，市場（顧客）との結びつきも，
既存のものを破壊するようなイノベーションです。これは，アーキテクチャ
ル・イノベーションと呼ばれています。市場も技術も破壊的なものですから，

22　Garcia-Macia et al. [2019].

■ 図表3-6：イノベーションのトランジリエント・マップ

市場：
既存の市場との結びつき破壊的

ニッチ・ クリエーション	アーキテクチャル
レギュラー	レボリューショナリー

技術：
既存の技術的な能力
保全的

技術：
既存の技術的な能力
破壊的

市場：
既存の市場との結びつき保全的

出所：Abernathy and Clark［1985］，Figure 3 より著者作成。

出現の頻度はそれほど高くありません。自動車産業でいえば，Ｔ型フォード
です。それまでクルマは，レースなどをする富裕者の遊び道具でした。しか
し，ヘンリー・フォードらは自動車生産のプロセスを革新し，圧倒的に安く，
多くの人が日常使いできるクルマをつくったのです。

　そのようなイノベーションが起こると，その新しい市場に製品やサービス
を提供するなら，もっと良いやり方があると気がつく人が出てきます。もっ
と違う技術を用いた方が，効果的，効率的だというわけです。そこで，アー
キテクチャルなイノベーションと同じ市場に対して，それまでのものとは異
なる（それまでの技術的な能力を破壊する）イノベーションが出てきます。こ
れが第4象限の，レボリューショナリー・イノベーションです。

　レボリューショナリー・イノベーションが進んでくると，どのような技術
でこの市場に製品やサービスを提供すればよいのかがだんだんわかってきま
す。そうすると，徐々に新しい技術を探索するのではなくて，既存の技術の
改良へと生み出されるイノベーションの性質もシフトしてきます。ドミナン
ト・デザインが成立するのもこの時です。市場も技術も既存の能力を保全す
るようなイノベーションが支配的になります。アバナシーとクラークは，こ
れをレギュラー・イノベーションと呼びました。このプロセスで，既存の技
術は細かな要素へと分解され，専門化されていきます。既存の延長線上での

■ 図表3-7：4つのイノベーションと移り変わり ■

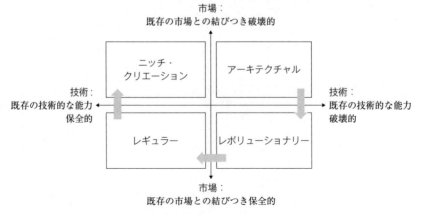

出所：Abernathy and Clark [1985]，Figure 3 より著者作成。

累積的な改良により，それぞれの要素が進化していきます。

　それぞれの要素が進化していくと，それを使ってさまざまな組み合わせができるようになります。たとえば，20世紀初頭にV型8気筒のエンジンが開発されました。これは大型のエンジンで，V型に配置した点で既存のエンジンとは異なっていました。そのため，V8という愛称がついたりしています[23]。V型に配置することで，クランクシャフトと呼ばれるピストンの往復運動を回転力に変えるための軸の長さを短縮できたのです（これが長いと回転時に振動が大きくなったり，十分に剛性の高いものをつくらないといけなかったりと厄介な問題が起こっていたのです）。大型のエンジンができると，それを長いシャーシに載せて大型トラックをつくったり，小さな車体に搭載してスポーツカーにしたりすることができます。レギュラー・イノベーションによって，それぞれの要素で累積的な改良が重ねられ，それぞれの要素の価格も下がり，きちんと「使えるもの」になってきます。そうすると，それらを組み合わせて，新しい市場を開拓する余地が出てくるのです。これが，ニッチ・クリエーションです。

23　V8エンジンについては，映画のマッドマックスシリーズを御覧ください。

4　イノベーションの分布

　これまでは，イノベーションを分類した上で，そこに見られるパターンを考えてきました。ここでは，やや異なる視点で見られているパターンを紹介しましょう。

　イノベーションをその程度（たとえば，論文や特許の被引用件数，あるいは新製品の売上など）と頻度でプロットすると，図表3-8のようになります。この分布は，べき乗則（Power Law）であり，イノベーションだけでなく，都市の人口や小説に使われている単語の出現頻度などさまざまなところで見られている面白い現象です。

　高頻度で出現するのは，新規性の乏しい（つまり，イノベーションと呼べないぐらいの大したことのない）ものです。矢印で示しているイノベーションの程度が高いものは，本当にたまにしか生まれないのです。皆さん（もちろん私も）がアイディアを出そうと思ったときも同じです。思いつくアイディアはほとんど役に立たないようなものばかりです。「これは良い！」と思うものも，少し時間が経つと勘違いだったことがわかります。しかし，ああでもない，こうでもないとアイディアをたくさん出していくと，なかには素晴らしいものも出てくるのです。

　ここで大切なポイントは大きく2つあります。1つめは，試行錯誤がやはり大切ということです。イノベーションはこのような分布で現れてくるため，もしも，試行錯誤の量を減らしてしまうと，図表3-8の破線のように新規性の程度も，最頻値の新規性の程度も小さくなってしまうのです。だからこそ，慎重に吟味して試行錯誤の数を減らしてしまうと，たいした成果は得られないのです。社内で肝いりのプロジェクトとして早い段階で精査しようとすればするほど，新規性の高い成果は遠のいてしまいます。新規性の高い成果を得たい場合には，やはり試行錯誤の量を多くすることを考えなければなりません。もちろん，偶然最初から上手くいくこともあるでしょう。しかし，それを狙うのは運頼みです。

　もう1つは，マネジメント上のトレードオフです。これまで経営学で議論されてきたイノベーションのマネジメントが示唆しているのは，なんとか頑

■ 図表 3-8：イノベーションの程度と頻度 ■

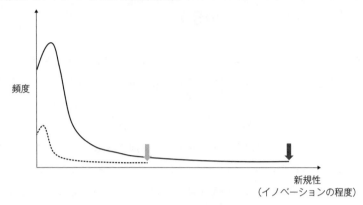

出所：著者作成。

張って最頻値を右に移動させよう（つまり，全体的により良い成果が生み出される確率を上げよう）とするマネジメントと，新規性の高い成果を得ようとするマネジメントの間のトレードオフです。中央値を右に移動させるために効果的なマネジメントを行っていくと，新規性の程度は小さくなってしまい，反対に，新規性の程度を高めるためのマネジメントを行っても最頻値はなかなか良くならないのです。この点については，第 7 章などで見ていきましょう。

5　イノベーションの普及

いくら新しいモノゴトを生み出せたとしても，それが社会に普及しなくてはなかなか大きな経済的な価値につながりません。それでは，新しいモノゴトはどのように普及するのでしょうか。イノベーションの普及についてもパターンが見られています。

もはや古典的ともなったものがエバレット・ロジャーズによる普及理論です[24]。図表 3-9 を見てください。この図の縦軸は普及の割合を，横軸は時間の推移を示しています。2 つの曲線があります。まずは，破線から見ていき

24　Rogers［1962］.

■ 図表3-9：イノベーションの普及

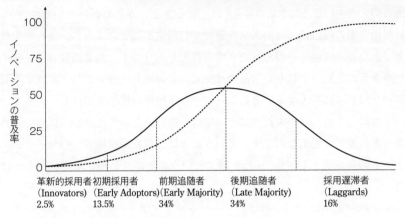

出所：Rogers［2003］，p.281 を参考に著者作成。

ましょう。破線は，普及の累積的な推移を示しています。この破線はS字カーブを描いています。初期段階では普及はあまり進まないのですが，あるポイントを超えると加速度的に普及し，最後には徐々に普及のスピードは遅くなっていきます。重要なポイントは，新しい製品やサービスは直線的に普及していくわけではないというところです。実線部分は，最終的に採用した人を 100 とした場合に，時期ごとにどのくらいの頻度で採用者が現れてくるかを示しています。ロジャーズは採用者を5つに分けています。これらの5つは採用する時期が違うのですが，違いはそれだけではありません。それぞれに特徴が違う人々だからこそ，採用時期が違うのです。以下，5つの段階ごとの採用者を見ていきましょう。

　新しい製品やサービスを最初に採用するのは，イノベーター（革新的採用者）といわれている人たちです。彼・彼女らは，その製品やサービスが，新しいからこそ採用を決める人たちです。新しいからこそ，その製品やサービスはまだまだ改良の余地があるかもしれません。本当に「使えるもの」かどうかもわかりません。まだわからないことが多いのです。それでも，彼や彼女らが採用するのは，その製品やサービスに関する高度な知識を持っているからかもしれません。マニア的であるともいえるでしょう。とにかくそれが好きなのかもしれません。単純に新しいモノ好きというのもあるかもしれま

せん。

　この人たち（とくに企業の場合）は，新しさという点で競っているのです。最終消費者の場合は，他の人に先駆けて採用することによって，流行を先取りできたり，優越感を得られたりすることがあります。企業の場合は，ライバル企業に先駆けて新しい製品やサービスを調達し，自分たちの提供する製品やサービスに導入することによって，競争優位の構築を期待しています。いずれにしても，この人たちにとっては，新しいということが，採用を決めるときの重要な要素なのです。ということは，革新的採用者へのマーケティング上の訴求点としても，「最先端」ということがきわめて重要になるわけです。

　イノベーターにつづくのは，アーリー・アダプター（初期採用者）です。この人たちは，イノベーターに比べると，もう少し冷静です。最先端であるということよりも，その新しい製品やサービスが実際に良いものかどうかを見きわめた上で，早くにそれを採用しようと考えている人たちです。一般的には，オピニオン・リーダーやインフルエンサーと呼ばれているような人たちです。イノベーターたちがコミュニケーションとしては濃密で小さなコミュニティに閉じている傾向が大きいのに対して，このアーリー・アダプターのコミュニケーションはよりオープンです。むしろ，新しい製品やサービスの評価を積極的に広めてくれます。企業としては，自社の新しい製品やサービスを早く広めたいと思えば，このアーリー・アダプターとのつながりはとても大切です。

　イノベーターやアーリー・アダプターが採用する最初の頃の段階では，新しい製品やサービス（あるいは技術）についての評価が過大になることがあります。「すごいものがやってきた！」と関心が高まるのです。しかし，実際にはその評価は行き過ぎていたことが明らかになります。期待はずれだったと思うと，普及が一気に止まってしまいます。だからこそ，初期段階の過剰な期待には注意が必要です[25]。

　その次に採用するのは，アーリー・マジョリティ（前期追随者）と呼ばれている人たちです。彼・彼女らは，最先端であることはあまり好みません。

---

25 Fenn and Raskino［2008］.

それほどリスクは取りたくない人たちです。だからこそ，彼・彼女たちは，アーリー・アダプターの意見を聞き，新しい製品やサービスを見きわめます。しかしながら，あまりに他の人たちに遅れたくはないとも思っています。なかなか悩ましい人たちです。このアーリー・マジョリティまで採用が終わると，最終的に採用する人たちの50%程度になると，ロジャーズは指摘しています。

　これにつづくのは，レイト・マジョリティ（後期追随者）と呼ばれている人たちです。彼らは，アーリー・マジョリティと合計すると68%であり，採用者のうちの大多数です。アーリー・マジョリティとレイト・マジョリティとの一番の違いは，「他の人も使っていますよ」という言葉にレイト・マジョリティは大きく安心するという点です。多くの人たちが使っている良い製品や良いサービスであれば，自分も使いたいけれども，そうでなければ採用を見送る人たちです。

　最後は，ラガード（採用遅滞者）たちの採用です。彼らは，とにかく保守的です。彼らにとっては，その製品やサービスが良いかどうかも大切ですが，価格も重要です。また，イノベーターやアーリー・アダプターにとって「新しい」ということは採用に結びつくのですが，ラガードにとってはむしろ「新しい」というのは避けたいことなのです。「新しいモノ好きの人」とは見られたくないのです。だからこそ，ラガードに，「新製品です！」と新しさを訴求するマーケティングをするとむしろ逆効果です。

　もちろん，新製品や新サービスであれば，すべてこの図表3-9のように普及していくというわけではありません。そもそも，ちっとも普及しないものの方が多いぐらいです。ロジャーズは，普及するためには5つの条件が必要だといいます。それは，①既存のものと比べて，そもそも比較優位があること，②使う人の行動に適合的であること，③使い方がわかりやすいこと，④試しに使うことができること，そして⑤新しい製品やサービスを使っていることが他の人にも見えることです。これらがあれば，新製品や新サービスが上の図表3-9のように普及していくというわけです。

6　本章のまとめ

　本章では，イノベーションのパターンについて見てきました。イノベーションの発生や普及にパターンがあるという発見は，イノベーション研究の中でも大きな発見といえるでしょう。そもそも，ある程度の規則性が経験的に発見されない現象はなかなか実証的に分析しにくいので，どこかにパターンはないかと研究者たちは探しています。

　また，ついついプロダクト・イノベーションの方がプロセス・イノベーションよりも大切だとか，ラディカルなイノベーションの方がインクリメンタルなイノベーションよりも価値が高いと考えてしまう傾向が一般的にはあるかもしれません。また，能力破壊型のイノベーションの方が，能力増強型よりも目立ちますし，生み出される頻度も少ないため，目指すべきイノベーションだと考えられることもあります。

　しかし，イノベーションのパターンの存在が示唆しているのは，どのようなイノベーションが，いつ，誰によって生み出されるかは変遷するということです。だからこそ，いつでも，誰でもある特定のイノベーションを目指すべきであるというのは合理的ではありません。企業家は，パターンを知っていることでそれを戦略的に使うことができます。政府の政策担当者は，イノベーションのパターンとそれを形成する要因を理解していれば，ある特定のイノベーションを起こすためにはどのような政策が重要になるのかもわかるはずです。

もう一歩詳しく知るためのリーディング

　イノベーションのパターンだけを取り上げた書籍はなかなかないのですが，アバナシーはおさえておきたいところです。イノベーション研究を大きく進展させた 1 冊といっても過言ではありません。ただ，残念なことに日本語に訳されていない上に，すでに絶版となっています。クラシックですから翻訳が出ることを願いつつ，図書館で探してみてください。

⇨ Abernathy, W. J. [1978], *The Productivity Dilemma: Roadblock to*

Innovation in the Automobile Industry, Johns Hopkins University Press.

　科学史の研究ですが，イノベーション研究との親和性も大きく，実際に大きな影響も与えているクーンの本も示唆的です。社会科学の名著の1つでもあります。ぜひとも，革命とはなにか，なぜ，それが構造的に必要なのかというポイントを考えながら読んでみてください。翻訳がやや読みづらいと言われていますが，そう思ったら原著で。

⤳ Kuhn, T. S. [1962], *The Structure of Scientific Revolutions*, University of Chicago Press. （中山茂訳『科学革命の構造』みすず書房，1971年）

第 II 部

イノベーションを生み出す環境

　「うちの組織からはなかなかイノベーションが生み出されない」と悩む人は多いのではないでしょうか。だからこそ，イノベーションのための組織づくりや，イノベーションのための発想法などの本がたくさん出版されています。ただ，組織や個人に原因があると考える前に，そもそもイノベーションが生み出されやすい環境にいるのかを考えてみてください。

　イノベーションは万遍なくいろいろな社会で生み出されるものではなく，ある特定の時代や国，産業や企業に偏在しています。イノベーションを実際に生み出すのは，企業で働く人たちです。その人たちは，働いている企業の戦略や組織の影響を大きく受けますし，産業のライフサイクルから自由ではありません。さらに，国の制度からの影響を受けています。第 II 部では，いつ頃からイノベーションは生み出されるようになったのか，国や産業，そして企業に見られるイノベーションのパターンを考えていきましょう。

第4章

イノベーションはいつから持続的に生み出されるようになったのか？

この章を読み進める前に

■ イノベーションは，いつ頃から持続的に生まれるようになったのでしょうか。具体的に考えてみてください。

■ イノベーションは，なぜその頃から生まれるようになったのでしょうか。

　世界最初のイノベーションは何でしょう。馬のはみ（これにより馬を動力に使うことができるようになりました）や，文字の発明やその後の活版印刷（これにより知識の伝播が圧倒的に進みました）などは世界史上重要なイノベーションとしてよく指摘されます。そのほかにも，車輪や羅針盤，クランクシャフトなどさまざまなものがあります。たしかにこれらは重要でしたが，イノベーションの生成は散発的でした。それに続くイノベーションが生み出されなかったのです。

　イノベーションが持続的に生み出され始めたのは，イギリスでの産業革命以降です。まだ300年も経っていません。人間の歴史からすると，ごくごく最近のことに過ぎません。なぜ，それまで持続的に生み出されなかったのでしょうか。ここでは，イノベーションを歴史的に振り返ってみましょう。

1　いつ頃からなのか

　イノベーションは，経済的な価値を生み出します。いつ頃から，イノベーションが持続的に生み出され始めたのかを考えるためには，経済成長がいつ頃から持続的になったのかを見てみれば概ね見当をつけることができます。もちろん，経済成長はイノベーションだけで起こるわけではありません。労働の投入量や資本の増加によっても経済は成長します。それでも，経済成長の軌跡をたどることは，イノベーションが持続的に生み出されたのはいつ頃なのかを考える大きな手掛かりにはなります。

　具体的に見てみましょう。次の図表 4-1 は，日本，イギリス，アメリカ，中国の 1 人あたり GDP の推移を 1000 年から 2000 年まで表したものです[1]。

　経済成長が持続的に起こるようになってきたのは，17 世紀後半から 18 世紀に入ってからということがわかります。西暦 1 年から，長い期間ほとんど経済成長は起きていなかったのです。経済が成長し始めるのは，18 世紀に入ってからです。18 世紀から徐々に成長が始まり，19 世紀中頃から大きく成長しています。その後，成長が加速度的に進んでいます。繰り返しになりますが，経済成長に影響を与える要因は，イノベーションだけではありません。人口（労働力）や資本の増加なども経済成長の要因です。それでも，人口の成長よりも速いペースで富が増加していたわけです。世界でイノベーションが持続的に生み出され始めたのは，250 年ぐらい前からだと推測することはできそうです。もちろん，それ以前にも，馬のはみや，貨幣，車輪，活版印刷などなど，イノベーションと考えられるようなものは生み出されていたのですが，それらは散発的にしか生み出されなかったのです。

　それでは，なぜ，250 年ほど前からイノベーションは持続的に生み出されるようになったのでしょうか。①インセンティブ，②コスト，そして③知識

1　経済史家のアンガス・マジソンは，世界の経済成長を長期に推計するプロジェクトを始めました。この図はマジソン・プロジェクトの推計値です。国際比較のために国際 GK ドル（Geary-Khamis Dollar）と呼ばれる共通の通貨の単位を使っています。これは，それぞれの国の経済の状況を比較できるようにするために，それぞれの国の通貨を購買力平価と物価変動率で 1990 年の GK ドルに換算したものです。

■ 図表 4-1：1 人あたり GDP の推移 ■

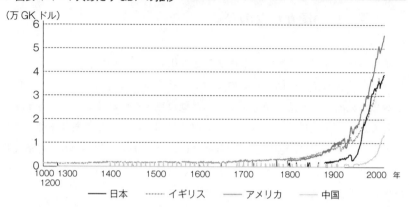

注：単位は 2011 年の実質 1 人あたり GDP ドル。
出所：The Maddison-Project, http://www.ggdc.net/maddison/maddison-project/home.htm, 2020 version.

のプールという 3 つの点が重要なポイントです。

2　インセンティブ

　はじめにインセンティブから見ていきましょう。インセンティブは，日本語では誘引と訳されています。インセンティブとは，ある行為をするための動機づけになるものです。馬にとっての人参です。新しいモノゴトを生み出し，それをビジネスにしていくことが，人々にとって「得」になることは，イノベーションが社会で持続的に生み出される上では大切です。

　もちろん，自分の損得ではなく，自分の信念や使命感，あるいは突然のひらめきなどで新しいモノゴトを生み出そうとする人はいます。しかし，そのような意識の高い（あまり好きな言い方ではありませんが）人に頼っていては，イノベーションは持続的には生まれず，散発的になってしまいます。

　その点で，新しいモノゴトをビジネスにすることからどの程度の収益が期待できるかということは大切です。もしも，海賊となるのが最も収益性が高い場合には，人々は効率的にあるいは効果的に海賊行為を働く方法を探すでしょう。もしも，昼寝をすることが最も収益性が高い場合には，人々は働かずに昼寝をしているでしょう。もしも，新しいモノゴトを生み出してビジネ

スを行うことが最も収益性が高ければ，人々は新しいモノゴトを生み出すために動き始めるのです。

■ 私有財産制度

イノベーションのためのインセンティブにおいて，基盤的な役割を担っているのが私有財産制度です。私有財産制度とは，財産の所有権が個人にあり，その所有権が法律などにより保証されていることです。「自分のモノ」がしっかりと「自分のモノ」として守られていることです。財産には，土地や建物から，物品や金銭，あるいは労働力としての自分などの生産手段も含まれます。

私有財産制度など，当たり前すぎると考えられるかもしれません。しかし，歴史的に見ると当たり前に存在していた制度ではまったくありません。むしろ，人類の歴史からすると，私有財産制度がきちんと整備されている時代の方が圧倒的に短いのです。たとえば，中世のイギリスでは多くの人が農奴でした。農奴は，領主に保有された農民です。農奴は，家族や住居を持ったりすることは許されていましたが，住む場所や職業を選ぶことはできませんでした。領主が権利を侵害したとしても，農奴は荘園裁判所にしか訴えることができず，国王裁判所に訴えることはできなかったのです。

封建主義的な社会体制が徐々に崩れ，私有財産制度が少しずつ成立してきたのです。私有財産制度は一晩でできあがったものではありません。市民革命を経て，少しずつ制度として精緻化されてきました。私有財産制度は資本主義の基盤となる制度ともいえます。自分の財産を使って生み出した経済的な価値が自分に帰属するようになったのです。これによって，イノベーションを生み出すインセンティブが与えられます。

たとえば，田畑が共有財産として存在していた場合には，誰もそれをより有効に活用しようというインセンティブを強く持ちません。学習して，技術を磨こうとするインセンティブは大きくないのです。いくら頑張っても自分の利益にあまりならないからです。しかし，田畑が自分のモノであれば，そのベストな使い方をその持ち主は真剣に考えるでしょう。自分のモノであるからこそ，最も良い使いみちを真剣に考えるのです。

私有財産制度を確立し，維持する上で，国はきわめて重要な役割を果たし

ます。産業革命前の基本的な生産要素は，土地と労働と資本でした。このうち，土地と労働は，そもそも売買をするために製造されたものではありません。土地は，自然の一部ですし，労働を提供する主体の人間も，労働者としてその時間を売買するために生み出されたわけではありません[2]。そのため，需要に合わせて供給を増やしたり減らしたり，と調節することが簡単にはできないのです。

そこで国の出番です。土地を私有財産とするため，国は重要な機能を果たしています。まず，どこからどこが誰の土地なのかを決めなければなりません。土地の登記です。これがなければ土地の売買や貸借ができません。土地の私有財産権が侵されないように，国はルールを整えるのです。

労働力についても同じです。職業選択の自由や移動の自由を保証することは大切です。今では当然のことのように思えるかもしれませんが，歴史的に見ると封建的な社会でこれらの自由が保証されていなかった時間の方がずっと長いのです。職業選択や移動の自由が保証されるからこそ，自分の時間を労働力として労働市場で売ることができるのです。また，労働力を売った側と買った側には雇用関係が生まれます。国は，その雇用関係を正当化することによって，労働力を市場で取引できるようにしているのです。

■ 特許制度

私有財産制度は，イノベーションだけでなく，経済活動一般を支える基盤的な制度です。もう少し，イノベーションに焦点を絞りましょう。イノベーションのインセンティブという点では，特許制度が重要な役割を果たしています。

特許制度をインセンティブという観点から見ると，2つの機能があります。ともに，イノベーションのためのインセンティブを高めるものです。

第1は，新しい知識を私有財産として守るという点です。私有財産は，歴史的には土地やモノなどから制度化されていきました。目に見えやすいからかもしれません。それを技術にも適応したものが特許です。新しい技術は，

2　カール・ポランニーは，そもそも市場での取引を前提にして生み出されたわけではない土地や労働をあたかも商品のように市場において取引することとその結末について批判的に論じています（Polanyi [1944]）。

それを生み出した人の私有財産として認めようというわけです。特許は，ある一定期間，排他的に当該技術を使用する権利を与えるものです。これによって，イノベーションの専有可能性を高めることができます。イノベーターがそのイノベーションが生み出す経済的な成果を獲得する程度を，特許は高めてくれるわけです。これがあるからこそ，イノベーションを生み出そうとするインセンティブが高まります。もしも，特許制度がなければ，新しくすぐれた技術を生み出したとしても，すぐに模倣されてしまいます。模倣されてしまってはなかなか，経済的な成果をそこから獲得することはできません。

　もちろん，特許をとるということは，ある一定期間，その技術を排他的に実施する権利を得るということですから，知的財産を私有化する側面があります。そのため，個人の金銭的な報酬よりも，社会にその技術を広めるために特許をとらないという人もいます。たとえば，コンクリート製の灯台を開発したジョン・スミートンやポリオワクチンを開発したジョナス・ソークなどはその代表人物です。しかし，そのような高い理想を持った人だけに頼っていては，社会制度としては脆弱です。

　特許制度が成立する前の中世のヨーロッパでは，ギルドが技術を守っていました。ギルドは，同業者組合であり，メンバーから資金を徴収し，新しい技術を発明した人に報奨金として支払うことがありました。これが新しい技術を発明するインセンティブになっていたのです。しかし，その一方で，ギルドは自らの技術を守るために新しい技術に対して保守的な態度をとっていたともいわれています。ギルドや徒弟制度は，既存の技術の継承のための制度であり，新しい技術を生み出すという機能は小さかったという指摘もあります[3]。だからこそ，特許制度の重要性は大きかったわけです。特許制度が整備されてくるにつれて，新しい技術を生み出せば，経済的な収益を期待で

3　ギルドがどの程度，技術発展を促進したのかあるいは阻害したのかについては，経済史でも大きな議論の1つでした。技術発展を促進したという見方については，Epstein and Prak [2008]，Epstein [1998] が代表的なものです。これに対して技術発展を阻害していたという研究の代表的なものは，Ogilvie [2004]，[2014] などがあります。日本については，日本酒において伝統的な徒弟制度が製品の品質を上げているのかを実証的に分析した研究もあります（Hori et al. [2020]）。

きるようになっていったのです。

　2つめは，特許は技術の市場をつくるというポイントです。これはイノ
ベーションのインセンティブに間接的に影響します。技術は，取引費用が大
きいという特徴があります。

　とても大切なので，取引費用について少しだけ説明しましょう。取引費用
（Transaction Costs）とは，その名の通り，取引をしようと思った時にかかる
費用です。ある財を市場で取引しようと思ったら，価格や品質，取引相手が
信頼できるかどうかなどを調べなければいけません。もちろん，そのために
はコストがかかるのです。このコストが取引費用です。取引費用が安ければ，
市場での取引が行われますが，取引費用が高い場合には，市場での取引が行
われなくなってしまいます。たとえば，ネジを考えてみましょう。普通のネ
ジは，かたちや寸法が規格で標準化されています。ネジとドライバーが合わ
ないなんてことはありません。もしも，ネジがまったく標準化されておらず，
かたちや寸法，品質までバラバラだったらどうなるでしょうか。企業はネジ
を市場から調達するコストが高くなります（取引費用が高くなる）。そのよう
な場合には，企業はネジを市場から調達するのではなくて，社内で製造しよ
うとします。その取引を社内に内部化するのです。取引費用の大きさは，企
業のビジネスの範囲を規定しているのです[4]。

　技術は典型的に取引費用の高い財です。ある技術を社内に導入しようと考
えたときには，本当に信頼性の高い技術なのか，自社の製品やサービスに適
しているのか，価格は妥当なのか，取引相手は信頼できるのかなどを勘案し
なければいけません。さらに，技術の複雑性が高かったり，新規性が高かっ
たりするほど，その取引費用は大きくなります。新しい技術を導入したとし
ても，社内でそれを受容する能力（吸収能力）があるかどうかもやってみな
いとわからない側面があります[5]。だからこそ，研究開発を社内で内部化し
て，自社の製品やサービスで使うための技術をつくり出そうとするわけです。

　特許制度は，技術の取引費用を下げる機能があります。特許では，その技
術がどのようなものなのかが書面上で説明されています。もちろん，技術は

4　Coase [1937].
5　吸収能力については，Cohen and Levinthal [1990] を参照してください。

それを開発した人などに暗黙的に体得されている点もなくはありません。そのため，特許を読めば，その技術を完璧に再現できるという場合ばかりではないでしょう[6]。それでも，技術の内容についての記述は，その技術の内容の理解を大きく促進してくれます。さらに，特許は，その技術の権利の範囲を明示しています。知的財産権として保護される権利がどこまでの範囲なのかがわからなければ，それを市場で取引することはなかなか難しくなっています。特許制度は，「技術」を売買するための取引費用を下げる機能があります。

　もちろん，特許制度があればすぐに取引費用が下がるわけではありません。明治期に日本で特許制度を導入した際には，弁理士の制度が十分に整備されていなかったために，技術の市場は上手く機能していませんでした[7]。技術についての理解がない弁護士が訴訟を担当したり，悪徳な弁理士がいたりしたのです。しかし，弁理士の制度整備がなされてくると，技術の市場が機能するようになり，特許の売買も多くなっていったのです。技術の市場が成立し，それが大きくなることは，新しい技術を生み出そうと思うインセンティブを高めます。もしも，生み出した新しい技術が自社でビジネスにならなかったとしても，市場で買い手が現れるかもしれないからです。

　イギリスで最初に産業革命が起こった理由の1つは，知的財産権を保護する近代的な特許制度が成立していたことにあります[8]。世界で最初の特許制度は1474年のベネチア共和国における発明者条例でしたが，近代的な知的財産権の保護が制度として成立したのは1624年のイギリスでした（図表4-2）。これは他の諸国よりもかなり早い成立でした。この知的財産権を保護する近代的な制度の成立によって，イギリスのエンジニアは，自らの発明によって大きな富を得られるようなインセンティブの構造が生まれたわけです。発明をビジネスに結びつける素地が整ったのです[9]。

6　研究開発における暗黙的な知識の重要性については，Collins [1974]，Collins and Harrison [1975] が詳しく分析しています。

7　Nicholas and Shimizu [2013].

8　この代表的な見方は，North and Thomas [1973] を参照してください。

■ 図表 4-2：近代的な特許制度の成立 ■■■■■■■■■■■■■■■■■■■■■■■■■■

年	特許制度の成立
1624 年	イギリス専売条例
1790 年	アメリカ特許法
1791 年	フランス特許法
1815 年	プロシア特許法
1864 年	イタリア特許法
1877 年	ドイツ特許法
1885 年	日本専売特許条例

出所：著者作成。

⌐ コラム⑦　なぜ，労働節約的なイノベーションばかりだったのか ⌐⌐⌐⌐⌐⌐⌐⌐⌐⌐⌐⌐

　イギリスの産業革命では，労働節約的なイノベーションが数多く生み出されました。ジョン・ケイの飛び杼（コラム⑧参照）やジェームズ・ハーグリーブズのジェニー紡績機，サミュエル・クロンプトンのミュール紡績機など，労働力を節約するイノベーションには枚挙に暇がありません。

　なぜでしょう。これもインセンティブという観点から見るとその理由がよくわかります。オックスフォード大学のロバート・アレンは，2 つのポイントを指摘しています。第 1 点は，資本の価格に対する相対賃金の上昇です。図表 4-3 は，オーストリア，イギリス（イングランド），フランス，そしてインドの資本価格に対する相対賃金の推移を示したものです。ここでわかるように，1630 年頃から徐々にイギリスの賃金は相対的に上昇していたのです。フランスやオーストリアでは相対賃金はそれほど上昇していませんでした。これは，イギリスで資本価格よりも賃金が上昇していたことの結果でした。つまり，人件費が高くなっていたのです。

　人件費が上昇していくと，工場などで多くの労働者を雇用している企業家は，資本を投入して，人件費を削減するような（少ない労働投入量で生産できるような）機械を導入する方が得ということになります。つまり，機械化のインセンティブが高まったわけです。換言すれば，労働投入量を削減するような機械を発明できれば，企業家がどんどん導入してくれるという状況が生まれたのです。だからこそ，イギリスの産業革命では，労働節約的な発明が相次いだのです。

　この図からもわかるように，インドはイギリスと対照的で，相対賃金が安かったのです。つまり，投資をして労働力を削減するような機械を導入するインセン

9　特許の重要性はこれまでに繰り返し指摘されてきましたが，近年の実証的な研究ではそれほど頑健性の高い結果は出ていません。むしろ，伝統的な見方に対して疑問を呈するようなやや微妙な結果が見られています。Moser [2016]，Sampat and Williams [2019] などを参照してください。

■ 図表 4-3：資本価格に対する相対賃金 ■

出所：Allen［2011］，p.31，Figure 7 を参考に著者作成。

ティブはなく，むしろ，安い労働力をできるだけ多く投入して生産する方が企業家にとっては得だったのです。

　当初は，インドの安い人件費を使った綿の方が品質もよく価格も安かったのですが，徐々に機械に改良が加えられ，最終的にはイギリスの綿がインドを品質面でも価格面でも凌駕するようになったのです。

　第2の点は，エネルギー価格です。イギリスは，他の国よりも石炭の価格が安かったのです。石炭が豊富にとれたのです。とくに，賃金に対するエネルギーの価格が低かったのです。機械を導入して，安価な石炭を使い，高い労働力を代替するインセンティブがイギリスでは存在したのです。フランスや中国では，石炭の価格が高かったため，賃金を削減するような機械を導入したとしても，企業家が利益を上げられる見込みが少なかったのです。

　第二次世界大戦後の日本では省エネルギーの技術が多く生み出されました。日本の鉄鋼業の銑鋼一貫プロセスは，省エネルギーという点でも画期的でしたし，1970 年代以降の自動車の燃費は世界でもトップでした。このほかにもさまざまなところで省エネ技術が生み出されてきましたが，これはヒックスの考え方とも適合的です。省エネ技術が多く生み出されたのは，日本人の間に「もったいない」精神が浸透しているからというよりも（エネルギー以外にももったいないものはたくさんあるのですから），エネルギー価格が相対的に高かったからです。だからこそ，それをおさえるような製品やサービス，あるいは技術を生み出せれば，儲かるという状況があったのです。

3　コ ス ト

　イノベーションのためのインセンティブは大切なのですが，それだけでは，十分ではありません。タダではイノベーションは生み出せません。ヒト・モノ・カネといった経営資源を動員する必要があります。必要な経営資源を調達するコストが大きすぎると，新しいチャレンジはなされなくなります。

　その点で，流動性制約（Liquidity Constraints）は見逃せないポイントです。流動性制約とは，流動性が限られている程度です[10]。流動性制約が高ければ，必要なヒト・モノ・カネといった経営資源を調達することが難しくなったり，大きなコストがかかったりします。流動性制約が小さければ，すぐに必要な人材を集められたり，技術を調達できたり，資金調達がスムーズに進みます。

■ 労働市場

　新しいビジネス機会を追求するためには，必要なスキルを持った人材を柔軟に調達できるかどうかは重要です。必要な人材を，すぐに調達できればよいのですが，そうはいかない場合もあるでしょう。

　必要なスキルを持った人材が労働市場にいないような場合です。労働市場は，外部労働市場と内部労働市場に分けることができます。外部労働市場とは，企業の組織の外にある労働市場です。学生の就職やビジネスパーソンの転職などは，企業にとっては外部の労働市場からの人材の調達といえます。一般的にイメージされるような労働市場です。内部労働市場とは，企業の社内にある人材のプールです。次の社長を社内の人材から登用する場合には，内部労働市場から人材を調達したということになります。

　また，必要なスキルを持った人材は労働市場にはいるけれども，誰が必要なスキルを持っているのかを事前に判別できないようなこともあります。そのような場合は，企業は必要なスキルを有していると思われる人を雇って，仕事を通じて本当に必要なスキルを持っている人を選別していきます。つま

10　流動性制約の役割を中心に分析したものの代表的なものとしては，Evans and Jovanovic［1989］があります。

り，内部の労働市場の役割が大切になります。

　イノベーションのために必要な人材がどちらの労働市場にも見当たらない
場合には，企業は自社で人材を育成しなければならなくなります。時間もコ
ストもかかります。反対に，すぐに労働市場から必要なスキルを持った人材
を調達できる場合には，新しいチャレンジはしやすいことになります。この
点で，教育は重要な役割を担っています。

■ 技術の市場

　イノベーションを生み出すためには，技術が必要なこともあるでしょう。
もしも，必要な技術がなければ，自社で開発しなければなりません。ただし，
必要な技術のすべてを自社で賄わなければいけないとすれば，コストは当然
大きくなります。

　もしも，技術が市場を通じて調達できれば，そのコストは安くなります。
第2章で見たように，技術の売買において重要な役割を担うのは特許制度で
す。特許制度により，知的財産として技術が認められ，売買が可能になった
のです。しかし，技術は取引費用が高い財です。取引費用が高いということ
は，技術の品質や価格，自社への適合性などを事前に判別するのはなかなか
難しいということです。とくに，技術は，形式知として文字や数式，あるい
は図表などで表現できるものばかりではなく，暗黙知的な側面も多いのです。

■ 金融制度

　新しさを生み出したり，それをビジネスに転換したりするためには，投資
が必要です。資金が余っている人が，たまたま新しいモノゴトに投資をしよ
うと考えてくれればよいのですが，そういう場合ばかりではないでしょう。
あるいは，新しいモノゴトを生み出そうとする人の知り合いに，たまたま資
金が余っている人がいればラッキーです。しかし，そのような幸運頼みでは，
イノベーションが持続的に生み出されることを期待することは難しいでしょ
う。

　新しいアイディアを構想し，それをビジネスとしていくための資金を必要
としている人が，低いコストで資金を調達できる制度はイノベーションに
とって大切です。資金が余っているところから，必要なところにカネを融通

する金融制度が果たす役割は重要です。

　金融の方法にはさまざまなものがあります。銀行は，一時的に余っている資金を預かり，資金が足りない人や組織に貸し，その対価として利子を得ます。銀行は，信用が大切です。必要に応じて，預けた自分の資金を引き出すことができると銀行を信用できなければ，誰も資金を銀行には預けません。だからこそ，産業革命期には，いざとなったときには自分の財産を切り崩して引き出し要求に応じることができる地方の盟主が銀行の発起人になっていました。

　イギリスでは投資銀行は産業革命期にはそれほど大きな役割を果たしてはいませんでしたが，大陸ヨーロッパでは重要でした。1822 年に設立されたベルギーのソシエテ・ジェネラル銀行は初期の代表的な銀行でした。ドイツやフランスでも，産業発展を目的とした銀行が設立され，鉄道や工業の資金の融資をしていきました。それらの銀行は，多くの預金者から資金を集め，工業セクターの企業家に長期的な資金を供給していました。その結果，1815 年から 1870 年の間には，大陸ヨーロッパでも，産業革命で生まれた主要産業のすべてで収益が得られるようになったのです[11]。

　株式も，遊休状態の資金を必要としている人や組織に融通する制度です。大きな資金を必要とするビジネスを行うために，多数の人から少しずつ資金を集めていくのです。株式は，有限責任という点ですぐれた制度です。出資に応じた責任しか負う責任がないという点で，新しいモノゴトに投資をしようという企業家にとっては重要な資金調達方法となりました。

　株式会社の制度の起源については，ドイツの合資会社に求める考え方などさまざまな議論があります[12]。近代的なものとしては 1602 年に設立されたオランダ東インド会社が最初だといわれています。産業革命前のイギリスでは，1720 年の泡沫会社禁止法によって，株式会社を設立するためには議会の特許状が必要になっていました。つまり，勝手に株式会社を設立することは許されていなかったのです。この泡沫会社禁止法は 1825 年に廃止されましたが，自由に株式会社が設立できるようになったのは 1844 年でした。さ

11　Allen［2011］.

12　ビジネスのための組織の歴史的な変化については，Landes et al.［2010］を参照してください。

らに，有限責任制度が一般的にとられるようになったのは，1862年の会社法の制定以降です。

　そのため，株式会社制度は，イギリスの産業革命の直接的な原因ではなかったのですが，新規性の高いチャレンジを行おうとする人や組織にとっては，きわめて大切です。銀行からの借入は負債（デット・ファイナンス）ですから，返済義務があります。返済期限も利子も契約で決められています。もしも，返済が滞れば，契約に基づいて担保による弁済になります。つまり，新しいチャレンジが失敗に終わると，担保をとられてしまう可能性が高いのです。それに対して，株式を発行することにより資金を調達した場合（エクイティ・ファイナンス）には，そのチャレンジが失敗に終わったとしても，担保のようなものをとられてしまうことはありません。いくら株価を上げるとか，いくら配当を上げるなどということを株主との間に契約をするわけではないのです。資金を提供した株主にとっては，その株券の価値がなくなってしまう可能性がありリスクが高いのですが，新しいチャレンジをしようとする企業家にとっては，チャレンジのためのコストが低い資金調達方法です。

4　知識プール

　3つめのポイントは，知識プールです。いくら，インセンティブが大きくて，コストが小さかったとしても，利用可能な知識が陳腐化したものであったり，体系的になっていなかったりする場合は，持続的にイノベーションが生み出されることを期待することはできません。

■ 科学的合理主義

　知識のあり方に大きな変化が起こったのは，17世紀でした。それまでのヨーロッパでは教会が知識の裏書をする組織として存在していました。しかし，実際に実験や観察を行いデータを見てみると，どうも，既存の考え方ではつじつまが合わないこと（変則性）が明らかになってきたのです。知識の裏書をする組織としての教会の権威が大きく崩れるきっかけの1つは，天体の運動をめぐる天動説と地動説の議論でした。当時の教会は地球の周りを星が回っていると考えていたのですが，天体をよく見ると，地球が動いている

と考えなければ辻褄が合わない星の動きが観察されるようになったのです。

　これによって，真か偽かは，権威主義的な意思決定を通じて決めるのではなく，実験や観察を通じて決める科学的合理主義が生まれたのです。これにより知識は権力者の手を離れ，体系的に蓄積されるようになったのです。もしも，社会に体系的に知識が積み上げられていく制度がなければ，イノベーションは天才的なひらめきか，たまたまのハプニングの産物になってしまいます。もちろん，天才的なひらめきも偶然性も大切なのですが，それだけに頼っていては，イノベーションが持続的に生み出されることは期待できません。知識が体系的に積み重ねられると，新しい知識が次のさらに新しい知識を生み出す重要なインプットになるのです。

　ここで注意が必要です。実際に，イギリスで起こった産業革命で生み出されたイノベーションは，科学的な知識はそれほど使われていなかったのです。だからこそ，科学的合理主義はイノベーションが持続的に生み出されるきっかけとはいえないと考えられてきました[13]。たとえば，ワットの蒸気機関には，1750年頃にジョゼフ・ブラックが導入した潜熱の理論は貢献していなかったのです。しかし，産業革命にとって重要であった科学的な発見は，1700年以前になされていたことが明らかにされています。たとえば，空気には重さがあり，蒸気を圧縮すれば真空をつくり出せるという発見は，産業革命に大きな影響を与えました。これらの科学的な発見によって，初期の蒸気ポンプや蒸気機関が可能になったのです。

　また，合理主義的な考え方というと，マックス・ウェーバーを思い出す人もいるかもしれません。マックス・ウェーバーは，社会科学における古典的な著作『プロテスタンティズムの倫理と資本主義の精神』において，カルヴァン派が強い国では近代的な合理主義的な考え方が広がり，禁欲的な労働が資本の蓄積につながり，それが資本主義の発達につながったと論じました。カトリックの影響が強かった国（たとえば，イタリアやスペインなど）では，ビジネスによる蓄財は，拝金主義的なものと捉えられ，資本主義の発達が遅れたというのです。

　この考え方は，ロバート・アレンも指摘しているように，これまで実証的

13　Hall［1974］, Mathias［1969］.

にはあまり支持されるものではありませんでした[14]。プロテスタンティズム
と所得の間に一時的に相関があっただけであると考えられていますが，この
ことは，宗教あるいは文化が資本主義の発展に無関係であるということを意
味しているわけではありません。たとえば，ノースウエスタン大学のジョエ
ル・モキイアは，スコットランドの啓蒙主義がイギリスに広まり，それによ
り学者とエンジニア（現場で技術づくりを実際にしている人）の間のコミュニ
ケーションが容易になり，それが産業革命につながったと論じています[15]。
フランスでは，学者とエンジニアの間の垣根は大きく，学者の研究の水準は
高かったものの，それがエンジニアリングに活かされにくかったのです。

　科学的合理主義を支える教育制度も大切でした。識字能力が上がっていた
ことも指摘されています。たとえば，自分の名前を署名できる成人は，イン
グランドでは1500年には6％程度だったのに対して，1800年には53％だっ
たと推計されています[16]。識字率が上がっていたのはイングランドだけでは
ありません。オランダでは68％へ，ベルギーも49％にまで上昇していまし
た。これに対して，イタリアやスペインなどでは，1800年になっても20％
程度にとどまっていました。識字率の向上は，知識の移転に重要な役割を担
います。知識のすべてを口頭で伝えなければならないとすると，知識の波及
は小さなコミュニティにとどまってしまいます。識字率が向上することに
よって，知識はより広範に広がっていくことができます。

　計算能力も上がっていたことも忘れてはいけません。18世紀には算術の
書籍が多く販売されるようになっていました。つまり，計算を学習していた
のです。算術は主に，商業，航海，測量などで使われていました。商業が発
展していったことが，識字率や計算能力の向上の背景にありました。

■ 特許とオープン・サイエンス

　特許制度は知識プールにも影響を与えます。特許が付与される条件は，技
術内容の公開です。近代的な特許法の始まりといわれているイギリスの専売
条例でも，特許は公開されていました。特許状は，発明者だけが読めるよう

14　Allen［2009］.
15　Mokyr［2017］.
16　Allen［2009］.

に封がされているのではなく，誰でもが読めるように（封がされていない）開いた状態の書面だったのです。これは「開封特許状」と呼ばれています。

　新しい技術の情報が公開されることで，社会的には二重投資が回避できます。特許が公開されることによって，同じような研究開発を行っていた企業は先を越されたことがわかれば，当然，研究開発戦略を変更するでしょう。社会的には，同じ研究開発に重複した投資がされているのは無駄です。特許が公開されることによって，その二重投資が回避できるのです。さらに，特許が公開されることによって，知識が社会に波及します。そこにあるアイディアを他社は知ることができます。他社にとって，それは今後の研究開発の重要なインプットになります。

　知識が社会的に蓄積されるのです。知識が蓄積されていくので，（そのままですが）知識ストックとも呼ばれています。もちろん，知識はどんどんアップデートされるために，古い知識は陳腐化します。しかし，新しい知識が積み重ねられるほど，次の新しい知識も生み出されやすくなるわけです。

　イノベーションがイノベーションを生むのです。これはスタンフォード大学のポール・ローマーらが内生的成長論として論じたものです[17]。内生的成長論は，それまでのシュンペーターのイノベーションの考え方とは，イノベーションを促進する要因の捉え方が異なっています。シュンペーターはイノベーションを起こす人を企業家と考え，彼らの重要性を指摘しました。そこで，どうしても説明できなかったのは，イノベーションを起こす企業家の出現でした。「18世紀中ごろからたまたまイギリスに優秀な企業家が多く生まれて，またいなくなっていったとでも言うのか」と批判されたのです。イノベーションの発生の時と場所に偏りがあることを上手く説明できなかったのです。

　ローマーらは知識に注目し，内生的にイノベーションが生み出されるメカニズムを提唱しました。知識は非競合的な性質を持っています。知識は多くの人が同時に使ったとしても目減りしません。多くの知識が生み出されれば，それを基にして次の新しい知識がつくり出されるのです。

17　内生的成長理論については，専門的にはAghion and Howitt［1998］，Romer［1986］，［1990］などを参照してください。内生的成長理論がどのように展開してきたのかについては，Warsh［2006］がとても読みやすくまとめてくれています。

特許は知識ストックの1つの例です。学術的な論文もそれに当たります。大学などが生み出す知識は基本的に誰でもアクセスができる公共財です。だからこそオープン・サイエンスは体系的な知識を広く社会に提供する重要な仕組みです[18]。

また，企業が自社の研究開発の成果を戦略的に公開しなかったとしても，良い製品であれば，他社は分解し，学習します。一度，新しい知識が生み出されれば，それを多重利用するのにあまりコストはかかりません。

知識への投資（たとえば，研究開発への投資）の収穫は逓増していきます。知識へ投資を進めていくと，次々と新しい機会が見出されていきます。新しく生み出された知識が，後続の研究開発や新しいビジネス・チャンスの創出にとっての重要なインプットになるからです。そのために，その投資から得られる収穫は逓減せず，むしろ徐々に増えていくのです。つまり，イノベーションが次のイノベーションを生むのです。これは知識のスピルオーバー効果と呼ばれています。

もしも，スピルオーバー効果がない場合には，自社の研究開発投資から得られるリターンはすべて社内にとどまります。研究開発投資を1単位増やすとどのくらいリターンが得られるのかの弾力性を考えてみると，スピルオーバー効果がない場合には，自社の研究開発投資を増やしたとしても，外部にはその恩恵は出ていきません。スピルオーバー効果がある場合には，自社の研究開発投資のリターンは，外部にも波及していきます。つまり，自社の研究開発を増やすと外部の研究開発のリターンも増えるのです。先行研究では，研究開発投資から自社が得られるリターンのおおよそ半分から2倍程度が外部に対する波及効果として見られています[19]。

5 本章のまとめ

ここでは，いつからイノベーションが持続的に生み出されるようになったのかを考えてきました。そして，持続的にイノベーションが生み出されるよ

---

18 科学的な発見とイノベーションについては牧［2022］に詳しく書かれています。
19 Griliches［1992］, Hall et al.［2010］. また，その波及効果は，特定の地理的な範囲に見られることがわかっています（Audretsch and Feldman［1996b］）。

～コラム⑧　イノベーションが次のイノベーションを呼ぶ～～～～～～～～～～～～

　イノベーションは，次のイノベーションのインセンティブにもなります。これは，スタンフォード大学のネイサン・ローゼンバーグらが議論してきたものです。彼らは，イノベーションがある特定の地域やある時代に群生することに着目しました。

　なぜイノベーションは群生するのでしょう。ローゼンバーグらは，市場の拡大や技術の発展によって，市場と技術の間，あるいは技術と技術の間のバランスが崩れるからだと考えたのです。バランスが崩れていることを，インバランス（不均衡）と呼びます。たとえば，アメリカでは1869年に最初の大陸横断鉄道が開通しました。これによって，それまで東部と南部，そして西部に分断されていた国内市場が統合されたのです。鉄道の開通とともに，電信電話も通じるようになりましたから，モノの流れだけでなく，情報の流れも早くなったのです。しかし，大きな国内市場が誕生したものの，そこに製品やサービスを提供する企業の組織は大きな市場に対応するような能力を身につけていませんでした。ここに，市場と組織の間のバランスが崩れたのです。大量生産や大量流通の能力を備えた組織を構築すれば，儲かるという状況が生まれたのです。このインバランスを解消するために，大量生産や大量流通を可能にする新しい技術やビジネスが次々と生み出されたのです。

　イギリスの産業革命でも，このようなインバランスは見られました。きっかけは，1733年の発明でした。発明家のジョン・ケイが，後に「飛び杼（とびひ）」と呼ばれる手織機用のローラー付きのシャトルを発明したのです。これは，それまで2〜3名一組で布を織っていたプロセスを，一人で行うことを可能にするものでした。これによって，布を織る生産性が一気に上がったのです。布を織る生産性が上がると，困ったことが起こりました。布の材料である糸の提供が追いつかなくなったのです。布を織る技術と糸を紡ぐ技術の生産性のバランスが崩れたのです。

　バランスが崩れるとビジネス・チャンスです。糸を紡ぐ生産工程の生産性を向上させられれば，儲かる状況が生まれるわけです。そのため，ジェニー紡績機やミュール紡績機などに代表されるように，紡績機の生産性の向上のための発明が次々となされていったのです。紡績機の生産性が上がってくると，これに負けじと，飛び杼が自動化された自動織機も発明されました。イノベーションが，インバランスを生み，それが次のイノベーションの新たなインセンティブになるのです[20]。

20　この点については，米倉［1999］がとてもわかりやすくまとめています。

うになるためには，①新しいモノゴトを生み出し，それをビジネスにしてい
くインセンティブが存在し，②イノベーションを生み出すのに必要なコスト
が低く，なおかつ③体系的に知識がプールされていることが大切なことを見
てきました。

　これは，企業についても同じです。組織の中には，自分の得にならなくて
もどんどん「より良いもの」「より良いやり方」を求めて，新しいモノゴト
を生み出そうとする人はいるでしょう。しかし，イノベーションがそのよう
な意識の高い人頼みになってしまうと，その組織から持続的にイノベーショ
ンが生み出されることは期待できません。その意識の高い人たちもそのうち
疲弊してしまうでしょう。社内でも，新しいことにチャレンジすることが
「得」となるようなインセンティブがあることは大切です。インセンティブ
というと，金銭的なものが最初に思い浮かぶ人もいるでしょう。たしかに，
金銭的なインセンティブはとても大切なのですが，社会的な承認もイノベー
ションでは大切なインセンティブになります。また，新しいチャレンジをす
るコストが高すぎると，誰もチャレンジしようとしません。もしも，新しい
チャレンジをしようとすると自分の今の業務にプラスしてやらざるを得ず，
負担が大幅に上がってしまったり，失敗した時に大きな責任を取らされたり
すれば，新規性の高いチャレンジをしようとする人は減ってしまいます。組
織のメンバーが，最新の知識にアクセスできるかどうかも大切です。また，
権威主義的な意思決定をしている組織では，知識が体系的に積み上がってい
かないので，持続的にイノベーションが生み出されることを期待することは
できません。

もう一歩詳しく知るためのリーディング

　イギリスの産業革命は，世界史的に見ても，人類に最も大きな影響を与
えた出来事の1つでしょう。イギリスの産業革命について詳しく知りたい
人にはこれがおすすめです。

⮕ Allen, R. C. [2009], *The British Industrial Revolution in Global
Perspective*, New York: Cambridge University Press. （眞嶋史叙・中野
忠・安元稔・湯沢威訳『世界史のなかの産業革命：資源・人的資本・

　グローバル経済』名古屋大学出版会，2017 年）

　なぜ，ある時から世界ではイノベーションが群生するようになったのか，次の本はこれを有用な知識という観点から鮮やかに説明してくれています。イノベーションの普及にとって大切な抵抗の問題も論じられています。面白おかしくすらすら読めるタイプの本ではありませんが，骨太な論理を楽しんでください。

⇨ Mokyr, Joel [2002], *The Gifts of Athena: Historical Origins of the Knowledge Economy,* Princeton University Press.（長尾伸一監訳・伊藤庄一訳『知識経済の形成：産業革命から情報化社会まで』名古屋大学出版会，2019 年）

第**5**章

なぜ，国ごとに違いがあるのか？

この章を読み進める前に

■ イノベーションを多く生み出していると考えられる国を1つ取り上げて，なぜ，その国がイノベーションを生み出せているのかを説明してください。

■ 好きな国を1つ取り上げ，その国のイノベーションを促進するためにはどのようなポイントが重要になるのかを考えてください。

　イノベーションが次々と生み出される国と，散発的にしか生み出されない国があります。また，国ごとに生み出されやすいイノベーションの性質も異なっています。なぜでしょう。第4章では，①インセンティブ，②コスト，そして③知識プールの3点が重要だということを考えてきました。これら3つのあり方は，それぞれの国の制度によって違うのです。だからこそ，イノベーションに差が出てくるのです。国ごとのイノベーションの違いは，ナショナル・イノベーション・システム（NIS：National Innovation System）という観点から考えられてきました。

1　国によるイノベーションの違い

　イノベーションが持続的に生み出される国もあれば，散発的にしか生み出されない国もあります。また，国によって生み出されやすいイノベーションのパターンもありそうです。まずは，ここでは，日本，アメリカ，そして中国を例に見ていきましょう。

■ TFP と特許から見る

　第2章で見たように，イノベーションの測定にはさまざまなものがあります。はじめに，TFP と特許の推移から見ていきましょう。「え，TFP って何ですか」という人は第2章をもう一度チェックしてください。

　図表 5-1〜5-4 の見方を説明しておきましょう。棒グラフは成長会計を，折れ線グラフ（第2軸）はそれぞれの国の特許庁に出願された特許数の推移を表しています。成長会計とは，経済成長への貢献を，労働投入量，労働の質，資本投入量，そして TFP という要素に分解するものです[1]。棒グラフはこれらの要素を積み上げたもので，経済成長を表しています。横軸は年です。国の経済成長の程度と，そこに貢献した要素の推移がわかります。折れ線グラフは，特許の出願件数を表しています。基本的には研究開発の活発さの程度を表すと考えられます。第2章で見たように，国ごとの特許数の単純な比較にあまり意味はありません。それぞれの国の推移を見ることが大切です。

　図表 5-1 で日本から見ていきましょう。まず，いわゆるオイルショック前までの高度経済成長期には，時には 10% を超える経済成長をしていたことがわかります。アメリカと比べても高い水準の成長です。そして，その成長では，TFP の貢献がかなり大きかったことがわかります。イノベーションが重要な役割を担っていたと考えられます。しかし，オイルショック以降，TFP は正の貢献をしなくなっています。TFP がマイナスになっている年も多いのです。2000 年代以降，「日本からイノベーションがなくなってい

1　ここでは各国の成長会計が利用可能な Total Economy Database というデータベースを使っています。

■ 図表 5-1：日本の成長会計と特許出願件数の推移 ■

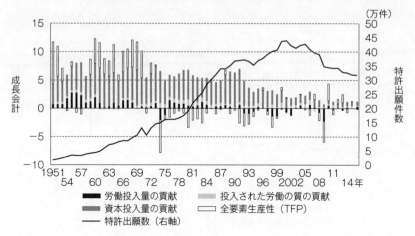

出所：The Conference Board Total Economy Database™（Adjusted version），November 2017，特
　　　許行政年次報告書，『新版　日本長期統計総覧』。

る！」という指摘が一般的に言われたりすることもあるのですが，TFP で
見ると実はイノベーションの経済成長への貢献の低下は 1970 年代から始
まっていたことがわかります。経済成長も徐々に小さなものになっています。
さらに，1990 年代中頃になると資本投入の貢献も小さくなっています。

　特許出願件数の推移を見ていきましょう。日本の特許庁への出願件数は，
国際的に見ても高い水準で推移しています。第 2 軸を丁寧に見てみると，ア
メリカよりもかなり多いことがわかります[2]。時系列で見てみると，日本の
特許庁への出願件数は，2000 年代に入るまで右肩上がりとなっています。
1968 年にはアメリカを抜いて，世界で最も多い出願件数となりました。経
済成長に対する TFP の貢献が小さくなっていた 1970 年代後半から 1980 年
代にかけての特許出願件数の推移の傾きは大きく，研究開発が活発であった
ことがうかがえます。しかし，2000 年代以降，特許出願件数は減少してい
ます。

　図表 5-2 は，アメリカです。アメリカの成長を見てみると日本とは少し違

2　それぞれの特許庁で 1 つの特許で請求できる技術の範囲はやや異なっているため，
　　特許の出願件数だけを見た研究開発の活発さの単純な比較には注意が必要です。

■ 図表 5-2：アメリカの成長会計と特許出願数の推移 ■

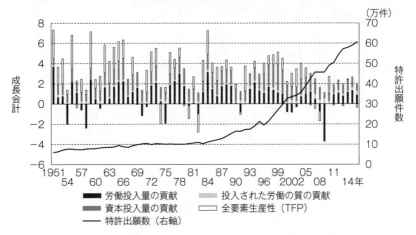

出所：The Conference Board Total Economy Database™ (Adjusted version), November 2017, USPTO Table of Annual U.S. Patent Activity Since 1790.

う傾向が見られます。まず，日本の経済成長の程度が少しずつ低下している一方で，アメリカは成長が高まってその後下がるという周期的な動きが見られるようにも思えます。ただし，縦軸の目盛りが違うことには注意してください。たとえば，日本は 1970 年代以降，経済成長の程度が小さくなってきているように見られますが，アメリカと比べると 1970 年代や 1980 年代は高い水準で成長していたのです。アメリカも日本と同じように，経済成長に対する TFP の貢献の程度は小さくなっていますが，まだ正の貢献もしています。

　アメリカでの特許出願件数は右肩上がりに推移しています。とくに 1980 年代以降は，それ以前の傾きよりも急になっていることがわかります。また，この図には表されていませんが，アメリカの特許庁で特徴的なポイントは，海外からの出願の多さです。アメリカの特許庁に出願された特許のうちアメリカの居住者ではない発明者からの出願は 1980 年には 40％を超え，2009 年には 50％を超えました[3]。

3　U.S. Patent and Trademark Office, Patent Technology Monitoring Team (PTMT), U.S. Patent Statistics Chart, Calendar Years 1963-2019.

■ 図表 5-3：中国（公式）の成長会計と特許出願数の推移 ■

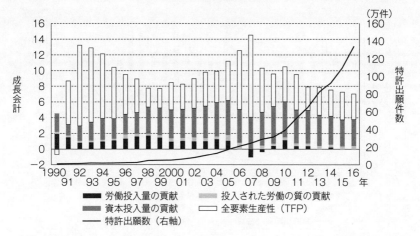

出所：The Conference Board Total Economy Database™ (Adjusted version), July 2020, WIPO IP Statistics Data Center.

　図表 5-3 は中国の成長会計です。アメリカや日本などと比べるとこのデータベースで利用可能な期間が 1990 年からと限られています。まず，中国の経済成長の程度がとても高いことがわかります。「ミラクル」と呼ばれた日本の高度経済成長期と比べて見てください。中国の経済成長の水準の高さがわかります。次に，成長会計を見てみると，TFP の貢献が大きいこともわかります。イノベーションが成長の大きな牽引役だったのです。中国の特許出願数を見てみると，2000 年代後半までは低位で推移していたものの，それ以降急速に増えています。2014 年には出願件数は 100 万件を超えています。例を見ない急成長です。中国での研究開発を支えるシステムに大きな変化が起こっていたことがうかがえます。

　中国についてはもう 1 つ成長会計があります。図表 5-3 は，政府が発表している公式のデータを使ったものです。しかし，中国の経済の実態を反映していないのではないかという懸念があり，研究者たちが経済のセクターごとにデータを集計し，ボトムアップ型の推計を行っています[4]。それを示したものが図表 5-4 です。

　これを見ると，公式のデータに基づく成長会計よりもその成長の水準がやや小さいことがわかります。中国政府が発表している数値ほどは経済成長の

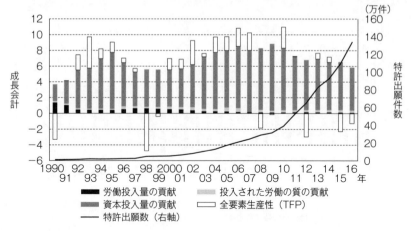

出所：The Conference Board Total Economy Database™ (Adjusted version), July 2020.

水準は高くないのかもしれません。その成長の中身を見てみると，資本投入の貢献が大きく，TFPの貢献は公式のデータから推計したものと比べるとそれほど大きくはありません。

■ 賞やリストから見る

　TFPや特許の出願数から3つの国を概観してきました。TFPは経済成長から労働や資本の貢献分を引いて残った部分です。TFPの具体的な中身はブラックボックスです。新しい製品やサービスなど，プロダクト・イノベーションが多く生み出されていたのか，あるいはプロセス・イノベーションが積み重ねられて成長を牽引したのかもTFPを見ているだけではわかりません。

　また，特許は新しい技術ですが，それがどの程度の経済的な価値を生み出したのかは数を数えているだけではわかりません。第2章で見たように，特許が他の特許に引用された数（被引用件数や前方引用数などといわれます）を

4　この点については，Frequently Asked Questions on The Conference Board's Alternative China GDP series, November 2015（https://www.conference-board.org//retrievefile.cfm?filename=FAQ-for-China-GDP_9nov1511.pdf&type=subsite）を参照してください。

見ることである程度，それぞれの技術の質を知ることができます。被引用件
数が多い特許の方がすぐれた技術であり，より大きな経済的な価値を生み出
していると考えることができます。

　しかし，技術的な領域が異なれば，そこで出される特許の数も違います。
たとえば，エレクトロニクスの方が医薬品よりも特許の件数は多くなる傾向
があります。そのため，単純に特許の被引用件数で比較すると，エレクトロ
ニクスの方がすぐれた技術を開発しており，より大きな経済的な価値を生み
出しているということになります。しかし，このような単純な比較には意味
はまったくありません。被引用件数が大きくなるのは，単純に生み出される
特許の数が多いからです。特許数が多ければ多いほど，被引用件数も単純に
多くなります。技術的な領域が異なる技術の質を評価するのはなかなか難し
いのです。

　そのため，もう少し質的なポイントから見てみましょう。まずは，世界的
にも有名な賞ということで，ノーベル賞の物理学，化学，生理学・医学賞を
見ていきましょう。ノーベル賞は科学的に優れた業績に対して与えられるも
のですから，その国の基盤的な教育や研究開発の能力を反映していると考え
ることができます。ただし，あくまでも基礎的な教育や研究開発の能力であ
るという点と，物理学，化学，生理学・医学の分野に限られるという点には
注意は必要です。

　図表5-5は，物理学賞，化学賞，生理学・医学賞の合計の受賞数トップ5
（1945年以降）のアメリカ，イギリス，ドイツ，日本，フランスの年代ごと
の受賞数の推移を示したものです。ノーベル賞の受賞者の出生地で国を分け
ています。

　すべての年代において，アメリカの受賞者数が多いことがわかります。さ
らに，イギリスやドイツもすべての年代において受賞者を輩出しており，ア
メリカに次ぐ受賞者数となっています。日本は，アメリカ，イギリス，ドイ
ツに次ぐ受賞者数になっています。特許の出願件数で2010年代に入り大き
く世界をリードした中国ですが，受賞者数はそれほど多くはありません。

　違った角度からもう少し質的に見てみましょう。専門家が入門書として一
般向けに書いた書籍である『人類の歴史を変えた発明1001』，『世界の発明
発見歴史百科』，そして『1000の発明・発見図鑑』を見てみましょう[5]。こ

■ 図表5-5：ノーベル賞受賞数推移

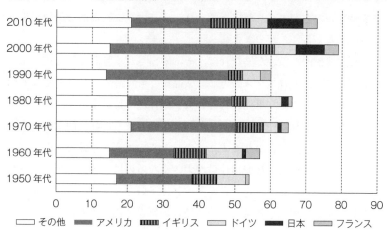

出所：https://www.nobelprize.org/prizes/

れらの書籍は，世界を変えた重要な技術や発見を紹介することを目的としています。このような書籍はほかにもいろいろ出版されていますので，気になるものを見て国や時代での傾向を見てみるのは楽しいですし，おすすめです。

　さて，この3冊に登場するものは重複するものを除くと合計で404件です。404のイノベーションといってもよいでしょう。それを生み出された国別で見てみると，アメリカから生み出されたイノベーションが279件で最も多くなっています。次点のイギリスが53件，日本は24件で第3位です。これに続いて，ドイツは12件，フランスは7件です。これらの書籍が編集，出版されたのは，アメリカやイギリスです。そのため，アメリカやイギリスのイノベーションの数が多くなるバイアスがあるかもしれません[6]。その点を考慮に入れると，日本はそれほど少ないともいえないかもしれませんが，アメリカの多さも際立ちます。

5　より詳しい考察は，清水［2019］を参照してください。

6　これらには複数の国から生み出されたとされているものもあります。例えば，DNAの配列やDNAマイクロアレイ／DNA配列の解読はアメリカとイギリスから生み出されています。このような国の重複があった場合には，それぞれの国に1と数えるフルカウントをしています。

■ 図表 5-6：世界のイノベーション ■

年	内　容	国
1945/1965	電子レンジ	アメリカ
1947	トランジスタ	アメリカ
1952	ポリオワクチン	アメリカ
1953/1959	フロートガラス	イギリス
1958/1959	集積回路	アメリカ・イギリス
1960	レーザー	アメリカ
1978/1993	全地球測位システム（GPS）	アメリカ
1979/1989/1995	DNA の配列決定/DNA マイクロアレイ/ DNA 配列の解読	イギリス・アメリカ
1983/1985	ポリメラーゼ連鎖反応	アメリカ
1989/1990	ワールド・ワイド・ウェブ	アメリカ・スイス

出所：Challoner and Baylis［2009］，Breverton［2012］，Bridgman［2001］各邦訳者から著者作成。

　これらの 3 冊すべてに登場するイノベーションが 10 件あります。インパクトが大きいイノベーションです。たしかにどれも社会全体の生産性を上げるものや，われわれの暮らしを大きく変えたものといえそうです。世界のベスト 10 といってもよいかもしれません。図表 5-6 は，それらを年代順に並べたものです。

　これを見ると，国別の傾向はさらに顕著です。アメリカで生み出されたものばかりです。日本から生み出されたものはありません。少しハードルを下げて，3 冊のうち 2 冊にリストアップされているイノベーションを数えてみると，世界全体で 49 件ありました。いわば世界のトップ 50 です（1 つ足りませんが）。そのうち日本から生まれたものは，わずか 3 件です。内訳は，トランジスタ・ラジオ（このオリジナルはアメリカで，それを洗練させていったのが日本です），ウォークマン，ミニディスクです。

　日本からのイノベーションが少ないと感じる方もいらっしゃるかもしれません。日本の発明協会が「戦後日本のイノベーション 100 選」というリストを公表しています[7]。これは，学界や産業界の専門家が，戦後に日本から生み出されたイノベーションを選定したものです。このリストの中には，世界

---

[7]　このリストについては，http://koueki.jiii.or.jp/innovation100/index.html を参照してください。

のリストにリストアップされたものが複数入っています。たとえば，電子レンジやビデオレコーダー，産業用ロボット，フロッピーなどは「戦後日本のイノベーション 100 選」でリストアップされていますが，「世界のリスト」では日本発のイノベーションとは認められていません。これらはすべて，オリジナルは海外で生まれ，それを日本企業が洗練させていったものです。つまり，海外生まれ，日本育ちのイノベーションなのです。

　「世界のリスト」で日本の存在感が薄い理由は，イノベーションの捉え方の違いにあります。「世界のリスト」は，イノベーションのオリジナルがどこで生み出されたのかを重視しています。これに対して，「戦後日本のイノベーション 100 選」は，オリジナルかどうかよりも，それを実用的なものに改良し，実際に経済的利益を生み出せるようにしたことを重視しているのです。

　たとえば電子レンジは，もともとはアメリカの国防関連の企業であるレイセオン社のエンジニアのパーシー・スペンサーが生み出したものです。戦闘機用レーダーの実用モデルの開発と生産に携わっていたスペンサーは，高周波数の電磁波を利用することで食品を新しいやり方で調理できることに気づきました。そして，電子レンジを開発し，1947 年から発売を開始したのです。この電子レンジは，レストランや鉄道，あるいは船の上での食事の提供に使われるようになり大ヒットしました。

　しかし，最初の電子レンジは，重さが 340 キロもあり，価格も高く，家庭では到底使えるものではありませんでした。マグネトロンの小型化と量産化がなかなかできなかったのです。それを解決したのが，日本企業です。東芝やシャープ，松下電器，日立製作所，新日本電気などが，小型化と量産化に成功し，電子レンジが家庭に普及することになりました。電子レンジの発明や事業化はアメリカで進み，日本企業はその小型化や量産化といった累積的な改良を行ったのです。

　現金自動預け払い機（ATM）も同じパターンです。セキュリティ印刷や紙幣の識別を行っていたイギリスのデ・ラ・ルー・インスツルメンツ社のジョン・シェパード・バロンは，1967 年に ATM のアイディアを思いつきました。バロンは，銀行での引き出しや預け入れに時間がかかっていたのを短縮しようと考えたのです。彼のアイディアを基につくった ATM は，バークレイズ

銀行に最初に置かれましたが，このATMを洗練させて普及させていったのが沖電気を初めとした日本企業でした。クオーツ式腕時計も，「戦後日本のイノベーション100選」ではセイコーのイノベーションとしてリストアップされていますが，オリジナルは日本ではありません。「世界のリスト」ではクオーツ式はスイスのイノベーションとしてリストアップされています。1927年にベル研究所の研究員でカナダ生まれのウォーレン・マリソンが最初のクオーツ時計を作り，1967年にスイスの電子計算センターがより安価で丈夫なクオーツ時計をベータ21として開発していたのです。セイコーはこのクオーツ式時計に早い段階で目をつけて，技術を洗練させ，事業化を進めたわけです。

　このように，ラディカルなイノベーションのオリジナルはアメリカやイギリスといった国から生み出されていることが多く，その後，日本企業が累積的な改良を重ねていったケースが多く見られます。銑鋼一貫臨海製鉄所やトヨタ生産方式，あるいは半導体レーザーや光ファイバー製造法などは，どれもその起源は海外にあるものの，日本が累積的なイノベーションを積み重ねていった代表的なものです。

2　ナショナル・イノベーション・システム

　なぜ，国ごとに違いがあるのでしょうか。これは，国ごとに，イノベーションのあり方に影響を与える制度が違うからだと考えられています。制度といっても，1つではありません。複数の制度がそれぞれ補完的であり，それらはシステムとして存在しています。これは，ナショナル・イノベーション・システムと呼ばれています。少し長いので，以下ではNISと呼んでいきましょう。

■ NIS 研究の発端
　NISについての研究の発端は，第二次世界大戦後の日本の経済成長にあります。サセックス大学のクリストファー・フリーマンは，なぜ，日本から戦後多くのイノベーションが生み出されるようになってきたのかを考えていました。欧米以外の国で戦後初めての持続的な経済成長であり，ジャパニー

ズ・ミラクルと呼ばれ，研究者たちの注目を集めていたのです。フリーマン
は，戦後，政府と企業が密接に協力しあい，日本企業は欧米の先進技術を積
極的に導入し，それを改良していった点に注目しました。通商産業省（現在
の経済産業省）が技術導入に関する資源配分を主導し，企業はサプライヤー
と協力して，生産現場を大切な改良のための試行錯誤の場として機能させて
いったと分析したのです[8]。また，生産現場での従業員は能力が高く，企業
内労働組合や長期的な雇用慣行の存在から，機会主義的な行動も少なかった
のです[9]。つまり，政府の政策や企業間関係，人的資源管理，あるいは労働
市場のあり方などが密接に結びつき，日本企業は先進技術を導入し，それを
自分のものとして改良していったプロセスを明らかにしたのです[10]。

　フリーマンは日本の経済成長のプロセスに注目していたのですが，そこか
らわかったことは，国レベルの制度やその結びつきがイノベーションのあり
方に大きな影響を与えているということでした。その後，フリーマンやベン
グト・アーケ・ルンドバルらは，イノベーションに影響を与える制度やその
制度の結びつきを NIS と名付け，議論を進めていきました[11]。

　NIS はこれまでさまざまに定義されていますが，基本的なポイントについ
ては概ね一致した見解があります[12]。システムですから，構成要素のつなが
りです。つまり，イノベーションに影響を与える構成要素の国レベルの結び
つきが NIS です。このシステムを構成しているのは，①組織，②制度，そ
して，③経路依存性です。この節では組織と制度を見た上で，次節で経路依
存性を考えていきます。

■ NIS の３つの主要な組織

　まずは，組織から見ていきましょう。イノベーションを生み出す活動に関

8　日本の自動車産業におけるアセンブラーとサプライヤーの研究には多くの質の高い
　　研究があります。代表的なものは，藤本［1997］，Dyer and Nobeoka［2000］，
　　Nishiguchi［1994］，Takeishi［2001］。

9　この点については，沢井［2016］。

10　Freeman and University of Sussex. Science Policy Research Unit［1987］.

11　Lundvall［1992］.

12　興味がある人は，以下のものが代表的な NIS の研究です。Edquist［1997］，Goto
　　［2000］，Lundvall［1992］，Malerba and Mani［2009］，Nelson［1993］.

与するアクターです。NISでは，①企業，②政府，そして③研究機関・大学
の３つが重要な組織です。もちろん，このほかにもイノベーションに影響を
及ぼす組織はそれぞれの国で存在しています。たとえば，日本では産業団体
が企業の情報を効率的に吸い上げ，政府の政策担当者とのすり合わせを行い，
政府が効果的な政策を立案することを可能にしたことが明らかにされていま
す[13]。しかし，あくまでもメイン・アクターは，企業，政府，そして研究機
関・大学です。

　企業，政府，そして研究機関・大学は，その組織がおかれた制度の下で，
それぞれの目的の最大化をしようとします。制度のあり方によって，それぞ
れの組織がどのような行動をとるのかが大きく変わってきます。

■ NIS における制度

　制度とは，ゲームのルールです[14]。もう少し正確に言えば，制度は，制約
を通じて人々の行動にインセンティブを与えるものです。制度は，人々の行
動を特定の方向へと誘います。また，人々が意思決定をする上での不確実性
を減らすという機能があります。何をやるとどうなるかということについて
の不確実性がきわめて高いと，人々の行動はバラバラになります。しかし，
制度によって，何をすればどうなるのかについての不確実性がなくなってく
ると，人々は概ね同じような行動をとることになります。イノベーションに
向かった行動をとるように人々を方向づける制度もあるでしょうし，反対に，
イノベーションに反対するような行動をとらせる制度もあります。

　制度にはさまざまなものがあります。NISで重要になる制度は，当たり前
ですがイノベーションへの影響の強いものということになります。経営資源
の市場のあり方に影響を与えるものは重要です。ここではこれまでのNIS
の議論の中で，比較的頻繁に議論されてきた制度やそれに影響を与えている
要因を５つ見ていきましょう。最初の３つは，企業にとって重要な経営資源
（ヒト・モノ・カネ）の市場に影響を与える制度です。

13　米倉［1993］。

14　制度の機能やそれがどのように変化するのか，そしてどのように経済的な成果に結
　　びつくのかについては，North［1990］が代表的です。

(1)　労働市場に影響を与える制度

　第1は，労働市場のあり方に影響を与える制度です。これは，労働者に対する保護の強さや企業の雇用慣行などです。企業の雇用慣行も労働者に対する保護の強さに大きな影響を受けるので，ここでは保護の強さについて見ていきましょう。

　労働者に対する保護の強さは，国によって変わります。保護が強い国もありますし，それが弱い国もあります。たとえば，アメリカは随意雇用（Employment At Will）という原則があり，労働者に対する保護は弱いと考えられています。フランスでは，経済的理由から労働者を解雇することに対する障壁は大きく，労働者に対する保護が強いと考えられています。日本では，法律上の文面では労働者に対する保護はそれほど強くはないのですが，判例上は整理解雇に対する労働者の保護が強い社会の1つです。

　もしも，労働者に対する保護が強ければ，企業が不採算のビジネスから撤退する障壁は高くなります。新しいプロジェクトに対しても大胆な投資ができなくなるかもしれません。反対に，整理解雇がしやすい社会の企業は，不採算の事業からの撤退がしやすくなります。また，事業の組み替えもしやすいので，収益性の高いビジネスへ経営資源を柔軟に移動することができます。その結果，企業の収益性は高まります[15]。

　もちろん，労働者は移動の自由がありますから，その国の制度が嫌ならば，自分が好きな制度の国で働くということもできるでしょう。しかし，人は働くためだけに生きているわけではありません。家族や友人もいるでしょう。言語の問題もあるかもしれません。文化も違います。自分が育った地域に愛着のある人もいます。むしろ，労働者に対する保護の強さで，自分の働く場所を選ぶ人はそれほど多くないでしょう。

　整理解雇の容易さのイノベーションに対する影響はやや異なる発見がされています。アメリカ，イギリス，フランス，ドイツの労働法とイノベーションの関係を分析したところ，解雇について厳しい労働法の存在は，企業レベルのイノベーションを促進していたことも観察されています[16]。それとは反

15　この点については，清水［2019］。
16　Acharya et al.［2009］。

対に，日本の企業の分析では，解雇の規制の強化が，企業の生産性に負の影響を与えていることを示唆する発見がされています[17]。異なる影響が見られているということは，頑健性の高い結果でないと無視したくなるところですが，これには注意が必要です。どのように注意したらよいのか，詳しくは第10章のコラム⑳「世界の経営学から学ぶ注意点」を見てみてください。

　労働に対する制度は，働く人たちのキャリア形成や能力の蓄積にも影響があります。解雇がしやすい制度が存在する社会では，外部の労働市場が発達します。そのため，人々は市場価値を高めるために，汎用性の高いスキルに対して投資を行います。公認会計士などの資格やMBA（経営学修士：Master of Business Administration）など，どこの組織でも有用となるようなスキルを身につけるインセンティブが高いのです。労働者に対する保護が強い社会では，企業の中の社内労働市場が発達します。長期的に同じ企業で働く傾向が強くなるため，人々は企業特殊的なスキルに対する投資を厭わなくなります。

　また，労働市場の流動性は，知識の波及効果にも影響を与えます。知識は，2つのタイプに分けることができます[18]。1つめは，形式知です。これは，言葉や数式，あるいは図や表，ポンチ絵，標識などで伝えることのできる知識です。もう1つは，暗黙知です。これは，言語化や数式化，あるいは図表化によって伝えることが難しい知識です。たとえば，特許で記述されているのは，技術についての形式知です。しかし，特許だけ見ても，その技術を再現できるとも限りません。言語などで記述しきれない細かなノウハウなどが必要になることもあります。形式知と暗黙知は多くの場合，相互補完的です。また，新しい知識が生み出される上でも，形式知と暗黙知が相互に結びつくことが大切です[19]。

　形式知は書類などを介して伝播することができますが，暗黙知はそれができません。人の移動や共通の経験などを通じて伝播します[20]。この点で，労働市場の流動性がその伝播の仕方に作用します。労働市場の流動性が低ければ，暗黙的な知識は社内に溜まりやすくなります。労働市場の流動性が必ず

17　Okudaira et al.［2013］.

18　暗黙知と形式知については，Polanyi［1967］を参照してください。

19　Nonaka and Takeuchi［1995］.

20　Collins［1974］.

しも高くなかった日本では，社内で暗黙的な知識が蓄積しやすい環境があり
ました。長期的な雇用慣行の下，ジョブローテーションでさまざまな部署を
経験し，そこでの形式知や暗黙知を相互に結びつけ，新しい知識を創造して
いったのです。

　労働市場の流動性が高い場合には，そうでない場合と比べると，企業間で
の知識の波及効果（スピルオーバー効果）が大きくなります。人が企業を渡
り歩くことによって，暗黙知が組織間で伝播していくのです。

(2) 金融市場に影響を与える制度

　第2は，金融に関する制度です。これは，金融市場のあり方を規定します。
そして，金融市場は，企業の資金調達に影響します。イノベーションが多く
生み出された時期を見てみると，新規性の高いプロジェクトに資金が流れて
います[21]。たとえば，アメリカのスタートアップの興隆には，1979年のエリ
サ法と呼ばれている従業員退職所得保障法（ERISA：Employee Retirement
Income Security Act）の改正が重要な役割を果たしました。この改正は，年金
のファンド・マネージャーに対しての投資ガイドラインを変更したもので，
これにより，年金基金からベンチャー・キャピタルへ資金が流れるように
なったのです。また，新しい企業へのエクイティ・ファイナンスのための制
度（たとえば新興企業用の資本市場）が整っていれば，スタートアップが大き
く成長するために必要な資本を広く社会から調達することができます[22]。

　新規性の高いプロジェクトに取り組んでいる企業家には，財務的には2つ
のリスクがあります。第1のリスクは，ファンダメンタルなリスクです。こ
れは，プロジェクトがビジネスとして経済的に上手くいかないリスクです。
新規性が高ければ高いほど，事前にはそのプロジェクトが成功するかどうか
はわかりません。実際にはやってみないとわからないのです。第2のリスク
は，ファイナンシング・リスクと呼ばれているものです。これは，プロジェ
クトを継続するための資金が続かないという資金調達のリスクです。この2
つのリスクは関連しています。資金調達が十分にできるからこそ，試行錯誤
が可能になり，事後的にファンダメンタルなリスクがどれだけあったのかが

21　Perez［2003］.

22　スタートアップについては，加藤［2022］を参照してください。アメリカにおける
　　ベンチャー・キャピタルの興隆については，Nicholas［2019］が詳しいです。

わかるのです。資金調達が上手くいかなかった場合には，試行錯誤もできず，そもそもプロジェクト自体が上手くいったのかどうかもわからないのです。

新規性の高い探索的なプロジェクトを促進させようと思えば，ファイナンシング・リスクを減らすことが重要です。そのためには，新規性の高いプロジェクトに多くの資金が流れるような「ホット」な金融市場が必要です[23]。もしも，ファイナンシング・リスクが高ければ，新規性の高いプロジェクトは，財務的に余裕のある（もう少し正確にいえば，財務的にしっかりとしたポートフォリオを組める）人や組織だけが行えることになります。

(3) 技術や製品市場に影響を与える制度

3つめは，技術や製品の市場に関する制度です。これにもさまざまな制度があります。その1つは知的財産権です。その中でも特許は，イノベーションのあり方に影響を与える大切な制度です。これまでにも見てきたように，特許制度がなかったり，知的財産権に対する保護が弱かったりすると，新しい技術を生み出すことの専有可能性が小さくなってしまいます。新しい技術を生み出そうというインセンティブが低下してしまうのです。せっかく投資をして新しい技術を生み出したとしても，それがすぐれたものであればあるほど，すぐに模倣されてしまうからです。また，特許制度を機能させるためにはそれを支える制度も大切です。審査官や弁理士の制度の整備がなされてきてから，徐々に特許制度は機能するようになったのです[24]。

特許制度が整備されると，技術の市場ができます。知的財産権に対する保護が強ければ，特許の取得は増えますし，その売買やライセンシングも多くなります。特許によって技術情報が公開されるため，次の研究開発のインプットとなります。新しく生み出された技術が，次の技術を生み出す研究開発を加速させるのです。社会に利用可能な知識プールが多くなっていきます。

特許制度がなかったり，上手く機能していなかったり，あるいは知的財産権に対する保護が弱かったりすると，技術の市場は上手く機能しなくなり，社内での自社開発が多くなります。社会的に利用可能な知識プールは小さいものとなり，研究開発で頼る知識は社内に蓄積したものにとどまりがちにな

23　Nanda and Rhodes-Kropf [2017].

24　Nicholas and Shimizu [2013].

ります。

　また，政府による標準化も技術や製品市場に影響を与えます[25]。標準化とは，製品やサービス，あるいはそれを生み出す工程において用いられる要素の仕様や構造を同じものにすることです。たとえば，ネジとドライバーを思い出してください。もしも，ネジやドライバーの仕様や構造が標準化されておらず，バラバラだったらどうでしょう。いちいちネジやドライバーのかたちや大きさを確認しなくてはいけないので，使いにくくて困ります。しかし，ネジやドライバーは標準化されているため，すぐに適したものを見つけることができます。標準化の程度が高ければ，取引費用が低くなるので，わざわざ自社内で開発することは減り，市場から調達する程度が高くなるでしょう。反対に，標準化の程度が低い場合には，市場で調達することが難しくなり，社内での開発する傾向が増します。

(4)　企業の参入や退出に影響を与える制度

　4つめの制度は，独占禁止法や許認可制度，あるいは破産法などです。これらは企業の新規参入や撤退の程度に影響します。参入障壁が高ければ，新しいビジネス機会が存在したとしても，新規参入企業はなかなかそれをターゲットとして狙えません。これらの制度によって，産業が競争的になったり，独占的になったりします。産業構造のあり方は第6章で見ていくように，企業行動に影響を与え，その結果，企業が生み出す成果にも大きな影響を与えます。

　ここでは破産法を例に見てみましょう。破産法は倒産法制の1つです。倒産法制には，大きく2つあります。その1つは，企業が倒産した場合に，債務者の財産をすべて処分して清算する場合のものです。もう1つはすべての財産を処分するのではなく，債務者のビジネスの再建を目指す場合のものです。破産法は，債務者の財産をすべて処分して清算する前者の基本となる法律です。破産法の目的は，債権者その他の利害関係人の利害を調整し，①債権者のために債務者の財産を適正に，公平に清算すること（債権者の利益の確保）と，②債務者の再生の機会の確保を図ることです。債権者とは，債務

25　標準化については，第6章でも考えていきます。また，標準化と事業戦略については，藤野・江藤［2009］，小川［2009］などを参照してください。

者に対してお金やモノなどを貸している人であり，一定の財産の給付を請求する権限を持っている人のことです。債務者は，お金やモノを借りている人であり，これに対して給付の義務を負います。

　破産法を巡っては，ヨーロッパや日本とアメリカでは異なる動きがありました。ヨーロッパでは，2000年に入り，返済が難しくなった債務者が破産しやすいように破産法を改正させるべきであるという議論がされてきました。破産しやすくして，新しいチャレンジを促進するべきであるというわけです。日本でも，より破産をしやすくするために破産法が改正されました。これに対して，アメリカでは，2005年に，債権者に対する保護を強める方向で破産法が改正されました。これによって，返済ができなくなった債務者が，債務の弁済から逃れることを難しくしたのです。もちろん，それぞれの国で，債務者に対する保護の程度は異なっています。ポイントは，債権者に対する保護を強めることと，債務者の再起を促進するという点で，トレードオフがあるという点です。

　一般的には，債務者に対して優しい破産法は，イノベーションを促進すると考えられています[26]。債務者に対して優しい破産法というのは，つまり，債権者の保護の程度が弱いものです。このような場合には，企業家は，新規性が高く，探索的なプロジェクトを行いやすくなります。新規性の高いプロジェクトが失敗に終わった場合にも，免責される程度が大きく，破産できるからです。失敗した企業家は，再チャレンジもしやすくなります。そのため，新規性が高く，探索的なプロジェクトの数を社会的に増やす方法の1つは，債務者にフレンドリーな破産法です。

　この反対に，債権者の保護を強くするとどうでしょうか。つまり，債務者にできるだけしっかり弁済させるわけです。これは，失敗に寛容でなくなるということを意味します。債権者の保護を強くし，失敗した企業家に負債の返済の義務を強く負わせると，企業家たちは，新規性が高い探索的なプロジェクトへの努力投入を減らし，累積的な成果を求めるようになります。

(5)　公的な研究開発に影響を与える制度

　5つめは，公的なセクションの研究開発についての制度です。これは，知

26　Acharya and Subramanian [2009].

識のプールと波及効果に影響を与えるものです。基礎的な研究開発は知識の
波及効果が大きく社会にとっては重要なものですが，企業にまかせておくと
投資が過小になってしまいます。企業にとっては専有可能性が低いからです。
そのために，国が基礎的な研究開発を進めるための制度を整備しているかど
うかは重要になります。公的な研究機関を支える制度や大学や企業の研究開
発に対する支援などがこの制度に当たります。産学官，つまり企業と大学な
どの研究機関，そして行政機関の3つの間の関係は，NISにおける三重螺旋
（トリプル・ヘリックス）と呼ばれたりもします[27]。

　公的な研究機関や大学から質の良い研究が生み出されるかどうかは，その
国の企業にとっては重要です。公的な研究機関や大学から生み出される基礎
的な研究の成果は公共財ですから，誰でもアクセスできます。しかし，やは
りいち早くその公共財にアクセスできるかどうかは，プライオリティ競争に
おいてはとても大切です。

　知識の伝播はいろいろなかたちをとります。特許や論文は重要な知識の伝
播の経路です。同じような領域で研究開発を進めていれば，当然，競合する
組織の特許や論文は気になるところでしょう。また，製品やサービスを分解
してみることで，そこにどのような知識が使われているのかを学習すること
もあります。これによって，そこで使われている知識が広がっていきます。
これらは形式的な知識の波及です。暗黙的な知識の波及には，人の動きが大
切です。暗黙的な知識は，同じ経験をしたり，共同で作業をしたり，話をし
たりすることによって伝わるものです。だからこそ，暗黙知を持っている人
が大切になります。もしも，人が組織だけでなく，産業や国をまたいで移動
すれば，それだけ知識の波及効果も大きくなります。反対に，移動が少なけ
れば，なかなか暗黙的な知識は広がっていきません。この点で，労働市場に
影響を与える制度とも大きな関係を持っています。公的な研究機関と企業の
間に人の交流が多ければ，暗黙的な知識の波及は進みます。大学や学会など
を通じた人的なネットワークも重要な役割を果たしています[28]。大学や学会
を通じた人的なネットワークは，論文や特許になって公式に発表される前の

27　NISについては，Nelson［1993］，Lundvall［1992］などを参照してください。日本
の研究開発の歴史に興味がある人は，沢井［2012］を参照してください。

28　清水［2011］。

--- コラム⑨ 資産特殊的投資 ....

　皆さんは, 現在働いている（あるいはこれから働く）組織でずっと仕事をする
でしょうか。考え方は人それぞれだと思いますが, これはどのようなスキルに投
資をするかという意思決定に影響を与えます。

　もしも, 一度働き始めた企業でずっと働こうと思えば, その人はその企業で仕
事をする上で大切だと考える能力を身につけようとするでしょう。もしも, その
能力がその企業でビジネスをする場合にのみ重要になるものだとしても, それを
身につけるために時間や労力を投資することを厭わないでしょう。たとえば, 企
業の中でのみ通じる専門用語や管理会計の仕組みに精通することや, 社内の人的
なネットワークを構築すること, あるいはその企業の文化に染まることなどです。
その企業の中で仕事をするためにはとても大切になるものかもしれませんが, も
しも, その企業を離れてしまえば, 意味はほとんどなくなってしまうようなもの
です。ある資産に対してのみ意義がある投資なので, これは, 資産特殊的投資
(Asset Specific Investment) といわれます。この文脈では, ある特定の企業で
ビジネスを行う場合にのみ意義があるスキルを形成するための投資が, 資産特殊
的投資となります。外部の労働市場の流動性が低く, 転職しても処遇が良くなる
ことに対する期待が薄い場合や, 社内の労働市場で昇進や昇給を巡って競争があ
る場合には, そこで働く人は資産特殊的なスキルに対して多くの投資を行います。

　今の職場にはいつまでいるかわからないとか, 転職を考えているといった場合
には, スキル形成は違ったかたちになります。資産特殊的なスキル形成に対する
投資は, その組織を離れてしまえばあまり意味がありません。そのため, 転職を
考えている場合には, 資産特殊的なスキルに, 貴重な時間や労力は費やしません。
それよりも, どこの組織に行っても通じるような汎用性の高いスキルを身につけ
るために投資する方が合理的です。MBA で学んだり, 資格をとったりすること
は, 汎用性の高いスキルへの投資の典型的な例です。英語を勉強したり, コミュ
ニケーションのスキルを高めたりするのも汎用性の高い投資です。

　つまり, 労働者の流動性が低い社会（転職する人が少ない社会）では相対的に
資産特殊的なスキルへの投資が多く行われ, 流動性が高い社会（転職する人が多
い社会）では, 汎用性の高いスキルへの投資が多くなります。

段階（たとえば, 研究プロジェクトが始まったばかりのような段階）の知識にも
アクセスすることを可能にするものです。

3　なぜ, 成果は収斂しないのか

　繰り返しですが, NIS は, 「国ごとのイノベーションに関するパフォーマ
ンスが異なるのは, 国ごとに制度が異なっているから」と考えるものです。

ここで素朴な疑問が浮かんできます。「それでは，一番パフォーマンスが良い国の制度を取り入れればよいのでは」という疑問です。イノベーションは経済的な価値を生み出す経済成長の大切な源泉ですから，そのために制度を変えていけばよさそうです。

　しかし，そうは簡単にはいかないのです。もしも，そうなっていれば，国ごとのイノベーションのパフォーマンスは徐々に収斂していくはずです。しかし，実際には収斂していないのです。なぜでしょう。これには次の3つの理由があります[29]。

■ フォーマルな制約とインフォーマルな制約

　制度は，制約を通じて人々の行動にインセンティブを与えます。その制約には，フォーマルなものとインフォーマルなものがあります。

　フォーマルな制約とは，たとえば，法律や社内の規則のように文章で明示されているものです。これらは公式的に人々の行動に制約を与えています。もしも，制度がフォーマルな制約だけから構成されているとすれば，話は簡単です。より良い制度にどんどん変更していけばよいのです。しかし，そうはいかないところが難しいところです。

　インフォーマルな制約とは，われわれの習慣や慣習などに根ざしているものです。破ってみて初めて，インフォーマルな制約の存在がわかるものもあります。たとえば，お寿司さん（できれば廻っておらず，白木のカウンターがあるところ）で，付け台に並んだお寿司を食べるために「フォークとナイフをください」とお願いしたらどういうことが起こるでしょうか。おそらく，「え？」と聞き返されるでしょう。もう一度，「フォークとナイフをください」とお願いしたら，おそらく，丁寧に食べ方を教えてくれるということはなく（いかにも海外からの観光客でお寿司が初めてそうな人には教えてくれるかもしれませんが），怒られるでしょう。無愛想に断られる，あるいはサービスが悪くなる（もう二度と来てほしくないというサインです）ということもあるかもしれません。お寿司は，お箸か手で食べるという決まりはどこにも書いてありません。慣習上，お箸か手で食べるということになっているのです。

---

29 制度と経済成果については，North［1990］が先駆的な研究です。

もしも，その慣習を破ると，そこにはパニッシュメントがあるのです。このようなものがインフォーマルな制約です。フォーマルな制約は短期間で変化させることができますが，インフォーマルな制約は習慣や慣習に根ざしているものですから，なかなか変わらないのです。もちろん，絶対に変化しないものではありません。フォーマルな制約が変わればそれに合わせて徐々にインフォーマルな制約も変わっていくこともあるでしょう。しかし，それには時間がかかるのです。

■ 戦略的な補完性

パフォーマンスが収斂しない2つめの理由は，制度の戦略的な補完性です。制度はそれぞれ単独で存在しているのではなく，互いが補完しあい，システムを構成しているのです。相互に補完的な関係が成立します。制度の補完関係は，戦略的補完性（Strategic Complementarities）あるいは制度的補完性（Institutional Complementarities）と呼ばれています[30]。

補完関係の例を1つ見てみましょう。スタートアップ用のエクイティ・ファイナンスを支える制度を整備すると，スタートアップが増える素地が整います[31]。スタートアップが資金調達できるようになるのです。しかし，いくら資金調達が容易になったからといっても，それだけでスタートアップが増えるわけではありません。労働市場が流動的でなければなかなか人材を確保することができません。必要な人材をスタートアップが調達できるような労働市場とそれを支える制度があれば，これはスタートアップ用のエクイティ・ファイナンスを支える制度と補完的な関係になります。スタートアップが興隆しますから，ますますそれを支えるその他の制度も整備されるでしょう。

このような補完関係が強くなればなるほど，ある制度だけを変更しようとしても難しいのです。制度は徐々にそれぞれ支え合うようなシステムとなってくるのです。これが，NISのシステムたる所以です。システムには境界があります。その名の通り，国が境界になっているものがNISです。次の図

30　戦略的補完性については，Aoki［2001］，青木・奥野［1996］を参照してください。
31　スタートアップにとってなぜエクイティ・ファイナンスが重要になるのかについては，姉妹書の『アントレプレナーシップ』の第5章を参照してください。

■ 図表5-7：ナショナル・イノベーション・システム ━━━━━━━━

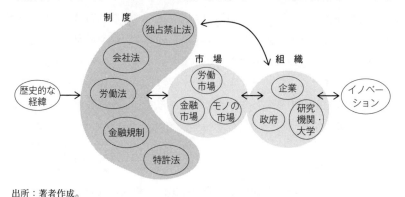

出所：著者作成。

表5-7の濃い網掛けしているところが NIS を構成している制度になります。

■ 経路依存性

　制度が変わりにくい原因の最後は，経路依存性です。経路依存性とは，単純にいえば，現在は過去の出来事に影響されているということです。過去に起こったある出来事によって，その後の制度の変化やシステムとしての進化の方向が規定されてしまうわけです。初期条件の違いによって，それぞれのシステムの発展経路が異なっていくのです。たとえば，イギリスで蒸気機関という産業革命をけん引することとなった新しい技術が普及していった1つの要因は，石炭価格が安かったことにあります[32]。当時，科学技術で世界をリードしていたフランスや中国では，蒸気機関のエネルギーである石炭の価格が高かったため導入が遅れたのです。これは，イギリスの炭鉱でとれる石炭の価格が安かったという条件が，産業革命の進展を大きく異なるものにしていったといえます。

　もう1つ例を出しましょう。戦後日本の労働慣行の終身雇用や年功序列といった制度は，第一次世界大戦と第二次世界大戦の間の戦間期と呼ばれる期間に成立した戦時統制経済をきっかけとして成立していったものです[33]。こ

32　Allen［2009］.
33　岡崎・奥野［1993］。

れが戦後の高度経済成長期に支配的なものとして大企業の間に広がっていったのです。この結果，外部の労働市場は流動的ではなくなり，社内では暗黙的な知識の蓄積が進みました。

このように，初期条件や歴史的な出来事がその後の経路に影響を与えるのです。ある制度が成立すると，その制度の下でそれぞれの組織は目的を最大化させようとします。そして，それに上手く成功した組織（たとえば，強固な基盤を構築した政治組織や利潤を最大化させることに成功した企業など）は，当然，その制度の存続をのぞみ，制度変化には抵抗します。そのような組織の力が強くなればなるほど，制度変化は難しくなります。制度の戦略的な補完性もあることから，制度には経路依存性が強く働くため，変えたくてもなかなか変えられないという状況が起こるのです。

4　リベラル型と調整型

どのような制度が成立するかは，その国の歴史的な経緯によります。これらの制度は，ヒト・モノ・カネといった経営資源の市場のあり方や企業の参入や退出，基盤的な研究開発などに影響を与えます。そして，この制度や市場の下で，企業や政府，あるいは研究機関・大学などの組織はそれぞれの目的を最大化しようとします。そして，その結果として，イノベーションに関する成果が生み出されるのです（図表5-7）。もちろん，制度や市場，あるいは組織のあり方はいったん，歴史的な経緯によって決まってしまうとそれっきり変わらないというわけではありません。組織は，それぞれの目的を最大化するために制度を変えようと試みます。

それぞれの国や地域では制度が異なるため，人々の行動や企業行動，そしてそれらの結果である経済的な成果が変わってきます。違う言い方をすれば，さまざまなタイプの経済のシステムがあるということです。そのため，資本主義の多様性（Varieties of Capitalism）と呼ばれることもあります[34]。

ホールとソスキスらは，ビジネスのあり方は社会制度に大きく埋め込まれ

---

[34] 資本主義の多様性についてはまずは，Hall and Soskice［2001］を参照してください。

ており，多様であり，そのパフォーマンスにも差があると議論しています。
そして，彼らはラディカルなイノベーションはリベラル型の市場経済
（Liberal Market Economies）であるアメリカやイギリスなどから生み出されや
すく，インクリメンタルなイノベーションは，調整型の市場経済
（Coordinated Market Economies）であるドイツや日本などから生み出されや
すいと論じています[35]。同じような点は，情報とインセンティブという観点
から経済システムを分析した研究でも指摘されています[36]。

　少し見ていきましょう。アメリカ，イギリス，オーストラリア，カナダ，
ニュージーランド，アイルランドなどの国がリベラル型に当たるといわれて
います[37]。調整型には，ドイツ，日本，スイス，オランダ，ベルギー，ス
ウェーデン，ノルウェー，デンマーク，フィンランド，オーストリアなどが
区分されています[38]。

　それぞれのタイプの中でも国ごとに NIS は異なっています。リベラル型
と調整型というのはあくまでも定型化されたものであるという点には注意し
た上で，それぞれの定型的な特徴を見てみましょう（図表5-8）。

　基本的なポイントは資源配分のメカニズムが，リベラル型では市場メカニ
ズムが中心であるのに対して，調整型では組織的な調整を中心としてなされ
ていくことにあります。

　たとえば，リベラル型の国では，企業は資本市場から直接資金を調達する
傾向が強いのに対して，調整型の国では，企業は資本市場だけに頼らず，銀
行などの間接金融や自社の社内留保などから資金を調達します。そのため，
企業のガバナンスではリベラル型の国では株主が重要な役割を担う一方で，
調整型の国では銀行が重要な役割を担っています。

　また，調整型の国では，社内の労働市場が発達します。労働者に対する保
護が相対的に強い制度が存在し，企業と従業員の間には長期的な雇用慣行が
見られます。長期的な雇用慣行があるため，従業員は企業特殊的なスキルに
対する投資を厭わなくなります。また，社内の労働市場での競争があるため，

35 Hall and Soskice［2001］.
36 Aoki［1988］.
37 Hall and Soskice［2001］.
38 Hall and Soskice［2001］.

■ 図表 5-8：リベラル型と調整型の特徴

リベラル型	調整型
・外部労働市場が発達し，企業は労働市場から必要とする人材の調達を行う。 ・企業の資金調達では，直接金融が支配的であり，株主がガバナンスにおいて重要な役割を担っている。 ・参入や退出が比較的頻繁であり，企業は需要の変動に合わせて経営資源の柔軟な調達や整理を行う。	・企業内部の労働市場が発達し，企業は社内で人材を育成し，競争させ，必要な人材を登用する。 ・企業の資金調達では，間接金融が重要な役割を果たしており，銀行がガバナンスにおいて重要な役割を担っている。 ・参入や退出が比較的まれであり，企業は短期的な需要の変動に合わせて経営資源の調達・整理は行わない。

出所：著者作成。

同僚よりも成果を上げるだけでなく，コミットメントも大きいことを見せなければなりません。日本の工場からなぜイノベーションが次々と生まれてきたのかを不思議に思ったフリーマンは，日本企業の工場を調べ，工場があたかも実験室のように使われており，現場レベルでさまざまな改善の試みがなされていたことを発見しました[39]。長期的な雇用慣行があるからこそ，現場の従業員に改善の試みを熱心に行うインセンティブが生まれていたのです。

　ただし，調整型の国では，解雇が難しい傾向が高いため，将来陳腐化するかもしれない技術開発のために専門的な人材を新たに企業に取り入れる程度は小さくなります。もしも，陳腐化してしまったとしても，その専門的な人材を解雇するわけにはなかなかいかないからです。だからこそ，できるだけいろいろなことに対応できそうな人材（高い専門性よりも対応力がある人材）を雇用したり，内製化率を低めようとするインセンティブが働きます。リベラル型の国の企業であれば，雇用した人材のスキルが陳腐化したり，需要がなくなったりした場合には，比較的速やかに整理ができるので，専門性が高い高度なスキルが必要になった時には柔軟に市場から調達するインセンティブがあります。

　このようにリベラル型と調整型では，経済システムが異なっています。その結果，生み出されるイノベーションの性質が違ってきます。ホールらは，

39　Freeman and University of Sussex, Science Policy Research Unit [1987].

ヨーロッパの特許データを用いて，ドイツとアメリカの特許を比較し，技術的にインクリメンタルとラディカルなものに特化している程度を比較し，分析を行い次のような結果を得ています[40]。ラディカルなイノベーションは，発達したエクイティ・ファイナンスの市場とそれによって活発になる M&A 市場，流動的な労働市場，汎用的な知識を蓄積する教育システム，トップダウンの意思決定，短期的な収益性を比較的重視する企業のガバナンスなどが補完的に存在しているリベラル型の社会で生み出される傾向があります。短期的な収益性を強く求めるものというよりも，長期的な雇用の安定性を求める企業のガバナンス，企業特殊的な知識を蓄積する人的資源管理のシステム，コンセンサスをベースとした意思決定システムなどの制度が補完的に存在している調整型の国では，インクリメンタルなイノベーションが多くなります。これは，ドイツや日本は，インクリメンタルなイノベーションが多く，アメリカやイギリスといった国ではラディカルなイノベーションが多く見られているというポイントとも整合的です。

　しかし，ホールらの結果はそれほど頑健性の高いものではなかったようです。より多くの国をサンプルとして，特許の引用情報を用いて，インクリメンタルな技術とラディカルな技術にそれぞれの国から生まれた特許に違いがあるのかを分析してみると，たしかに違いはあるものの，ホールらが指摘するほど明確な違いは見られなかったのです[41]。NIS はそれぞれの国の制度の成立と企業の行動，その結果としてのイノベーションの間にどのような関係があるのかを歴史的にそして記述的に分析するものが多く積み重ねられてきました。現在では，それを統合的にそして実証的に分析しようとする試みがなされています。そこでは，それぞれの制度変化がどのように企業行動を変化させたのかを因果関係として取り出して分析する方法と，イノベーションの測定が実証的に重要なポイントになっています。

40　Hall and Soskice [2001].

41　第 2 章で見たように，特許の引用情報は技術の質を推定するために用いられていますが，それを基に技術をインクリメンタルなものとラディカルなものに区分できるのかどうかについては議論の余地があるところです。Taylor [2004], Akkermans et al. [2009].

5 本章のまとめ

イノベーションというと，ついついそれを生み出した企業やマネジメント，あるいは企業家などに注目が集まりがちです。スティーブ・ジョブズや本田宗一郎などの企業家に注目したい気持ちはわかるのですが，企業やマネジメントあるいは企業家の行動は，その国の文脈に埋め込まれています。イノベーションを考える順番としては，国レベル，産業レベル，組織レベル，そして個人へと，分析の対象をマクロからミクロへと少しずつ絞っていくことが大切です。いきなり組織や個人に分析の焦点を当てたとしても，国や産業の影響と組織や個人の影響を峻別できないのです。

NIS を考えることは企業のマネジメントにとっても重要です。たとえば，ラディカルなイノベーションを生み出そうといくら企業家が頑張ったとしても，NIS がそれに適したものでなければその努力が実を結ぶのは容易ではありません。

イノベーションのあり方が国ごとに異なっているのは，それぞれの国の制度とその結びつき，そして歴史的な経緯が異なるからです。ということは，ある国の企業のイノベーションのパフォーマンスが良かったからといって，その国の制度を表層的に模倣しても意味がないことになります。もちろん，政策担当者にとっては，意味があるかもしれません。「日本でも SBIR もベンチャー・キャピタルのための制度整備もやったけど，なかなかイノベーションが生まれてこないんですよ」という言い訳はできます[42]。ただ，しっかりと自分の国の文脈を考えた上での模倣でなければ，上手く機能しないのは当たり前です。

NIS の議論には課題もあります。最も重要なものは，国がシステムの境界でよいのかというものです。グローバル化が進展し，国を超えて経営資源は移動します。もちろん，国を越えて移動するといっても，言語や文化の壁があり，誰でもが自由に移動できるわけでもありません。それでも，システムの境界がいつまでも国でよいのかという疑問は当然出てきます。国を越えに

---

[42] SBIR については，詳しくは第 14 章を参照してください。

～ コラム⑩　産業集積 ～～～～～～～～～～～～～～～～～～～～～～～～～～

　これまで，国ごとのNISを見てきました。それぞれの国でイノベーションを生み出すシステムが異なっているのです。これに対して，国レベルではなく，もう少し狭い，特定の地域でのイノベーションのシステムを考えることも大切です。なぜなら，地域間でもイノベーションに差が見られているからです。

　そこで大切なのは，産業集積です。産業集積とは，ある地域に多くの企業が集まることです。単に，企業の数の多さであれば，いわゆるニューヨークやロンドン，あるいは東京，北京などといったいわゆる大都市が産業集積地ということになります。しかし，産業集積として注目されるのは，ある特定の産業の企業が集まっているところです。たとえば，半導体や情報通信関係の企業が多く集まったカリフォルニアのシリコンバレーやエレクトロニクス産業の企業が多く見られたボストン郊外のルート128と呼ばれる地域などが有名な例です[43]。あるいは，テキサスのオースティンは半導体関連のビジネス，スウェーデンとデンマークにまたがるメディコンバレーはその名の通りバイオメディカルの集積地として注目されています[44]。アジアでは，エレクトロニクス企業が集まる広東省の深圳や，情報通信企業が多く集まるインドのバンガロールなどもあります。

　多くの企業がある特定の地域に集まることには，メリットが存在しています。特定の必要な能力を持った労働者などをプールしやすいこと，それぞれの企業の規模は小さかったとしても，生産に必要な財の調達がまとまることによって，それを供給する企業が周辺に集まり高度な分業ネットワークが構築されやすいこと，そして，ノウハウなどの知識が波及しやすいことです[45]。これらのメリットの中でも特にイノベーションに影響するのは，知識の波及効果です。特定の地域に多くの企業が集まり，その中で，人材が移動することによって，ある組織で生み出された知識が他の組織へと波及していきます。

　産業集積は，国というよりもある特定の地域に根ざしています。もちろん，ある特定の国の地域ですから，その国のNISの影響も受けます。ただし，産業集積は国の中のより特定の地域におけるイノベーションのシステムと捉えることができます。

くいものと，国を越えやすいものなどを整理していく必要がありそうです。

もう一歩詳しく知るためのリーディング

　NISを考える上では，Nelson, R. R. (ed.) [1993], *National Innovation*

43　この2つの産業集積については，Saxenian [1994] を参照してください。
44　福嶋 [2013]。
45　Marshall [1890].

Systems: A Comparative Analysis, Oxford University Press. はおさえたいと
ころなのですが，残念ながら翻訳がでていません。その点では，ホールと
ソスキスのこの本はおすすめです。ホールらのこの本は必ずしも NIS と
いうフレームワークの中で議論されてきたものではありませんが，国ごと
の経済システムの違いを考える出発点となるでしょう。

⇨ Hall, P. A. and D. W. Soskice (eds.) [2001], *Varieties of Capitalism: The
Institutional Foundations of Comparative Advantage*, Oxford University
Press. (遠山弘徳他訳『資本主義の多様性：比較優位の制度的基礎』
ナカニシヤ出版，2007 年)

　日本の NIS を考えるのであれば，次の本がよいでしょう。日本の NIS
とその結果としてのイノベーションのパフォーマンスがどのように変化し
てきているのかを丁寧に説明してくれています。

⇨ 鈴木潤・安田聡子・後藤晃編 [2021]，『変貌する日本のイノベーショ
ン・システム』有斐閣。

第 **6** 章

なぜ，産業ごとに違いがあるのか？

この章を読み進める前に

■ イノベーションが多く生み出されている産業にはどのようなものがあるでしょうか。特定の産業を取り上げ，なぜ，その産業から多くのイノベーションが生み出されているのかを考えてみてください。

■ イノベーションがあまり生み出されていない産業にはどのようなものがあるでしょう。その産業のイノベーションを促進するにはどのような条件があればよいでしょうか。

　　前章では国ごとのイノベーションの違いを考えてきました。しかし，同じ国でも，イノベーションが次々と生み出されている産業もありますし，イノベーションがほとんど生み出されていない産業もあります。

　　なぜ，産業ごとに違いがあるのでしょうか。投資に差があるのかもしれませんし，特定の産業に優秀な人材が多くいるのかもしれません。あるいは，産業の歴史も関係しているかもしれません。いろいろな要因はありますが，基本的には，産業ごとに競争の程度とライフサイクルが異なるからだと考えられています。基本からしっかり見ていきましょう。

1　競争とイノベーションのための投資のインセンティブ

産業ごとにイノベーションのあり方に違いがあるとすれば，まずその原因としてチェックするのは，競争です。競争の状況は，企業の行動に影響します。イノベーションを生み出すためには，企業は投資をしなければなりません。ヒト・モノ・カネといった経営資源を新しいプロジェクトに動員する必要があります。競争の状況はこの投資のインセンティブに大きく影響します。そして，やっかいなことに，影響の経路は1つではありません。同時に複数の影響が混在しています。ここでは，基本的な影響の経路の3つを考えていきましょう[1]。

(1)　独占的な利益の獲得に対する事前の期待

1つめは，企業がどれだけ独占的な利益を獲得できるのかについての事前の期待です。イノベーションを生み出すために投資をするわけです。その投資からどのくらいのリターンが得られるかについての事前の期待は重要です。もしも，ほとんどリターンが期待できない場合には，投資のインセンティブは小さくなります。大きなリターンが期待できる場合には，投資のインセンティブは大きくなります。

簡単にいえば，どれだけ儲かりそうかという期待です。期待が大きければ投資するでしょうし，期待が薄いところにはなかなか投資はされません。それでは，どれだけのリターンが期待できるのかは，何によって決まっているのでしょう。

リターンの大きさは，投資をした後にどれだけ独占的なポジションを構築できるかに依存します。独占的なポジションを獲得できなければ，なかなか大きなリターンを得ることは難しいからです。つまり，投資をすれば独占的な利益を獲得できるという期待があれば，投資をするインセンティブは大きくなります。その期待が小さければ，投資のインセンティブも小さくなります。これはシュンペーター効果（Schumpeter Effect）と呼ばれることもあります。

1　この点については岡田［2019］を参照してください。

(2)　独占的なポジションの事後的な確立

　シュンペーター効果は，企業が独占的な利益を享受できるかの事前の期待です。しかし，実際に，独占的な利益を享受してしまうと，イノベーションを生み出すための投資のインセンティブは低下します。

　市場において独占的なポジションを確立した場合には，（定義的に当たり前ですが）独占的なレントを享受することができます。独占的なポジションを確立すれば，イノベーションを生み出すために投資をしなかったとしても，ライバル企業に市場を奪われてしまうこともありません。さらなるイノベーションを生み出すための投資は単なるコストです。わざわざ投資をしても，追加的な利益が見込めるかはわかりません。そのような投資をしなくても（むしろしないほうが），独占的なレントを享受できるのです。釣った魚に餌をやらないのと同じです。だからこそ，企業が独占的なポジションの確立に成功すると，イノベーションを生み出す投資のインセンティブは小さくなります。これは，最初に指摘したケネス・アローにちなんでアロー効果（Arrow Effect）や置き換え効果（Replacement Effect）と呼ばれることもあります。

(3)　競争圧力

　企業にとっては，独占的なポジションを獲得できれば独占的なレントを得られるのですが，どこの企業も考えることは同じですから，なかなかそう上手くはいきません。競争があるのです。

　競争が激しい場合には，もしも，自社がイノベーションのための投資をしなければ，あるいはその水準を低下させると，ライバル企業に市場を奪われてしまい，利益が小さくなる可能性があります。これは競争淘汰です。『鏡の国のアリス』の赤の女王が「その場にとどまるためには，全力で走り続けないといけない」と言うように，常にイノベーションを生み出し続けていないと，淘汰されてしまうのです。このような競争淘汰の圧力が大きい場合には，企業はイノベーションを起こすための投資をするインセンティブが大きくなります。競争の程度においてアロー効果の反対の極です。独占的なレントが競争によってなくなっていくので，これはレント消失効果（Rent Dissipation Effect）と呼ばれることもあります。

2　参入障壁

　競争とイノベーションのための投資の間には，このような3つの経路があります。大切なので，もう一度整理すると，①事前に独占的なポジションを期待できる場合，②実際に独占的なポジションを確立した場合，③独占的なポジションは確立できず，激しい競争に直面している場合の3つです。

　これら3つの経路において重要な役割を果たしているものが，参入障壁です。まず，独占的なポジションに対する事前の期待が大きくなるためには，参入障壁が高い（あるいは自社の戦略によって参入障壁を高くできる）ことが重要です。また，参入障壁が高ければ，事後的に独占的なポジションを確立することができるかもしれません。参入障壁が低い場合には，競争圧力が大きくなります。

■ ポーターの参入障壁

　参入障壁は詳しく見ると実は少しずつ捉え方に違いがある概念なのですが，まずは経営学の戦略論で基本的なものと考えられているハーバード大学のマイケル・ポーターのものから見ていきましょう。彼は参入障壁として次の7つを挙げています[2]。

(1)　規模の経済性

　生産規模を大きくしていくと，平均費用が下がり，生産コストが低下することを規模の経済性といいます。スケール・メリットなどといわれることもあります。規模の経済性は，典型的には，装置産業などで大きくなります。規模の経済性が大きい場合は，シェアが高い方が生産コストの面で有利です。規模の経済性が大きく働く場合には，新規参入企業は，初めから大きな規模での生産に踏み切らざるを得ません。小さい規模で始めた場合には，生産コストにおいて劣位にあることを受け入れなくてはなりません。

(2)　差別化の程度

　既存企業が提供している製品やサービスの差別化の程度が高い場合には，

2　Porter [1980].

参入障壁となります。差別化とは製品レベルの差異だけでなく，長年の広告宣伝や顧客サービスなどの結果としての認知度や信頼，あるいはブランドへの忠誠心なども含まれています。製品差別化の程度が高い場合には，新規参入企業は差別化のための投資をしなければいけません。

(3)　巨額の投資

その産業で競争をする上で必要な投資が巨額な場合は，参入障壁となります。とくに広告や研究開発は埋没費用（Sunk Costs）になりやすく，ここに大きな投資が必要な場合は参入障壁になります。投資の資金は，資本市場から調達できるのですが，新規参入企業にとっては新しい試みであり，その投資に伴う不確実性は既存企業よりも高くなります。

(4)　仕入先を変えるコスト

顧客が仕入先を変えることに伴うコストが高い場合には，それは参入障壁となります。仕入先を変更することで，生産のやり方を一部変更したり，補完財を変えたり，従業員を再訓練したりと費用がかかることがあります。このコストは，変更に伴うコストなので，スイッチング・コストと呼ばれています。スイッチング・コストが高い場合には，新規参入を試みる企業にとっては参入障壁になります。

(5)　流通チャネルの確保

新規参入を試みる企業が，容易に流通チャネルを確保できない場合には，参入障壁になります。そもそも流通チャネルがなかったり，既存の流通チャネルが既存企業によっておさえられてしまっている場合などは，新規参入企業は新しい流通チャネルを構築するか，既存の流通チャネルに自社の製品・サービスを扱ってもらうようにしなければなりません。

(6)　規模とは無関係なコスト面での不利

新規参入企業に対して，既存企業がその規模とは関係なく有している優位性は多くあります。特許などの知的財産権はその1つです。重要な技術を知的財産権で守っている場合には，新規参入を試みる企業にとっては，参入障壁になります。また，既存企業によって，重要な原材料や人材など希少な資源が占有されてしまっていることもあるでしょう。さらに，経験曲線効果（Experience Curve Effects）もあります。同じ生産や販売を繰り返し行うと，学習が進み，より効率的なやり方が見出されます。この効果が高い場合は，

後発企業にとっては参入障壁となります。これらは，第12章で詳しく見る先行者優位性です。先行者優位性が強く働く場合には，新規参入企業（後発企業）にとっては参入障壁になります。

(7)　政府の政策

政府は，許認可制度などによりある産業に参入する企業を制限することがあります。この規制が強ければ，新規参入企業にとっては参入障壁となります。また，既存企業が政府の優先的な補助金の助成を受けており，新規参入企業にとってそれが利用可能でない場合もあります。このような場合は，既存企業はずっと下駄を履いているようなもので，新規参入企業はコスト面で劣位にあり続けてしまいます。

■ コストの非対称性

マイケル・ポーターの参入障壁は，経営学では広く受け入れられてきましたが，これとはやや異なる参入障壁の捉え方もあります。その代表は，ジョージ・スティッグラーです。彼は，参入障壁を「ある産業に参入しようとする企業が負う一方で，その産業の既存企業は負わない費用」と定義しています[3]。この定義によれば，ポーターが参入障壁だと考えていたものの多くは，参入障壁とはならなくなるのです。

たとえば，規模の経済性が働く場合には参入障壁になるとポーターは考えていました[4]。規模の経済性が働くということは，生産の規模が大きくなればなるほど，平均費用が小さくなることを意味しています。平均費用が小さくなるので，生産の規模が相対的に大きいところが有利です。新規参入を試みる企業がいきなり業界で最も大きい生産規模でビジネスを開始するのはなかなか難しいと考えているため，これが参入障壁になるのです。

それに対して，スティッグラーの考えからすると，もしも新規参入企業が，既存企業と同じコストで，同じ生産能力を構築することができる場合には，規模の経済性は参入障壁にはならないということになります。つまり，生産

3　Stigler［1968］.
4　これはポーターだけでなく，Bain［1968］なども同じように考えており，ポーターが特殊だったというわけではなく，参入障壁に対してやや異なる考え方があることを意味しています。

設備や差別化のための能力を構築するのにかかるコストが，既存企業と新規参入企業の間で違いがない場合には，参入障壁にはならないのです。

　それでは，どのようなものが参入障壁になるのでしょうか。スティグラーの考え方からすると，新規参入企業と既存企業の間に存在する非対称なコストこそが参入障壁になります。典型的なものは，経験曲線効果です。これは既存企業がすでに蓄積したノウハウあるいは長い間かかって構築している信頼などによって，効率的な生産ができるようになったり，効果的な製品やサービスを生み出すことができるようになったりする効果です。老舗であるということが重要な信頼の源である場合もあるのです。このような経験曲線効果が強い場合には，新規参入企業はいくらコストをかけたとしても，既存企業との間のコストの非対称性は消えないのです。

■ サンク・コストとしての研究開発と広告宣伝

　企業が投資を行って参入障壁を築く上で，戦略的に重要になってくるものが埋没費用（サンク・コスト：Sunk Costs）になる投資です。その典型例は，研究開発と広告宣伝です。もちろん，このほかにも，サプライ・チェーンのマネジメントやプラットフォーム，あるいはビジネスモデルなど重要になってくることは無数にあります。しかしここでは，参入障壁にとくに関係の深い研究開発と広告宣伝について少し考えてみましょう。

　研究開発は，企業が自社の新しい製品やサービスを生み出したり，既存のものの品質を高めたり，あるいは，より効率的な生産を行うために，新しい知識を生み出す活動です。研究開発が上手くいき，新しい製品やサービスを生み出せたり，新しい生産工程を構築できたりすると，ライバル企業に対して参入障壁を構築することができます。また，研究開発は，新しいビジネス機会の源泉でもあります[5]。そのため，研究開発投資を行って，新しい知識を生み出すことができると，他社に先駆けて新しいビジネス機会を追求することが可能になります。そこで先行者優位性を活かせれば，それは大きな参入障壁として機能し，ある一定期間（どのくらいの期間持続可能かはそれぞれですが）独占的な利益を享受することができます。

　5　この点に関しては，姉妹書『アントレプレナーシップ』の第2章を見てください。

　研究開発は，サンク・コストになるという注意しておかなければならない特徴があります。サンク・コストとは，そのビジネスから撤退する時に回収できない費用のことです。文字通り，埋没してしまう費用です。

　たとえば，企業がある製品の生産のために導入した製造機器（あるいはそれを設置するために建てた工場）を考えてみましょう。その企業がそのビジネスから撤退する時には，製造機器や工場を売却するでしょう。もしも，それを導入する時にかかったコストよりも，低い価格でしか売却できなかった場合には，それはサンク・コストになります。回収できないコストとして埋没してしまうのです。もしも，導入する時にかかったコストと同じ価格（あるいはそれ以上）で売却できた場合には，それはサンク・コストにはなりません。

　サンク・コストは，参入障壁に影響します。既存企業はすでにビジネスを行っているので，それに伴うサンク・コストを支払っているといえます。もしも，既存企業がそのビジネスから撤退したとしても，回収できないコストです。何をしても回収できないコストなのですから，既存企業の意思決定に基本的には影響しません。よく，「サンク・コストになってしまうから撤退できない」という発言を聞くこともありますが，これはサンク・コストを正確に理解している発言ではありません。「会計上の固定費の減価償却の費用を上回る売上をまだ上げていない」こととサンク・コストを混同してしまうと，こういう発言になります。まだ固定費の減価償却が終わっていなかったとしても，そのビジネスから撤退する時にその固定費を売却できれば，その分は回収できます。固定費であっても，サンク・コストにならない部分があるわけです。サンク・コストはその企業が撤退しようが，そのままビジネスを継続しようが，そもそも回収できません。既存企業の意思決定がサンク・コストに縛られることはないのです。

　しかし，そのビジネスに新規参入を試みる企業にとっては，サンク・コストの存在は意思決定に影響を及ぼします。サンク・コストが大きなビジネスの場合，もしも，このビジネスに新規参入するとすれば，回収できないコストを抱え込むわけです。新規参入しなければ，このコストを回避できます。だからこそ，新規参入を考える企業にとっては，このコストの機会費用を考えざるを得なくなります。サンク・コストになってしまうものを他のビジネ

ス機会の追求に投資をした方がよいかもしれません。

　研究開発は，典型的にサンク・コストになる程度が大きいものです。その
ため，参入障壁になります。広告宣伝もサンク・コストになります[6]。ある
製品やサービスのために行った広告宣伝は，その製品やサービスから撤退し
た時に回収することができない費用です。広告宣伝が重要になるビジネスで
は，広告宣伝がサンク・コストになるため参入障壁が高くなります。サン
ク・コストになるのは研究開発や広告宣伝だけではもちろんありません。サ
ンク・コストの存在は，既存企業と新規参入を考える企業の間で非対称なコ
ストであり，参入障壁になります。

3　競争の程度とイノベーション

　競争は異なる経路でイノベーションを生み出すための投資のインセンティ
ブに影響を与えます。また，産業ごとに参入障壁の大きさは異なっており，
それが競争の程度にも影響を与えます。それでは，イノベーションを生み出
すという点からすると，競争はどの程度がよいのでしょうか。

■　独占的なポジションを求める激しい競争

　競争とイノベーションのための投資で見てきたように，独占的な利益を獲
得できるであろうという期待は企業のイノベーションのための投資を促進す
ると考えられています。しかし，独占的なポジションを確立してしまった後
は，独占的なレントを享受できるため，わざわざさらなるイノベーションの
ために投資をするインセンティブはなくなってしまいます。一方，競争が激
しい場合には，競争淘汰の圧力が大きくなり，イノベーションのための投資
をするインセンティブが生まれます。もしも，自社が何もしなかったならば，
イノベーションのための投資を行い競争力を構築した他社に出し抜かれてし
まうのです。

　このことからすると，独占的なポジションを構築できるという期待を企業

6　研究開発や広告宣伝とサンク・コストについては，Sutton［1991］を参照してくだ
さい。

■ 図表 6-1：逆 U 字仮説

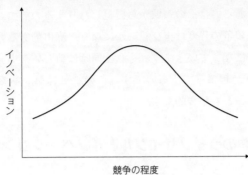

出所：著者作成。

がもてる状況で，なおかつ競争が激しい産業からイノベーションが多く生み出されやすいということが予想できます。実際に，このような状況で，競争がイノベーションを促進させるというケースが繰り返し見られています[7]。

■ 逆 U 字型の関係

しかし，近年の研究では，競争の程度とイノベーションの間には，逆 U 字的な関係があるという仮説が支持されるようになっています[8]。

競争の程度が低い場合（つまり，独占的な状態の場合），企業はさらなるイノベーションに対する投資を行うインセンティブは小さくなります。独占的なポジションの事後的な確立で見たような効果が現れます。

徐々に市場が競争的になるにつれて，競争圧力が高まっていきます。イノベーションを生み出さなければ，淘汰されてしまいます。競争が激しくなると，レント消失効果が働き始めて，イノベーションが生み出されるようになるわけです。

それでは，なぜ，競争の程度が激しすぎるとイノベーションはなくなっていくのでしょうか。これは，激しい競争に直面すると，企業はどうにかしてそれを回避しようとするからです。競争が激しいと，どうしても利益を上げ

---

7 Holmes and Schmitz Jr. [2010].
8 Aghion et al. [2005].

ることが難しくなります。そのため，企業は差別化を行ったり，ニッチ市場を開拓したり，あるいはその領域から撤退したりするのです。その結果，既存の市場では，競争の程度は再び緩やかになり，寡占的あるいはそれを超えて独占的な市場になっていきます。それと同時に新しい市場を生み出すような企業間の競争が起こってくるのです。このことは第3章で見たイノベーションのパターンとも整合的です。

4　産業のライフサイクルとイノベーション

　競争の程度は，産業ごとに異なっています。その理由の1つは，産業ごとに参入障壁のあり方が異なっていることです。もう1つ重要な理由があります。それは，産業ごとにライフサイクル上のどこにいるのかが異なるからです。産業のライフサイクルが競争とイノベーションのあり方に影響するのです。はじめに，そもそも産業のライフサイクルとは何かから考えていきましょう。

■ 産業のライフサイクル

　産業のライフサイクル（Industry Life Cycle）とは，ある産業が生まれ，成長し，成熟，そして衰退していくサイクルです。図表6-2は産業のライフサイクルを図示したものです。横軸は時間，縦軸は企業の数を示しています。縦軸が売上高や利益率などではなく，企業数という点には注意してください。

　産業の揺籃期には企業の数は少なく，この産業の製品やサービスがどのようなものなのかについての解釈は多義的です。多様な製品やサービスが生み出されます。そして，産業は成長期へと入ります。成長期には多くの企業が参入し，企業の数は増えていきます。しかしながら，あるところで企業の数がピークに達し，減少が始まります。新規参入企業の数が減り，撤退する企業が増えます。そして，徐々に企業数の減少も緩やかになっていきます。もちろん，成熟期が長く続く産業もありますし，揺籃期からあっという間に衰退期を迎えてしまう産業もあるでしょう。ただ，多くの産業で企業の参入数，退出数，そして全体の企業数（参入済みでまだ退出していない企業の数）には経験的な規則性があることが確認されています[9]。

■ 図表6-2：産業のライフサイクル ■■■■■■■■■■■■■■■■■■■

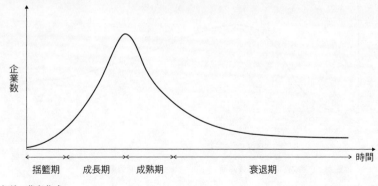

出所：著者作成。

　産業のライフサイクルととてもよく似たもので，しばしば混同されるのが製品のライフサイクル（Product Life Cycle）です。これは，ある特定の製品のライフサイクルです。産業のライフサイクルと同じように，それぞれの製品やサービスにも揺籃期から成長期，成熟期，そして衰退期があるわけです。図表6-3は製品のライフサイクルを図示したものです。産業のライフサイクルでは，一般的には企業数が縦軸にされることが一般的なのに対して，製品のライフサイクルの場合は売上高（あるいは利益率）が縦軸にされることが一般的です。

　製品やサービスによっては，揺籃期からすぐに衰退期を迎えてしまうものもあるでしょう。あるいは，成熟期が長く続くものもあるでしょう。しかし，多くの製品やサービスにはこのようなライフサイクルがあると考えられています。そして，それぞれのライフサイクルの段階で，重要になってくるマーケティングのポイントなどが異なっているのです[10]。

　産業によって製品やサービスはいろいろです。自動車産業には多くの製品やサービスがあります。石炭産業ではそれほど多くの製品はありません。このように産業によって製品やサービスの多様性は異なっています。製品のライフサイクルの分析単位はそれぞれの製品やサービスだという点は大切なポ

9　Klepper and Simons［2005］, Audretsch and Feldman［1996a］, Utterback and Suárez
　　［1993］.

10　この点については，沼上［2008］がわかりやすく解説してくれています。

■ 図表6-3：製品のライフサイクル

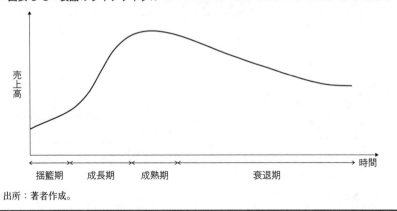

出所：著者作成。

イントです。そのため，産業ライフサイクルと製品のライフサイクルは必ず
しも同期しているとは限らないことには注意してください[11]。

■ シェイクアウトとドミナント・デザイン

　産業のライフサイクルを考える上で，重要なポイントはドミナント・デザ
インです。また，出てきたかという概念です。ドミナント・デザインとは，
その産業で支配的な製品のデザインです。大切な概念なので，忘れてしまっ
た人は第3章までぜひ戻ってください。これがシェイクアウトのタイミング
を決めると考えられています。

　アターバックとスアレスは，アメリカの8つの産業（タイプライター，自
動車，テレビ，真空管，トランジスタ，集積回路，電卓，スーパー・コンピュー
ター）で，ドミナント・デザインと産業組織（企業の参入数，退出数，そして
全体の企業数）の間の関係を分析しました[12]。図表6-4は，8つの産業の全体
の企業数の推移を表したものです。スーパー・コンピューターなどは当時は
まだ産業として新しく，それほど明確なパターンはでていませんが，多くの
産業で同じようなパターンが見られます。企業数は徐々に増えていき，ピー
クに達した後はすぐにかなりのスピードで減少していきます。

11　産業ライフサイクルと製品ライフサイクルの関係については，Klepper［1997］を
　　　参照してください。

12　Utterback and Suárez［1993］。

■ 図表6-4：産業のライフサイクルとドミナント・デザイン ■

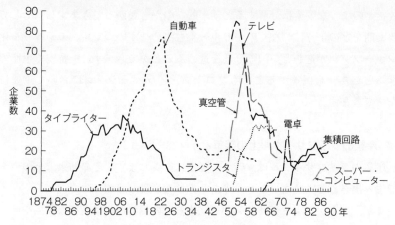

出所：Utterback and Suárez［1993］，p.8，Figure 2 より著者作成。

　企業数が頭打ちになり，その後，急激に減少に転じることはシェイクアウトと呼ばれています。アターバックとスアレスらが発見したのはこのシェイクアウトとドミナント・デザインの関係です。彼らは，それぞれの産業でいつドミナント・デザインが成立していたのかを特定し，それをそれぞれのライフサイクルに当てはめてみたのです。

　その結果，新規参入企業の数は，ドミナント・デザインが成立する時点でピークに達していたことがわかったのです。その後，新規参入企業の数は減少し，産業から退出する企業が増加していたのです。つまり，ドミナント・デザインがシェイクアウトのきっかけになっていたというわけです。このシェイクアウトを生き延びた企業が市場のシェアを分け合うことになります[13]。

　第3章で見たように，ドミナント・デザインが成立すると，プロダクト・イノベーションの割合が減り，プロセス・イノベーションが増えていきます（プロセス・イノベーションも時間とともに減少していきますが）。また，第13章で見ていく，モジュラー化やオープン化といわれるものもこの過程におい

***

[13]　日本におけるシェイクアウトは，高井［2018］，Yamamura et al.［2005］などが分析しています。

て進みます。ドミナント・デザインが成立しているからこそ，製品やサービスをどのような要素に分解すると効率的なのかもわかってきますし，そして要素間をどのようにつなぐのかのルールも決めやすいのです。モジュール化やオープン化が進むと，国際分業を進めることができます。一番安く生産できるところから調達することもプロセス・イノベーションにおいて重要になってきます。

■ 産業のライフサイクル上の競争とイノベーション

　産業のライフサイクルは，競争の程度に影響します。その結果，その産業で生み出されるイノベーションのあり方にも影響します。

　まず，ドミナント・デザインが成立する前の揺籃期には多様な製品やサービスが生み出されます。第3章で見たように，このフェーズでは，プロダクト・イノベーションが多く生み出されます。そして，企業の数が徐々に増えていくにつれて，競争が激しくなっていきます。淘汰の圧力が強まります。多くの企業がドミナント・デザインを求めて競争します。自社にとって有利なドミナント・デザインを確立させることができれば，独占的なポジションを構築できるという期待があるからです。

　ある製品やサービスがドミナント・デザインとなると，その後のイノベーションの中心は，プロダクト・イノベーションからプロセス・イノベーションへと移っていきます。また，これまで投資してきた組織能力が成立したドミナント・デザインと適合的なものではなかった企業から撤退が始まります。そのドミナント・デザインの下で，生産性の低い企業が撤退していきます。より生産性を高めるためのプロセスのイノベーションへの投資をしていかなければ，競争により淘汰されてしまいます。

　そして，この競争を勝ち残った企業が最終的に独占的なポジションを築くのです。ここで初めて独占的な利益が発生するわけです。この段階になると，さらなるイノベーションへ投資するインセンティブはなくなっていくのです。このように産業のライフサイクルの段階によって競争のあり方が異なります。そして，その結果，生み出されるイノベーションも異なるのです。

■ **業界標準**

ドミナント・デザインは, 業界標準ともいえます。業界標準は, 標準の決まり方で大きく2つのタイプに分けられています。

1つめは, デジュール・スタンダード (De jure standard) です。これは, カタカナ表記では, デジュリ・スタンダートやデジュレ・スタンダードといわれることもあります。De jure の語源は古典ラテン語で,「法令的なものに基づく」という意味です。ここからも何となくわかるように, デジュール・スタンダードとは, 公的な機関が定める標準です。たとえば, JIS 規格は, 日本で有名なデジュール・スタンダードです。JIS とは, Japanese Industrial Standards の略です。これは, 認定標準作成機関の申し出または日本産業標準調査会 (JISC) の答申を受けて, 主務大臣が制定する規格ですから, 国が決めた標準ということになります。JIS 規格は, 製品の寸法や品質・性能, 安全性などで標準を定めており, さまざまなものがあります。ネジの大きさ (ネジヤマとドライバーが一致しないと困ります) や鉛筆の寸法や芯の硬度 (HB や 3B などといったもの), あるいはトイレットペーパーのサイズも JIS 規格で標準化されています。これがないと, それぞれの企業が自分の好きなサイズをつくってしまいます。消費者からすると, トイレットペーパーを買う時にいちいち, 自分の家のホルダーの大きさと合うかどうかをチェックする必要がないわけです。

多様な規格の製品やサービスが登場してくると, 選択肢が増えて良いようにも思えますが, どれが自分にとって適切なのかを判別するコストが多くなってしまいます。だからこそ, 標準化が必要になってくるのです。

このデジュール・スタンダードを決める主体は, 国だけではありません。国際標準化機構 (ISO：International Organization for Standardization) や国際電気標準会議 (IEC：International Electrotechnical Commission) などの機関は, 国際的な標準を決めています。国際的なものと国の間にあるのが, 地域の標準を決めるものです。欧州標準化委員会 (CEN：Comité Européen de Normalisation) などが代表的なものです。これは, ヨーロッパ内を対象とした標準化を行う機関です。あるいは, 産業団体や工業団体, あるいは学会も標準を決めたりします。複数の企業がコンソーシアムなどを組んで, 標準を決めることもあります。

…… コラム⑪　ドミナント・デザインは外生的なのか内生的なのか ……………………

　これまで見てきたように，ドミナント・デザインは産業のライフサイクルに大きな影響を与えます。産業の揺籃期や成長期には，自社に有利なドミナント・デザインを成立させることが，企業の重要な戦略的な課題です。

　ドミナント・デザインが市場で成立するということは，ある製品やサービスのデザイン（設計思想や機能なども含む広い意味でのデザインです）がその市場で選ばれ，支配的なものになるということです。だからこそ，新製品開発や競争戦略などの研究では，どのようにすぐれた製品やサービスを生み出すのか，どのように自社の製品やサービスをドミナント・デザインにするのかなどについて議論がなされてきました。

　ドミナント・デザインは，産業のライフサイクルにとっては外生的なものとして捉えられてきたともいえます。ある企業がすぐれた製品やサービスを開発し，それが市場で多くの人に受け入れられる。あるいは，ある企業の戦略が功を奏して，（あまりすぐれた製品やサービスといえなかったとしても）市場で支配的なものとなる。これまでの経営学ではこのように考えられてきたのです。そして，ある企業の製品やサービスがドミナント・デザインになると，それが契機となってシェイクアウトが起こるのです。

　カーネギーメロン大学のスティーブン・クレッパーらは，このような考えに対して，異なる見方を示唆する発見をしています。まず，クレッパーらは，自動車，タイヤ，テレビ，ペニシリンの4つの産業のライフサイクルを調べて，これまでと同じような産業ライフサイクルを確認しています[14]。図表6-5のように，ある時点まで新規参入が相次ぎ，企業の数は増えていきます。そして，ピークに達した後に，シェイクアウトが起こり，一気に企業数が減少していきます。

　そして，クレッパーらは，このシェイクアウト期にどのような企業が生存の確率が高いのかを分析しています。その分析については，第12章で詳しく見ていきましょう。ここでは，生存確率の分析よりも，4つの産業でほぼ同じようなシェイクアウトのパターンが見られているということがポイントです。

　クレッパーらの発見は，ドミナント・デザインは，競争の中で内生的に生まれてくるのではないかということを示唆しています。もしも，優れた製品やサービスが生み出されたり，戦略が機能したりした結果として，ドミナント・デザインが成立するものだとすれば，異なる産業で同じような産業ライフサイクルのパターンが見られるのでしょうか。おそらく見られないはずです。

　参入企業の数が多くなり，競争が激しくなると，市場はさまざまなタイプの製品やサービスで溢れてきます。製品やサービスが多様すぎると，その製品やサービスの買い手（おそらく供給業者も）は困ります。効率的ではないのです。だからこそ，競争である製品デザインがドミナント・デザインとして選ばれ，その後にシェイクアウトが起こるのです。つまり，競争の結果としてドミナント・デザインが成立するわけです。もう少し，正確にいえば，すぐれた製品やサービ

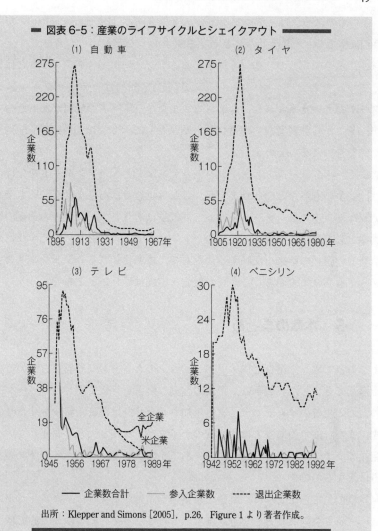

図表 6-5：産業のライフサイクルとシェイクアウト

(1) 自動車

(2) タイヤ

(3) テレビ

(4) ペニシリン

全企業
米企業

――― 企業数合計　　――― 参入企業数　　----- 退出企業数

出所：Klepper and Simons［2005］，p.26，Figure 1 より著者作成。

スがドミナント・デザインとして選ばれたり，企業の戦略が上手く機能してドミ
ナント・デザインが選ばれたりするわけですが，それは競争のプロセスの一環と
して生成するのです。

14　Klepper and Simons［2005］.

　2つめのタイプは，デファクト・スタンダード（De facto standard）です。De facto とは，「慣習上の」とか「事実上の」などといった意味です。この点が，法令的なものに基づく標準であるデジュール・スタンダートとは異なります。たとえば，キーボードの QWERTY 配列は，デファクト・スタンダードだといえます。もともとさまざまなキーボードの配列があったのですが，そこから消費者たちが選択した結果として，今では QWERTY 配列が支配的なものになっています。

　よく，デジュール・スタンダードとデファクト・スタンダードを分けるのは，競争の有無だといわれますが，これは正確ではありません。そもそも，デジュール・スタンダードを巡っても競争はあります。消費者の選択の結果，標準として事後的に成立したものがデファクト・スタンダードです。ただし，消費者の選択の結果を反映するかたちで，標準化されるデジュール・スタンダードもありますから，なかなか厳密な定義は難しいところです。

5　本章のまとめ

　この章では，産業ごとにイノベーションのあり方がなぜ異なっているのかを考えてきました。競争は，企業の行動に影響を与えます。イノベーションのための投資のインセンティブを増加させたり，はたまた減少させたりします。また，競争のあり方は，産業のライフサイクルと大きく関連しています。産業のライフサイクルのどの段階にあるかによって，イノベーションのあり方は異なるのです。

　本章で見てきたように，競争と産業のライフサイクルは，産業レベルのイノベーションのあり方を規定します。もちろん，その影響は一方的ではありません。企業の行動が，競争や産業のライフサイクルにも影響します。この点は，第Ⅲ部で詳しく見ていきましょう。

もう一歩詳しく知るためのリーディング

　産業と競争の間の関係は，産業組織論において議論が積み重ねられてきました。また，その中でも，産業のライフサイクルやイノベーションの議

論は，インダストリー・ダイナミクスと呼ばれることもあります。産業組織論のテキストはすぐれたものがたくさんありますが，イノベーションという観点からすると，この2冊がおすすめです。

⮑ 岡田羊祐［2019］，『イノベーションと技術変化の経済学』日本評論社。

⮑ 長岡貞男・平尾由紀子［2013］，『産業組織の経済学：基礎と応用』（第2版）日本評論社。

第7章

なぜ，企業ごとに違いがあるのか？

この章を読み進める前に

■ イノベーションを生み出している企業をいくつか頭に思い浮かべてみてください。その企業に共通の特徴はあるでしょうか。具体的な特徴を説明してください。

■ 第3章で見てきたイノベーションのパターンを所与とした時に，企業はどのような戦略をとることが効果的でしょうか。具体的な事例とともに考えてみてください。

　　　ここまで，国，そして産業，と分析の焦点を絞ってきました。ここでは，もう一歩，解像度を上げて，企業が生み出すイノベーションのパターンについて考えていきましょう。

　　　企業によって生み出すイノベーションのタイプが違っています。第3章のイノベーションのパターンでは，新規参入企業と既存企業では生み出すイノベーションの性質が違っているということを考えました。本章ではこの点をさらに掘り下げて見ていきます。また，後半ではイノベーションに関する2つの学習の両立について考えていきます。

1　新規参入企業と既存企業

第4章では，新規参入企業は能力破壊型（Competence-Destroying）のイノベーションを生み出す傾向がある一方で，既存企業は能力増強型（Competence-Enhancing）のイノベーションを生み出す傾向があることを見ました。この点についてもう少し掘り下げてみましょう。

まず，最初に1つよく誤解されることがあるので，それを解いておきましょう。新規参入企業というと，スタートアップを思い浮かべる人も多いのではないでしょうか。スタートアップではないから，既存企業は能力増強型のイノベーションしか生み出せないというある種の悲観論があります。しかし，新規参入企業と既存企業というのは，スタートアップと既存企業という分け方ではないことには注意してください。スタートアップはそれまでになかった企業であり，これからビジネスに参入するものですから，当然，新規参入企業です。しかし，スタートアップばかりが，新規参入企業ではありません。既存企業だって，これまで自社でやってこなかったビジネス領域に新しく参入することはあります。そのような場合も，新規参入企業になります。

それでは，なぜ，能力破壊型のイノベーションは新規参入企業から，能力増強型のイノベーションは既存企業から生み出されることが多いのでしょうか。これは，新規参入企業と既存企業では，基本的な競争戦略が異なっているからです。

ビジネスに新しく参入する場合には，そこですでにビジネスをしている企業に対してどのように競争優位を構築するかが大切なポイントになります。そして，能力破壊型のイノベーションは戦略的にとても重要なのです。もしも，既存企業と同じような能力で，同じような戦略でそのビジネスに後から参入したとすれば，そこで生き残るのはなかなか大変です。既存企業は，そもそも後発企業が参入しづらいように参入障壁を築こうとするでしょう。既存企業の中でもとくに早い段階で参入した企業は，先行者優位性をできるだけ築こうとするでしょう。既存企業はできるだけ後発企業に収益を奪われないように対抗するのです。当然です。既存企業と同じ土俵で競争していては，なかなか新規参入企業は競争力を構築することは難しいのです。

そのため，既存企業に対して，競争優位を構築するための戦略が新規参入企業にとっては不可欠です。その戦略の重要なポイントが，能力破壊型のイノベーションです。既存企業の能力を陳腐化するような新しい製品やサービスなどを生み出し，ビジネスに参入し，それが上手く機能すると，経済的な価値を獲得できるわけです。つまり，能力破壊型のイノベーションとして結実するわけです。だからこそ，新規参入企業は，能力破壊型のイノベーションを生み出すための投資を行うのです。既存企業の能力を破壊するようなイノベーションを生み出せた企業が，その産業で生き残ることになるともいえます。

　既存企業は，後発の参入企業に収益を奪われないような施策が戦略の基本となります。後発企業から見ると，既存企業はその産業に早期に参入した先行者です。そのため，先行者優位性の構築が基本的な戦略となります。さらに，既存企業の中でもリーダー企業は，すでに競争優位性を構築しているため，現在の強みをさらに強くすることが戦略の基本となります。つまり，既存の能力をさらに強めるような能力増強型のイノベーションを生み出すために投資をしていくのです。

2　なぜ，リーダー企業は競争優位性を失うのか

　能力破壊型と能力増強型の担い手の違いや生産性のジレンマ，技術のS字カーブなどのイノベーションのパターンについてのこれまでの発見をベースに，「なぜ，既存企業（既存のリーダー企業）は新規参入企業のイノベーションに対応できず，その競争力を失うのか」と問いかけたのがハーバード大学のクレイトン・クリステンセンです。

　クリステンセンが名づけた「イノベーターのジレンマ」という言葉を聞いたことがある人は多いでしょう[1]。この「ジレンマ」は，アバナシーの「生産性のジレンマ」へのオマージュであり，イノベーションをめぐるトレード

1　Christensen [1997]. この本の基になっている論文としては，Christensen [1993], Christensen and Bower [1996] などがあります。本当はイノベーターのジレンマなのですが，日本ではなぜかイノベーションのジレンマとして呼ばれています。本書ではオリジナルに忠実にイノベーターのジレンマと呼んでいきましょう。

オフがあるからこそ起こる現象です。イノベーターのジレンマは, 新しく生み出されたイノベーションによって, リーダー企業がそれまでに構築してきた競争優位の源泉が崩壊してしまうというものです。

イノベーターのジレンマは, それほど頻繁には起きてはいないものの, 逸話としてはよく耳にするものでしょう。たとえば, フィルム事業でリーダー企業であったイーストマン・コダックは, デジタル化の波に上手く対応できませんでした。有名な話ですが, 世界で初めてデジタルカメラを発明したのは, コダックのスティーブン・サッソンでした。1975年のことです。しかし, コダックがデジタルカメラを他社に先駆けて本格的に事業化することはありませんでした。技術力はあるのに, それを利用しなかったのです。レコード販売のタワーレコードは, 音楽配信サービスの登場によって, 競争力を低下させ, アメリカでは破産しました。

なぜ, リーダー企業は, 新しく生み出されたイノベーションに対応できないのでしょうか。これは, 一般的にはリーダー企業の慢心や, 大企業病と呼ばれる官僚化などが原因として考えられてきました。クリステンセンは, アメリカのハードディスク業界の歴史を調べ, そのようなものが原因ではなく, きわめてまっとうで合理的な投資の意思決定の結果だと指摘したのです。

なぜ合理的な意思決定の結果なのでしょうか。クリステンセンは, イノベーションを2つに分けました。それは, ①それまで用いられてきた既存の評価軸の上でパフォーマンスを向上させようとする持続的イノベーション (Sustaining Innovation) と, ②既存の評価軸上とは異なる評価軸でパフォーマンスを向上させようとする分断的イノベーション (Disruptive Innovation) です[2]。もう少し簡単にいってしまえば, 持続的イノベーションとは, リーダー企業にとって既存の評価軸で評価できるものですから, 既存の製品やサービスをより良くする改良といえるでしょう。分断的イノベーションとは, リーダー企業の既存の評価軸とは異なるものですから, これまでの製品やサービスとは質的に異なるといえるでしょう。

---

2 分断的イノベーションは, 破壊的イノベーションと訳されることもあります。しかし, ここでは能力破壊型イノベーション (Competence-Destroying Innovation) と区別するために, 分断的イノベーションと呼びましょう。既存の評価軸とは分断的というのがポイントです。

■ 図表 7-1：持続的イノベーションと分断的イノベーション ■

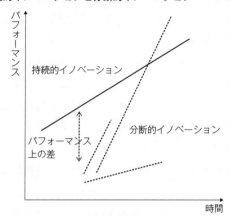

出所：Christensen［1993］，p.559，Figure 5 を参考に著者作成。

　リーダー企業にとっては，持続的イノベーションへ投資をする方が，分断的イノベーションに投資をするよりも期待収益が高いのです。リーダー企業は，既存の評価軸上で最も上手くパフォーマンスを向上させてきた企業です。一番上手く，研究開発をし，それを製品化し，生産体制や顧客へのサプライ・チェーンを構築してきた企業です。当然ですが，顧客に向けて上手くビジネスの流れを構築するためには，ヒト・モノ・カネといった経営資源を動員しないといけません。その投資を最も効果的に行ってきた企業がリーダー企業です。そのため，これまで行ってきた投資から得られる収益率が高いのです。だからこそ，リーダー企業は，持続的イノベーションへの投資から得られるであろう利益が大きいのです。

　なぜ，リーダー企業は分断的なイノベーションに投資をしないのでしょう。リーダー企業は多くの場合，経済的な体力があります。そのため，少しぐらい分断的なイノベーションに投資をしてもよさそうです。しかし，リーダー企業が合理的であれば，分断的なイノベーションには投資をしないのです。

　図表 7-1 はイノベーションのジレンマを整理したものです。持続的イノベーションとは，評価軸の上でパフォーマンスを向上させようとする既存のモノです。それに対して，分断的イノベーションとは，持続的イノベーションとは異なる評価軸でパフォーマンスを向上させようとするものです。

　分断的なイノベーションが生み出された当初は，既存の評価軸上で最も高いパフォーマンスを上げているものと比べると，パフォーマンスには差があります。新しい分断的なイノベーションの方が，既存の評価軸で比べるとパフォーマンスが低いのです。生み出された当初は，既存のものと比べると粗野でコストも高いのです。端的にいえば，劣っているのです。

　もちろん，この図の分断的なイノベーションのように，結果として，持続的なイノベーションを追い抜くパフォーマンスに達し，持続的なイノベーションを代替するものもあります。しかし，図の破線のように多くの場合は，それほどパフォーマンスが上がらず，失敗に終わるのです。つまり，多くの場合は，分断的イノベーションとして結実することはありません。また，どの分断的なイノベーションがパフォーマンスを向上させるのかを事前に予想するのは難しいのです。

　そのような状況では，不確実な劣ったモノに投資をするよりも，これまで構築してきた自社の既存の製品やサービスに投資をし，より良いものを顧客に届ける方が期待収益率は高くなるのです。だからこそ，リーダー企業は分断的なイノベーションに投資をするよりも，持続的なイノベーションに投資をするのです。つまり，リーダー企業が競争力を失うのは，リーダー企業の慢心や怠慢，あるいは官僚化といった問題よりも，実は根が深いのです。

　その一方で，上述のように新しく市場に参入する企業は，既存企業と同じ土俵で戦ってはなかなか勝ち目がありません。そのため，既存企業の能力を陳腐化するようなイノベーションによって，新たに参入することが重要になります。新規参入企業は，既存のリーダー企業と比べるとそもそもそれほど不可逆な投資をしていません。だからこそ，リーダー企業がそれまでに構築した能力を陳腐化するようなイノベーションのタネに投資するわけです。そして，その分断的な新しいものに対する投資が新規参入企業を中心になされていくにしたがって，パフォーマンスが向上していき，あるところで既存の技術をその性能で追い越す場合があります。それによって，リーダー企業の製品やサービスを代替することになるのです[3]。

3　ただし，リーダー企業の製品やサービスが完全に代替されてしまうとは限りません。リーダー企業が新しい機能を発見したりする場合には，代替が部分的で済む場合もあります。この点については，根来［2005］を参照してください。また，兒玉［2020］→

━ コラム⑫ 日本でクリステンセンが人気の理由 ━━━━━━━━━━━━━

　クリステンセンの『イノベーションのジレンマ』は，日本でとても人気があります。もちろん同書は世界的にも高く評価されているものですが，欧米と比べても，日本では突出した人気があると言ってもいいでしょう。解説本など関連書籍も多く出版されています[4]。

　この理由は，日本のビジネスパーソンが勉強熱心だからというだけではありません。これは，リーダー企業が新しいイノベーションによってその競争力を大きく低下させるというイノベーターのジレンマが日本の既存企業にとってはとくに深刻な課題になるからです。

　なぜ，日本の企業にとってとくに深刻なのでしょうか。これは，流動性が深く関係しています[5]。日本企業は，人の流動性が低い中でビジネスを行ってきました。第一次世界大戦と第二次世界大戦の間のいわゆる戦間期から大変な人手不足になりました。労働市場があまり柔軟でなかったので，必要なスキルを持った人をすぐに市場から調達することもそれほど簡単ではありませんでした。引き抜き合戦になると，人件費がかさんでしまいます。だからこそ，日本企業は新卒の学生を一括で採用し，トレーニングをしてきました。社内で競争させ，優秀な人材を昇格させてきたのです。社内でせっかくトレーニングをした人材が，途中で抜けてしまっては困ります。そこで，日本企業は年功序列的な給与体系を強め，長期的な雇用慣行を構築していったのです[6]。

　日本企業は，余剰人員が出たとしても，すぐに解雇を行うことはしませんでした。これまで積み上げてきたインセンティブのシステムを破壊してしまうからです。もしも解雇などを行えば，働く人は「この会社で長く働くとは限らないかもしれない」と考えて，その会社のビジネスに必要な知識よりも，より汎用的な（どこの会社に行っても通じるような）知識（MBAで学ぶスキルや英語，あるいは公認会計士の資格など）を身につけようとするでしょうし，「会社のために」と大きなコミットメントをしなくなってしまうでしょう。

　日本企業は，自社のビジネスの根幹を揺るがすような新しい技術が登場してきた場合でも，ビジネスの整理に伴って社員を柔軟に解雇したりできないので，用意周到に準備して，ジレンマをどうにか回避しようとするのです。だからこそ，イノベーターのジレンマは日本の既存企業にとっては重大な課題なのです。

は既存企業が構築してきた能力を破壊するようなイノベーションが生み出された後の企業の戦略的行動と業界の再編が，写真業界ではどのように起こったのかを分析しています。

4　伊神［2018］，玉田［2020］などが代表的なものです。
5　流動性とイノベーションの関係については，清水［2019］を参照してください。
6　いわゆる日本的な経営慣行の源流については，岡崎・奥野［1993］を参照してください。

もちろん，アメリカのような人の流動性が比較的高い社会でも，既存企業にとってはイノベーターのジレンマは回避すべき課題です。しかし，人の流動性が低い社会と比べると，イノベーターのジレンマは社会的にはそれほど深刻な問題になりません。新しいイノベーションによって，自社のビジネスが陳腐化し，競争力が低下した（あるいは低下することが予期された）場合には，事業部ごと他の会社に売却したり，余剰人員を減らしたりすることが比較的やりやすいからです。

たとえば，IBMは，デル・テクノロジーズなどの生産性の高い組み立てメーカーや台湾メーカーの台頭により，パーソナル・コンピューター事業の収益性が低下すると予想したために，その事業ごと売却しています。デュポンも，繊維や石油事業へ進出したものの，大きな収益性が見込めなくなると，すぐに売却しています。競争力を失ったビジネスを整理するだけでなく，新しいビジネスへ展開する際にも，人の流動性が高い場合は，労働市場から必要な人材を調達しやすいのです。つまり，ビジネスの組み替えが，比較的，柔軟にできるのです。個人レベルで見ても，労働市場が流動的であれば，自分の能力に見合った就業機会が見出しやすいということになります。だからこそ，日本と比べると，それほどイノベーターのジレンマが深刻な問題にならないのです。

人の流動性が低い戦後の日本では，イノベーションのジレンマは，回避すべき重大な課題となった一方で，流動性を高めていったアメリカのような社会では，イノベーターのジレンマは回避すべき課題ではあるものの，それほど深刻なものとならなくなりつつあります。

3　なぜ，両立できないのか

リーダー企業は，分断的なイノベーションよりも，持続的なイノベーションに対する投資の方が高い収益性を見込めるからこそ，そこに投資を行うとクリステンセンは議論しました。つまり，リーダー企業と新規参入企業などそれ以外の企業の間では，イノベーションに対する投資のインセンティブが異なっているというわけです。だからこそ，企業は持続的なイノベーションと分断的なイノベーションを両立できないのです。

これに対して，やや異なる視点から企業が2つのタイプのイノベーションを両立できない理由を考える研究があります。それは，組織における学習からの視点です。最初の研究は，スタンフォード大学のジェームズ・マーチによるものです。組織の中で働いている人々はさまざまな学習をします。マー

チは，その学習の中でも，イノベーションに関するものには，2つの種類が
あると指摘しました[7]。

1つめは，深化（Exploitation）と呼ばれるものです。これは，活用と呼ば
れることもあります。これは，それまで企業が積み重ねてきた知識をさらに
深くしたり，その活用の程度を深めるような学習です。既存のモノゴトの延
長線上で継続的な改善を積み重ねていくようなものです。既存のモノゴトの
延長線上なので，不確実性はそれほど高くありません。自社のビジネスをさ
らに精緻なものにしていくための学習もこの深化といえます。しかし，既存
のモノゴトの深化ばかりをしていては，そこから得られるものも長期的には
低減していきます。だからこそ，もう1つの学習が大切になります。

もう1つの学習は，探索（Exploration）です。これは，既存のモノゴトの
延長線上ではないものを，その名の通り，探索する学習です。探索は，新し
い知識を探す学習なので，時間もかかります。自分の慣れ親しんだコミュニ
ティやネットワークから出る必要もあります。不慣れなところですし，不確
実性も高くなります。

この知識の深化と探索の両方を行っていくことが企業にとっては大切にな
ります。それは，両利きの経営（Ambidexterity）と呼ばれています[8]。しかし，
マーチはこの2つの学習が，組織では相反するものだと指摘したのです。組
織的に，深化の学習を繰り返していけばいくほど，探索の学習が減ってくる
のです（逆も同じです）。それぞれの学習に必要な組織能力が異なっているた
め，両利きの経営はそもそも難しいのです。

現在のビジネスで高い収益を上げている企業であればあるほど，それをさ
らに活かすために深化の学習を進めます。その反対に，深化させる既存のビ
ジネスがないスタートアップや，深化させたいような収益性の高いビジネス
がないような企業が新しい探索を行っていくのです。

---

7 March［1991］.
8 Exploitation と Exploration というのは，一見わかりやすい気もしますが，よくよく
 考えると学術的には課題もあります。その点については，Gupta et al.［2006］を参照
 してください。

4 いろいろな両立の仕方

両立は難しいといっても簡単に諦めないでください。いろいろな両立の仕方が模索されてきています。両立はできないとマーチは言っているものの，その後の研究では簡単ではないものの，案外両立もできるのではないかということも観察されています。上手くいくものから，上手くいかなさそうなものまであります。それぞれ見ていきましょう[9]。

■ 両立しろと旗を振る

「両利きの経営」という用語が流行ると，「両利きの経営が大切だ。ウチもやれ！」と発破をかけるトップマネジメントが必ず現れます。

ちなみに，経営学では多くの流行語が生み出されてきました。「エクセレント・カンパニー」，「コア・コンピタンス」，「ブルーオーシャン」，「オープン・イノベーション」など枚挙に暇がありません。MBA や EMBA では，最新の知識にふれてもらいたいわけですから，（一部の）経営学者には新しい（あるいは新しげな）用語を生み出すインセンティブが存在しています。コンサルティング会社の実務家も新しい経営手法を開発して，ウリを出さなければいけません。それらを消費する人たちもいます。リーダーは，新しいビジョンを描いてメンバーを引っ張っていかなければいけません。ビジネスパーソンとして市場価値を高めるためには，最新の議論にもついていかなくてはなりません。自己啓発のためのビジネス書の市場は大きいのです。新しい用語を生み出すということ自体がビジネスになっている側面もあります。

新しく生み出される考え方には，それぞれ固有の意義があるのですが，それについての理解がなされないまま独り歩きして流行していきます（むしろ，あまりに正確に理解されてしまうと消費されなくなってしまうので，なんだかよくわからないぐらいで，各々勝手に意味付けをできる程度が丁度いいのかもしれません）。

---

9 複数の性質の異なるプロジェクトのマネジメントについては，延岡［1996］を参照してください。

　ちょっと話が横道にそれましたが，流行りの用語を聞いてくるとその中身をあまり考えることなく，「よし，ウチでもやれ！」という上司がでてきます。そもそも両立しにくいものなのですから，号令だけかければ（しかも大号令の場合もあります）自然と両立できるわけがありません。むしろ，無理やり両立させようとして組織は混乱してしまうかもしれません。

■ 時間差で両立する

　ある時点だけを取り上げると2つの両立は難しいのですが，企業のライフサイクルを見てみると，時期によって2つの学習が交互になされていることはあります。これは，時間差で両立しているといえます。図表7-2はそれをイノベーションのパターンとともに表したものです。

　産業の揺籃期では，新しい製品やサービスがどのようなものであるのかについてさまざまな解釈が存在しています。それぞれの企業が，どのような製品やサービスなのか，その品質や価格はどのようなものが妥当なのかなどを探索しているのです。企業が新しい製品やサービス，あるいは新しい生産工程などを構想する時には，学習は当然，探索的なものになります。

　探索の結果，「期待できる」ものが見つかれば，企業はそれを市場に導入していきます。市場から期待したような反応があるものもあれば，期待したようなものではない場合もあるでしょう。「期待できる」ものがなかなか見つからなければ，企業はそこから撤退するか，探索的な学習を続けます。有望だと判断したものについては，それをさらに深化させていきます。学習を徐々に探索のフェーズから深化へと変えていくのです。その結果，企業が生み出すイノベーションも累積的なものの割合が多くなってきます。

　ドミナント・デザインが成立すると，それまでなかなか期待できるものが見つからずに探索的な学習を続けていた企業は，ドミナント・デザインを深化させる学習へとシフトする，あるいは撤退していきます。ここで前章で見たシェイクアウトが起こります。最もよくドミナント・デザインを深化させた企業が生き残るのです。

　ここで生き残った企業は残存者利益を享受できるのですが，産業が成熟してくると，市場の成長性は徐々に小さくなります。そのため，次の事業の柱になるような新しい領域へ展開することが企業の中長期的な存続と繁栄に

■ 図表7-2：時間差での両立

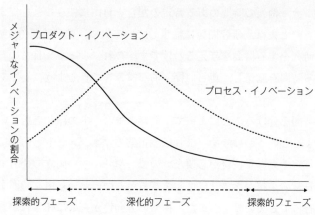

（縦軸）メジャーなイノベーションの割合

プロダクト・イノベーション

プロセス・イノベーション

探索的フェーズ　　　　深化的フェーズ　　　　探索的フェーズ

出所：著者作成。

とっては大切になります。そこで，企業は再び，探索的な学習を開始するのです。

　つまり，産業の黎明期では探索的な学習をし，成長期や成熟期では深化的な学習へとシフトさせ，脱成熟が必要になってくる段階で再び探索的な学習を始めるのです。このようにある一時点を見ると2つはあまり併存してはいないのですが，時系列で企業の学習を見てみると両立しているのです。深化と探索の学習の両立の仕方で，おそらく最も多いパターンでしょう。もちろん，途中で撤退してしまった企業は両立できなかったということになります。

■ 個人で時間を分けて両立する

　ビジネスパーソンには，日常業務に追われている人も多いのではないでしょうか。中長期的に重要な構想を描いたり，そのために新しい取り組みを始めたりすることは必要なのですが，忙しい日々をおくっていると日常業務に忙殺されてしまいがちです。これは，組織のグレシャムの法則と呼ばれたりします。

　もちろん，日常業務を行っていく中でも，どのようにしたら日常の業務をより効率的にこなしていくかを考えている人は多いでしょう。しかし，それだけだとどうしても既存のモノゴトの延長線上での深化の学習が多くなって

しまいます。

　だからこそ，個人の時間のある特定の割合を自由に使うことを促す企業も
あります。たとえば，研究開発に従事している人に，就業時間の5%を自分
の好きな研究をする機会を与えるわけです。これによって，日常の業務から
少し離れる時間を確保し，新しい探索的な試みをできるようにしてあげてい
るのです。

　個人の時間を分けることによって，既存のモノゴトの深化と新しい探索を
両立させようというわけです。これは，企業のマネジメントとしては，特別
な戦略の策定や大きな投資が必要ないので，やりやすい両立の仕方でしょう。
しかし，日常の業務があまりに忙しすぎると，ついつい自由な時間まで日常
の業務を行ってしまいます。また，探索の方向性が個人に任されがちになる
ため，企業のさまざまな部門の調整が必要になるような新規性の高いものよ
りも，現場レベルでの対応ができる範囲内の新しさの探索に傾りがちになり
ます。

■ 企業内の垂直分業で両立する

　現場で日々の業務を効率的に進めようとしている人に，就業時間内のある
一定の時間を新しい探索に割り当てたとしても，上記のように深化と探索の
両立は難しい場合も多いでしょう。

　そこで，組織内の分業によって，深化と探索を両立させようという試みは
古くからなされてきました。組織における分業は，垂直的な分業と水平的な
分業に分けることができます。ここではまず垂直的な分業における両立を考
えてみましょう[10]。

　垂直的な分業とは，組織の階層の上方と下方での分業です。たとえば，取
締役会が企業の全社的な中長期の戦略を策定し，それを執行役員や事業部長
などが効率的に実行していくという垂直的な役割分担です。

　もう少し身近な例を考えてみましょう。全国各地にチェーン展開している
ファストフード店の店内のオペレーションは，そのオペレーションのマニュ
アルをつくる人と，そのマニュアルにしたがって現場のオペレーションを行

10　この点については，沼上［2004］がとてもわかりやすく解説してくれています。

う人は，垂直的な分業を行っているといえます。計画と実行の分業といえます。

　新しいビジネスやそのやり方などの探索は階層の上のトップマネジメントが担い，日常の業務のより良いやり方などの既存のビジネスの深化は階層の下の現場に近いところが注力するという分業です[11]。トップダウン型の意思決定の程度が高い企業では，このような垂直分業による両立が図られています。トップマネジメントが探索に積極的で具体的な役割を担えば，全社的に大きな調整が必要な新規性の高い取り組みを行うことができます。その一方で，既存のビジネスの現場の知識が，新しい探索に活かされにくいというデメリットもあります。その反対に，既存のビジネスの現場に近い組織の階層の下方が探索を担うとすれば，全社的な調整が必要となるような新規性の高い取り組みは探索されにくくなります。

■ 企業内のポートフォリオで両立する

　もう１つの組織内の分業による両立のあり方を見てみましょう。複数のビジネスを社内に抱えるいわゆる大企業がイノベーションを生み出そうと考えるのであれば，組織の中でのビジネスのポートフォリオを考える必要があります。ポートフォリオとは，いろいろな意味がありますが，ここでは企業のビジネスの組み合わせのことを意味しています。

　このポートフォリオを使って，既存のモノゴトの深化に注力するビジネスと，新しさを探索するビジネスに分けることにより，両立を試みるのです。ポートフォリオの組み方はさまざまなものがあります。ここではボストン・コンサルティング・グループのポートフォリオ・マネジメントを例に考えてみましょう。全社的な戦略を考える上でとても有名になったものなので，どこかで聞いたことがある人も多いはずです。さすがにこのポートフォリオ・マネジメントはやや古くなってしまいましたが，ここではポートフォリオの組み方を学ぶことよりも，イノベーションという観点からポートフォリオの大切さを考えることがポイントです。わかりやすさを優先して，これを使って説明してみましょう。

11　Chandler［1962］.

■ 図表 7-3：ポートフォリオ・マネジメント ■

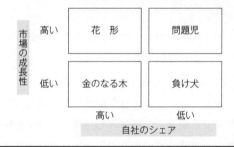

　図表 7-3 を見てください。このポートフォリオ・マネジメントでは，社内の事業を市場の成長性と自社のシェアの 2 つで分けて考えていきます。市場の成長性が高く，自社のシェアが高い事業は，「花形」です。しかし，いつまでも成長し続ける市場はありません。そのうち「花形」事業の成長性も低下してきます。そうすると，「金のなる木」事業になるのです。これは文字通り，キャッシュを生み出す事業になります。追加的な投資もそれほど必要ありません。ここで残存者利益が発生するのです。一方，市場の成長性が高いのに，自社のシェアが低い事業は「問題児」であり，市場の成長性も自社のシェアも低い事業は「負け犬」と呼ばれます。

　企業の長期的な存続と発展にとって，大切なのは「花形」や「金のなる木」だけではありません。「問題児」も大切です。

　収益性は高いのですが，それほど成長していない企業があります。ニッチ市場でのリーダー企業によく見られます。このような企業の事業のポートフォリオを見てみると，「金のなる木」の事業ばかりです。収益性は高いのですが，長期的な存続と発展という観点から見るとこのような企業には危うさがあります。市場の成長がゆっくりと低下していくにしたがって，その会社の成長も小さくなってくるのです。

　だからこそ，「問題児」を社内に抱えておくことは大切です。「問題児」を「花形」に育て，そして，「金のなる木」にしていくのです。そのためには，まずは，「負け犬」事業からはいち早く撤退し，キャッシュに変えます。さらに，「金のなる木」の事業にはできるだけ投資をせずに，キャッシュを引き出します。そして，それらを「問題児」に投資し，「花形」にしていき，そこで競争力を保つようにするわけです。

　さて，ようやく深化と探索の両立についてです。新規性の高いアイディアが最も必要になるのは，ポートフォリオのどの事業でしょうか。もちろん，「問題児」です。ここは，市場は伸びているのに，自社のシェアが小さいのですから，今までと同じやり方をしていては，この事業を「花形」にすることはできません。何か新しいやり方をしないといけないのです。これまでのものとは違う高い創造性が求められるのです。つまり，ここでは新しいモノゴトの探索が重要になるわけです。

　その反対に，「金のなる木」や「花形」などでは，自社の強みをさらに深化させることがポイントになります。「金のなる木」の事業部の人が素晴らしい新しいアイディアを思いつく場合もあるでしょう。そういう場合はどうすればよいでしょうか。もちろん，大きな投資が必要なく，確実なリターンが見込めるものであれば試してみてもよいかもしれません。しかし，もし大きな投資が必要だとすれば，あまりおすすめできません。ポートフォリオの観点からすると，「金のなる木」の事業にはできるだけ投資をせずに多くのキャッシュを引き出すことが大切なのです。

　さらに，「花形」や「金のなる木」事業は企業を支える屋台骨です。新しさを探索して，いくら新規性の高いアイディアが生まれたからといって，それを実行するのは慎重になった方がよいのです。新しいことを試して，失敗したら困るのです。「花形」で失敗すると，「問題児」になってしまいます。もしも，「金のなる木」で失敗してしまうと，もっと困ります。「負け犬」になってしまうのです。キャッシュの源になるどころか，撤退しないといけないビジネスになってしまうのです。だからこそ，「花形」や「金のなる木」で求められるイノベーションは，既存の競争力をさらに強化するような深化的なものなのです。このようにポートフォリオを組むことによって，組織の中で深化と探索を両立させていくのです。組織内の水平分業と垂直分業という点では，水平分業による両立ということになります。

■ 産業レベルで両立する

　最後の両立の仕方は，産業レベルです。探索するものの新規性が高ければ高いほど，それが上手くいくかどうかは事前にはわかりません。一方で，既存のビジネスの深化であれば，これまでの試行錯誤からの学習も蓄積してお

⁓ コラム⑬　ポートフォリオで評価を変える ⁓⁓⁓⁓⁓⁓⁓⁓⁓⁓⁓⁓⁓⁓

　イノベーションを促進しようと思えば，インセンティブの仕組みはとても大切なのです。インセンティブというと，どうしても，「お金の話か」と思う人もいるかも知れません。もちろん，ビジネスですし，組織で働いている人も稼がなければいけませんから，お金はとても大切です。しかし，インセンティブとはお金だけの話でもないのです。たとえば，社会的な承認欲求を満たしてあげるのもインセンティブの1つです。お金や社会的な承認欲求などよりも，とにかく自分の研究をしたいという研究者もいるかもしれません。そのような人には，権限を委譲して，研究開発の自由裁量を増やしてあげることもあります。これもインセンティブのあり方の1つです。

　社内のポートフォリオによって，必要なイノベーションのタイプが異なっているということはこれまで考えてきました。ポートフォリオ上の役割が違うからです。だからこそ，「問題児」を「金のなる木」と同一の枠組みで評価することは賢いやり方ではありません。

　2つの評価を考えてみましょう。投資をする前の評価と投資をした後の評価です。投資をする前の評価というのは，どのプロジェクトへ投資をするかを決める上での評価のことです。

　プロジェクトへの投資を決める評価軸として割引キャッシュフロー法が用いられることも少なくありません。割引キャッシュフロー法とは，その事業が将来生み出してくれるであろうキャッシュを，利子率で割り引いて現在価値に直し，投資の現在価値を評価するやり方です。これ自体はまったく問題ありませんが，大企業をリスク回避的にさせると考えられることも少なくありません[12]。この点はよく考える必要があります。

　問題は，不確実性です。不確実性が高い場合には，そもそも将来にどのくらいのキャッシュを生み出すかがよくわからないのです。将来にどのくらいのキャッ

12　サセックス大学のジョー・ティッドとKPMGのキルステン・ボドレイはどのくらい新製品開発にマネジメントのツールが有用なのかをイギリスの25社，50プロジェクトで調べました（Tidd and Bodley [2002]）。マネジメントのツールとは，セグメンテーション・マネジメント，市場実験，将来予測，シナリオ開発，投資評価（正味現在価値／内部収益率），ギャップ分析などさまざまなものを調べています。具体的には，このようなマネジメント・ツールが，新規性が高いプロジェクトと低いプロジェクトでどの程度使われており，その有用性がどの程度であったのか調べたのです。その結果，多くのツールは，新規性の低いプロジェクトで用いられたときのほうが有用であると実務家たちは判断してることがわかったのです。ティッドらは，この原因としては，標準的なマーケティングのツールや手法の多くは，既存の製品やその延長線上の製品のために開発されたものであり，新規性の高いプロジェクトにおいてはその有用性は限定的であるためと結論づけています。

シュを生み出すかを計算するためには，まずは売上を予測しなければなりません。その予測のためには，価格やそこで売れる製品やサービスの量を知らないといけません。さらにそのためには，製品やサービスの品質や競合のリアクション，それに伴うコストの上昇なども考慮に入れなくてはなりません。これらがよくわからなければ，割引キャッシュフローを計算することができません。追求しようとしているビジネス機会の新規性が高ければ高いほど，なかなか事前にこれらを予測することは難しいのです。

　そうすると，割引キャッシュフローをまともに計算できないようなプロジェクトには投資できないということになります。だからこそ，不確実性の高いようなプロジェクトが多くなる「問題児」などでこの割引キャッシュフローを当てはめてしまうと，どんどん新規性の高い試みはなくなってしまいます。その反対に，新規性が小さければ小さいほど（極論すれば，実績があるほど），割引キャッシュフローを上手く（高い精度で）計算できます。そのため，「金のなる木」では上手く機能します。

　もしも，全社的に同じ評価軸で投資を決めていくとするとまずいことが起こります。取締役会で「割引キャッシュフローもまともに作れないようなプロジェクトに投資なんかできるわけない。それに比べてもう1つのプロジェクトは実績もあるし，見込みもしっかりしている！」などと決められてしまうと，あっという間に，イノベーションのタネはその組織からなくなってしまいます。

　プロジェクトへの投資がなされた後の評価もポートフォリオごとに異なる枠組みを用意しなければなりません。新しいことを次々と試さないといけない「問題児」のビジネスでは，新しい試みをたくさんしなければいけないので，当然，失敗も多くなります。失敗を許容しなければなりません。その反対に「花形」や「金のなる木」では，失敗してもらっては困ります。だからこそ，実績ベースでの意思決定が基本になります。ポートフォリオ上の役割に従って，異なる人事評価の枠組みを用意することが必要です。

　「花形」や「金のなる木」の事業の規模は大きいので，そこで働く従業員の数も多くなります。だからこそ，これらの事業の人事評価の枠組みが全社的なものになっている企業も少なくありません。しかし，これでは新規性の高いアイディアを次々と試さなければならないのに，新しいチャレンジがやりにくい，失敗が許容されにくいのですから「問題児」のビジネスの人たちは大変です。あるいは，「金のなる木」の事業なのに，「ラディカルなイノベーションが少ない」とネガティブな評価をしたらどうでしょう。新規性の高いことをやりはじめて，失敗してしまうと，企業の屋台骨が崩れてしまいます。

　「イノベーションはいつでもどこでも大切だから，部門に関係なく，全社的にイノベーションを生み出せといつも言っているのです」という社長さんがお知り合いにいたら，ぜひとも本書をすすめてください。このようなトップマネジメントがむしろ組織を混乱させているかもしれません。

り，どの程度の効果が期待できるのかは比較的予測しやすくなります。

　そのため，1つの企業の中で探索と深化を両立させるのではなく，産業レベルでそれを両立させようという考え方もあります。具体的には，新規性の高い探索的な取り組みは，大学や研究機関，あるいはスタートアップが行い，企業はその中で期待できるものをビジネスとして深化させるという分業が進みつつあります。企業がスタートアップに投資をするコーポレート・ベンチャー・キャピタルの動きも広がってきています。また，企業が自社で研究開発投資を行うだけでなく，外部の組織に研究開発費を提供する動きも広がっています[13]。

　大学や研究機関，あるいはスタートアップは，新規性の高い探索的なプロジェクトを試みるものの，それを大きな規模のビジネスとして展開していくためには，追加的な経営資源が必要です。既存企業は既存のビジネスで蓄積した経営資源があり，それを活用することで，外部での探索の結果生み出された新規性の高いものをビジネスとして展開し，拡大させていくことに強みがあります。

　このような両立のためには，探索的で新規性の高いプロジェクトを行う大学や研究機関，あるいはスタートアップが存在していなければいけません。そのためには，大学や研究機関，スタートアップが新規性の高いプロジェクトを行うことを促すような制度が欠かせません。産業レベルで深化と探索が行われるようになると，自社だけで深化と探索を両立しようとするよりも，産業の脱成熟のスピードは早くなることが予想できます[14]。

5　本章のまとめ

　本章では，企業が生み出すイノベーションのパターンを見てきました。新規参入企業は能力破壊型のイノベーションを生み出す傾向がある一方で，既存企業は能力増強型のイノベーションを生み出す傾向があることと，その理由を考えてきました。また，新規参入企業によって，産業のリーダー企業が

13　Yamaguchi et al.［2021］.
14　この点は清水［2019］の第8章を参照してください。

それまで構築してきた競争優位性を失うといういわゆる「イノベーターのジレンマ」についても考えてきました。

　企業が生み出すイノベーションのパターンの背後には，それぞれの企業の競争戦略が影響しています。企業は市場において競争しています。企業ごとに生み出すイノベーションの傾向が異なるのは，企業の競争戦略が異なっているからです。新規参入企業は，能力破壊型のイノベーションに注力することが競争戦略上合理的です。既存企業は，自社の強みをさらに強くするような能力増強型のイノベーションに投資をする方が合理的なのです。次の第Ⅲ部では，イノベーションにまつわる企業の戦略も考えていきます。

　また，本章では，深化と探索という2つの種類の学習の両立について考えてきました。これをいかに両立させていくのかは，中長期的な企業の存続と繁栄にとって重要な課題であり，産業レベルでの脱成熟にとっても大切なポイントです。

もう一歩詳しく知るためのリーディング

　イノベーションのジレンマについては多くの解説書がでています。ただ，まずは，クリステンセンの原本とそのジレンマの克服について論じた次の2冊がスタートポイントとしてはよいでしょう。

⇨ Christensen, C. M. [1997], *The Innovator's Dilemma: When New Technologies Cause Great Firms to Fail*, Harvard Business School Press. (伊豆原弓訳『イノベーションのジレンマ：技術革新が巨大企業を滅ぼすとき』翔泳社，2001 年)

⇨ O'Reilly, C. A. and M. L. Tushman [2016], *Lead and Disrupt: How to Solve the Innovator's Dilemma*, Stanford Business Books. (渡部典子訳『両利きの経営：「二兎を追う」戦略が未来を切り拓く』東洋経済新報社，2019 年)

第 **III** 部

新しさを生み出す企業

　　第 III 部からは企業に分析の焦点をもう少し絞ってい
きましょう。イノベーションは，経済的な価値を生み
出す新しいモノゴトです。このことからすると，企業
がイノベーションを生み出すためには，２つの重要な
ポイントがあります。

　　１つめのポイントは，新しいモノゴトをどのように
生み出すかという点です。イノベーションのためのタ
ネづくりといってもよいでしょう。どのような組織を
用意すれば，新しいモノゴトや新しいアイディアがで
てくるのかを考えなくてはいけません。新しいモノゴ
トを生み出すことは価値創造（Value Creation）とも
呼ばれています。

　　２つめは，新しいモノゴトをどのように経済的な価
値に転換していくのかというポイントです。すぐれた
新しいモノゴトが生み出せたからといって，それをそ
のまま市場に出せば経済的な価値が得られるほど甘く
はありません。企業にとってはとくに生産者余剰をど
のように増やしていくかが重要になります。そこには
経済的な価値に転換するための戦略が必要です。この
ように組織と戦略の両面から考えていかなければなり
ません。新しいモノゴトから経済的な価値を生み出す
ことは価値獲得（Value Capturing）といわれたりも
します。この第 III 部では１つめのポイントの新しい
モノゴトを生み出す組織について考えていきましょう。

第8章

規模，範囲と若さ

■ 企業の規模は，その企業が生み出す新しいモノゴトにどのような影響
を及ぼすでしょうか。

■ 企業の年齢（設立からの経過年数）は，その企業が生み出す新しいモノ
ゴトにどのような影響を及ぼすでしょうか。

> この章を読み進める前に

　新しいモノゴトを生み出せるのはどのような組織でしょ
うか。本章では3つのポイントを見ていきます。1つめの
ポイントは，企業の規模です。経営資源の豊富な大企業の
方が有利でしょうか。それとも，小回りの利く小さな企業
の方がイノベーションを生み出しやすいのでしょうか。こ
れはシュンペーターも悩んだところです。2つめの点は，
企業の範囲とイノベーションの間の関係です。企業の範囲
といってもピンとこないかもしれません。企業の範囲とは，
垂直統合の程度です。3つめのポイントは，企業の年齢で
す。イノベーションを生み出すという点では，若い企業の
方がよいのでしょうか。古い伝統的な企業は年の功を活か
せるのでしょうか。

1 企業の規模

イノベーションを生み出す上で，企業の規模は大きい方がよいのでしょうか。あるいは小さい規模の企業の方が有利なのでしょうか。これは，長い間論争になってきたポイントです。それぞれに有利な点と不利な点があります。

■ 規模の大きな組織

規模の大きな企業の方がイノベーションを生み出すのに有利だという考え方から始めましょう。なぜ，規模の大きい企業がイノベーションに有利だというのでしょう。その論理を見ていきましょう。

潤沢な経営資源

ジョセフ・シュンペーターは，イノベーションの発生について2つの仮説を提示しています。簡単にそれぞれ見ていきましょう。1つめは，イノベーションは，野心的な企業家のアントレプレナーシップによって生み出されると考えるものです。そのようなアントレプレナーシップは，参入障壁が比較的低く，不安定で競争的な環境で大きくなるとシュンペーターは考えました。したがって，「イノベーションは競争的な市場において，新しい野心的な企業によってもたらされる」と考えたのです。これは，シュンペーター仮説マークⅠと呼ばれるものです[1]。

2つめの仮説は，企業の規模に直接関係するものです。イノベーションを生み出すためには，そのための投資をしなければいけません。また，新しいモノゴトを経済的な価値に転換するためには，効率的な生産設備が必要かもしれませんし，マーケティングもしなければならないでしょう。このように，

---

1 Schumpeter [1947], Schumpeter and Opie [1934]．アメリカで垂直統合の程度の高いいわゆる大企業の興隆を見て，シュンペーターはイノベーションに対する考え方を変えたという解釈が多いのですが，リチャード・ラングロワは，シュンペーターがアメリカを訪れる前にすでに企業家の役割が重要性を失うという考え方を記述していたという指摘をしています。シュンペーターの2つの仮説がどのようにつながっているのかについての解釈については，Langlois [2007] を参照してください。

イノベーションを生み出すためには，能力が必要なのです。いくら野心的で
あったとしても，イノベーションを生み出す能力がなければダメです。その
ため，シュンペーターは，経営資源が潤沢な大企業の方が有利ではないかと
も考えたのです[2]。「イノベーションは独占的な大企業によって生み出される
傾向が高い」と考えたのです。これは，シュンペーター仮説マークⅡと呼
ばれています。

　この2つの仮説は，第3章で見たイノベーションの担い手の話に似ている
と思った人がいるかもしれません。たしかに，能力破壊型のイノベーション
は新規参入企業から生み出される傾向があり，能力増強型のイノベーション
は既存企業から生み出される傾向が強いということがわかっています。その
ことからすると，マークⅠで想定されているイノベーションを創造的に破壊
するもの，マークⅡで想定されているイノベーションを既存の延長線上で
の改良といった能力増強的なものだと考えることもできなくはなさそうです。
しかし，注意が必要です。規模の小さい企業は能力破壊型のイノベーション
を生み出しやすく，規模の大きい企業は能力増強型のイノベーションを生み
出しやすいということかと早合点しないでください。新規参入企業の規模が
小さいとは限りませんし，既存企業の規模が大きいとも限らないのです。
シュンペーター仮説マークⅡは，あくまでも経営資源が潤沢な企業の方が
イノベーションを生み出す上で有利であると考えるものです。

経営者と投資家の間の情報の非対称性

　大企業の方が有利だと考えたのはシュンペーターだけではありません。
ハーバード大学のジョン・ガルブレイスもその一人でした。しかし，その論
理はシュンペーターのものとは違います。その論理を見てみましょう。ポイ
ントは情報の非対称性です。

　イノベーションを生み出すためには，大きな研究開発投資が必要であった
り，生産設備への投資などが必要であったりします。研究開発には不確実性
がつきものです。研究開発には長期間継続的な投資が必要なプロジェクトも
あります。どの領域への投資が良いのか，どの程度の期間の投資が必要なの

2　Schumpeter [1942].

かなどについて，株主など企業の外側にいる投資家と，企業の内部にいる経営者の間では非対称的な情報を持っています。経営者は，社内にどのような経営資源を持っているのかも知っていますし，どのようなビジネス機会を開拓できそうかについての情報も持っているでしょう。そもそも研究開発はビジネスの競争戦略と密接に結びついているので，特別な戦略的な理由がない限りはできるだけ社外にその情報が漏洩しないように気をつけるものです。

　投資家は，経営者と同じ情報を持ってはいけません。そのため，不確実性の高い領域へ投資する場合，市場から資金調達するよりも，企業の内部留保から投資する方が，資金調達コストが小さくなります。投資家からその資金を調達しようとすれば，高い資本コストを支払わなければなりません。投資家は経営者と同じ情報は持ちえませんし，ビジネスについての見込みも完全には同じではないからです。そのため，投資家たちは，高いリターンを要求するのです。だからこそ内部留保から投資を行う余裕のあるいわゆる大規模な企業の方が有利になります。資本コストが低いのです。内部留保から投資を行えれば，資本コストを低く抑えることができるため，期待収益率が低いプロジェクトにも投資をすることができます。

　ただし，資本市場において信頼性の高い情報がスムーズに流れていると，大きな成長が期待できるような有望なプロジェクトには，投資家からの資金が集まりやすくなります。そのため，規模の小さい企業の経営者であったとしても，低いコストで資金を調達できます。しかし，投資家と経営者との間の情報の非対称性が大きい場合には，内部留保から投資をできる大規模企業の方が優位性があるということになります。

規模の経済性と範囲の経済性によるコスト・スプレディング

　規模の経済性や範囲の経済性の存在は大規模な企業に有利に働きます。規模の経済性とは，ある製品やサービスの生産量が大きくなるにつれて，生産コストが小さくなるというものです。範囲の経済性とは，経営資源を多重利用することにより，生産コストが小さくなるというものです。有形（たとえば生産設備や流通網など）あるいは無形（ブランドやノウハウなど）の資産を多重利用することにより，ビジネスを多角化している企業は，専業企業と比べると生産コストを下げることができるのです。

～ コラム⑭　不確実性と財務リスク ～～～～～～～～～～～～～～～～～～～～～～～～

　研究開発投資には不確実性が伴います。事前には上手くいくかどうかはよくわかりません。やってみないとわからないのです。上手くいかない可能性もあります。

　企業にとっては，ビジネス面でのリスクと，財務面でのリスクのバランスをとることが重要です。ビジネス面でのリスクとは，その名の通り，不確実性の高い領域の研究開発を行ったり，よりリスクの高い事業投資を行ったりすることです。一般的には，ビジネスの不確実性が高くなれば，リスクは高くなります。財務的なリスクとは，借入金や社債などの他人資本を増やして，自己資本に対する利益率を高めることです（レバレッジを効かせるともいわれます）。ビジネスの環境が安定的でそれほどリスクが高くない時には，企業は財務的なリスクをとることができます。ビジネス面でのリスクが高くなっているのに，財務的なリスクまでもとってしまうと，非常にハイリスクになります。そのため，そのような場合には，ビジネス面でリスクをとれるように，財務的には自己資本比率を高めてリスクを減らします。研究開発投資を積極的に行っている企業は，レバレッジを低めていることがわかっています[3]。つまり，自己資本を増やし，他人資本を減らしているのです。

　ここで１つ疑問が生じるかもしれません。内部留保で研究開発投資をするよりも，銀行から資金を借り入れた方が安上がりなのではないかという疑問です。銀行からの借入による資金調達を行えば，節税効果があります。負債になるので，法人税の対象となる課税所得から支払金利が控除されるわけです。内部留保を使うと，この節税効果が得られません。しかし，負債を増やしてしまうと，どうしても財務リスクが上がってしまいます。積極的な研究開発投資を行うと，全体としてのリスクが高まりすぎてしまいます。また，上記のように投資家（この場合は債権者ですが）と経営者の間には情報の非対称性があります。研究開発投資は担保価値が低く，不確実性が高いので，貸付を行う側は高い利子率を要求します。

　規模の経済性や範囲の経済性を活かせるということは，固定費の配賦分を小さくすることができるということです。これはコスト・スプレディング（Cost Spreading）という面からの大規模企業の優位性です。コスト・スプレディングとは，その名の通り，費用を広く配賦することです。ちょっとわかりにくいので，研究開発を例に考えましょう。研究開発の成果を多重利用できる場合や，規模の経済性を活かせる場合には，そのコストを広く配賦できるということになるわけです。そのため，コスト面で有利になります。

3　Hall and Lerner［2010］.

研究開発投資から得られる成果は，企業の規模が大きくなるに従って逓減してくることが観察されています。つまり，規模が大きくなるほど，研究開発の生産性が落ちてきます。この理由の1つはコスト・スプレディングにあります。コスト・スプレディングによるコスト面での優位性がある企業は期待収益が小さいプロジェクトでも行えるので，研究開発の生産性が落ちるように見えるわけです[4]。

また，研究開発のプロジェクトが相対的に少ない小規模企業と比べると，複数のプロジェクトが組織にあると全体としてはリターンは安定します。複数のプロジェクトがあるということは，リスクのシェアができるということです。リスクのシェアがされているということですから，あるプロジェクトで大きな利益が出たとしても，失敗するプロジェクトもあるわけですから，利益や損益は相殺されます。そのため，全体としては，ローリターンになります。ただ，安定するのです。プロジェクトが失敗したとしても，他のプロジェクトでカバーできる余地があるのです。

しかし，いつもこれらの優位性が機能するわけではありません。これらが機能するには条件があります[5]。1つめの条件は，研究開発を行う企業は，そこから得られた成果を用いて，自ら事業化を試みることです。研究開発を行ったとしても，その成果を自社で事業化しない場合もあります。自らでは生産設備などは持たず，特許をライセンシングしたり，売却したりして利益を稼ぐビジネスを行っている企業もあります。このような企業の場合は，自社の規模の経済性や範囲の経済性は，研究開発投資にはもちろん影響しなくなります。

2つめの条件は，研究開発の成果が出た場合，生産規模を拡大できることです。研究開発プロジェクトには，もしもすぐれた成果が出れば，生産規模での急速な成長が見込めるものもあるでしょう。急速な成長が見込めるプロジェクトであれば，成果が出た後に，生産規模を大きくすることができるので，そこで規模の経済性を活かすことができるようになります。しかし，研究開発が上手くいったとしても，生産規模の成長が見込めなかったり，多重

---

4 規模と研究開発とコスト・スプレディングについては，Cohen and Klepper [1996] を参照してください。

5 Cohen and Klepper [1996].

利用が見込めなかったりする場合には，このコスト・スプレディングの効果
は優位性として機能しません。

■ 規模の小さな組織

　このように経営資源の多さだけでなく，経営者と投資家の間の情報の非対
称性という点，あるいは，コスト・スプレディングという点からも大企業の
方が有利だと考えられています。しかしながら，小さい規模の企業の方がイ
ノベーションには有利だという論理もあります。

社内における情報のロス

　ケネス・アローは，組織内の意思決定の観点から，組織のメンバーが少な
い方がイノベーションを生み出すのに有利であろうと考えています[6]。ア
ローは，イノベーションについての意思決定を2段階のプロセスで考えてい
ます。

　最初の段階は，新しいビジネスのアイディアについて判断材料を集めるこ
とについての意思決定です。そもそも，新しいビジネスを構築するためには
情報が必要です。この情報はタダでは手に入りません。調査が必要です。そ
こに費やす時間や人員にはコストがかかります。研究開発を実際にやってみ
ないとわからないこともあります。新しいビジネスについての判断を下すた
めの探索を行う意思決定がこの第1段階です。

　このプロセスの成果物は新しいビジネスを追求していくことについての見
通しです。有望なプロジェクトなのか，どの程度の市場の規模や収益性を期
待できそうなのか，どのような競合があるのかなどについての見通しです。
もちろん，将来を完全に見通せるわけではありません。不確実性が高い場合
も多いでしょう。しかし，大まかな見通しもなしに投資を進めるわけには
いきません。

　次の段階は，この新しいアイディアの事業化についての意思決定です。事
業化に進むかどうかを決めるとともに，どの程度の投資を行うのか，どのよ
うに投資をしていくのかなどを決めなくてはなりません。

---

6 Arrow［1993］.

　この2つの段階の意思決定に組織の規模はどのように関係してくるのでしょうか。小さい企業は，コストがあまりかからず，かつ，オリジナルなもの（新規性の高いもの）に専門化していきます。その一方で，大企業はより大きな開発コストがかかり，新規性という点からすると相対的に小さいものに専門化していくのです。

　なぜ，小さい企業はコストがあまりかからないところをやるのでしょう。なぜ，大企業は新規性の高いものができないのでしょう。大企業は，多くの機能を内部化しています。分業の程度は大きくなります。分業を調整するためのルールも多くなります[7]。また，多角化し，複数のビジネスを持っていることもあるでしょう。複数のビジネスの間での資源の配分の調整もしなくてはなりません。どうしても意思決定にかかわる人数が多いので，組織内の意思決定のプロセスは小さな企業と比べるとはるかに複雑です。投資が大きくなるにつれて，当然，多くの承認が必要になります。社内における資源の配分は，組織のそれぞれの階層において，その将来性や収益性などを吟味した上で，組織の指揮命令系統を通じて行われます。

　第1段階の意思決定と，第2段階の意思決定は，大企業の場合は異なる人によってなされるでしょう。つまり，新しいアイディアを生み出した人やその見通しについて調査をした人と，それにどのくらいの経営資源を投入するかを決める人が別です。組織の階層が多段階になればなるほど，この2つの意思決定は離れていきます。

　ここに大企業で新規性の高いプロジェクトを進める難しさがあります。アイディアの新規性をきちんと理解するためには専門的な知識が必要になることもあります。たとえば，格子定数を知っておかなければ，半導体の結晶成長の新しい技術を理解することは難しいでしょう。しかし，これがなかなか難しいのです。また，新規性が高ければ，そもそも第1段階でもまだまだわからないことが多いのです。直感的あるいは経験的に「新しさ」を理解しているものの，それを上手く形式知に変えて表現することが難しいこともよくあります。

7　組織における分業やその調整のルールなどについては，沼上［2004］を参照してください。

　そのため，新しいビジネスのアイディアを生み出した人やそのアイディアがどのくらい有望なのかを調査した人がいくら頑張って伝えようとしても，すべてを完璧に伝えることはどうしてもできません。また，意思決定の階層が多段階になっていくにしたがって，伝言ゲームのようにだんだん情報がロスしていきます。新しいアイディアを生み出した人とそれへの投資を判断する人が持つ情報には非対称性があるのです。

　第2段階で事業化のための投資をする人にとっては，投資の判断をしないといけない案件は1つではありません。その時に具体的な判断材料が多い方が選ばれることは不思議ではありません。投資の判断をする人も，その投資についての説明を上司や株主などにしないといけません。見通しもよくわからないものに投資をすると，その説明が難しいのです。最悪の場合には，「詳しいことはわからないけど，で，ここに投資するといくら儲かるんだっけ？」ということばかりに焦点が集まってしまいます。しかし，新規性の高いプロジェクトであればあるほど，投資するとどの程度の収益が期待できるかは事前に高い確度で見積もることはできません。高い確度で見積もることが可能なのは，実績があるプロジェクトです。実績があるということは，すなわち，新規性は小さいということです。

　組織の規模が小さく，第1段階と第2段階の意思決定をする人が近ければ，情報のロスは少なくなります。アイディアを思いついた人やその見通しを立てた人と，それを実行するのに必要な経営資源を投入するかどうかを意思決定する人が同一人物であれば，意思決定はそれほど難しくありません[8]。

外部からの資金調達

　このように，規模の小さい企業は，新規性の高いプロジェクトを行うにあたって，組織内のコミュニケーションにおける情報の非対称性が小さく，情報のロスが少ないのです。しかし，規模の小さい企業は，必要な投資が大規模になってくると，自分の資金ではそれを賄えません。スタートアップなどの社内に資金の余裕がない企業は，当然，外部から資金を調達します。それは，親族や友人からの調達をのぞけば，基本的には市場取引です。

8　Murayama et al. [2015].

　しかし，ここで社内における情報のロスと似たような問題が起こります。組織の外部の人に，新規性の高いプロジェクトの内容を理解してもらうのは難しいのです。組織の外部の人なので，より情報の非対称性が大きいといえるでしょう。

　どうしても，情報のロスが生まれてしまいます。そのため，外部から調達可能な資金は，どうしてもそのアイディアの事業化のために最適なものではなくなってしまいます（多くの場合は小さくなります）。

　株式を発行することで資金を調達できればよいかもしれません。エクイティ・ファイナンスは，担保になるような有形の固定資産をもたない研究開発型の企業にとっては重要な資金調達です。しかし，必要な資金が大きい場合，多くの株式を発行しなければならず，企業の所有権が希薄化してしまいます。

　また，本章のコラム⑭でも見たように，新規性の高いプロジェクトに必要な資金を銀行から調達するのは，そのプロジェクトが大型なものであればあるほど，事業リスクと財務リスクの両方が上がってしまいます。

　資金調達は，規模の大きな企業の方が有利です。大企業の場合は，特定のプロジェクトに対して，外部の資本市場から資金を調達する必要性はそれほど高くありません。利用可能な資金のプールは，相対的に大きいのです。規模の小さな企業が直面する外部の資本市場とのコミュニケーションの難しさは，規模が大きい企業の場合には組織内部の資源配分のプロセスに置き換えられることになります。コミュニケーションをする相手が，外部の資本市場ではなく，組織内部の資源配分をするマネジメントになるわけです。

　これまでに見たように，組織内部のコミュニケーションにおける情報のロスは，小さい企業よりも大企業の方が典型的には大きくなります。どうしても文書化，公式化の程度が高くなりますし，多段階になるからです。だからこそ，大企業であったとしても，事業化についての投資は，最適な水準ではなく，最適に近い水準で行うことができるだけです。しかしながら，小規模企業が外部から資金調達を考えなくてはならないような投資と比べると，大企業の資金の内部調達の方が有利だといえます。組織の外部の投資家との間よりも，同じ組織にいるマネジメントとの間の方が情報のロスが小さいと考えられるからです。

━・━ コラム⑮　フラットな組織と階層的な組織 ～～～～～～～～～～～～～～～～～～～

　イノベーションのためには，フラットな組織の方が良いというのは一般的には頻繁に指摘されるポイントです。組織はできるだけフラットな方がよいと盲目的に信じられているふしもあります。フラットな組織というのは，階層性のない（少ない）組織です。たしかに，組織の階層性が少なくなればなるほど，現場で起こった偶然の発見（セレンディピティ）が追求されやすくなります。情報のロスが少ないからです。だからといって，とにかく組織は階層性をなくして，フラットにすればよいというわけではないことには注意が必要です[9]。

　組織の階層性が少なくて良いのは，組織が対応しなくてはならない例外的な問題が少ない場合です。たとえば，図書館は，階層性が少ないフラットな組織の典型例です。図書館でも，毎日問題や解決しなければいけない課題がたくさんあります。本の貸出や返却，書架の整理，選書やレファレンスでの対応，あるいはイベントを開催したりすることもあるでしょう。これらを行う上でさまざまな業務や解決すべき課題がでてくるでしょう。しかし，多くは定型的なものとして整理することができます。事前に業務の行い方や解決の仕方を決めておくことができます。このような場合には，組織の階層を高くしておく必要はありません。

　しかし，常に例外事例が多く発生するような場合には，フラットな組織では対応しきれません。例外的な事例が多く発生するのに，組織をフラットにしてしまうと，よほど現場の対応能力が高くない限りは，そもそも課題が解決されなかったり，対応した人によってマチマチになったりします。効率性が下がってしまうのです。

　現場で事前に決めたやり方によって解決できなかったような例外的な課題は，上司に相談して，そこでの解決が求められます。つまり，例外的な事例は，組織の階層を上って解決されるのです。だからこそ，例外的な事例が次々と発生するような場合には，組織の階層性は高くなっていくのです。

　新規性の高いプロジェクトを行うために，フラットな組織にしようというのは基本的な考え方としては正しいのですが，組織を取り巻く環境を考えないといけないわけです。さらに，フラットな組織を機能させるためには，現場の人員や情報処理の質はとても大切です。フラットな組織にするということは，現場でどんどん意思決定をしてくださいということです。ということは，意思決定をする現場の人員の質が低かったり，意思決定のために必要な情報の質が低かったりすると困ります。フラットな組織というととても聞こえは良いのですが，なんでもかんでも，フラットな組織にしてしまうと，現場は大混乱です。

9　この点については，沼上［2004］を参照してください。

■ 新しいアイディアの市場

　このように新規性の高いプロジェクトへの投資について，組織の規模の大小によって直面する課題は異なります。規模の大きな企業は，大型の投資プロジェクトを行えるものの，新規性の高いプロジェクトへの投資は少なくなります。その一方で，規模の小さな企業は，大型の投資が必要なプロジェクトを行うことは難しいものの，新規性の高いプロジェクトに着手することは相対的に得意です。

　新しいアイディアの市場の存在は，このような大企業と小規模企業の双方のインセンティブを変えます。新しいアイディアの市場の典型例は，特許の市場です[10]。研究開発の成果としての特許は，市場で売買することができます。しかしながら，新しいアイディアの売買は，通常は普通の製品やサービスの売買と比べると，それほど単純ではありません。

　新しいアイディアには，暗黙的な知識がつきものです。新しいアイディアの一部だけを取り出してもあまり意味がない場合もあります。だからこそ，新しいアイディアを得るために，企業ごと買収することもよく起こります。

　新しいアイディアの売り手は多くの場合，小さな企業です。これまで見てきたように，規模の小さい企業の方が相対的に新規性の高いプロジェクトを進めるのには有利です。新しいアイディアを事業化するために必要な投資が大きくなればなるほど，外部からの資金の調達に頼らざるを得ません。しかし，外部の資本市場とのコミュニケーションには情報のロスが伴います。だからこそ，自社で事業化するよりも，より資金調達の制約が少ない大企業に新しいアイディアを売ろうというインセンティブが生まれるわけです。小規模企業にとっては，新しいアイディアを売買する市場があれば，事業化の際に大きな投資が必要になるようなプロジェクトであったとしても，新しいアイディアをつくり出すための投資はやりやすくなります。良い成果がでれば，それを自分で事業化せずとも，売ることができると考えられるからです。つまり，事業化のためのファイナンスを考えなくてもよいのです。

　大企業にとっても，新規性の高いアイディアを買う合理性はあります。こ

10　日本における特許の市場の成立とそこでの弁理士の機能については，Nicholas and Shimizu [2013] を参照してください。

れまで見たように，内部の資金を利用できるいわゆる大企業は大型のプロジェクトを行えるものの，新規性の高いプロジェクトに投資をするのは情報ロスの点からすると得意ではありません。だからこそ，有望な新しいアイディアがあれば，それを外部から取り入れたいわけです。新しいアイディアを売買する市場が存在すれば，大企業の新しいアイディアの生成に対する投資のインセンティブが小さくなります。大企業にとっては，新しいアイディアを自分でつくらなくても，買ってくるという選択肢ができます。新しいアイディアの供給源が増えるわけです。このため，社内でつくられた新しいアイディアだけを使って，事業化をしていこうというインセンティブは低下します[11]。

　これらが示唆しているのは，企業のサイズにしたがった分業です。小さい規模の企業は，新しいアイディアの創造（研究開発でいえば，研究のフェーズ）により専門化し，大企業は新しいアイディアの創造のフェーズよりも，その事業化への投資に特化していくというものです。実際に，新規性の高いプロジェクトはスタートアップが担い，有望になってきたものに対して既存の大企業が投資（あるいはM&A）を行うという分業が進んできている領域もあります。これは第7章で見た産業レベルでの深化と探索の両立ともいえます。

　もちろん，新しいアイディアを売ろうとする小規模企業と，それを買おうとする大企業の間にも，情報の非対称性があることは忘れてはいけません。小規模企業が事業化のための資金を外部から調達しようとするときに失われてしまう情報のロスと，小規模企業が新しいアイディアを大企業に売ろうとするときの情報のロスで，どちらが大きいかを考えなくてはなりません。

11　だからといって，社内の新しいアイディアを生成するための投資をゼロにしてしまうということは現実的ではありません。第9章で見ていきますが，自分で研究開発をしていなければ，吸収能力が下がってしまうのです。外部で生み出された新しいアイディアを買ってくるとしても，それを評価する目はもっていないといけないのです。自分で新しいアイディアの生成をしていないと，評価の能力がつかないというわけです。

■ 分かれる実証的な結果

ここまで, 企業の規模がどのようにイノベーションに影響するのかを考え
てきました。そこでは, 複数の異なる影響が同時に存在しているのです。

それでは, 規模の大きい組織と小さい組織とでは, どちらの方が実際にイ
ノベーションを生み出しているのかは現実を見てみたいところです。その結
果は, まだ頑健性の高い結果は出ておらず, むしろ異なる発見事実が出され
ています。規模が大きい方がイノベーションを生み出しているという発見と
規模が小さい方がイノベーションを生み出しているという発見がなされてい
るのです。

これは, 本章で見てきたように, 規模がイノベーションに与える影響は,
異なる経路のものが複数同時に存在しているということを示唆しています。
それでは, どの影響の方が大きいのかということになるわけです。組織の規
模とイノベーションのこれまでの研究のメタ分析では, 組織の規模とイノ
ベーションの間には正の相関があることも確認されています[12]。ただ, これ
は分析の第一歩です。企業の規模といっても, さまざまな測り方があります。
売上高や資本金の大きさ, あるいは従業員数などは頻繁に用いられる企業の
規模の測定の指標です。また, 第 2 章で見たように, イノベーションの測り
方にもさまざまなものがあります。これらをしっかりと考えて丁寧に分析を
していく必要があります。

2 垂直統合の程度

企業の範囲はどうでしょうか。企業の範囲とは, ビジネスの垂直統合の程
度のことです。垂直統合の程度はイノベーションに影響を与えます。垂直統
合の程度が高ければイノベーションを生み出しやすいとか, 生み出しにくい
というような単純なものではありません。

重要なポイントは, 関係特殊的な投資 (Relation Specific Investment) です。
垂直統合の程度が小さくなると, 関係特殊的な投資が難しくなり, そのよう
な投資が必要でないイノベーションが多くなります。その反対に, 垂直統合

---

12 Camisón-Zornoza et al. [2004].

の程度が高くなると，関係特殊的な投資もできるようになります。そのため，そのような投資が必要なイノベーションも生み出せるようになります。これだけではよくわからないので，少しイメージしやすい具体例で考えてみましょう。

■ 関係特殊的な投資

　ラーメン店を例に考えてみましょう。ラーメン店は，ラーメンをつくって顧客に提供します。ラーメンの主な構成要素は，①スープ，②かえし（タレ），そして③麺です。「いやいやチャーシューですよ」という方もいらっしゃるかもしれませんが，ここではこの３つで考えていきましょう。

　スープ，かえし，そして麺は，それぞれ補完関係にあります。博多のラーメンには，トンコツのスープ，醤油のかえし，そして細麺が使われることが一般的です。横浜の家系と呼ばれるラーメンには，トンコツと鶏ガラのスープ，濃い口の醤油のかえし，太い麺が使われています。

　ラーメン店は，スープ，かえし，そして麺のどこまでを自分のところで内製化しようかと考えます。図表 8-1 の (1) は，スープ，かえし，麺，すべてを自分のところでつくるものです。すべてを自分で内製しているので，最も垂直統合の程度が高いといえます。(2)は，スープとかえしは自分でつくるけれども，麺だけは製麺所から仕入れるものです。このパターンのラーメン店は実際には多いようです。(3)は，スープ，かえし，そして麺のすべてを外部から仕入れてくるものです。垂直統合の程度は最も小さいものです。

　取引費用が高い場合には，垂直統合の程度は高くなります[13]。たとえば，スープの品質がマチマチでどこのものが美味しいのかを探索するコストが高かったり，信頼できる取引相手を見つけるのが難しかったりする場合には，スープは自分でつくろうということになります。その反対に，取引費用が低い場合には，垂直統合の程度も低くなります。たとえば，麺が標準化されていて，どの麺を買っても品質が安定していたり，信頼できる製麺所を探すことが容易であったりする場合には，麺はわざわざ内製するのではなく，外部

13　取引費用については第 4 章の特許制度のところで簡単に説明しています。第 13 章でも再び出てきます。詳しくは Coase [1937] を参照してください。

■ 図表8-1：垂直統合の違い

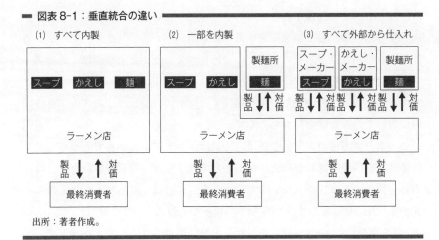

出所：著者作成。

から調達しようということになります。

　現在では，スープやかえし，あるいは麺についても取引費用が下がっており，外部から調達することが容易になってきています。たとえば，トンコツスープは外部から調達し，自家製の煮干しのスープと混ぜて使ったりすることもできます。

　自家製のとても美味しいスープを開発できたと想像してください。とても美味しいスープができたのですが，どうしても市販のかえしや麺では，このスープを活かしきれないことがわかりました。このような場合，皆さんはどうするでしょうか。

　「それなら，かえしも麺も自分でつくる」という人が多いのではないでしょうか。自分でスープだけでなく，かえしも麺もつくれば，そのスープを活かした美味しいラーメンができるのです。「自分のスープに合うようなかえしと麺を，外部の業者につくってもらう」と考える人もいるでしょう。これも良いアイディアかもしれません。ただし，自分で開発したスープの独自性が高ければ高いほど，そのような業者を見つけるのは難しいでしょう。なぜ，難しいのでしょう。その理由は，業者にとってはそのようなかえしや麺を開発することは，関係特殊的な投資になるからです。

　関係特殊的な投資は，資産特殊的投資（Asset Specific Investment）ともいわれたりします。これは特定の関係あるいは特定の資産にとっては意味があ

るけれども，他の関係や資産にとっては意味がないような投資のことです。スープ専用のかえしと麺を開発するのにもコストがかかります。スープが特殊であればあるほど，そのスープのためにつくったかえしや麺は，他のスープには合わなくなります。つまり，このスープ専用のかえしと麺になるわけです。つまり，このかえしや麺を開発するための投資は，このスープとの関係においてのみ意味を持つものです。

　このスープ専用のかえしや麺は，普通は，企業にお願いしてもつくってくれません。関係特殊的な投資になるからです。なぜ，関係特殊的な投資になると企業はつくってくれないのでしょうか。これは，買ってくれる人の集中度が100％になってしまうからです。買ってくれる人（この例だと，美味しいスープを開発したラーメン店）が1社しかないのです。このような状況で，関係特殊的な投資をしてしまうと，ラーメン店に機会主義的な行動をする余地を与えてしまうのです。

　いったん，関係特殊的な投資をしてしまうと，「安くして」という要求に抗うのが難しくなります。他のスープには転用できないので，売り先がほかにないのです。つまり，このラーメン店にスープを買ってもらわなければこのかえしや麺の開発コストを回収できないのです。だからこそ，「安くして」という要求には変動費を割らないところまでは屈せざるを得ないのです。関係特殊的な投資をしてしまうと，こちら側の交渉力がとても弱くなってしまい，相手の要求をのまざるを得なくなってしまいます。そのため，そもそも誰もこのような関係特殊的な投資をしようとはしないのです。もちろん，そんなラーメン店との間に信頼関係が構築されていたりする場合には，このような要求をしないかもしれません。しかし，ビジネスにとって機会主義的な行動をとる余地を相手に与えたくはありません。そのため，この独自のおいしいスープ専用のかえしと麺をわざわざつくってくれるところは，普通はないのです[14]。「普通は」というのは，経済合理的にはという意味です。経済合理的ではないのだけど，美味しいラーメンのために一肌脱ごうという人は

14　ここで，「普通は」というのは，ビジネスの戦略の定石からするとという意味です。そのような戦略の定石を理解していない人や，頼まれたら居ても立ってもいられない人などは，つくってくれるかもしれません。また，スープの買いとりを事前にしっかりと契約で結ぶことは双方にとって大切です。

いるかもしれません。

　話を戻しましょう。いくら抜群に美味しいスープができたとしても，それ専用のかえしや麺は外部からはなかなか調達できません。図表8-1の(1)のように，スープ，かえし，そして麺もすべて自社内でつくっている場合は，専用のスープに合わせてかえしも，麺もつくることができます。

　関係特殊的な投資ができるのです。社内であれば機会主義的な行動がとられることがないからです。スープをつくっている人も，かえしをつくっている人も，あるいは麺をつくっている人も（同じ人物かもしれませんが），同じ組織の中での指揮命令系統に従って意思決定をするわけです。だからこそ，美味しいスープに合わせたかえしと，麺ができるのです。補完的な財の間のすり合わせが，それが関係特殊的な投資を伴うものであっても，可能なのです。

　つまり，垂直統合の程度が低く，生産に必要な財を市場から調達している場合には，その生産に専用のすり合わせが必要になるイノベーションは起こりにくいということになります。生産に必要な財を内製化している場合には，補完的な財の間ですり合わせが必要な新しいモノゴトの導入はされやすいのです。

■ イギリスとアメリカの綿産業

　ラーメン店というとイノベーションのイメージからやや遠いかもしれません。実際に起こった事例で見てみましょう。イギリスとアメリカの綿産業です[15]。18世紀中頃からの産業革命で，イギリスは世界の工場といわれるようになっていました。その中でも綿産業は世界をリードしていました。資本に対する人件費の割合が高かったイギリスでは，労働を節約するような紡績機や力織機の機械化が進んだのです[16]。そしてその機械の累積的な改良が進むにつれて，人件費が安いインドなどの綿織物よりも安く，高品質のものが生産できるようになったのです。また，イギリスでは市場取引を円滑に進ませるような制度整備も進んでいました。近代的な特許制度は導入されていまし

15　Lazonick [1983].
16　この点に関しては，Allen [2009] を参照してください。

たし，度量衡の統一もなされていました。取引費用が小さかったのです。その結果，紡績や織布などのプロセスは糸の太さや品質などで高度に専門分化し，垂直統合の程度の低い企業による市場取引がなされていました。

これに対して，当時のアメリカは完全な後発国でした。技術的にも遅れていましたし，そもそも取引費用を下げるような制度の整備も進んでいませんでした。そのため，紡績や織布の両方のプロセスを社内に持つような垂直統合の程度が高い企業が多く存在していました。

イギリスの綿産業は，高度な専門化と細かな分業によって世界をリードしていたのですが，紡績や織布のプロセスで新しい技術が生まれた時に，その導入に遅れました。

紡績工程の生産性を上げる技術であるリング精紡機や多品種生産を効率的にした自動織機技術が発明され，アメリカなどではこの導入が進んだのですが，イギリスでは導入が進まなかったのです。この重要な原因の1つが，高度分業化にあったのです。紡績と織布のプロセスは相互補完的です。紡績で紡がれる糸の太さや品質は，織布のプロセスに影響するのです。どちらかを変更すれば，他方も変更しなければなりません。それぞれのプロセスに専門化した企業にとっては，すり合わせは関係特殊的な投資になるため，このコストを調整することが難しかったのです。そのような関係特殊的な投資は誰もしたがりません。紡績と織布のプロセスを垂直的に統合していたアメリカの企業は，このコストは社内での指揮命令系統を通じた経営者の意思決定によって調整できたのです。そのため，新しい技術の導入がなされました。イギリスの市場メカニズムを通じた細かな分業の発達が，企業間でのすり合わせが必要な新しい技術の導入を阻害していたのです。

このことは，企業が生み出そうとしているイノベーションのタイプによって，垂直統合の程度を考え直さなければならないことを意味しています。経営学の基本中の基本ですが，企業の戦略と組織がしっかりとマッチしていないといけないのです[17]。

補完財との間での関係特殊的な投資を伴うすり合わせが必要なのに，垂直統合の程度を低めたり，垂直統合の程度が高いのに，関係特殊的な投資が必

---

[17]　Chandler［1962］.

〜〜 コラム⑯　学習と関係特殊的な投資の戦略 〜〜〜〜〜〜〜〜〜〜〜〜〜

　使っているうちに，だんだん慣れてくる。こういう経験は誰でもあるでしょう。アップルのコンピューターに慣れると，ウィンドウズは使いにくく感じるでしょう。キーボードの配列に慣れてくれば，だんだんタイピングのスピードも上がります。自転車やオートバイ，クルマだって，運転している時間が長くなれば，その車両にだんだん慣れてきます。効率的に運転できるようになります。

　だんだん慣れてくるので，こちら側の生産性も上がってくるのです。使っているものは変わっていないのに，使う人が慣れてくるので，生産性が上がってくるのです。スタンフォード大学のネイサン・ローゼンバーグは，これを使用による学習（Learning by Using）と呼びました[18]。ちなみに，これはケネス・アローが指摘した行動による学習（Learning by Doing）をもじったものです[19]。行動による学習は，たとえば，生産現場で生産をするプロセスの中でどうすればより効率的に生産できるのかを学んでいくものです。その学習を基に，生産の仕方を変えたり，製造装置を変えたりします。これに対して，使用による学習は，製品あるいはサービスが出来上がってしまってからのものです。出来上がった製品やサービス自体を変えるわけではないのです。あくまでも，製品やサービスはそのままで，それをどのように使うのかという点での使用者による学習です。小さな調整や工夫の積み重ねといってもよいでしょう。ユーザーが行う調整や工夫はユーザー・イノベーションと呼ばれています。

　図表 8-2 は，飛行機のメンテナンスのコストの推移を示しています。縦軸がメンテナンスのコスト，横軸は飛行機を新しく導入してからの年数を示しています。導入した最初の年にかかるメンテナンスのコストを 100 とした時に，導入からの年数が経つにつれてどのようにコストが推移するかを表しています。新しい機体であればそれだけメンテナンスのコストもかからなさそうですが，実際には，メンテナンスのコストは，2 年目に上昇し，それ以降は徐々に低減していくのです。その低減は 7 年目ぐらいから小さくなりますが，それでも少しずつ低くなっていくのです。

　この理由は，使用による学習の成果だとローゼンバーグは指摘しています。どのようにメンテナンスをするのが効果的あるいは効率的なのかを，運航会社が学習するからこそ，メンテナンス・コストが小さくなるのです。

　このような学習は，関係特殊性が高いものです。たとえば，この例ではプラット・アンド・ホイットニーという航空機用エンジンメーカーが製造していた JT3D ターボジェットのメンテナンスのコストも書かれています。これはボーイング 707 やダグラスの DC-8 などに使われたエンジンです。一度，このエンジンを導入すると，5 年後以降に，新しく機体を交換しようとは思わないのです。

18　Rosenberg［1982b］.
19　Arrow［1971］.

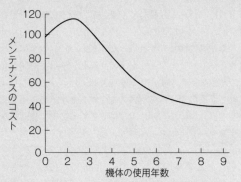

■ 図表8-2：メンテナンスのコストの推移 ■

（縦軸：メンテナンスのコスト　0, 20, 40, 60, 80, 100, 120）

（横軸：機体の使用年数　0, 2, 3, 4, 5, 6, 7, 8, 9）

出所：Rosenberg［1982b］，p.131，Figure1 を参考に著者作成。

もう一度，新しく導入したエンジンのメンテナンスについて学習し直さなければ
いけないからです。知らずしらずのうちに顧客が学習してくれると，それは顧客
が関係特殊的な投資をしてくれていることと同じです。このような学習を積み重
ねていくと，顧客はなかなか逃げられなくなります。戦略的に考えると，関係特
殊的な投資は誰もしたくありません。むしろ，させたいのです。顧客あるいは供
給業者が知らぬ間に（あるいはむしろ喜んで）関係特殊的な投資をしているよう
な状態にどのようにもっていけるかは，企業にとっては新しさを経済的な価値に
転換する上での戦略的に重要なポイントの１つです。

要でないところをターゲットにしている企業は，戦略と組織の適合性をもう
一度考え直したいところです。

3　企業の年齢

　イノベーションを生み出すためには，設立間もないフレッシュな企業の方
がよいのでしょうか。あるいは，設立から年数が経ち，数々の荒波を乗り越
えてきたベテラン企業の方が有利なのでしょうか。これまでの企業の年齢の
研究は，企業の年齢と生存確率の関係について多くなされてきました[20]。こ
こでは，年齢とイノベーションの関係について考えていきましょう。

20　代表的なものとしては，Dunne et al.［1989］，Loderer et al.［2011］があります。

若い企業

新しく設立された企業の生存率は低いことが繰り返し観察されてきました[21]。若い企業は失敗するリスクも大きいのです。社会学者のアーサー・スティンチコムは，「若さの負債（Liability of Newness）」と呼びました[22]。新しい企業だからこそ，経営資源にも限りがある場合が多いでしょう。また，若いからこそ，経験にも乏しいのです。企業の年齢が上がるごとに生存率は上昇していきます。

イノベーションについてはどうでしょうか。新しく設立された企業は，当然，新しくビジネスに参入する企業です。第3章のイノベーションのパターンで見たように，新規参入企業は能力破壊型のイノベーションを生み出すのに有利です。もう少し正確にいえば，既存企業は自社の能力を破壊するようなイノベーションを自ら生み出すのには躊躇しますが，新規参入企業にはそのような躊躇はありません。また，新規参入を試みる時に，既存企業と同じやり方で競争していてはなかなか生き残ることは難しいのです。

しかし，破壊的なイノベーションや，市場と技術の両面で既存のものとは断絶しているアーキテクチャルなイノベーションなどは，それほど頻繁に生み出されるものではありません。だからこそ，若い企業の多くは競争の中で淘汰されやすいのです。

加齢した企業

それでは，加齢した企業について考えてみましょう。加齢したというと，あまり印象が良くないかもしれませんが，そもそも，加齢した企業というのは競争の中で生き抜いてきた優秀な企業だということには注意が必要です。競争の中で生き残れない企業も多いのです。生き残っているということは，顧客から選ばれてきたわけです。その過程において，さまざまなことを学習します。この学習効果は，第6章で見た経験曲線効果です。経験を積み重ねているからこそ，より効率的あるいは効果的なビジネスのやり方を学習できるわけです。これは，加齢した企業の優位性です。まさに，年の功です。

21　Evans [1987].
22　Stinchcombe [1965].

しかし，競争を生き残ってきた企業でも，加齢していくと利益率が低下してくることも，これまでの研究でしばしば観察されています[23]。企業が超過利益（産業の平均の利益率と自社の利益率の差）を得ている場合には，時間の経過とともにその超過利益がなくなっていくことがわかっています[24]。超過利益が発生しているところには，多くの企業が参入を試みるでしょう。参入障壁が低い場合には超過利益はすぐに消失します。参入障壁が高い場合には，その消失には時間がかかります。いずれにしても，同じ領域でビジネスをしているとどうしても利益率が低下してくるのです。いわゆる高齢企業は，規模などを考慮に入れると，売上高や利益，生産性の期待成長率は低く，収益性も低いことが観察されています[25]。

　また，企業の年齢が上がると，企業が生み出す技術の質（特許の引用数）が下がることも観察されています[26]。イノベーションのタネである「新しさ」を生み出す力が低下してしまうのです。研究開発投資を行うと，企業の市場価値は上がります。しかし，高齢化が進んだ企業では1年加齢すると，研究開発を10％増した場合に得られる企業の市場価値への正の影響が3％程度少なくなっていたのです。

　これは，それまで企業が蓄積した能力が陳腐化することが原因だと考えられています。企業は，自社が構築してきた能力をさらに強めるような研究開発を行う傾向があります。自社が蓄積してきた学習効果を活かすことができるので，コスト上も有利です。だからこそ，同じ領域で強みをさらに活かすような能力増強型の投資をしていくのです。しかし，企業の強みも時間とともに陳腐化してしまいます。他社が模倣したり，より効率的あるいは効果的なモノを生み出したりするからです。このことは，学習効果のメリットも時間の経過とともに薄れていく可能性を示唆しています[27]。

　利益率が低下したり，生み出す技術の質が低下したりするのは，長期間，同じ領域で同じやり方でビジネスをしていることが原因なのではないかとも

23　Loderer and Waelchli [2010].
24　この点については，大日方 [2013] を参照してください。
25　Agarwal and Gort [1996b].
26　Balasubramanian and Lee [2008].
27　Agarwal and Gort [1996a], [2002].

考えられます。利益率が低下したり，能力が陳腐化したりしてきているにもかかわらず，同じことをやっていることこそが問題なのではないかという考えです。たしかに，加齢した企業であってもより有望な領域に経営資源を移していけたならば，あるいはより効率的，効果的なやり方を開拓できれば，利益率が下がったり，技術の質が低下したりすることはないはずです。

　つまり，組織が変革できない，硬直化してしまうことが加齢した企業にとっては切実な課題です。組織における硬直化は，社内の経営資源を同じ領域に配分し続ける程度です。硬直化することは，一概に悪いこととはいえない点には注意が必要です。ビジネスが上手くいっているのであれば，わざわざ他の領域に経営資源を移す理由はありません。期待できる利益が大きくないのに，同じ領域に経営資源を配分し続けていることこそが，硬直化の問題といえます[28]。

　硬直化の程度を測定するのは簡単ではありません。そこで，研究開発を行っている企業に絞って，特許を使って，日米企業が研究開発の領域をどの程度変えているのかを分析したところ，企業が加齢していくと，研究開発の技術領域を変える程度が小さくなっていくことも見られています[29]。しかも，日本企業の場合には加齢とともに利益率の低下が見られているにもかかわらず，同じ技術領域に経営資源を配分し続ける（つまり，硬直化してくる）ことが観察されています。

　企業の硬直化にはさまざまな要因が影響を与えています。社内における利害関係の調整が上手くいかず，組織内部でレントシーキングが起こってしまうこともあるでしょう。また，整理解雇がしにくいと，生産性が低くなったビジネスから撤退しにくいということもあります[30]。これらについての実証的な研究は今後の課題といえるでしょう。

---

28 環境の変化に自社の能力を適応させる能力はダイナミック・ケイパビリティと呼ばれています。ダイナミック・ケイパビリティについては多くの議論がなされていますが，基本的なものとしては，O'Reilly III and Tushman [2008]，Teece et al. [2000] を参照してください。日本語の文献としては菊澤 [2018] があります。

29 Yamaguchi et al. [2018].

30 この点については，清水 [2019] を参照してください。

4 本章のまとめ

　ここでは，企業の規模，垂直統合の程度，そして年齢がイノベーションにどのような影響を及ぼすのかを考えてきました。企業の規模が大きくなればなるほど，コスト・スプレディングできるためにイノベーションのために大規模な投資を行うことができます。しかしながら，組織が大きくなればなるほど，情報のロスが発生してしまいます。そのために，新規性の高い試みが少なくなってしまいます。企業の規模が小さければ，情報のロスは少ないのですが，大規模な投資は難しくなります。垂直統合の程度が高い企業は，関係特殊的なすり合わせが必要な投資も行えますが，垂直統合の低い企業の場合は組織間ですり合わせが必要なイノベーションは起こしにくくなります。また，若い企業は経営資源の組み替えが比較的容易であり，既存企業との競争で生き残るために破壊的なイノベーションを試みます。その試みの多くは失敗に終わるのですが，破壊的なイノベーションを生み出すことに成功した企業は大きく成長していきます。ここで見てきた企業の規模と年齢の間にはもちろん関係があります。企業の年齢が高くなれば，規模も大きくなる傾向があります[31]。

もう一歩詳しく知るためのリーディング

　企業の規模や垂直統合の程度，あるいは企業の年齢のイノベーションへの影響は，さまざまな論文で議論されてきましたが，残念ながら書籍（とくに日本語で読める）としてはあまり出版されていません[32]。

　組織を考える上では，アローのこの本がおすすめです。タイトルは，『組織の限界』となっているので，「もう，組織はダメです」という本なのかと想像する人もいるかもしれませんが，そういう本ではありません。情報の流れから組織を考えるものであり，組織とイノベーションを考える上

---

31 Evans［1987］.

32 企業の年齢については，*Journal of Evolutionary Economics* という雑誌で特集が組まれていますので，参考になるはずです。その特集については Coad［2018］がまとめてくれています。

でも大切なポイントです。

⇨ Arrow, Kenneth Joseph ［1974］, *The Limits of Organization*, Norton.（村上泰亮訳『組織の限界』筑摩書房，2017 年）

　組織の規模やその階層性など，組織の基本的な原理については，次の本がおすすめです。イノベーションについての本ではないのですが，どのような場合に組織の階層性は高くなるのか，なぜ官僚制はすぐれた組織デザインなのかなど，組織についての基本がわかりやすく説明されています。しかも文庫なので，安くて読みやすいです。

⇨ 沼上幹［2004］,『組織デザイン』日本経済新聞社。

第**9**章

ガバナンスと意思決定，資源動員

この章を読み進める前に

■ 株主構成が大きく変わった企業を取り上げて，その企業のイノベーション（あるいは新規性の高いプロジェクトへの経営資源の動員）がどのように変化する（した）のかを予想してください。

■ 官僚的な組織から生み出されたイノベーションの例を1つあげ，なぜ，その組織はイノベーションを生み出せたのかを考えてみてください。

　　新しいモノゴトを生み出すためには，経営資源の動員が欠かせません。新しいモノゴトを生み出すためのプロジェクトに投資ができる組織が必要です。それはどのような組織でしょうか。ここでは，はじめに，企業のガバナンスと組織における意思決定の仕方を考えた上で，少し分析の焦点を絞り，新しいプロジェクトに経営資源の動員がされやすい組織の特徴を見ていきましょう。

1　コーポレート・ガバナンス

イノベーションは，タダではできません。経営者が新しさの創造や探索するための投資や，新しさを経済的な価値に転換するための投資をしなければなりません。しかし，そのような投資にはどうしても不確実性が伴います。

困ったことに，そのような投資（研究開発投資や設備投資などが典型例です）は，企業にとっては負担です。短期的には収益性を下げてしまう可能性があります。そのため，経営者にとってはあまり積極的に行いたい投資ではないかもしれません。だからこそ，「イノベーションを起こせ！」という掛け声はかけるものの，いざ投資となると慎重に精査に精査を重ねた上で結局やらない経営者が存在するのです。

経営者をイノベーションに向かわせるのにはそのための規律づけが必要です。経営者が自ら進んでイノベーションのための投資を行うようなインセンティブの設計が大切なポイントになります。

■ 所有と経営の分離

企業が大型の投資をしようとすれば，資金を外部から調達してくる必要があります。そうなると，資金を提供する人たちと，実際にビジネスの意思決定をする人たちが乖離してきます。株式会社制度が浸透していき，企業が幅広い株主から資金調達を行うようになると，経営者とその企業を所有する株主が乖離していきます。株主は会社を所有していますが，経営しているわけではありません。経営者に実際の経営を任せているわけです。これは所有と経営の分離というものです[1]。

経営者は，株主の利益を最大化することが求められます。これは会社法では忠実義務と呼ばれています。この義務を常に経営者が果たしていればよいのですが，なかなかそうもいかないのです。経営者と投資家（この場合は株主）が持っている情報は非対称的です。普通は，経営者の方が外部の投資家では知り得ないビジネスや社内の状況についての情報を持っています。だか

---

[1]　Berle and Means [1932].

らこそ，投資家は自分のお金を経営者に任せるわけです。しかし，この情報の非対称性を利用して，経営者は株主の利益の最大化ではなく，自分の利益の最大化を行う可能性があります。経営者がきちんと経営をしているかどうかを正確にしかも安価に監視するのはなかなか難しいのです。

研究開発においても，経営者と投資家の間の情報の非対称性が存在しています。研究開発投資は，設備投資などと比べると，成果がでるまでに時間がかかります。さらに，現在行っているあるいはこれから行おうとする研究開発は，今後のビジネスの戦略と直結していますから，できるだけ外部にもれないようにするものです。だからこそ，企業外部にいては知り得ない情報を経営者は知っているわけです。この情報の非対称性が，経営者が企業の利益の最大化ではなく，自分自身の利益の最大化を行う可能性を生むことになります。

研究開発投資はコストですから，それを抑えれば，収益性を高めることができます。研究開発投資が長期的な企業の競争力にとって重要であったとしても，短期的に自分の在任期間だけ研究開発投資を少なくして，収益性を高めることは可能です。収益性が高まれば，その経営者の評価は高くなるかもしれません。情報の非対称性があるために，経営者は「無駄を省いた」と言うことができるでしょう。「無駄を省いた」と言うと，単にコストカットを行っただけのようで，あまり聞こえが良くありません。そのため，「選択と集中を進めた」あるいは「オープン・イノベーションを促進する」と言うかもしれません（実際の選択と集中やオープン・イノベーションは必ずしも研究開発投資を削減することと同義ではないことには注意が必要です）。いくらでももっともらしい説明はできます。しかし，本当に重要な研究開発投資を削っているとすれば，いくら収益性が高くなったとしても，それは将来の高い収益性を犠牲にした現在の収益性です。経営者による近視眼的な意思決定といえます。

このような問題はさまざまなところで見られます。部下に新規性の高いプロジェクトに取り組んでもらいたいと願う上司もいるでしょう。しかし，部下は上手くいくかわからないプロジェクトに取り組むよりも，自分の出世のために着実に成果が出るものを好むかもしれません。できるだけサボりたいと思っている部下もいるかもしれません。うちのイヌはいつも散歩に行きた

いと願っていますが，自分で勝手に行くことはできません。実際に散歩につれていくのは私ですが，私はあまり散歩に行きたくない時もあります（雨が降っている時やお腹が空いている時などです）。

これらはすべて，ある行動をとってもらいたいと願う人と，実際に行動する人が違うという点に特徴があります。これは，プリンシパル-エージェント問題（エージェンシー問題とも呼ばれます）です。プリンシパル（依頼人）とはここでいえば行動をとってもらいたいと願う人（株主や上司，イヌ）であり，エージェント（代理人）は実際に行動する人（ここでは経営者や部下，私）です。プリンシパル-エージェント問題は経済学で多くの研究が蓄積され，さまざまな領域に応用されています[2]。その中で，イノベーションに関係するものを考えてみましょう。基本的なポイントは，経営者に短期的な成果を求める規律づけの程度が高まると，新規性の高いプロジェクトに投資がされにくくなるというものです。しかし，あまりに規律づけを緩くしてしまうと，経営者が自分の利害を優先させてしまうのです。ここが難しいところです。具体的に見ていきましょう。

■ 株主による規律づけ

企業が株式会社の場合，企業の所有者は株主です。所有者が直接，企業の経営を行っている場合には，所有と経営が一致しています。創業者が大株主でもあり，自分で経営もしているような場合です。創業家が大株主であり，その家族のメンバーが経営を行っているファミリー・ファーム（Family Firm）と呼ばれる家族経営の企業も所有と経営が比較的一致しやすくなります。所有と経営が同一人物（あるいは同一のグループ）によって担われていると，経営者が自身の目的を最大化させようとして，企業の利益を損ねるような意思決定をするという問題はあまり起こりません。

しかし，株主が自ら経営をせずに，専門の経営者に経営を任せる場合には，利害が対立する可能性があります。企業を所有しない（株式を持たない）専門の経営者は，19世紀末頃から見られるようになってきました[3]。企業が大

2　たとえば，Harris and Raviv [1978]，Holmström [1979] があります。

3　Chandler [1977].

規模なビジネスを進めるために，株式を広く発行して資金調達を行っていったことや，社内に内部化した経営資源を効率的にマネジメントするために必要な専門性を身につけた人材の必要性が生じたからです。その結果，株主（企業の所有者）と実際に経営を行う人が別になり（所有と経営の分離が起こり），株主と経営者の間の利害が対立するようになってきます[4]。これが上記のエージェンシー問題です。

　株主総会で，株主は取締役を選任したり解任したりすることができます。役員報酬のあり方や合併，事業譲渡など重要な経営に関する事項も株主総会で決議します。そのため，経営者に対する株主の影響が強くなると，経営者は株主の意向を汲まなくてはならない程度が高まります。その反対に，株主の影響が弱くなると，経営者は株主の意向をあまり考慮せずに経営をすることができるようになります。

　それでは，イノベーションにはどのような影響が出るのでしょう。これまでの研究では，安定的な株主（短期的な企業の業績に反応するのではなく，長期的に株式を保有する株主）は，研究開発投資を促進すると考えられてきました。短期的なキャピタル・ゲインを狙って株式を売買する株主が増えると，経営者は短期的な業績を上げるために近視眼的な意思決定をするため，すぐには効果がでにくい（しかも不確実性もある）研究開発投資を控えるのです。

　株主の中でも，機関投資家（たとえば，生命保険や損害保険会社，あるいは信託銀行や年金基金などの大口の投資家）の影響は注目されてきました。機関投資家が増えると，企業の経営が近視眼的になるのではないかという懸念があったのです。そこで，ハーバード大学のブライアン・ブッシは，機関投資家の存在が，経営者の近視眼的な意思決定を誘発するのかを分析しました[5]。一般的には機関投資家は経営者の近視眼的な行動を誘発すると考えられていたため，ブッシは機関投資家の持ち株比率が増えると，経営者は研究開発費をカットするのかどうかを調べました。その結果，機関投資家の持ち株比率が増えたとしてもそれだけでは経営者は研究開発をカットしていなかったのです。一般的にいわれるほど機関投資家は近視眼的な経営に結びついていな

4　Berle and Means［1932］.

5　Bushee［1998］.

かったのです。

　機関投資家と一言でいっても，安定的な運用を行う年金基金のようなところから，より投機的な株式売買を行うようなところまでさまざまであり，企業に求めるポイントも異なっています[6]。機関投資家の投資ポートフォリオもさまざまです。安定的な株主として長期的に株式を保有する機関投資家も多く，機関投資家は一定のモニタリング効果を発揮していることがこれまでの研究から明らかになっています[7]。さらに，経営者は近視眼的な意思決定をしているというよりも，機関投資家の保有率が高まると短期的に業績が悪かったとしても経営者が解雇される可能性が減るため，経営者はより中長期的な投資をすることができ，結果的にイノベーションが促進されるという発見もされています[8]。

　ただし，経営者の近視眼的な意思決定がないわけではありません。ここがブッシの重要な発見です。自分が経営している企業がこのままいくと今期は増益が見込めなさそう（減益の見込み）だけれども，前期に投資した研究開発費と同程度の額のカットを行えば，増益ができそうな場合に，経営者は研究開発費をカットしていたのです。つまり，研究開発費を削れば，増益（減益回避）が達成できそうな場合です。増益が達成できれば，経営者としての評価は上がるでしょう。そのような状況で，機関投資家の持ち株比率が増えると，経営者は研究開発費をカットしていたのです。

■ 債権者による規律づけ

　企業に資金を提供するのは株主だけではありません。債権者も重要な資金提供者であり，企業のガバナンスに影響を与えます。

　上記で見てきたような株主と経営者の利害は，フリーキャッシュフローが多く発生する時に深刻になります。フリーキャッシュフローとは，営業

6　Hoskisson et al.［2002］.

7　日本企業の分析でも機関投資家の株式保有が企業の業績にプラスの影響を与えていることは観察されています。これは，機関投資家が保有する株式を売却する可能性や企業経営に対して声をあげることによって，経営者に対するモニタリング効果を果たしていることを示唆するものです。Miyajima and Hoda［2015］，Arikawa et al.［2011］などを参照してください。

8　Aghion et al.［2013］.

キャッシュフロー（事業活動から稼いだお金）から投資キャッシュフロー（事業を維持するために必要な資金）を引いたものです。そのキャッシュをどのように使うかは経営者が判断します。そのため，経営者は，期待収益率が資本コストを下回るようなあまり見込みのない投資を行ったり，浪費したりすることがあります。

ハーバード大学のマイケル・ジェンセンは，このような場合，負債がモニタリング効果を上げるために有効であると指摘しています[9]。負債による資金調達は，株式による資金調達と比べると，自由になる資金について経営者の自由裁量を減らします。経営者にとっては，株主に対する配当をカットするのはそれほど難しくありません。配当について株主に対して契約を交わしているわけではないからです。それに対して，負債の場合は元利の返済やその期日は債権者との間で契約で決められています。契約を破った場合には，裁判所で裁定を受けることにもなりかねません。だからこそ，負債による資金調達は，経営者が効率的に経営をするインセンティブを高めるのです。

第二次世界大戦後の日本においては，企業の安定株主工作によって株式の相互持ち合いがなされた結果，経営者に対する株主の影響が比較的小さく抑えられてきました[10]。だからこそ，近視眼的にならず中長期的な視野に立った経営ができてきたと考えられてきました。さらに，銀行からの借入が企業にとっては重要な資金調達のルートでした。株主よりも，銀行が企業のガバナンスにおいて重要な役割を果たしてきたのです。とくに，企業にとって最大の資金の貸し手であり，長期相対的な取引を構築しているメインバンクが，企業の経営のモニタリングにおいて，重要な役割を担ってきました[11]。

メインバンクは単に最大の貸し手というだけでなく，さまざまな金融やビジネスにまつわる附帯的なサービスを提供するとともに，長期相対的な取引関係を構築していました。その結果，メインバンクと企業の間の情報の非対称性は小さくなったと考えられます。また，メインバンクがしっかりと企業をモニタリングする責任を引き受けていると，別の銀行は大きなコストをか

---

9 Jensen [1986].

10 安定株主については，円谷 [2020]，Miyajima and Kuroki [2007] を参照してください。

11 Aoki and Patrick [1994].

けてその企業を審査せずとも融資を行うことができます。企業の研究開発投
資や設備投資などに対して, 大型の融資でも円滑に行うことができたのです。
メインバンクは, 企業のパフォーマンスが悪くなり特別な支援が必要になっ
た時に, 追加的な融資を行ったり, 経営者の更迭や新しい役員の派遣を行っ
たりして, 支援してきました[12]。企業のビジネスが順調な時には, 経営に介
入することはなく, ガバナンスは弱く, その結果, 経営者が近視眼的な経営
に陥ることなく, 中長期的な視野で研究開発や設備投資を行うことができた
といわれてきました[13]。

　このような日本企業のガバナンスは, 1990年代後半から変化しています。
企業の株式の持ち合いが崩れたことが, 新しいモノゴトを生み出すことに対
する投資にどのような影響を及ぼしているのかについては, 本格的な研究は
これからです[14]。

■ 経営者に対するインセンティブによる規律づけ

　株主や債権者の規律づけは, 経営者にとっては外部からのガバナンスとい
うことになります。これに対して, 経営者が自分自身で規律づけを行う仕組
みもあります。

　典型的なものは, 経営者に対する報酬です。報酬のあり方によって経営者
の行動は変わります。たとえば, 何をやっても同じ報酬が与えられるのであ
れば, 経営者は何もしない(あるいは怠ける)でしょう。もしも, 企業の業
績に応じて経営者の報酬が増減する割合が高ければ, 経営者は企業の業績を
真剣に考えるようになるでしょう。

　ストック・オプションは, 経営者の報酬を企業の業績に連動させる仕組み
の1つです。ストック・オプションとは, 予め決められた価格(権利行使価
格)で自社の株式を買える権利を与えるものです。権利行使価格よりも, 株

---

12 Hoshi et al. [1990].

13 これに対して, 日本の製造業に対しては, 日本の銀行がモニタリング機能を果たし
　　ていたというよりも, 製品市場での競争圧力が高かったために効率的な経営がなされ
　　ていたという分析もあることには注意が必要です。この点は堀内・花崎 [2000] を参
　　照してください。

14 円谷 [2020].

価が上がればキャピタル・ゲインが生まれて，売却した時に利益になります。だからこそ，ストック・オプションがあると，自社の株価が上がるようにと経営者は規律づけられるのです。

　また，ストック・オプションは，株価が上がれば上がるだけ得になります。もしも，株価が下がった場合には，権利行使をしなければよいので損はしません。そのため，経営者はリスクの高いプロジェクトにチャレンジするかもしれません。このことからすると，ストック・オプションが導入されると，不確実性の高い新しいチャレンジやリスク・テイクが促されることが予想されます。

　ストック・オプションは，株主と経営者の利害を近づけるものだといえます。しかし，あまりに短期的なストック・オプションでは近視眼的な経営を招いてしまう可能性もあります。株価をつり上げるために，研究開発費や設備投資を削ったり，非正規雇用を増やしたりして業績を短期間にでも上げようとするかもしれません。そのため，権利行使期間を長くとる方がよいとされています。

　実際に，アメリカの企業を分析すると，CEO のストック・オプションは，高い水準の投資を誘発するとともに，企業の業績を極端なもの（大きな利益や大きな損失）にしていることも発見されています[15]。石油やガス企業をサンプルにした研究では，CEO のストック・オプションが導入されていると，よりリスクが高い探鉱活動が行われていることも観察されています[16]。つまり，当たれば大きな利益になるような意思決定に向かっていることがうかがえます。

　ストック・オプションは，CEO などのトップマネジメントだけでなく，中央研究所の研究者たちにも導入されるようになってきました。その結果，ストック・オプションなどの企業全体の業績と連動する長期的なインセンティブが導入されていると，より多くの技術が生み出されているだけでなく，質の高い（特許の被引用件数が大きい）技術が生み出されていることも観察されています[17]。

---

15 Sanders and Hambrick [2007].
16 Rajgopal and Shevlin [2002].
17 Lerner and Wulf [2007].

‥ コラム⑪　敵対的な買収に対する対抗策 ‥‥‥‥‥‥‥‥‥‥‥‥

　経営者が自分の利益のために，企業の業績を犠牲にするような意思決定をしていたり，効率的な経営をしていなかったりすると，敵対的な買収のターゲットになるかもしれません。そのため，敵対的な買収の可能性があると，経営者にとっては効率的な経営を行うインセンティブになります。ガバナンスとしては強くなるわけです。

　ただ，あまりに頻繁な敵対的な買収は，企業の投機的な買収を導いてしまうおそれがあるため，アメリカでは州ごとに敵対的な買収から企業を守る法（反買収制定法：Antitakeover Statute）が制定されています。この反買収制定法による敵対的な買収の可能性の緩和は，経営者にとってはありがたい話です。経営者に対するガバナンスが緩くなります。

　これは２つの異なる経路でイノベーションに影響する可能性があります。１つめはイノベーションを阻害する経路です。ガバナンスが弱くなると，経営者が自分の利益のために，企業の利益を犠牲にする余地が生まれます。不確実性の高い新しい試みを控えたり，研究開発費を削ったりして，短期的な業績を上げようとするかもしれません。２つめは，イノベーションを促進する経路です。短期的な業績を上げる圧力から少し解放されるので，近視眼的な経営にならず，中長期的な視点で経営ができるのです。この２つの要因は実際に共存しています。ポイントはどちらの方が効果として大きいのかです。実証研究ではいまのところ，企業の研究開発は促進されており，生み出される技術の質も良くなっていることが発見されています[18]。

　敵対的な買収への対抗策はさまざまなものがあります。たとえば，敵対的な買収が行われる可能性がある場合には，新株予約権を発行することもあります。買収をしようとする企業が株式を買い始め，保有比率を増してきた時には，予め決められた（トリガー）条項によって，新株予約権を発行するのです。これによって，買収しようと考えている企業の株式保有の割合を低下させることができるのです。これは，ボイズンビルと呼ばれたりもしています。

　ゴールデン・パラシュートと呼ばれる対抗策もあります。もしも，買収された時には，役員たちが解任されることはしばしば起こります。そのような場合に備えて，買収により役員が解任された場合には，退職金を大幅に割り増す，あるいはかなり有利な条件のストック・オプション契約を役員に用意しておくことがあります。経営者たちがもしもの時に使うカネまみれの安全策なので，ゴールデン・パラシュートと呼ばれています。割増された退職金やストック・オプションの存在により買収後の企業価値を低下させることで，買収を防ごうというものです。このゴールデン・パラシュートは，株主の利益を害する可能性もあるので，一般的にはあまりポジティブには捉えられていません。私腹を肥やす悪徳経営者

18　Keum［2020］.

のイメージです。

　しかし，これらの買収対抗策があると，新しいチャレンジへ投資しようと考える経営者にとっては安心です。短期的な業績に縛られる程度が少なくなるからです。経営者が近視眼的になると，新規性の高い探索を行わなくなってしまうわけです。

　これまでの研究では，これまで一般的にあまり良くないイメージがあったゴールデン・パラシュートですら，イノベーションを促進することが示唆されています[19]。経営者は安心して，新規性が高く，探索的なプロジェクトに投資ができることがうかがえます。敵対的な買収の可能性が少なくなるということは，経営者に対するガバナンスは弱くなります。しかし，それは経営者にとっては失敗が許容されるともいえるのです。

　このようにストック・オプションでは，新規性の高いプロジェクトを促す効果が見られています。ただし，注意も必要です。ストック・オプションが減少したとしても，リスクの低い投資が増えるというわけではなかったことも見られていますし，日本ではストック・オプションはそれほど極端にリスクが高い意思決定につながっている効果は見られていません[20]。さらなる実証研究がほしいところです。

2　組織の中での意思決定

　これまで見てきたように，経営者に対するガバナンスのあり方は新規性の高いプロジェクトへの経営資源の動員に影響を与えます。短期的な成果を求める規律づけの程度が高まると，新規性の高いプロジェクトに投資がされにくくなります。

　しかし，ガバナンスだけが組織における経営資源の動員に影響する要因ではありません。組織の中でどのように情報が処理され，意思決定がなされているのかも大きな影響を与えています。

---

[19]　Francis et al.［2011］.
[20]　Hayes et al.［2012］.

■ 集権的な組織と分権的な組織

　組織の中でイノベーションを生み出すプロセスは，問題の発生・発見と分析，調整，説得，解決（あるいは失敗），そして新たな問題の発生の繰り返しです。

　問題はさまざまなところで発生するでしょう。そして，どのような権限が誰に付与されているかによって，問題解決の意思決定がどこの階層で行われるのかが決まります[21]。そのため，組織の意思決定がどのように行われるのかはイノベーションのあり方に影響を与えます。組織における意思決定が集権的か分権的かという観点から考えてみましょう。

　組織の上位の階層における意思決定の割合が高ければ，意思決定は集権的だといえます。その反対に，意思決定が現場に近いレベルのマネージャーによってなされる割合が高ければ分権的なものといえます。もちろん，これらはあくまでも程度の問題です。しかし，イノベーションのあり方に影響を及ぼす重要なポイントです。ラディカルなイノベーションは新規参入企業から生み出される一方で，インクリメンタルなイノベーションは既存企業から生み出される傾向があることは，第 3 章で見てきました。そのようなパターンは，集権的な組織と分権的な組織の間にも見られています。集権的な組織はラディカルなイノベーションを生み出し，分権的な組織はインクリメンタルなイノベーションを生み出す傾向があるのです[22]。

　現場に近い組織に意思決定を任せる程度が大きい分権的な組織では，現場にいるからこそ経験し，認識できる問題点についての改善が多くなされます。トップマネジメントに現場の問題点やそれに対する解決策を説明したり，解決策を実行するための許可を求めたりする必要がないのです。現場の情報をトップマネジメントに上げて，意思決定を仰いでいると時間がかかります。また，第 8 章でも見たように，トップマネジメントに情報を上げていくプロセスにおいて，情報のロスも起こってきてしまいます。だからこそ，現場に意思決定が任せられている程度が大きいと，すぐに適格な対応できるのです。

　実際に，QC サークルのような分権的な小さなグループによって，問題を

21　分権化や自律性とイノベーションについては，古典として Burns and Stalker ［1961］があります。

22　Ettlie et al.［1984］, Lawrence and Lorsch［1967］.

発見し，その解決を探る活動は日本の製造業やサービス業などの生産性の向上に重要な役割を果たしたといわれています[23]。このような小さいグループでは，現場の知識を持った人たちに主体的な問題解決のための機会が開かれています。つまり，ボトムアップ型の問題解決がなされます[24]。

　このような分権的な組織が生み出すイノベーションは，インクリメンタルなものが多くなります[25]。経験を共有したメンバーの間で問題解決が図られるため，どうしても，メンバーが共有している体験の範囲の中でのアイディアの提案になりやすいのです。さらに，分権的であるがゆえに，全社的な調整が必要になるプロジェクトには取り組みにくいのです。

　組織の上位の階層における意思決定の割合が高い集権的な組織の場合は，全社的な調整が必要なプロジェクトを行いやすくなります。トップダウンで経営資源の動員を決められるからです。全社的な戦略の変更の割合も高くなります[26]。だからこそ，分権的な組織と比べると，集権的な組織は多くの経営資源の動員が必要なプロジェクトやこれまでのやり方を大きく変えるような（その結果，全社的な調整が必要な）ラディカルなイノベーションがやりやすくなります。その一方で，現場のメンバーだからこそ経験上認識できる問題の解決や小さな調整などを行うのには適していません。

　現場における改善ですら，組織の意思決定のあり方に影響を受けることも観察されています[27]。現場の作業者が改善活動において中心的な役割を担うような分権化された組織では，改善活動も小規模なものになる一方で，集権的な組織での改善活動では比較的規模の大きな改善も見られるようになるのです。

　現場での問題解決や意思決定は，現場レベルでの発見や創造においてとても大切です。プロセスのイノベーションなどでは，実際の生産現場での課題の発見や解決の試行錯誤はとくに重要です。だからこそ，現場の人々にしっかりとしたインセンティブや権限が与えられているのかは，大切です。しか

23　たとえば，小池［1981］，［1994］などが代表的なものです。
24　Koike［1998］.
25　野中［1990］.
26　Greve and Mitsuhashi［2007］.
27　岩尾［2019］.

し，現場ばかりに頼っていると，大規模な投資を伴うイノベーションや企業全体の調整が必要なイノベーションは期待できません。それらには集権的な組織が必要なのです。

■ 官僚制とイノベーション

　もう1つ組織の典型的なかたちを見てみましょう。官僚的な組織です。「あなたの組織は官僚的ですね」と言ったら怒る人はいるでしょう。もしかしたら，国の省庁や地方の行政機関に勤めている人でも，気を悪くするかもしれません。官僚的な組織というのは嫌われ者なのです[28]。

　官僚的な組織とは，ルールと階層性から構成されています。ルールが決められている割合と階層性が高いほど官僚的な組織です。反対に，ルールが決められている割合が少なく，階層性が低いような組織は，フラットな組織といわれます。

　ルールは，その組織が処理するタスクが何であるのか，それがどのように処理されるのかについての決まりです。ルールにはその組織内で暗黙的あるいは慣習的に行われている非公式のルールと，文書化されているような公式的なルールがあります。

　もしも，このようなルールがなかったらどうでしょうか。組織はとても非効率になってしまいます。毎回，タスクは何で，誰が，どのように処理するべきか，さらにどのように決断を下すのかなどについて話し合っていては，何も前に進みません。事前に，ルールが決められているからこそ，多くのタスクはルール通りに処理できるのです。もちろん，そのルールは少しずつアップデートしていく必要がありますが，ルールがあるからこそ効率的に仕事を進められるのです。

　しかし，そのルールを適応できない例外的な事象も時にはでてくるでしょう。このような場合に，組織の階層の出番です。ルールで対応できないような例外的な事象が発生した場合には，自分で創意工夫を凝らして解決しようとしてしまっては，その解決の質は組織でバラバラになってしまいます。そ

---

28 組織としての官僚制組織の有効さについては，沼上［2003］が丁寧にわかりやすく説明しています。

のため，例外的な事象が発生したときには，その場で解決せずに上司に相談するわけです。つまり，組織の階層を1つ上るのです。もしも，その階層でも解決できないような例外的な事例の場合，さらに上位の階層での解決が図られます。つまり，上司たちはルールでは対応できないような例外的な事象を解決する役割を担っているのです。

　ルールが決められている程度や階層がどの程度高くなるかは，組織が直面している環境の安定性に依存します。環境が安定的な場合には，ルールで事前にタスクの処理の仕方を決めておくことはそれほど難しくありません。事前にどのようなことが起こるかが予想しやすいからです。また，環境が安定的であれば，例外的な事象の発生は少ないため，階層性を高くしておく必要はありません。だからこそ，安定的な環境の場合には，階層性が低い（フラットな）組織で効率的に業務を行うことができます。しかし，環境が不安定で，例外的な事象の発生が多い場合には，階層性を高くしておくことによって現場のオペレーションと問題解決がスムーズに進むのです。「フラットな組織が良い」という思い込みから，良かれと思い組織の階層性を極端に低くしてしまうと，例外的な事例が多く発生してくると現場は大混乱です。解決はマチマチになってしまいます。これは第8章のコラム⑮でも見てきたポイントです。

　官僚的な組織は，タスクの効率的な対処には効果的ですが，イノベーションを生み出すのには効果的ではないといわれています[29]。新規性の高いプロジェクトを行っていこうとすると，どうしても例外的な事象が数多くなってきて，ルールで対応できるものが少なくなってきます。新規性が高いと，解決しないといけない課題のほとんどがルールで対応できないということもあるでしょう。そうすると，どんどん対処を待つ例外的な事象が組織の階層の上に向かって流れていきます。上位の階層では解決策を考え，それを，現場に指示します。その解決策も上手くいくかわかりません。現場は上位の階層にまたそのフィードバックをします。これが繰り返されていては，組織の情報の流れが過剰になってしまいます。組織を流れる情報が，例外処理の情報

29　たとえば，Thompson［1965］が代表的です。ただし，トンプソンは官僚的な組織
　　であったとしても，内的動機づけを強く作動させることができれば，イノベーション
　　を阻害する要因を取り除ける可能性も示唆しています。

のやり取りで溢れてしまうのです。また，できるだけ例外的な事象が起こらないように，事前にルールを整備しようとするとどうしても組織がチャレンジできるプロジェクトの新規性は小さくなってしまいます。だからこそ，官僚制の程度が高い組織は，イノベーションを生み出すためには適していないといわれているのです。

　ただし，官僚的な組織からイノベーションがまったく生み出せないかといえばそうでもなさそうです。1964年10月に日本国有鉄道（国鉄）が営業運転を開始した新幹線は，世界で初めて実現した都市間の高速鉄道システムです。日本の経済成長の重要なインフラとなっただけでなく，都市間高速輸送システムの有効性を世界にも示したのです。地域社会や産業の発展に偉大な貢献をしたイノベーションに与えられる「IEEE (The Institute of Electrical and Electronics Engineers) マイルストーン」にも選定されています。国鉄は，公式的なルールも多く，組織の階層性も高い，官僚的な組織の代表選手のようなものです。そのような組織がどのようにして新幹線という世界のどこもやったことがないような新規性がきわめて高いイノベーションを生み出せたのでしょう。「それは例外的な事例でしょ」と思う人もいるかもしれません。しかし，例外的な事例は科学を前進させる上でとても大切です。どのような条件があれば，官僚的な組織でも新規性の高いプロジェクトを進め，イノベーションを生み出せるのかを考えてみる上で良い例外的な事例かもしれません。

3　資源動員を促進する人材

　イノベーションはタダでは起きません。ヒトやモノやカネといった経営資源を動員する必要があります。ここに組織としてイノベーションを生み出そうと思う時の難しさがあります。新規性の高いプロジェクトに経営資源を動員したとしても，それが上手くいくかどうかは事前にはわからないのです。

　これは困ってしまいます。上手くいくかどうかわからないプロジェクトに限りのある経営資源を動員していると，当然，「なぜ，そんなものに投資するのですか」と問われたり，「これまで実績があるプロジェクトに予算をもっと割きましょう」と言われたり，あるいは，「うちの部署のエース人材

をとっていかないでください」と文句を言われることもあるでしょう。株主に対する説明も難しくなるかもしれません。経営資源を動員する正当性の確保が，事前には難しいのです。

新規性が高ければ高いほど，「バカげている」とか「上手くいくわけがない」，あるいは「そもそも意味がわからない」と言われることもあるでしょう。とくに最初の段階では，新規性が高いアイディアは穴だらけです。そのため，これまでやってきた実績のあるプロジェクトに投資をしたくなるのもわかります。その方が安全ですし，なにより説明責任が果たせます。しかし，これではなかなかイノベーションにはつながりません。

経営資源の動員のためには，新しさを認識し，重要性を理解し，ステークホルダーを説得していくというプロセスが必要になります[30]。

■ 外部と内部をつなげる人材

企業の中でどこにどの程度の経営資源を配分していくのかは，社内の状況だけで決まるわけではありません。外部の動向は大切です。たとえば，組織の外でどのような新しい需要が生まれてきそうなのか，どのような新しい技術が生まれてきそうなのかなどの外部にある情報は大切です。

外からの情報は自然と社内に入ってくるものではありません。また，テレビや新聞，雑誌，インターネットなどを眺めていても，なかなか新しい情報は入ってきません。そのようなメディアに載った時にはすでに誰でもがアクセスできる古い情報になってしまうのです。また，情報はさまざまなところに溢れており，どれが信頼できるのか，どれが社内に有用なのかもわかりません。さらに，イノベーションを生み出すという点では，まだ広く流通していない新しい情報は重要になるでしょう。

組織の外にある情報を組織内部のイノベーションのためのプロセスに上手く接合する人材は，組織内の経営資源の動員の正当性の確保に大切です。そのような人はゲートキーパーといわれています[31]。

---

30 この点は，武石・青島・軽部［2012］を参照してください。また，藤原・青島［2019］は，資源動員には企業の利潤目的だけではなく，非経済的な目的も重要な役割を担っている点を指摘しています。

31 Katz and Tushman［1981］, Allen et al.［1979］.

~~~ コラム⑱　学習だけしてもダメ ~~~~~~~~~~~~~~~~~~~~~~~~~~~~~~~~~~~

　イノベーションのためには新しい結びつきが大切だといわれます。だからこそネットワークを広く持っておくことや，新しいネットワークを構築することが大切だといわれます。たしかに，それは重要なのですが，それだけではダメだということが研究で明らかになっています。

　それまでかかわりのなかった社外のマネージャーを企業のビジネス・プラン・コンテストの審査員としてランダムに割り当てて，新しい結びつきをつくったグループ（コンテストの審査員が割り当てられた企業）とコントロール・グループ（審査員を割り当てられていない企業）とを比べてみました。予想は，もちろん，新しい結びつきをつくったグループの方がすぐれた成果がでるだろうというものです。

　ところが，予想に反して，大きなパフォーマンスの向上は見られませんでした[32]。なぜでしょう。これは社外のマネージャーを割り当てられた（新しいネットワークを付与された）グループは，新しいネットワークを獲得したにもかかわらず，自分たちが何も変わらなかったのです。このことが示唆するのは，単純に新しいネットワークの結びつきをつくるだけで，パフォーマンスが上がるわけではないというポイントです。よく考えれば，当たり前のことです。「イノベーションのためには新しい結びつきが大切だ」ということはしばしば言われますが，新しい結びつきをつくっただけでパフォーマンスが上がるなら，こんなに簡単なことはありません。

　同じような実験を中国でやってみたところ，新しい結びつき（ビジネスパートナー）をランダムに割り当てられた企業は，そうでない企業と比べるとパフォーマンスが上がっていたのです[33]。この理由は簡単でした。中国のケースでは，新しいパートナーからの学習を基に，実際にマネジメントのやり方を変更していたのです。新しいつながりから学習したとしても，マネジメントの変更を行わなければダメなのです。

　それではどのような人材がゲートキーパーなのでしょうか。ゲートキーパーは，外部を広く探索し，何が社内に有用かについて評価を下せなくてはなりません。そのため，どのような人材かは，それぞれの企業の状況によって違うでしょう。研究開発型の製薬企業と労働集約型のネイルサロンでは，どのような情報が企業にとって大切かが違うはずです。そのため，どのような人材がゲートキーパーとして機能するかはどのような情報が企業にとって

32　Fafchamps and Quinn [2018].
33　Cai and Szeidl [2018].

大切かによって異なります。

　研究開発型の知識集約的な産業においては，博士号を取得している人材が，外部の技術を吸収する上で重要な役割を担っていることが示唆されています[34]。博士号人材は，その専門領域に対する幅広い知識を持っており，外部で生み出されている新しい技術を評価できるのです。さらに，学会などのネットワークを通じて，最新の知識にもアクセスができるのです。もちろん，その能力には個人差はあるでしょう。しかし，平均的に見ると，外部のアイディアの吸収能力を上げています。

■ プロダクト・マネージャー

　イノベーションを組織的に生み出していくプロセスでは，もぐらたたきのように次から次へと問題が生まれてきます。解決したと思ったら次の問題が現れます。問題発生と解決の連鎖です[35]。新規性が高いプロジェクトであればあるほど，考えてもみなかったような問題や調整，説得の必要性が次々起こります。

　そのため，組織内で起こるさまざまな調整や説得を行い，問題を解決していき，1つのプロジェクトとしてまとめ上げていく人材が必要です。このような人は，重量級プロダクト・マネージャーと呼ばれています[36]。

　重量級プロダクト・マネージャーは，製品開発のプロセスを通じて，大きな権限と責任を委譲されたマネージャーです。新製品開発には，研究開発から生産や販売など組織内のさまざまな部署が関係してきます。それぞれの部門の長がかかわると，調整が大変です。新規性の高いものであればあるほど，それぞれの部門の考え方や利害も変わってくるでしょう。だからこそ，それぞれの部門の長よりも大きな権限を与えられたマネージャーが必要なのです。そのようなマネージャーがいなければ，組織の中での経営資源の動員がどこかのプロセスで止まってしまいます。

　重量級プロダクト・マネージャーの存在は分権的な組織でこそ大切になります。分権的な組織では，部門間でさまざまな調整や説得が必要だからです。

34　Shimizu and Hara［2011］, Yamaguchi et al.［2021］.
35　Clark and Fujimoto［1991］.
36　Clark and Fujimoto［1991］.

換言すれば，各部門の間で情報共有や調整を行い，複数の開発のプロセスを同時並行的に進めていくような場合に，重量級プロダクト・マネージャーの役割が大きくなります。同時並行的に複数の開発プロセスを進めていければ，開発期間を短縮化することができます。これは，コンカレント・エンジニアリング（Concurrent Engineering）と呼ばれています[37]。重量級プロダクト・マネージャーがいると，各部門の調整を引っ張っていってくれるのです。

　それでは，優秀な重量級プロダクト・マネージャーを用意して，コンカレント・エンジニアリングを進めるのがよさそうです。しかし，やはりここにも前節で見たような組織をめぐるトレードオフが観察されています。スペインの製造業の調査では，コンカレント・エンジニアリングの効果として，開発時間の短縮化や新製品の品質向上などがインクリメンタルなイノベーションについては見られた一方で，不確実性や新規性が高いプロジェクトにおいて（つまり，ラディカル・イノベーションを生み出すような文脈）はパフォーマンスの向上は観察されず，製品開発コストが削減できる可能性だけが見つかっています[38]。

■ 組織内の多様性

　組織内の多様性も経営資源の動員の正当性の確保に影響します。上述のように，新規性の高いプロジェクトであればあるほど，初期の段階では海のものとも山のものともわからないことが多いのです。

　もしも，組織内の人の経験やスキル，あるいは興味や関心が同質的だったらどうでしょう。同じようなプロジェクトにしか経営資源は動員されないでしょう。これでは困ります。試行錯誤の量が減ってしまいます。多様な知識や経験，スキルを持った人が組織の中にいると，見通しがはっきりつかない新規性の高いアイディアであったとしても，誰かのアンテナに引っかかってくれる可能性が高いのです。

　多様性というとどうしても，性別や年齢，人種などに注目が集まります。このような性別や年齢，人種，学歴，所得，あるいは出身地域や親の学歴な

37　Takeuchi and Nonaka [1986].

38　Valle and Vázquez-Bustelo [2009].

ど人口統計学的な属性（デモグラフィックとも呼ばれます）の多様性は，わかりやすいのですが，あまり組織のパフォーマンスに貢献するものではないことがわかっています。むしろ，重要なのは，スキルや経験，専門性などの多様性です[39]。いくら，性別や年齢などが異なっている人を集めたとしても，その人たちのスキルや経験が同質的であれば，あまり意味がないのです。異なるスキルや経験，専門性を持った人がいれば，それだけ違う観点から新しいプロジェクトを評価できる可能性があります。新規性を高く評価してくれる人がいれば，経営資源の動員の正当性につながるのです。誰にも理解されなければ，経営資源が動員されることはありません。

　多様性があれば経営資源の動員の可能性は広がりますが，その後のマネジメントは難しくなります。多様性は，職場での誤解や対立の原因となります。その解消のモードによっては，欠勤が増えたり，仕事の質が低下したりします。年齢などの違いは，コミュニケーションの障壁となり，従業員間の貴重な知識の伝達を妨げていることも見られています[40]。コミュニケーションに問題があると，協調的な行動を減少させてしまったり，相互の学習を妨げてしまったりする可能性があります。つまり，イノベーションのためには多様性が大切であるけれども，多様性を増やしていくと職場に混乱が起こるのです。

～ コラム⑲　中央研究所と事業部の研究所 ～～～～～～～～～～～～～

　研究開発は新規性を生み出すために重要な機能を果たしています。企業の中で研究開発機能を担っている組織は研究所です。研究所は大きく２つに分けることができます。

　１つは，中央研究所です。これは，事業部から切り離された研究開発機能を担う組織で，コーポレート R&D ともいわれることもあります。事業部から予算が切り離されているため，中長期的な視点で企業にとって必要になると思われる基盤的な研究開発が行われています。中央研究所でも，事業部から委託されて研究開発を行うこともあります。ただし，重要なポイントは，特定の事業部の予算に左右されない予算が確保されていることによって，安定的に研究開発ができる点です。

39　たとえば，Pfeffer［1983］，Lawrence［1997］。
40　Marino et al.［2012］。

■ 図表9-1：中央研究所と事業部の研究所 ■

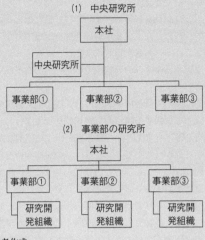

(1)　中央研究所

(2)　事業部の研究所

出所：著者作成。

　もう1つは，事業部の研究所です。複数の事業を抱える企業は事業部でも研究開発機能を持つようになったのです。それぞれの事業部のビジネスに特化した研究開発を行うものです。基盤的な研究というよりは，その事業部の新製品を開発したり，生産工程を新しくしたりする応用や開発が多く行われています。図表9-1は中央研究所と事業部の研究所を示したものです。中央研究所と事業部の研究所は相互に排他的ではなく，中央研究所を持ちながら，事業部でも研究開発組織を持っているという企業も多くあります。

　中央研究所の代表的な例は，AT&Tのベル研究所でしょう。ベル研究所からは，ノーベル賞受賞者が多く出ていることからもわかるように，インパクトのある成果が生み出されてきました。トランジスタやレーザー，CCDイメージセンサーといったビジネスに大きなインパクトのあるものだけでなく，宇宙マイクロ波背景放射の発見といった科学における重要な発見もなされてきました。日本企業も，1960年代から中央研究所を設立し始めました。

　しかしながら，アメリカでは1980年代に入りビジネスの収益性が低下してきたことを背景に，中央研究所のあり方を見直す企業が多くなってきました。中央研究所はコストに見合う成果を出していないと考えられたのです。そのため，中央研究所を閉鎖したり，中央研究所であったとしても事業部からの委託研究の割合を増やしたりする企業が増えてきました。

　中央研究所と事業部の研究所ではそれぞれ特徴があります。中央研究所での研究開発は，事業部の直近の課題から切り離されているため，より中長期的な研究

開発課題に取り組むことができます。また，よりインパクトの大きい新しい技術が開発されることも期待できます。しかし，その一方で，生み出された成果が基盤的過ぎて，専有可能性が低くなってしまったり，自社のビジネスの役には立たなかったりするかもしれません。事業部の研究開発組織の方が，よりビジネスに密着した研究開発ができるとも考えられます[41]。

　それでは，中央研究所と事業部の研究所ではどちらの方が成果は良いのでしょうか。

　これまでの研究では，中央研究所の場合には，事業部の研究所と比べると，より幅広い（企業の能力を拡張するような）技術的な探索が行われることがわかっています[42]。事業部の研究所で生み出される技術は，技術的な範囲が狭く，インパクトもそれほど高くなかったのです。これは，中央研究所と事業部の研究所では，研究開発の目的が違っていることが背後にあります[43]。事業部の研究所では，自社のビジネスに直結するような研究開発がされているため，成果として生み出されるものが，技術的にすぐれている必要は必ずしもないのです。むしろ，自社のビジネスとしてきちんと使えるものを生み出すことこそが重要です。技術的にすぐれた成果は，中央研究所から生み出されていました。もちろん，技術的にすぐれたものが必ずしも高い水準の経済的な価値を生み出すというわけではないことに注意が必要です。技術は，イノベーションの重要なタネですが，あくまでもタネです。中央研究所と事業部の研究所では，生み出されうるタネの性質が異なっているのです[44]。ただ，中央研究所の研究開発は事業部から独立して勝手に進めればよいというわけでもなさそうです。中央研究所が事業部のビジネスの情報を取り入れた上で研究開発を行うことですぐれた成果が生み出されることも観察されています[45]。

41　社内での中央研究所の影響力が強かったために，ビジネスとして上手くいかなかったという事例もあります。RCAでは，中央研究所が組織において支配的な影響力を持っていました。そのことがビデオディスクに固執し，ビデオカセット・レコーダーの登場によって競争力を減退させる結果につながってしまったといわれています（Graham［1986］）。

42　Argyres and Silverman［2004］.

43　Kay［1988］.

44　事業部の研究所からはすぐれた成果が生み出されないわけではありません。この点については，久保田［2017］を参照してください。

45　椙山［2005］.

4　本章のまとめ

　ここでは，新しいモノゴトを生み出すため（価値創造のため）に，新規性の高いプロジェクトに経営資源を動員できる組織はどのようなものなのかについて考えてきました。

　短期的な成果を求めるガバナンスが存在していると，経営者は新規性の高いプロジェクトに対する投資を控える傾向があります。そのため，経営者に対して，中長期的な視野に基づいて新規性の高いプロジェクトに対する投資を行うインセンティブを付与することは重要だと考えられています。

　次に，組織内の情報処理や意思決定について考えてきました。分権的な意思決定がなされていればいるほど，現場の情報を用いた新しいプロジェクトが行えるようになります。しかしながら，あまりにも現場に依存してしまうと，全社的な調整が必要な大きなプロジェクトは少なくなってしまいます。

　そして，もう少し分析の焦点を絞り，どのような人材がいると新規性の高いプロジェクトへの経営資源の動員が進むのかを見てきました。外部との新しい結びつきを見出す人材や，全社的な調整が必要なプロジェクトを引っ張っていく権限を与えられたマネージャーが重要な役割を果たすのです。新しいモノゴトを生み出しやすいチームや人材については，次の章から詳しく見ていきましょう。

もう一歩詳しく知るためのリーディング

　組織における経営資源の動員については，大河内賞というすぐれた産業技術を生み出した企業に与えられる賞の受賞プロジェクトのケーススタディを基にした次の本がおすすめです。どのように新規性の高いプロジェクトへの資源動員が組織内で決められていくのかについてのケース分析はぜひ読んでもらいたいところです。

⇨　武石彰・青島矢一・軽部大 [2012]，『イノベーションの理由：資源動員の創造的正当化』有斐閣。

　日本企業のガバナンスについては，イノベーションに焦点を絞ったもの

ではありませんが，実証的な手続きをわかりやすく解説してくれている次の本がおすすめです。ガバナンスのあり方によって，企業の資源動員が変わってくることがわかります。

⮕ 花崎正晴 [2014]，『コーポレート・ガバナンス』岩波書店。

第**10**章

どのようなチームが新しさを生み出すのか？

この章を読み進める前に

■ 新しいモノゴトを生み出しやすいチームはどのような特徴を持っているでしょうか。共通の特徴と思われるものを 5 つ書き出してみてください。

■ その 5 つの共通点はどのように新しいモノゴトの創造に寄与するのでしょう。その論理をできるだけ丁寧に，多角的に考えてみてください。

　　レンズの焦点を絞り，チームの点からイノベーションを考えていきましょう。チームは複数の個人から構成されます。個人が持っている知識やスキル，資質，そして，動機づけなどはチームの成果に影響を与えます。また，複数の人が協働するわけですから，互いに影響し合います。他のメンバーの知識やスキル，コミュニケーションの仕方などによって成果は大きく変わります。チームにどのようなタスクが割り当てられているのかも成果に大きく影響します。

1 個人とタスクとチーム

一人でイノベーションを生み出すことは不可能ではないかもしれませんが，現実的にはほとんどありません。イノベーションを生み出すためには，新しいアイディアを生みそれをビジネスとして実装していかなくてはなりません。このプロセスは長く，多くの経営資源の動員が必要です。個人の力もメチャクチャ大切なのですが，それだけでイノベーションが生み出されるわけではないのです。

チームレベルでのイノベーションに影響を与える要因はさまざまなものがありますが，図表 10-1 のように①タスクの性質，②チームの性質，そして③個人の性質に分けることができます[1]。この章ではタスクとチームの性質について見ていきましょう。

また，これまでも繰り返し指摘していますが，イノベーションには①価値創造（新しさの創造）と②価値獲得（新しさの経済的な価値への転換）の２つのプロセスがあります。この章と次章で見ていくように，個人やチームのイノベーションについての研究は，創造性に関するものがほとんどでした[2]。創造性の高さはイノベーションの２つのプロセス（価値創造と価値獲得）の両方で大切なのですが，どちらか強いていえば，価値創造のプロセスでより大切になるところです。

2 タスクの性質

ベストなチームをつくったとしても，そこに割り当てられるタスクが新しいモノゴトの創造に結びつかないようなものであれば，当然，期待するような成果は望めません。

世の中にはさまざまなタスクがあります。タスクの性質はさまざまです。イヌを散歩につれていくのは私に課されたタスクの１つです。そのタスクの

---

1 West［2002］, Mumford and Hunter［2005］, Shalley and Gilson［2004］.
2 新しいビジネスを生み出す個人の性質については，姉妹書『アントレプレナーシップ』の第 12 章で詳しく見ています。

■ 図表 10-1：チームの性質とイノベーション

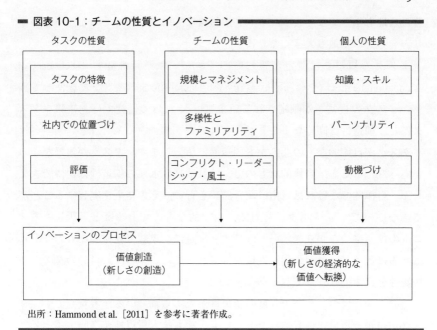

出所：Hammond et al.［2011］を参考に著者作成。

中身は，比較的単純です。しかし，タスクを割り当てられた人にとってはあまり気乗りがしない（暑い日や寒い日，風が強い日，雨が降っている日，お腹が空いている時などはとくに）タスクでもあります。そのタスクを上手くこなしても報酬が得られたり，昇進したりするわけではありませんから外的動機づけはありません[3]。組織の指揮命令系統（妻あるいはイヌからの指示）により行われるタスクであるため，他律的です。他のタスク（たとえば，料理や掃除，昼寝）を同時に行うことができないため，他のタスクとの調整が必要です。このようにタスクはその切り取り方によって，さまざまな性質に光を当てることができます。

■ タスクの複雑さと社内での位置づけ

　イノベーションを促進するタスクの性質という観点について，これまで分析が進められてきたのは，タスクの複雑さです。単純なタスクであれば，改

3　外的動機づけと創造性については，次章を参照してください。

善の余地も小さくなります。タスクが複雑なものになってくると，新しいやり方を考える余地も大きくなります。

　タスクの複雑さは測定が難しいのですが，職業特性辞典（Dictionary of Occupational Titles）や職務診断調査（Job Diagnostic Survey）などを使って職業のタスクの複雑さが測定されています[4]。それらの研究では，複雑なタスクほど，創造性は高くなることが見られています。

　タスクが自律的なものなのかも創造性に影響します。タスクが複雑なものであったとしても，自律的なものでなければ高い水準の創造性は期待できません。自律的でなければ自由に試行錯誤を行い，その結果を実装することができないのです[5]。タスクは複雑で，自律的なものであるほど，新しいモノゴトの創造につながりやすいわけです。反対に，単純で他律的なものであればあるほど，高い水準の創造性は期待できません。皆さん，自分のタスクの複雑性と自律性はどうでしょうか。

　そのタスクについてどの程度の新規性が求められているかも重要です。タスクが複雑で，自律性もあったとしても，そもそも新規性が高いアイディアなど求められていないと感じれば，創造性は高くなりにくくなります。新しいアイディアが求められているという認識があると，それがピグマリオン効果となって実際に創造性が上がるという可能性があります。ピグマリオン効果とは，期待をかけてあげると，実際に成果が上がるというものです。

　同じタスク（たとえば，新製品開発や原材料の調達，マーケティングなど）であったとしても，企業が変わればその社内での位置づけは違います。第7章では，深化と探索の両立について考えてきました。そこでの企業内のポートフォリオで両立するというポイントを思い出してください。社内に複数のビジネスを持つことによって，それぞれ役割分担をするわけです。すでに市場で競争優位を確立しているビジネスについては，それをさらに深化させていくことが合理的です。今後，市場の拡大が見込まれるのだけれど，まだ自社は強みを構築できていないようなビジネスでは，新しい探索を中心的に行うことが合理的です。つまり，同じタスクであったとしても，それが社内でど

4　Tierney and Farmer［2002］, Farmer et al.［2003］.

5　Krause［2004］.

のように位置づけられているかは異なります。たとえば，同じ営業であったとしても，新規性が求められるものもあるでしょうし，既存の効率性を高めることが求められるものがあるのです。

■ タスクの評価

　タスクに対する評価のあり方は，複雑さや自律性と並んで，新しいモノゴトの創造に影響します。何をすればどのように評価されるのかは，組織内でのインセンティブの問題です。それでは，もう少し具体的にどのような評価の枠組みがよいのかを考えていきましょう。まずは，第7章で見た「問題児」のように，高い創造性が必要なタスクについての評価から考えていきましょう。

　新規性が高くなればなるほど，失敗も多くなります。だからこそ，第1に考えなくてはならないのは，失敗の許容です。失敗が許容されなければ，新しいチャレンジをしようと思う人は少なくなります。初期の失敗に寛容であるということを従業員にしっかりと信頼させることは大切です。トップマネジメントが，「失敗に寛容だから，思う存分チャレンジしてほしい」と言ったところで，実際に昇進していくのは失敗していなかった人だったりすると，そこで働いている人たちは到底その言葉を信じられません。いくら心地の良いメッセージを出していたとしても，それが実際の行動を伴っていないとダメです。

　また，失敗が多くなるので，そのプロセスをレポートして，組織の知識として蓄積していくことは大切です。これは，心理的安全性の確保ともいわれています[6]。失敗をすることが負の評価につながってしまうとすれば，失敗をした場合には，それを隠そうとします。隠蔽をしなかったとしても，わざわざ自分から失敗の報告はしないでしょう。それでは，いつまでも同じような会議を繰り返し，同じような失敗を続ける組織になってしまいます。だからこそ，失敗の原因を分析し，それを組織で共有することを高く評価してあげることも必要です。失敗を許容しない組織で，新しいチャレンジをしろと言われると，新しいチャレンジっぽいことを探すか，あるいは新しいチャレ

6　Edmondson [1999], [2018].

ンジをして失敗した場合にはその失敗を隠すという最悪のパターンになって
しまいます。

　第2に，評価の時間軸です。新規性の高いプロジェクトに取り組んでいる
人は，少し長期的な視点で評価する必要があります。短期的に評価してしま
うと，組織の人々はイノベーションっぽいことを探す，あるいは新規性の低
いプロジェクトへとシフトしてしまう傾向がでてきます。

　なぜでしょう。その1つの理由は，新規性の高いプロジェクトであればあ
るほど，成果がでるまでに時間がかかるのです。短期的に評価をしてしまう
と，上手くいくかもしれないプロジェクトでも「失敗」と評価してしまう可
能性があります。だからこそ，評価の時間軸に合わせて，成功しそうなプロ
ジェクトを選んでしまうのです。

　もう1つの理由は，いくら上司が失敗を許容すると理解を部下に示してい
たとしても，部下側が上司に失敗でしたという報告をするのを嫌がるのです。
相談や報告を短期間のうちに求めると，新規性の高いプロジェクトを行って
いる人はどうしても，「失敗」の報告が多くなってしまいます。新規性が高
いものを行っているのだからしょうがないので，上司もそれを許容している
ことを部下がわかっていたとしても，「上手くいきました」という報告をし
たい人が多いのです。そのため，そのような報告ができるように自分からプ
ロジェクトの新規性を下げてしまうのです。プロセスを管理していないと不
安になるという上司もいるかもしれません。しかし，そこは部下を信頼して，
少し長めの期間をとって任せることが必要です。

　「金のなる木」のようなあまり失敗してはいけない事業の場合には，基本
的にはこの反対です。新規性の高いプロジェクトを大々的に行って失敗して
は困ります。だからこそ，失敗を許容するあるいは失敗を評価するのではな
く，実績を評価することが大切なポイントになります。また，できるだけ失
敗はしたくないので（「金のなる木」で失敗すると，あっという間に「負け犬」
になってしまいます），短期的にプロセスを管理していくことが大切です。た
だ，このような評価の仕組みの下では，新規性の高い試みを期待するのは難
しいのです。

■ 成果主義とイノベーション

　評価においてよく話題にのぼるのは，成果主義です。これはイノベーションを促進するのでしょうか。

　成果主義とは，その名の通り，成果や成果に至るプロセスを評価するものです。年齢や勤続年数，あるいは学歴などよりも，ビジネス上の成果を中心に評価するものです。成果主義的な評価は，働く人が上げた成果に基づいて評価をするものなので，成果を上げた人をきちんと評価できますし，努力投入量を落とす（サボる）ことを少なくできると，一般的には考えられています。

　イノベーションについてはどうでしょうか。成果主義的な評価は，基本的には頑張る人のやる気を刺激しますから，イノベーションを促進するだろうと期待されてきました。しかし，成果主義的な評価の割合が大きくなると，新しさを探索する活動の水準が小さくなってしまうことがわかってきています[7]。なぜでしょうか。

　成果主義的なインセンティブは，基本的に高い成果にはより多くの報酬（金銭的なものだけでなく非金銭的なものも含めて）を支払うものです。新規性が高いプロジェクトの成果がどのようなものであるのかは，事前に予想することがほとんどできません。成果の予測可能性が低いわけです[8]。だからこそ，どのような成果を上げるとどのような評価になるのかを事前に決めておくということは難しいのです[9]。成果主義的なインセンティブがあると，そこでの評価を上げるためには，当たり前過ぎますが，成果を上げる必要があります。しかも，できるだけわかりやすい成果を上げることが大切になります。事前に成果主義的なインセンティブのスキームがあると，人々は成果が

7　Manso [2011].

8　探索的なプロジェクトは，試行錯誤を繰り返すうちに知識を獲得していき，より良いモノを探索していくものであり，多腕バンディット問題（Multi-Armed Bandit Problem）としても考えることもできます。バンディットとは聞き慣れない名前かと思いますが，スロットマシンのことです。簡単にバンディット問題といわれることも多いものです。複数のマシンから最も大きな成果を上げるものを逐次的に探索していきます。どのような探索や学習が最も大きな成果をもたらすのかについて分析がされてきました。

9　Aghion and Tirole [1994].

予想できるような積み重ね的な（累積的な）ものばかりをやってしまうのです。新規性が高く，探索的なプロジェクトは，どうしても失敗が多くなります。だからこそ，成果主義的なインセンティブがあると，そのようなプロジェクトを避けてしまうのです。だからこそ，既存の延長線上で成果として説明しやすい累積的な改善（深化）が多くなります。実際に，オランダ企業をサンプルとした分析でも，成果主義的な賃金は累積的なイノベーションを生み出す傾向があることが観察されています[10]。成果主義的な評価システム（過度なものでなく，標準的なものであったとしても），プロジェクトの過度な中止，短い契約期間，成果に対するフィードバックがないというようなスキームでは，新規性が高く，探索的な行動は少なくなってしまいます[11]。反対に，初期の失敗に寛容であり，長期的な成功を評価する評価システムがイノベーションを促進することが実験を通じた研究で観察されています[12]。より新規性の高いプロジェクトを促進させようと思えば，成果を直接的に評価に反映させすぎないことが大切です[13]。評価のあり方によって，生み出されやすいイノベーション，生み出されにくいイノベーションがあるのです。

　成果主義とはやや性質は異なりますが，任期の定めのある有期契約の労働者の割合が高い企業の方が，模倣的な新製品の売上高が高い傾向にあり，革新的な新製品（「市場に最初に投入された新製品」）の売上高は低いことも観察されています[14]。これは，従業員が安定的に長期間安心して働ける組織がイノベーションにとっては大切になることを示唆しています。短期的な評価は，イノベーションを生み出しにくくしてしまう傾向がここにも見られます。

　「おいおい，成果主義的な評価が累積的なイノベーションを促進し，成果を直接的に評価に反映させる程度が少ない年功序列的なものが新規性の高いイノベーションを促進するというなら，日本企業から新規性の高いイノベーションがもっと生み出されるはずじゃないのか」と思う人もいるでしょう。たしかにそう言われるとそういう気もしてきます。これは，日本企業の年功

10　Beugelsdijk［2008］.
11　Manso［2011］.
12　Ederer and Manso［2013］.
13　Holmström［1989］.
14　Zhou et al.［2011］.

序列的な評価には，失敗に不寛容な側面が内包されていた可能性があったことを示唆するものです。減点主義がイノベーションを阻害しているという指摘はしばしばなされてきました。年功序列的な評価であったとしても，従業員は昇進のラダーを巡って社内の内部労働市場で競争しています。その競争において，失敗が大きな減点につながるとすれば，失敗に不寛容ということになります。ということは，成果主義，あるいは年功序列といった用語に惑わされることなく，評価内容を考える必要があります。

　最後に2つ注意点があります。第1に，年功序列的あるいは成果主義的な評価制度というのは，白黒はっきりつけられるようなものではないという点です。完全に年功序列，あるいは完全に成果主義的な評価というのはビジネスではほとんどありません。年功序列的な評価に比重がおかれている企業もあれば，成果主義的な評価が中心の企業もあります。それを完全に相反するものと考えてしまうことは過度の単純化です。イノベーションに対する影響を分析する上では，何がどのように評価されるのかを細かく考えていく必要があります。

　もう1つの注意点は，評価の仕組みは，他の人的資源管理の施策やタスクのマネジメントの仕方などと強い補完的な関係があるということです。たとえば，成果主義的な割合が高まれば，個人に割り当てられるタスクも自律的にしていく必要があります。労働時間も自由度を高める必要があります。タスクが自律的でなければ（タスクの目標設定や行い方などが他の人によって決められていたら），成果で評価するといわれても困るわけです。目標設定の仕方や成果の出し方がある程度任せられているからこそ，成果に差を出せるわけです。また，そのためには体系的なトレーニングの提供も必要です。その反対に，成果を直接評価に反映させる程度を小さくしていく場合に，分業の程度やそこで行われるタスクが自律的すぎるとサボる人（フリーライダー）が多くなったり，そこで成果を上げる人がだんだん「何のために自分は頑張っているのか」と自問したりしてしまいます。つまり，イノベーションに対する影響を見るためには，評価の仕組みだけを取り出して分析をするのではなく，補完的な施策とセットでシステムとして考えることが重要です。

⌐ コラム⑳ 世界の経営学から学ぶ注意点 ～～～～～～～～～～～～

「アメリカでは（ヨーロッパの国も人気です），こうなっている。だからこそ，日本企業もそれを見習って…」と言う人をどこかで見たことはあるでしょう。アメリカ出羽守（ではのもり）と言われることもあります。

たしかに，すぐれたやり方で模倣できるものがあれば，どんどん取り入れることは生産性を上げるためには不可欠です。しかし，アメリカやヨーロッパの国での研究結果をそのまま受け入れるのには大きな注意が必要です。アメリカやヨーロッパの国と日本では環境が違いすぎるから，単純な比較に意味がないことは当たり前だと考える人もいます。たしかに，そのような側面もあるかもしれません[15]。しかし，ここで注意してもらいたいのは違うポイントです。

例を1つ挙げて考えましょう。アメリカ企業を実証的に分析した研究に，イノベーションを促進するためには，経営者に長期的な視点を持たせることが大切だと指摘するものがあります[16]。経営者が短期的な利益を追求してしまうと，経営は近視眼的になり，早すぎる事業の整理（現在儲かっていないけれども中長期的にはビジネスの柱になるかもしれない事業からの撤退）を行ったり，中長期的に競争力を構築する上で重要な研究開発投資を削ったりしてしまうわけです。この指摘を聞いた日本の経営者たちには，「やっぱり自分たちのやってきたことは

■ 図表 10-2：近視眼的な企業から見た中長期的な視野の重要性 ■

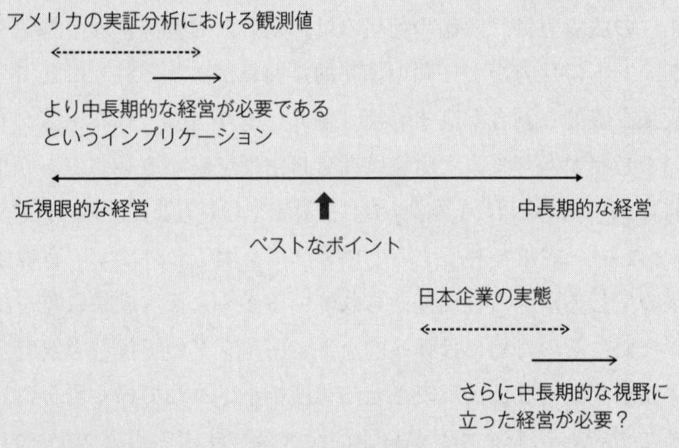

出所：著者作成。

[15] ただし，これにも注意は必要です。比較の目的は変数の統制（コントロール）にあります。だからこそ，どのような変数がコントロールされているのかを考えることは大切です。そもそも，注目する変数以外はすべて同じというものは世の中にはほとんどないでしょう。

[16] たとえば，Jacobs［1991］，Porter［1992］。

間違いではなかった」と確信を深める人もいるかもしれません。

　ただし，この結論を導き出した研究の対象には注意深く目を光らせてください。その研究の分析対象の企業（この場合は，アメリカ企業）の経営がすでにかなり近視眼的なものであったとすれば，大きな注意が必要です。その分析結果が，中長期的な視野を持つ経営が重要である（つまり，近視眼的な経営の程度とイノベーションの間には負の関係がある）ことを示唆するものであったとしても，そのまま日本企業に当てはめることには慎重になるべきです。図表 10-2 のように日本企業の経営はアメリカと比べると近視眼的な経営の程度が弱く，中長期的な視野を持った経営がなされているかもしれません。アメリカ企業を分析した研究から得られるインプリケーションをそのまま当てはめるとすれば，「中長期的な視野をさらに強めることがイノベーションにとって大切である」となります。しかし，これは本当に有効なのでしょうか。もしも，図にあるように良いバランスがアメリカ企業と日本企業の間にあるような（つまり，経営の視野の長さとパフォーマンスの関係が線形ではない）場合，日本企業にさらに中長期的な視野を強めろというのはむしろ反対のアドバイスになってしまいます。

　もう 1 つよく見られる例で考えてみましょう。これは成果主義と年功序列的な評価をめぐるものです（図表 10-3）。日本では成果主義的な評価を導入することの是非について議論がなされてきました。成果主義的な評価の程度が強いアメリカやイギリスの企業の分析では，成果主義的な評価とイノベーションの間には負の関係が観察されています[17]。この結果から，「イノベーションを生み出すためには，成果主義的な評価の程度を下げる必要がある」というインプリケー

━ 図表 10-3：成果主義的な評価をしている企業から見た年功序列的な評価の重要性 ━

アメリカの実証分析における観測値

より年功序列的な評価が必要である
というインプリケーション

成果主義的評価　　　　　　　　　　　　　　　　年功序列的評価

↑
ベストなポイント

日本企業の実態

さらに年功序列的な評価が必要である
というインプリケーション

出所：著者作成。

17　たとえば，Lerner and Wulf [2007]，Hoskisson et al. [1993]。

ションが出てきます。

　もしも，日本企業の評価がかなり年功序列的であり，成果主義的な評価の程度がすでにかなり低い場合，「イノベーションを生み出すためには，成果主義的な評価の程度を下げる必要がある」というインプリケーションをそのまま当てはめるのは注意が必要です。日本企業が年功序列的な評価の程度がベストなポイントを行き過ぎている可能性があるからです。実際に日本企業の分析からは，成果主義的な人事評価とイノベーションの間に正の相関が観察されています[18]。

　分析対象の企業の近視眼的な経営の程度や成果主義的な評価の程度と，そのインプリケーションを当てはめようとしている企業のそれとをしっかりと比較する必要があります。これはアメリカやヨーロッパの国で得られたインプリケーションに限りません。どこの国でも同じです。「世界の経営学の知見はこうだ！」，「アメリカではこうなっている！」，あるいは「イスラエルでは！」と言われるとついつい，分析結果をそのまま日本に当てはめたくなる気持ちは理解できます。しかし，単純にインプリケーションだけを見て，それをそのまま当てはめてしまうと思わぬ落とし穴にはまってしまうかもしれません。

3　チームの性質

　個人の力だけではなかなかイノベーションを生み出すことはできません。組織的な分業が重要になります。そこでは，個人の力の合計がチームの成果になるわけではありません。チームの性質によって成果は変わってきます。チームの大きさ，多様性，ファミリアリティ，コンフリクト，リーダーシップ，チームの風土の６つのポイントからチームの性質と創造性の間の関係を考えていきましょう。

■ チームの大きさとマネジメント

　チームの規模は，そのチームが生み出しうる成果に影響します。科学の分野では，個人での研究よりも，チームによる研究の方がインパクトの高い成果が生み出されていることがわかっています[19]。チームで行う方が高い水準

18　Haneda and Ito［2018］.

19　Wuchty et al.［2007］.

の成果が生み出せるのは，そこに①動員される経営資源の多さと②メンバーの専門性の多様性の多さが原因だと考えられます。もちろん，期待する成果によって，どのくらいの規模のチームを組むかは決まります。実際には，規模がチームの成果を決めるというよりも，むしろ，期待する成果がチームの大きさを決める方が多いでしょう。

　ただし，期待する成果を考慮に入れたとしても，チームの大きさは成果に影響することがわかっています。チームが大きくなりすぎると，創造性を阻害してしまうことも観察されています。チームの大きさと創造性の間には逆U字の関係が見られています[20]。チームが大きくなればなるほど，メンバーの専門性の多様性も大きくなることが考えられます。しかし，なぜ，チームの規模とともに創造性は高まっていかないのでしょう。

　これにはチームのマネジメントが関係しています。大きな規模のチームを効率的にマネジメントしていこうとすると，創造性が低くなってしまうという側面があるのです。偶然を上手くキャッチできなくなってしまうのです。

　イノベーションでは偶然の要素も大きいといわれています。とくに新規性の高いものであればあるほど，「偶然にも…」という話がよくでてきます。たとえば，細菌学者のアレクサンダー・フレミングは，2つの抗生物質（リゾチームとペニシリン）を発見しました。リゾチームは殺菌作用を持つ酵素で，薬だけでなく，食品添加物などとしても広く使われています。ペニシリンはご存知の通り，多くの人の命を救いました。フレミングは，ペニシリンの発見で1945年にノーベル賞を受賞しています。

　リゾチームは，フレミングが細菌を塗抹したシャーレの上でくしゃみをし，それがそのまま放置されていたことで発見されました。ペニシリンは，ブドウ球菌を培養中のシャーレに，偶然，カビの胞子が落ち，カビの周りのブドウ球菌が溶解していることをフレミングが発見したのです。フレミングの実験室が雑然としていたことが良かったのかもしれません。このような偶然は，セレンディピティと呼ばれています。偶然によってたまたま価値あるものと出会う，幸運の賜物です。

　もしも，フレミングが大規模な研究開発のチームの一員で，有能なマネー

20　Lee et al.［2015］.

ジャーがしっかり管理していたら，リゾチームやペニシリンは発見できたでしょうか。フレミングにはマスクの着用が義務付けられていたかもしれませんし，部屋も清潔に保たれシャーレに偶然カビの胞子が落ちるなんてこともなかったかもしれません。あるいは，そのような偶然に恵まれたとしても，想定していなかった新しい現象を掘り下げて調べてみるという回り道は許されなかったかもしれません。

　マネジメントがどの程度セレンディピティを許容してくれるのかは，イノベーションにとって大切な要素です。新しい試みは，誰もやったことがないわけですから，不確実性がつきものです。マネジメントとは，基本的に管理であり，計画が必ず伴います。計画通りにマネジメントしようとすると，不確実性はどうしても邪魔な存在です。

　日米の科学者，それぞれ1万人を対象にした調査では，領域によって違いはありましたが，おおよそ55％の研究プロジェクトで偶然の発見があったことが観察されています[21]。しかし，偶然の発見があったとしても，それを実際に追求するかどうかはまた別の話です。どのようなマネジメントがあるとこの偶然の発見が追求されるのかを分析すると，偶然の発見が追求されるかどうかは，実質的に研究を推進する人とプロジェクトをマネジメントする人が，①別の人の場合と②同じ人の場合で，大きく違っていたのです。具体的にいえば，①の場合には，②の場合と比べると，偶然の発見の深掘りがなされていなかったのです。この効果は，チームの大きさ（予算の規模や人数）を考慮に入れても見られました。つまり，研究とマネジメントの分業がなされていると，セレンディピティに出会ったとしても追求されにくいのです。これは第8章の社内における情報ロスで考えてきたポイントと同じです。もしもフレミングが大規模な研究開発プロジェクトで研究をしていて，そこに効率的なマネージャーがいたとすれば，リゾチームやペニシリンの発見がなされなかった（あるいは遅れていた）可能性を強く示唆する結果です。

　研究プロジェクトそれ自体を効率的に運営していこうとすれば，偶然を追求するのは不確実性も高いですし，回り道になります。それを追求すること

21　サーベイの基本的な発見については，Nagaoka et al.［2011］。セレンディピティについては，Murayama et al.［2015］を参照してください。

になぜ価値がありそうなのか，なぜ上手くいきそうだと思うのかをマネージャーに説明し，回り道をすることに納得してもらわないといけません。それはなかなか大変ですし，スピードも遅くなります。幸運の神様（カイロス）は，前髪しかありません。ボーッとしていたり，マネジメントとの調整に時間がかかったりしていては，すぐに通り過ぎてしまいます。後から追ってももう捕まえられず，他の人がチャンスを摑むことになるのです。大きなチームで成果を出すための効率的なマネジメントと，偶然性などを上手く追求するための柔軟なマネジメントの間にトレードオフがあるといえます。

■ チームの多様性

　チームで働くことの大切なポイントの1つは，分業です。分業では，メンバーの専門性が補完的である場合に，そこから利益を得ることができます。それぞれの専門性の高さを利用し合えるわけです。反対に，メンバーの専門性が同じ場合（あるいは相互に排他的な場合）は，分業の利益はほとんどありません。一般的に，チームには多様性が必要という理由の1つはここにあります。

　組織における多様性については，前章でも見てきました。チームの多様性についても基本的には発見されていることは同じです。性別や国籍，年齢などといったデモグラフィックな属性で多様性だけを高めたとしても，チームの成果を上げるという点ではあまり意味はないのです。

　チームのメンバーの多様性とイノベーションの間の関係を少し見てみましょう。初期の研究では，多様性とチームのパフォーマンスの間には頑健性の高い関係は見られていませんでした。機能面や在職期間の多様性は，クロス・ファンクショナルなコミュニケーションや，目標や優先順位付けの明確化の間に正の相関は見られているものの，それらの影響は限定的で，多様性は全体としてはパフォーマンスを低下させてしまうことすらも観察されていました[22]。メタ分析でも，チームメンバーの多様性とクリエイティビティの間には，ポジティブな関係は見られているものの，それほど大きな関係ではありませんでした[23]。

22　Ancona and Caldwell [1992].

　多様性があるチームは複雑な問題や新しい課題を解決することが得意である一方で，チームの中にコンフリクトが生まれやすく効率性が落ちやすいのです。そのため，単純に多様性とパフォーマンスの間の関係を観察すると，頑健性の高い関係は見られなかったのです[24]。そのため，①チームの成果を，新しさを生み出すことあるいは，既存のビジネスの効率性を高めることなどのように切り分けて分析したり，②モデレーターを見つけようとしたり，と研究は進展してきました。たとえば，新しいビジネスを構築していく起業家のチームの機能的な専門性の多様性は，パフォーマンスを向上させることが見られています[25]。

　モデレーターも考えられてきました。モデレーターとは，日本語では調整変数と呼ばれているもので，調整効果を持つ変数のことです。少し説明しましょう。たとえば，気温とアイスクリームの消費量の間には，正の関係があります。気温が上がれば，アイスクリームの消費量が大きくなります。気温が下がれば，アイスクリームは売れなくなります。モデレーターとは，気温とアイスクリームの関係に影響を与えるような変数です。たとえば，エアコンの普及は気温とアイスクリームの関係に影響を与えるかもしれません。エアコンが普及したおかげで，部屋に入れば夏でも涼しいのです。そのため，外の気温が上がったとしても，それほどアイスクリームの消費は多くならないかもしれません。つまり，モデレーターとは，原因となる要因と結果の間の関係やその強弱に影響を及ぼす変数のことです。多様性に話を戻すと，マネジメント・スキルの多様性は，ある特定のメンバーがリーダーシップをとるのではなく，チームのメンバーの間でリーダーシップが共有されている（これがモデレーターです）場合にチームのパフォーマンスを向上させていることが発見されています[26]。

■ チームのファミリアリティ

　チームの多様性がすぐに成果に結びつくわけではないことの1つの理由は，

23　Hülsheger et al.［2009］.
24　Shin et al.［2012］.
25　Zhou et al.［2015］.
26　Kurtzberg［2005］.

チームのメンバーの親密さにもあります。これは，チーム・ファミリアリティ（Team Familiarity）と呼ばれています。いくら多様性のあるメンバーを集めたとしても，いつものおなじみのメンバーであったとするならば高い水準の創造性は期待できないのです。

　同じメンバーで仕事を重ねていけばいくほど，互いに気心の知れた仲になっていきます。仕事はやりやすくなります。そのため，効率性は高まっていきます[27]。解決すべき課題に変化がない場合には，同じメンバーで経験を積み重ねることが効果的です。

　たとえば，山田洋次監督は，映画の『男はつらいよ』シリーズを監督として 48 本撮っています[28]。すべての作品で主演は渥美清が車寅次郎（寅さん）を演じています。倍賞千恵子や前田吟といった味のある俳優が登場します。脚本は朝間義隆，監督助手は五十嵐敬司，撮影は高羽哲夫，編集は石井巌，美術は出川三男などなどいつものメンバーで作品を作り上げているのです。スタッフの団結は強く，山田組といわれるほどです。同じメンバーで作品をつくっていくからこそ，おなじみの寅さんの世界観が出来上がるのです。

　しかし，同じメンバーで仕事をしていけばいくほど，マンネリ化していきます。いくら多様性のあるメンバーだったとしても，そのメンバーがずっと変わらなければ，互いの専門性があまり変わらないので，新しい組み合わせもそれほど期待できないかもしれません。新しいメンバーがチームに入ると，新しい専門性へアクセスできます。映画の 007 シリーズは 2021 年の『007／ノー・タイム・トゥ・ダイ』までに 25 作が公開されています。主役のジェームズ・ボンドは 6 名の俳優が演じています。12 名が監督を務めています。チームのメンバーが変わっているのです。『寅さん』の製作チームのチーム・ファミリアリティは高いのに対して，007 シリーズの製作チームのそれは低いのです。

　寅さんのファンは，タキシードを着こなし，テロリストに立ち向かう寅さんや，特殊能力を身につけた寅さんが宇宙から攻めてくる謎の敵と戦い世界を救うといった物語を期待しているわけではありません。いつもの，お約束

27　Huckman et al.［2009］, Espinosa et al.［2007］.
28　『男はつらいよ』シリーズは全部で 50 作あります。3 作目と 4 作目は山田洋次は監督ではなく，脚本を担当していました。

を楽しんでいるのですからそれはそれでよいでしょう。007 シリーズのファンも，いきなり SF になったり，コメディの要素が強くなったりすることを望んではいません。だからこそ，何でもかんでもファミリアリティの程度を低くすればよいというわけではありません。

　チームのファミリアリティとイノベーションの間の関係はこれまでにも実証的に分析されてきました。ファミリアリティが高まると，パフォーマンスの創造性が小さくなってくると考えられます。チームのファミリアリティを低めると（メンバーの入れ替えが多くなると），生み出されるものの新規性は高まります。映画製作のメンバーと作品の新規性の間でも，チームのファミリアリティが高くなると，新規性が低くなっていることが見られています[29]。また，監督も，同じジャンルの映画ばかりつくっていくと新規性は低下していくことも観察されています。

　しかし，チームのファミリアリティが高まってくると，互いの専門性に対する理解が深まったり，仕事の調整の仕方が洗練されてきたりするので効率性が良くなってきます。そのため，チームのファミリアリティとイノベーションの間には逆 U 字型の関係が観察されています[30]。あまりにファミリアリティが低すぎると，チームとして上手く機能しないのです。メンバーを刷新すると，失敗のリスクも高まります。しかし，あまりにファミリアリティが高すぎると，新規性が小さくなってきてしまうというわけです。ビデオゲームの開発メンバーの分析で同じようなことが観察されています[31]。スキルの多様性をいくら確保しても，全員が見ず知らずだと上手く機能しないのです。メンバーで一緒に働いた経験がある人がいることが大切なのです。同じメンバーで仕事をしていたとしても，メンバーが外部で学習したり，外部の新しい知識を取り入れる程度が高い場合には，この逆 U 字型の関係が緩和されることも見られています。

■ チームのコンフリクト

　チームのファミリアリティが高まっていくと，それぞれ気心の知れた仕事

29　金［2018］.
30　Xie et al.［2020］.
31　De Vaan et al.［2015］.

をしやすい相手になってきます。その結果，コンフリクトも減ってきます。チームのメンバーの間のコンフリクトはイノベーションの源であると考えることもできます。意見が違うからこそ，新しさが生まれるわけです。

　しかし，チーム間，チームのメンバー間のコンフリクトについては，発見事実が割れています。タスクについてのコンフリクトについては，ある程度まではイノベーションにつながるという発見がされています[32]。タスクについてのコンフリクトとイノベーションの間には，逆 U 字型の関係があります。コンフリクトがあるからこそ，学習が促進されるのです。しかし，コンフリクトがありすぎるとなると，それを解消するのに時間がかかります。

　コンフリクトが負の影響を与えることを示唆する分析もあります。信頼（認知的なものと感情的なもの）とコンフリクト（タスクについてのものと関係性についてのもの）についてオーストリアの起業家チームを分析したものでは，認知的な信頼性がパフォーマンスを向上させることが見られています。また，タスクについてのコンフリクトはパフォーマンスにネガティブな影響を与えることが観察されています[33]。コンフリクトはチームの成果の新規性には有意な関係性を見出していない研究もあります[34]。

　このように発見事実が割れている時は，研究にとっては大きなチャンスです。重要な条件がまだ見つかっていない可能性が高いからです。そのため，さまざまな場合分けがなされています。たとえば，協力的な解決がなされる場合には，中程度のコンフリクトがイノベーションに結びつきやすいということが見られています[35]。コンフリクトが妥協的（互いの要求水準を下げることで解決する）や回避的（そもそも解決をしようとしない）といったかたちで解消されるのではなく，互いを尊重しながら解決協力して解決を試みる場合に，コンフリクトがイノベーションに結びつく傾向が高まるというわけです。これは，コンフリクトの程度や解消のモードがイノベーションに影響していることを示唆するものです。丁寧な場合分けや，新しい変数の発見などにより，新たな知見へとつながるチャンスです。

---

32 De Dreu［2006］.

33 Khan et al.［2015］.

34 Hülsheger et al.［2009］.

35 De Dreu［2006］.

■ リーダーシップ

　リーダーシップもチームには大切です。イノベーションを生み出そうと思うと，どうしても不確実性が伴います。不確実な中でも経営資源を動員しなければならないのです。イノベーションについてのリーダーシップの大切な役割がここにあります。

　「リーダーシップをとれ！」と言うと，強力にチームを引っ張るリーダーの姿を想像する人が多いのではないでしょうか。しかし，リーダーシップとは，リーダー（Leader）に「〜のあり方」を意味する接尾語のシップ（Ship）がついたものです。つまり，リーダーのあり方を意味するものです。リーダーのあり方はさまざまです。メンバーを鼓舞して強力に引っ張るリーダーもいるでしょうし，物静かに見守るタイプのリーダーもいるでしょう。強いビジョンを打ち出し，メンバーに型破りな行動を奨励する傾向があるカリスマ的なリーダーシップもあります。

　そのため，どのようなリーダーのあり方がイノベーションを促進するのかが分析されてきました。そこで，イノベーションを生み出すために大切だと考えられてきたのは，変革型のリーダーシップ（Transformational Leadership）です。変革型のリーダーシップとは，メンバーのモチベーションを上げ，変化の必要性の認識や変革の方向性についてのビジョンをチームとともに作り上げるタイプのリーダーシップです。

　変革型のリーダーシップとイノベーションに関してはポジティブな関連性があることがメタ分析で概ね観察されています[36]。しかし，それぞれの分析によって結果は若干異なっています。変革型のリーダーシップは，当然，（ほとんど定義的に）イノベーションを促進しそうな気がします。しかし，研究によってその効果にはかなり差があるのです[37]。これは，変革型リーダーシップを用意すればすぐにイノベーションに結びつくというわけではなく，モデレーターやメディエーターが存在していることを示唆するものです。

　モデレーターとは，先程も説明したように，2つの変数の間の関係を和らげたり，強めたりする要因です。変革型のリーダーシップの程度が高ければ

---

[36]　Rosing et al.［2011］.
[37]　Jaussi and Dionne［2003］.

高いほど，イノベーションが生み出される程度も高くなるという関係が一般的には考えられています。しかし，たとえば，第6章で見たように競争が激しくなければ，イノベーションを生み出そうというインセンティブは小さくなります。そのため，いくら変革型のリーダーシップの程度を高めたからといって，イノベーションが生み出される程度も高まるかといえばなかなかそうはならないでしょう。むしろ無用の変革を試みようとしてしまうかもしれません。その反対に，競争の程度が高い場合にはイノベーションを生み出そうというインセンティブが高まるため，変革型のリーダーシップの程度が高ければ，イノベーションはさらに加速されることが考えられます。

　メディエーター（実証的な研究では媒介変数と呼ばれます）とは，2つの変数の間に成立して，その関係を媒介するものです。たとえば，変革型のリーダーシップが高まると，組織の中で新しい試みを奨励するような雰囲気や失敗を許容するような雰囲気が生まれるかもしれません。そして，そのような雰囲気が高まると，イノベーションが促進されることもあるでしょう。ここでの雰囲気がメディエーターです。実際に，チームの風土が，リーダーシップとチームのパフォーマンスの関係を媒介していることを示している研究もでてきています[38]。変革型リーダーシップが直接的にイノベーションを促進するというよりも，このような媒介になるような要因を生み出し，それがイノベーションを促進させているのかもしれません。

　取引型のリーダーシップ（Transactional Leadership）といわれるリーダーシップもあります。交換型のリーダーシップといわれることもあります。これは，チームのメンバーとの関係を基本的には取引と捉えるリーダーシップのあり方です。チームのメンバーがすぐれたパフォーマンスを上げたとすれば，その見返りとしてリーダーが報酬を提供します。その反対に，パフォーマンスが悪ければ，リーダーは報酬を減らす（あるいは罰を与える）わけです。わかりやすくいえば，ギブ・アンド・テイクとしてメンバーと接する程度の高いリーダーです。取引型のリーダーシップは変革型のリーダーシップと対比して考えられることが多く，変革型のリーダーシップと比べると，残念ながら人気のないリーダーシップのスタイルです。しかし，組織にとって

38　Pirola-Merlo et al.［2002］.

は必要です。とくに，新しいアイディアを実際にビジネスとして効率的に運営していく上では有効だと考えられています。

　新しいモノゴトを生み出すというポイントと，それをビジネスとして実装していくというポイントのトレードオフがリーダーシップにもありそうということがわかります。変革型のリーダーシップは新しいモノゴトを生み出す一方で，取引型のリーダーシップはビジネスの効率性を上げる役割があると考えられます。

　最近では，この2つのトレードオフを克服するリーダーシップも注目されています。これは，両利き型のリーダーシップ（Ambidextrous Leadership）といわれるものです[39]。第7章で見たように，既存の延長線上での累積的な改良とともに，新しい探求もすることが企業の長期的な存続と繁栄にとっては大切です。組織においてこの組み合わせを促進するようなリーダーシップが，両利き型のリーダーシップです。取引型リーダーシップが累積的な改良を促進し，変革型リーダーシップが新しい探求を促進するとすれば，両利き型のリーダーシップはこの2つのリーダーシップのスタイルの人材を上手く組織に配置するリーダーだといえます。

　こういったリーダーシップのタイプだけでなく，誰がリーダーシップを発揮するのかも大切です。リーダーシップを発揮するのは，当然，リーダーでしょうという気もするかもしれません。しかし，特定の人物だけがリーダーシップを発揮していると，その人がいなくなった後に組織は上手く機能しなくなってしまったり，特定の見方だけが採用されるようになったりしてしまいます。そのため，複数の人がリーダーシップを発揮できる状態であることは大切だと考えられています。これは共有リーダーシップ（Shared Leadership）と呼ばれています。実際に，トップマネジメントのうちで，単一の人物がリーダーシップを発揮しているフェーズから共有リーダーシップに移行できた企業は，成長軌道にのりやすい傾向が見られています[40]。

　最後に，リーダーシップのタイプだけでなく，リーダーシップとメンバーの間の関係性も創造性に影響します。リーダーが一方的にメンバーに影響を

39　Rosing et al.［2011］.

40　Agarwal et al.［2020］.

与え，チームを引っ張るわけではなく，メンバーとの関係が重要というわけ
です。リーダー・メンバー交換理論（Leader-Member Exchange）はその背後
にある考え方の1つです。メンバーを信頼していないリーダーは，メンバー
からの信頼を得ることはできません。メンバーを信頼するリーダーは，メン
バーからも信頼される傾向が高くなるでしょう。このようにリーダーとメン
バーの関係は，等価の交換関係にあると考えているわけです。そして，リー
ダーとメンバーが互いに信頼し合えるような好意的な関係にあるときに，
チームの創造性は高くなることが見られています。リーダーがメンバーを信
頼できると，メンバーへの権限委譲が進み，チームの自律性が高まることが
理由だと考えられています[41]。

■ チームの風土

　リーダーを含めて，チームのメンバーがどのような状態にあるかも大切で
す。これはチームの風土（Team Climate）と呼ばれています。ここでいう風
土とは，チームのメンバーが認識する手続きや規範，態度，期待の集合のこ
とです[42]。この定義はやや曖昧で，いざ分析しようとすると操作化が難しく，
下手をするとさまざまなものが含まれすぎてしまったり，ある一側面だけし
か取り出せなかったりすることもあります。しかし，チームの多様性やリー
ダーシップだけでなく，このようなメンバーの心の中の状態に注目が集まっ
てきたのです。チームの風土は，チームのメンバーの感情的な側面に影響を
与えます。人間の感情はその人の思考や行動に反映されるため大切だと考え
られるようになってきました。

　チームの風土にはさまざまなものがありますが，イノベーションへの影響
が大きいものは，次の4つだといわれています[43]。1つめは，ビジョンです。
そのチームで何を目標にするのか，何に価値を置くのかです。ビジョンが明
確に共有されているとメンバーが認識できれば，メンバーのタスクや役割分
担に対する感情も良くなります。新しいことには不確実性や多義性がつきも
のなので，どこに向かうのかがビジョンとして共有されていることは大切で

41　Graen and Uhl-Bien [1995], Jaussi and Dionne [2003].
42　Schneider [1990].
43　West [1990].

す。2つめは，参加することに対する安全性です。恐怖を感じることなく，
積極的に関与できるようにメンバーに安全だと感じさせる風土が必要です。
失敗をすることに対する心理的な恐怖があれば，大きなチャレンジはしなく
なってしまいます。3つめは，イノベーションに対するサポートです。問題
を新しいやり方で解決しようとしたり，新しく問題を定義したりすることに
対してサポートがあると感じられるかどうかはイノベーションにとって大切
です。4つめは，卓越さを求める風土です。チームとして質の高い成果を求
める程度です。チームのこれらの風土とチームのパフォーマンス（主に創造
性）の間には正の関係が見られています[44]。

　チームの風土には，これまで見てきたようなチーム・メンバーのパーソナ
リティやリーダーシップのあり方，タスクの性質などさまざまな要因が影響
を与えます。たとえば，リーダーシップの明快さはチームの風土に影響しま
す。ここでの明快さとは，チームのメンバーがリーダーシップのあり方につ
いて合意している程度を意味しています。リーダーシップが明快であると，
チーム目標も明確になり，それに対するメンバーの参加や，卓越した結果を
残すことに対するコミットメントなどの間にも高い相関関係が見られていま
す[45]。チームの風土はさまざまな要因と相互に関連しており，イノベーショ
ンに影響を与えるモデレーターやメディエーターとして分析に組み入れられ
ることも増えています。

　さらに，チームの風土が良い（つまり，チーム・メンバー間での共通認識の
程度が高い）ことが常に良いのかどうかについて疑問を呈する発見もされて
います。たとえば，メンバーの間でタスクやチームのメンバーの役割などに
対する共通理解は，一般的には創造性との間でポジティブな関係が見られて
きましたが，この共通理解の程度が高すぎると革新性が阻害される可能性も
示唆されています[46]。

　チームの中のコミュニケーションは風土に影響します。もちろん，コミュ
ニケーションを促しやすい風土もあるでしょうから，影響は相互的なもので

---

44 West [1990], Pirola-Merlo et al. [2002], Bain et al. [2001], Hülsheger et al. [2009],
Hunter et al. [2007].

45 West et al. [2003].

46 Skilton and Dooley [2010].

～◆ コラム㉑　組織能力 ◆～～～～～～～～～～～～～～～～～～～～～～～～～～

　イノベーションが生み出せている組織は特別な能力があるはずだという考え方があります。この能力は，組織能力（Organizational Capability）と呼ばれたりします。

　組織能力の構成要素は，有形の資産だけでなく，無形の資産も含まれています。最新の研究開発の設備や効率的な生産設備といった有形の資産や，ブランドやネットワークなどのかたちのない資産などが典型です。組織におけるルーティンは，無形資産の一部です。

　組織能力の中でも，とくにイノベーションに関連性が高いものは，組織のルーティンです。組織のルーティンとは，その組織で働く人々の日々の仕事の仕方に埋め込まれている意思決定やそれに伴う学習です[47]。ルーティンは，行動のパターンに現れます。学習が伴うからこそ，ルーティンによって，組織の知識プールが体系的に蓄積されていくか，あるいは全然，知識が蓄積されないかが変わってくるのです。たとえば，しっかりとプロジェクトの成果を事後的に振り返り，なぜ，上手くいったのか，あるいは，なぜ失敗したのかについて学習することがルーティン化している組織では，社内に知識が体系的に蓄積されていくでしょう。しかし，そのような学習をまったくしない組織もあります。同じような議題の会議をいつも繰り返している組織もあります。既存のビジネスを常に磨いていこうとするルーティンがあれば，インクリメンタルなイノベーションが増えるでしょう。常に新しいモノゴトを探索するルーティンがあれば，累積的な改善よりも新規性の高いプロジェクトが増えるでしょう。

　長い期間の積み重ねの中で学習は蓄積し，それがさまざまな試行錯誤を経て，メンバーの行動として浸透します。その組織が直面した外部環境やそこで策定・実行した戦略とその結果などが，その組織のメンバーがどのような学習をするのかを規定します。ルーティンは，長い時間をかけて組織に定着していくものであり，簡単に模倣ができません。そのため，これが上手く競争力に結びつくと，模倣困難性が高く，長期間持続可能な競争力となります。しかし，上手く機能しなくなると，変えるのが難しいという側面もあります。

　もう1つイノベーションに関連が大きい組織能力として，ダイナミック・ケイパビリティ（Dynamic Capability）と呼ばれるものもあります。これはさまざまな定義づけがありますが，それらに共通していることを抽出するとすれば，企業の自己変革の能力となるでしょう。組織の能力構築の上で，経営資源の組み替えの能力の重要性を指摘したのはカリフォルニア大学バークレー校のデビッド・ティースらです[48]。いつまでも高い利潤をもたらしてくれるビジネスはなかなか

47　Nelson and Winter［1982］，藤本［2003］．

48　デビッド・ティースはダイナミック・ケイパビリティについて多くの論文を書いています。以下は最初の論文です（Teece et al.［1997］）。

ありません。だからこそ，将来より高い利潤が期待できる領域でビジネスを行う
ために，資源を組み替える能力が重要だと考え，この能力をダイナミック・ケイ
パビリティと呼びました。

　組織能力は注目を集めてきた概念なのですが，注意が必要です。能力の概念で
は，結果から原因が定義されてしまうことがしばしばあります。つまり，高い水
準の収益を長期的に上げているという結果から，能力の高さが定義されてしまう
のです。こうなると，収益性が高ければ，定義的に能力も高いということになり
ます[49]。しかし，本当に知りたいのは，どのような能力がどのような結果に結び
ついているのかという点です。成果とは独立して，組織の能力を測定する必要が
あります。

す。コミュニケーションが増えれば，当然，チームのメンバーは知識やアイ
ディアを交換できます。チームのメンバーがどのような役割を果たし，どの
ようにそれぞれが機能するかの共通理解がイノベーションに対してポジティ
ブな関係があることも見られています[50]。チームが常に，目標や戦略などに
ついて確認していく風土もイノベーションと正の関係が見られてきていま
す[51]。これらはすべてコミュニケーションを通じてなされるものです。しか
し，内部コミュニケーションばかりが多くなることは，必ずしもイノベー
ションには結びつくとは限らないようです。内部のコミュニケーションが多
くなったり，チームの中にサブグループが形成されたりすると，新製品開発
が上手くいかなくなることが観察されています[52]。顧客に向き合うよりも，
社内の会議に忙しくなります。コミュニケーションが内向きになると，意思
決定は遅くなります。組織が「重くなる」のです[53]。当たり前のことですが，

49　これはイノベーションとアントレプレナーシップについても同じです。アントレプ
　レナーはイノベーションを起こす人ですから，イノベーションが起こったとすれば，
　そこにアントレプレナーが定義的にいることになります。そのため，「イノベーショ
　ンを起こすためには，アントレプレナーが必要だ」と言っても意味はありません。そ
　れは「ペナントレースで優勝するためには，優勝できる選手が大切だ」と言っている
　のと同じです。

50　Reuveni and Vashdi［2015］.

51　Hoegl and Parboteeah［2006］, Salazar et al.［2012］.

52　Kratzer et al.［2004］.

53　この点に関しては，沼上ほか［2007］を参照してください。

コミュニケーションは量だけでなく，内容が大切なのです。このように一口にチームの風土といっても，その中身までしっかりと考えないといけません。

4　本章のまとめ

　本章で見てきた大切なポイントの1つは，創造性を高めるようなマネジメントと新規性の高いアイディアをビジネスにしていくためのマネジメントは必ずしも同じではなく，むしろ一部にはトレードオフが存在しているという点です。

　新しさを生み出すことと，それをビジネスとして運営し，新しさを経済的な価値へ転換することの間には性質の異なる仕組みが必要になります。ビジネスを効率的に運営していかなければ，経済的な価値への転換はできません。そのためには，できるだけ例外的な事例を減らし，ルーティン化していくことが大切です。しかし，効率性を追求するチームでは，なかなか新規性の高いアイディアは生み出されにくくなってしまいます。新規性の高いアイディアを生み出そうとすれば，野心的な目標や曖昧さ，不確実性を許容しなければなりません。新しいことを試すのですから，失敗やミスも多くなるでしょう。しかし，ルーティン化していく際には曖昧さや不確実性はできるだけ取り除いていかなければならないことがポイントです。だからこそ，ここにトレードオフがあるのです[54]。

　本章では，新しいモノゴトを生み出すタスクとチームの性質を考えてきました。もちろん，組織において新しさを生み出す主体は，あくまでも個人です。しかし，その個人は，組織において協働しています。そのため，個人の力を成果へとまとめ上げていく上で，タスクやチームの性質はとても大切です。教育や知識のレベル，あるいはスキルやパーソナリティといった個人の性質はタスクやチームの性質と比べると，創造性への影響は小さい傾向にあります[55]。つまり，個人の性質も大切なのだけれども，個人を取り巻く環境の要因も大きいのです。個人の力はもちろん大切です。個人やタスク，そし

54　West［2002］.

55　Hammond et al.［2011］.

てチームなどを統合的に考える必要があります[56]。

もう一歩詳しく知るためのリーディング

　チームとイノベーションについては，さまざまな側面に焦点を当てたものがありますが，次の2冊はチームレベルで創造性を上げたいと考える人にはとくにおすすめです。両方とも学術書というよりも，より幅広い読者に向けて書かれた本であり，とても読みやすいです。「どうも自分の組織はクリエイティビティが低いな」と感じているビジネスパーソンは，ぜひこれを手にとってみてください。

⇨ Roberto, Michael A.［2019］, *Unlocking Creativity : How to Solve Any Problem and Make the Best Decisions by Shifting Creative Mindsets*, John Wiley & Sons.（花塚恵訳『Unlocking Creativity : チームの創造力を解き放つ最強の戦略』東洋経済新報社，2020年）

⇨ Edmondson, Amy C.［2018］, *The Fearless Organization: Creating Psychological Safety in the Workplace for Learning, Innovation, and Growth.* John Wiley & Sons.（野津智子訳『恐れのない組織：「心理的安全性」が学習・イノベーション・成長をもたらす』英治出版，2021年）

---

56 Taggar［2002］.

第11章

どのような人が新しさを生み出すのか？

この章を読み進める前に

■ 創造性の高い人はどのような特徴を持っているでしょうか。共通の特徴と思われるものを5つ書き出してみてください。

■ その5つの共通点はどのように創造性を高めるのでしょう。その論理を考えてみてください。

　　　　新しいモノゴトを生み出す人はどのような特徴を持っているのでしょうか。これまで企業のガバナンスや資源動員，あるいはタスクやチームの性質などの点からイノベーションを考えてきました。ここからは個人に焦点を当てて考えていきましょう。

　　　　個人はそのチームの性質やそのチームで担当するタスクの性質や評価，あるいはその組織の意思決定の仕方やガバナンスなどに大きく左右されます。しかし，個人の能力や性質などの影響がないというわけでは決してありません。どのような個人がイノベーションを生み出すのでしょう。

1　創造性の測り方

　個人の性質とイノベーションの関係を分析した研究のほとんどが，個人と創造性の間の関係を分析しています。イノベーションを創造性の観点から測定しているのです。ここではどのような人が新しさを生み出すのかを考えるために，まず，創造性がどのように測られているのかを確認しましょう[1]。

　創造性とは，簡単に言えば，「新しくて有用なモノ」を生み出すことです。創造性の測り方は大きく4つの方法に分けることができます。

　第1は，創造性のテストです。代表的なものは，拡散的思考テスト（Divergent Thinking Test）です。このテストでは，異なるアイディアをどれだけたくさん出せるのかが測られます。これ以外にも創造性のテストにはさまざまなものがあります。一見無関係に思える言葉の間の関係を連想させる遠隔連想テスト（Remote Associates Test）も創造性を測るために使われていますし，アイディアの多さや多様さを測るトーランス創造性テスト（Torrance Tests of Creative Thinking）などもあります。これらのテストは，個人の創造性を測れるため，人の創造性を比較して研究することができる点にメリットがあります。同じテストを受けてもらえれば，そのテストの点数で創造性を比較できるのです。デメリットとしては，これらのテストは予測的妥当性（Predictive Validity）を欠いている点が指摘されています[2]。これらのテストの結果で高得点をとった人が，その後に創造性の高い結果を残しているかを調べてみるとそうとも限らないのです。

　第2は，専門家や他者による評価です。創造性のテストは，個人の創造性を測れるという強みがある一方で，製品やサービス，あるいはグループの創造性は測ることはできません。また，上述のように創造性のテストは予測的妥当性が低いという欠点があるため，実際に創造性の高い成果を上げた人を評価しようというのがこの測定です。ある特定の領域の専門家に製品やサー

　1　これまで創造性はさまざまな測定がなされています。そのため，体系的に知識を積み上げていくことがやや難しいという側面がありました。そこで，定義と測定に対する整理も行われています。それについては，Batey［2012］を参照してください。
　2　El-Murad and West［2004］.

ビス，あるいはグループや個人の創造性を評価してもらう方法が一般的です。しかし，職場での創造性の場合には，同僚や上司による評価などを使うこともあります。専門家や他者による評価は，どうしても評価に主観性が残ってしまうというデメリットもあります。そのため，主観性を完全に取り除けるわけではないのですが，複数の人に評価をしてもらい，意見が一致したものを測定に使う合意的評価方法（Consensual Assessment Technique）が考えられています。

　第 3 の方法は，職業での測定です。最近では使われることは少なく，やや陳腐化した方法といえますが，創造性に関する初期の研究では使われていた測定の方法です。高い水準の創造性が必要となる職業についている人（たとえば，芸術家や科学者）は，その他の一般的な職業に就いている人と比べると創造性が高いはずだと考える測定方法です。この方法はわかりやすいのですが，もともと創造性が高い人が芸術家や科学者という職業を選択しているのか，あるいは高い創造性が求められる職での経験が創造性を高めるのかがよく峻別できません。さらに，同じ職業に就いている人の間の創造性の差を測ることはできません。

　第 4 の方法は，バイオメトリックスを用いたものです。これは 1990 年代後半から行われ始めたものであり，比較的新しい測定です。創造的な活動をしている時の人間の脳内の活動を測定するものです[3]。グルコース代謝を測定するものが代表的なものです。たとえば，同じタスクを被験者にさせて，どの程度，創造的な活動を脳がしているのかを測ることが可能になります。しかし，実験室での測定になるため，被験者は小規模になってしまいます。さらに，バイオメトリックスを用いた測定は，創造的な活動と通常の活動を分けた上で，脳の動きを測るものです。そのため，何が創造的な活動なのかを定義しなければいけません。いくら脳内の活動を測定してもその測定からは定義することはできません。だからこそ，創造的な活動が適切に定義，操作化されているかどうかが大切になります。

3　Plucker and Renzulli [1999].

2　コントロールが難しい要因

　個人の性質には，さまざまな側面があります。年齢や性別，教育の程度や育った環境，国籍や身長や体重，あるいは性格や好きな食べ物など挙げればきりがないほどです。ここでは，まず，年齢やパーソナリティ，疾患といった自分ではコントロールすることが難しい性質から考えてみましょう。創造性が高い人はどのような人なのでしょう。

■ 年　　齢

　年齢と創造性はどのような関係にあるのでしょう。創造性の程度は，若い方が大きく，年を重ねるとともに小さくなっていくと一般的には考えられています。若い時は何でもチャレンジしてやろうという心意気もありますし，無鉄砲なチャレンジも厭わないのだけれど，経験を重ねるとモノゴトの分別がつき，新しいことを試さなくなるというわけです。

　これまでの研究でも，年齢とともに創造性が低下する傾向の存在はたびたび確認されてきました[4]。これは，高齢化する社会にとっては大きな問題です。労働者の平均年齢が上がってくると，創造性も小さくなってしまうからです。ただし，注意も必要です。女性よりも男性の方が顕著に加齢によって創造性が下がっていたり，芸術や人文の領域よりも科学の領域の方がより加齢による創造性の低下が顕著だったりします[5]。数学では加齢による研究成果の低下は見られないという研究もあります[6]。また，創造性を自己評価や上司による評価で測った研究を見てみると，年齢による低下が確認されないという結果もあります[7]。創造的と考えられるものが領域によって異なっていたり，創造性の測り方がまちまちであったりすることによって結果が若干異なっています。また，なぜ，年齢と創造性の間に相関関係が見られるのか，その2つの間をつなぐメカニズムについてもさらなる研究が求められるとこ

---

[4]　代表的なものとしては，Lehman［2017］があります。

[5]　Abra［1989］.

[6]　Cole［1979］.

[7]　Ng and Feldman［2008］.

ろです。

■ パーソナリティ

　創造性の高い個人は，どのようなパーソナリティを持っているのでしょう。創造性が高いとされる芸術家には少し風変わりな人が多いという印象があるかもしれません。サイエンス・フィクションでは，マッド・サイエンティストといわれる常識からはかけ離れた考え方をする風変わりな人が登場します。創造性が高い人は，"普通"の人とは違うと考えられてきた側面があります。

　パーソナリティと創造性の関係には，多くの研究がなされてきました。パーソナリティの測定の仕方にはさまざまなものがあります。5因子モデル（Five Factor Model，ビッグファイブと呼ばれることもあります）は，代表的な測定の仕方です[8]。ビッグファイブはその名の通り，パーソナリティを，①開放性（Openness），②外向性（Extroversion），③協調性（Agreeableness），④誠実性（Conscientiousness），⑤神経症的傾向（Neuroticism）の5つに分けるものです。

　パーソナリティの分け方やその測定方法には長所や短所があるため，さまざまな測定が開発されています。ビッグファイブのほかには，ダーク・トライアド（Dark Triad），カリフォルニア人格検査（California Personality Inventory），ジャイガンティック3（Gigantic 3）などさまざまなものがあります。

　創造性とともにパーソナリティにもさまざまな測定方法があるため，異なる分析がなされてきました。しかし，それらの分析では同じような結果も見られています。開放性が高いこと，協調性が低いこと，誠実性が低いこと，外向性が高いこと，そして神経症的傾向であることです[9]。その中でも，開放性や外向性は正の相関がとくに繰り返し見られてきました[10]。異なる分析から同じような結果が見られているので，頑健性が比較的高い結果だといえます。

　開放性とは，新しいアイディアや経験などを喜んで受け入れる程度です。開放性が高い人は，知的好奇心が高く，目新しいものを好む傾向が高い一方

---

8 Costa and McCrae［1992］, Gosling et al.［2003］.
9 Batey［2007］.
10 Feist［1998］.

で，集中力が欠如しているといわれています。選択的注意が利きにくい（集中しなければいけないときに注意を焦点化できず，新しい刺激に対して気が散ってしまう）ので，意識せずとも（あるいは新しい刺激を遮断して集中しようと意識していたとしても）新しい刺激が常に入ってきてしまいがちになることも影響しているとも考えられます。外向性とは，社交的であり，他人との付き合いを好む程度です。開放性と外向性の高さはそれぞれ創造性の高さと正の相関関係が観察されています。開放性や外向性が高いと，外からの新しい情報が入ってきやすく，新しさにつながりやすいと考えられています[11]。

　このようなパーソナリティを持った人物がチームにいるかどうかは新規性の高いアイディアがでてくるかどうかにとっては大切です。しかし，このようなパーソナリティを持った人が，その新しいアイディアをビジネスに実装する際にも重要な役割を果たしてくれるかどうかはわかりません。むしろ，そのようなパーソナリティを持った人たちは，効率性を重視するマネジメントや厳格なコントロールとは相容れないかもしれません[12]。

■ 精神障害

　創造性は，病気との関連も研究されてきました。とくに，統合失調症や双極性障害との関係は，古くから研究されてきました[13]。統合失調症や双極性障害は，識別は容易ではないのですが，前者が思考についてのものであり，後者が気分に関連するものであり，異なるものです。ただ，幻覚や妄想，意欲低下や感情表現の減少などがともに典型的な症状であり，創造性の研究では厳密な区分がなされて研究されてきたわけではありません。

　このような症状を持つ人とその人の創造性の間に相関関係が見られてきました。統合失調症あるいは双極性障害と創造性の関係を分析した 42 の研究をメタ分析したところ，創造性の測定によっても効果量は違うものの，症状の軽重によって創造性の程度に変化があることが示唆されています[14]。症状

11　McCrae［1987］。このほかには，自己受容性，敵意，衝動性といったパーソナリティが創造性と正の相関を持つという発見もされています（Feist［1998］）。

12　Amabile et al.［1996］。

13　Ludwig［1992］。

14　Acar et al.［2018］。

が軽度の場合には，創造性は高くなるものの，症状が重くなると，創造性が
損なわれるのです。症状が重くなると，衰弱が激しく，混沌とした落ち着き
のないせっかちな行動になり，独創的で有用なものを生み出すことにはつな
がりにくいためと考えられています。

　なぜ，軽度の統合失調症あるいは双極性障害と創造性の間の関係があるの
かについては，認知的抑制を低下させるからではないかと考えられています。
認知的抑制とは，現在行っていることに関係のない刺激をコントロールする
能力のことです。たとえば，テスト勉強などで集中しなければいけない時に，
横から聞こえてくるノイズを遮断し，集中できる人は認知的抑制が利く人と
いうことになります。認知的抑制の程度が低い人は，どうしても外部からの
新しいつながりが入ってきやすくなるわけです。統合失調症や双極性障害の
症状がある人は，認知的抑制が低下し，その結果，創造性が高くなるのでは
ないかと考えられてきました[15]。しかし，認知的抑制の低下と症状の程度の
間には明確な関連性が見られなかったという報告もあります[16]。創造性と精
神障害の間には相関関係が存在することは比較的頑健性が高いものとして捉
えられるようになっていますが，その間のメカニズム（たとえば，創造性そ
のものに影響を与えるのか，知能などの他の要素が精神病理と相関しているのか
など）については研究が続いています[17]。

3　コントロールできるかもしれない要因

　創造性を向上させたいとしても，自らの年齢やパーソナリティ，あるいは
精神疾患などをコントロールすることは難しいでしょう。また，合理的な理
由がないのに，このような基本的に本人がコントロールできない属性で仕事
の処遇などを決めることは差別です。

15　Beech and Claridge [1987].

16　Green and Williams [1999].

17　また，創造性については，統合失調症を引き起こす遺伝子がなぜ人間の遺伝子プー
ルに保持されているかを解き明かす1つの鍵となるのではないかという考えもありま
す。創造性の高さは，人間が種として生存するために必要な機能であったために，そ
のための有利な遺伝子が残されているというわけです（O'Reilly et al. [2001], Nettle
and Clegg [2006]）。

　しかし，自分で比較的コントロールしやすい要因もあります。個人の知識とスキル，そして，動機づけを見ていきましょう。もちろん，これらも簡単にコントロールできるものではありませんが，年齢やパーソナリティ，あるいは精神疾患と比べると自分でコントロールできる程度が大きいものです。

■ 知能・スキル

　個人の性質について，早い段階から研究が進められてきたのは，知的な能力と創造性の関係です。1960 年代に盛んに行われてきたのは，知能と創造性の関係でした。知能の高さは高い創造性を発揮する上でどの程度大切なのかが分析されてきました。そこでは知能の高さを測るために IQ テストが用いられ，知能の高さは創造性と正の相関があるものの，知能がある一定程度（IQ テストではおおよそ 120）を超えるとそのような正の相関は見られないということが発見されてきました[18]。基本的なレベルの知能は創造性を発揮する上で必要だけれども，知能がある一定以上になると知能が上がっても創造性は上がるとは限らないことを示唆しています。知能だけでは創造性の程度を説明できないというのが現在のところの結論です[19]。

　また，一般的な知能だけでなく，特定の領域における知識と創造性の間の関係も議論されてきました。ある特定の領域についての知識は領域知識（Domain Knowledge）と呼ばれています。領域知識は，教育やトレーニングでも高めることができますし，同じ産業や同じ企業で長い間働いていると高まってきます。一般的な知能と比べると，よりスキルとの関連が直接的なものが領域知識といえるでしょう。

　この領域知識と創造性の間には，逆 U 字型の関係があると考えられています[20]。領域知識が欠落していると，新しいモノゴトを生み出そうとしたとしても，デタラメなことはできますが，それが有用性を持つことはなかなか期待できません。自分では「新しい！」と思っていても，それはまったく新しくはなく，過去に先人たちが試してダメだったことを知らずに試して同じ失敗を繰り返してしまうこともあるでしょう。領域知識が蓄積してくると，

18　Yamamoto［1964］, Barron and Harrington［1981］.
19　Batey［2007］.
20　Batey and Furnham［2006］.

これまでのやり方についての体系的な理解ができてきます。だからこそ，新しいこともわかってくるのです。しかし，領域知識が多くなりすぎると，それが固定観念となって新しいアイディアが思いつかなくなってくるのです。新しい情報や知識へのアクセスがイノベーションに必要といわれるのもこの逆U字型の関係の存在が理由の1つと考えられています。

■ 動機づけ

　ある人が高い創造性を発揮するのは，その人のやる気によるのかもしれません。もう少し正確にいえば，その人がどのように動機づけられているのかは，創造性に影響するのです。

　動機づけの中でも，注目されてきたのは，内発的動機づけ（Intrinsic Motivation）です。内発的動機づけの高い人は，創造性も高いということが見られています[21]。内発的動機づけとは，そのタスクをすること自体に動機づけられていることです。皆さんの中には，趣味をお持ちの方も多いと思います。ついつい時間を忘れて没頭してしまうこともあるでしょう。これは，内発的動機づけが高いといえます。誰にやれと言われているわけでもなく，やったとしても報酬がもらえるわけでもありません。むしろ，お金を払ってでもやりたいわけです。仕事の内容自体に魅力を感じている人は，内発的動機づけが高いということになります。

　外発的動機づけ（Extrinsic Motivation）というのもあります。これは，内発的ではないもの，つまり，そのタスク自体をすること以外による動機づけです。典型的には，金銭的な報酬を得ることや社会的な承認欲求を満たすことに動機づけられているようなものです。仕事の内容自体には魅力を感じないけれど，生活のためと割り切って働いている人は，外発的動機づけが高いといえます。

　なぜ，内発的動機づけが高い人の創造性は高いのでしょう。これは探索の程度が違うことに起因しています。内発的動機づけが高い人は，そのタスクをすること自体に魅力を感じている人です。内発的動機づけが高い人は，「もっと良いやり方があるのではないか」と考えて，いろいろ試行錯誤をし，

21　Amabile et al.［1994］, Amabile［1996］.

探索を進めていくのです。「やめろ」と言ってもやめません。だからこそ，高い水準の新しさにまでたどり着きやすいのです。ただし，内発的動機づけが高い人は，好きなやり方で，気が済むまで突き進んでしまいますので，マネジメントが難しかったり，効率性が低かったりします。

外発的動機づけの高い人は，そのタスクをすること自体には魅力を感じていません。そのため，外的に動機づけられているもの（報酬や昇進など）が満足できる程度に得られると思えば，そこで探索をやめてしまいます。効率性が高いともいえるでしょう。

内発的動機づけと外発的動機づけは完全に相反するものではありません。いくら仕事の内容が好きだったとしても（つまり，高い水準で内的に動機づけられていたとしても），まったく外発的に動機づけられていないというわけではありません。相対的なものといえます。

ただし，相対的にどちらの動機づけの水準が高くなるかは大切です。さらに，外発的な動機づけが一度大きくなってしまうと，内発的な動機づけの程度が下がってしまうのです[22]。たとえば，もともと趣味でギターを弾いていた人が，プロになり，報酬が与えられ，外発的に動機づけられると内発的な動機づけが下がってしまいがちになるのです。つまり，創造的な仕事をしてもらおうとして，創造性の高いタスクについて，企業が金銭的な報酬の程度を高めたり，承認欲求を高めるために昇進させたりすることもあります。しかし，これは創造性には逆効果です。外発的な動機づけを高めるようなインセンティブが多くなってくると，組織内に内発的動機づけが高い人が減ってしまうと考えられます。高い水準に創造性が必要な場合には，内発的動機づけが高い人に任せるということが大切ということになります。

～ コラム⑳　天才研究 ～～～～～～～～～～～～～～～～～～～～～～～～

天才と呼ばれる人たちがいます。天才はどのような人なのか，どのようにしたら育成できるのかというのは，多くの人の関心事でした。

1920年代から，天才の研究が始まりました。ルイス・テルマンは，後に「天才の遺伝学的研究（Genetic Studies of Genius）」と呼ばれるプロジェクトをはじめました。天才は遺伝的に（つまり，生まれながらに）一般の人とは異なる特

22　Deci et al.［1999］.

徴があるのではないかと考えたのです。テルマンは，子どもたちにIQテストを受けさせ，得点の高いグループのキャリアを追跡しました。しかし，卓越した業績を上げた科学者はその中にはほとんどいなかったのです。つまり，子どもの頃の知能は，大人になった時に高い業績を上げるかどうかにはあまり関係なさそうという結果だったのです。そのため，IQテスト以外に大人になった時の業績を予想できるものはないかという探索がなされるようになりました。

　ジョンズ・ホプキンス大学のジュリアン・スタンレイは，数学的に才能がある児童の研究（Study of Mathematically Precocious Youth：SMPYと呼ばれています）を1971年にスタートさせました。12～14歳の子どもに大学進学適性試験（SAT）の数学の問題を解かせたのです。このテストは普通は高校生が受けるものですから，ローティーンの子どもたちにとってはまだ習っていないものです。習っていない問題をどのように解くのかを見れば，子どもの創造的な分析推論の力を測れると考えたのです。そのテストで優秀な成績をとった子ども（いわゆる英才児）たちがその後どのようなキャリアを歩んでいるのかを追跡したところ，英才児たちの多くは高い業績を上げる科学者になっていたのです。高い業績を上げる人は，子どもの頃から何か違うのかもしれません。1975年のSMPYのデータを使ってその時の能力の上位1％の子どもがどのようなキャリアを歩んでいるかを見てみると，一般の人（アメリカの人口の層別無作為のサンプル）と比べると高い水準で博士号を取得していたり，フォーチュン500企業のCEOや連邦判事，億万長者，上院議員や下院議員になる傾向が一般の人と比べると高いことが見られています[23]。さらに，研究が進められ，数学における創造的な分析や推論などの認知能力だけでなく，子どもの頃（ローティーン）の空間認識能力（モノの空間的な関係の理解や記憶の能力）も，大人になった時の高い業績を上手く予測できる要因だということもわかってきています[24]。

　これは，将来，きわめて高い成果を上げる人は，子どもの頃にすでに認知能力が高いということを示しています。つまり，幼い頃に高い能力を示している子どもの才能を伸ばす重要性を示唆しています。これは，アメリカにおける飛び級の制度の実証的な裏付けにもなっています。しかし，子ども（あるいはその保護者）に幼い頃から「天才」あるいは，「凡才」などのラベルを貼ることになるので，その後の学習効果に影響がでるという懸念もあります。むしろ，成長するためのマインドセットを持つことが重要だという指摘もあります[25]。

23　Wai［2014］.
24　Kell et al.［2013］.
25　Dweck［2008］.

4　本章のまとめ

　創造性が高い人はどのような人なのか。これは，広く一般的に注目が集まってきたポイントであり，さまざまな領域で研究がされてきました。個人の創造性指数（CQ：Creativity Quotient）を開発しようとする試みもされてきました。ただ，あまり成功したとはいえません[26]。その理由の1つは，本章でも見てきたように，創造性の評価の指標にはさまざまなものがあり，標準化することが難しいことにあります。

　それでも，創造性はイノベーションにとって重要だと考えられ，創造性に影響を与える要因についての分析が続けられています。そこでわかってきたことは，イノベーションに適した性質を持つ個人を集めたからといって，すぐにイノベーションに結びつくわけではないことです。だからこそ，多くの研究が，それぞれの要因の相互作用の効果を探っています。たとえば，開放性の高い個人が，リーダーやチームのメンバーからポジティブなフィードバックをもらい，タスクの自律性が高い場合に最も創造性が高くなるという発見もあります[27]。また，前章で見たようなモデレーターやメディエーターを探そうという研究もされてきています。個人的な特性（たとえば，特性や認知能力）の相関関係を単独で調べることは，誤解を招きやすく，再現性のない結果につながる可能性があるのです。

　イノベーションが思ったように生み出せないとついつい「人材に問題がある」，「イノベーション人材を育成しよう」と考えがちです。たしかに，個人の性質（あるいは能力）は大切な要素の1つなのですが，はじめに考えなくてはならないポイントではありません。まずは，産業のライフサイクルや競争の程度，あるいはイノベーションのパターンをチェックしたいところです。「ラディカルなイノベーションを起こそう！」と思って，そのための人材を集めたとしても，ドミナント・デザインが成立した後であればなかなか上手くいかないのは当たり前です。それは，人材の性質や能力に原因があるので

---

[26]　Plucker and Renzulli [1999].
[27]　George and Zhou [2001].

はないのです。その次のチェックポイントは，第 4 章で見たようなインセン
ティブ，コスト，知識プールの 3 点セットです。これらがそろわなければ，
いくらイノベーションに適した人材を集めたとしても，期待するような成果
はなかなか出ないでしょう。チェックポイントはまだあります。それは個人
に任されるタスクの性質と個人が仕事をするチームの性質です。これらが
しっかりそろっているのに，イノベーションが全然生み出されない場合には
じめて個人の性質を疑ってみてください。

もう一歩詳しく知るためのリーディング

　創造性については，研究書だけでなく一般向けの本が多く出版されてい
ます。その中でもまずは，アマビルのものはクラシックですから，ぜひと
もおさえたいところです。日本語に訳されていないのが残念なところです。

⇨ Amabile, Teresa M.［2018］, *Creativity in context: Update to the Social
　Psychology of Creativity*, Routledge.

　次の本は完全に専門書なので少し読みづらいかもしれません。あまり幅
広い読者を想定しているものではありませんが，創造性の定義や測定，そ
して研究の流れを専門的に知りたい方はまずはこちらがおすすめです。

⇨ 開本浩矢・和多田理恵［2012］,『クリエイティビティ・マネジメン
　ト：創造性研究とその系譜』白桃書房。

第IV部

企業の戦略

　イノベーションのプロセスは，新しいモノゴトを生み出すこと（価値創造）と，新しいモノゴトから経済的な価値を生み出すこと（価値獲得）に分けることができます。第III部では，新しいモノゴトはどのように生み出されるのかについて考えてきました。

　第IV部では，新しいモノゴトから経済的な価値を生み出すポイントについて考えていきましょう。新しいモノゴトを生み出すことができたとしても，そこから経済的な価値を生み出すことができなければ，企業としては困ります。企業にとってイノベーションを生み出すということは，新しいモノゴトを経済的な価値に転換することといってもよいかもしれません。経済的な価値を生み出すためには，戦略が大切です。第IV部では，イノベーションにまつわる企業の戦略について考えていきましょう。

第**12**章

新しさを経済的価値に転換するための戦略

この章を読み進める前に

■ 新しいモノゴトから経済的な価値を生み出している企業を 1 つ取り上
げて，なぜその企業は経済的な価値を生み出すことに成功しているの
かを分析してください。

■ 新しいモノゴトを生み出してはいるけれど，経済的な価値（とくに生
産者余剰）に転換できていない企業はどのような点に課題があるで
しょうか。具体的な事例を分析してください。

　　　　経済的な価値を生み出す上で，企業はどのような点に気
をつけなければいけないのでしょうか。企業がどのように
経済的な価値を生み出すかについては，経営学の戦略論に
おいて議論がされてきました。そのため，基本的なポイン
トについてはぜひとも戦略論のテキストを見てください[1]。
　　ここでは，イノベーションという点に焦点を当てて戦略
を見ていきましょう。イノベーションには，新しさがあり
ます。新しいというのは，まだその新規性の高さに他が追
いついていないということです。新しいモノゴトから経済
的な価値に転換するためには，この時間的な差をどう使う
のかはイノベーションならではの大切なポイントです。

1　生産者余剰を大きくする

　新しいモノゴトが生み出されたとしても（価値創造に成功したとしても），それを経済的な価値に転換できなければイノベーションとなりません。とくに，企業にとって重要なのは，新しいモノゴトを自社の経済的な価値に転換することです。顧客の支払意思を上げる新しい製品やサービスを生み出したとしても，参入障壁が低いと，新規参入が相次ぎ，あっという間に価格競争になってしまいます。価格競争になると，良いものでも安くしなければならなくなります。そうすると，良いものが安く買えるわけですから，消費者が得をするようになります。イノベーションの経済的な成果は，生産者余剰が少なくなり，消費者余剰側が大きくなるわけです（生産者余剰や消費者余剰が何のことか忘れてしまった方は，第1章を読み返し，もう一度ここに戻ってください）。

　あまりに生産者余剰が小さくなる（つまり，企業がイノベーションの成果を獲得できない）と，企業の付加価値も低下してしまいます。付加価値には，利益だけでなく人件費も含まれています。給料が十分に払えなくなってしまいます。また，企業はイノベーションを生み出す主体です。イノベーションを生み出すためには，経営資源を動員する必要があります。つまり，イノベーションのために投資しなければなりません。その投資に配分する内部資金もなくなっていってしまうのです。このように企業と消費者の間には，イノベーションの経済的な成果をめぐる緊張関係があります。ここでは，企業側に立って価値獲得の戦略を考えてみましょう。

2　先行者優位性

　イノベーションの特徴の1つは，新しさにあります。新しくないものは，

1　戦略論については多くのすぐれた本がでています。Barney ［2014］と網倉・新宅［2011］は全体像を把握する上でよいでしょう。ただ，読むのには少し時間が必要です。ざっと戦略について概観したい方は，加藤［2014］がよいでしょう。もう少し時間をとって考えたい人には，沼上［2009］がおすすめです。

そもそもイノベーションと呼びません。その新しさを経済的な価値に転換する上で，企業が考える最も基本的なポイントは，先行者優位性をどのように獲得するかです。先行者優位性（First Mover Advantages）とは，その名の通り，他社に先駆けて参入することによる優位性のことです。先行者優位性が確立できれば，独占的なポジションを構築できます。そのため，先行者優位性を構築できるという期待は，イノベーションに対する投資を促進します[2]。

■ 先行者優位性の源泉

　この先行者優位性とは，早期に参入した企業とその後に参入した企業，あるいは新たに参入を企図する企業との間にある非対称的なコストです。これは，第6章で見たように，参入障壁となるものです。つまり，先行者優位性が強く働くような産業は，参入障壁が高い産業だということもいえます。スタンフォード大学のマービン・リバーマンとデイビッド・モンゴメリーは，先行者優位性の源泉として次の3つを指摘しています[3]。

(1)　技術的なリーダーシップ

　先駆けて新しい市場に参入すれば，他社が参入してくるまでの間，独占的な利益を稼ぐことができます。他社よりも早いスピードでビジネスを展開することで，リードタイムが得られるのです。さらに，他社に先駆けて生産を開始することができれば，学習を積み重ねることができます。その結果，効率的に生産することができるため，平均費用が下がります。これは，経験曲線効果です。経験曲線効果が強く働けば，他社が参入してきた場合でも，コスト面で優位に立つことができます。

　知的財産権による保護も重要な技術的な先行者優位性の源泉です。研究開発で他社に先駆ける技術的な成果が得られた場合には，戦略的な理由がないかぎり，特許などの知的財産権で保護します。当然，1番手の企業は，特許で保護できる範囲をできるだけ広くしようと特許出願を行います。後続企業はなんとか迂回して特許をとろうとするでしょうが，なかなか苦しい戦いです。研究開発費用を回収することもできなくなるかもしれません。この点は

2　Levin et al.［1987］.
3　Lieberman and Montgomery［1988］.

知的財産戦略として重要なので，後で詳しく見ていきます。

(2)　希少資源の占有

他社に先駆けてビジネスを展開することにより，そのビジネスにとって重要であり，なおかつ希少な資源を先に占有できる可能性があります。希少な資源とは，たとえば，石油やレアアースといった天然資源，あるいは良い景観，便利な立地などの場合もあります。流通網であったり，優秀な人材であったりするかもしれません。そのビジネスを展開する上で重要でありなおかつ希少な資源を先行者に占有されてしまうと，後続企業にとっては大きなハンデです。

(3)　スイッチング・コスト

先行者が戦略的に意図していなかったとしても，顧客にとって先行者の製品やサービスは後続の製品やサービスの価格や品質を評価する上での重要な参照点となります。また，先行者の製品やサービスを購入した顧客は，それらを上手く使うために自分自身で工夫を重ねたりします。ローゼンバーグは，これを使用による学習（Learning by Using）と呼びました[4]。顧客が使ううちに慣れてくることもあるでしょう。メンテナンスの仕方を学習したり，どのように補完財と組み合わせるとよいのかも顧客はわかってきます。これらは顧客による学習です。この学習が進むと，顧客のスイッチング・コストが高まります。他社製品に乗り換えると，これまでの学習は無駄になり，もう一度，学習し直さなければならないからです。顧客のスイッチング・コストが高まれば，それは先行者優位性の源泉になります。

■ 参入のタイミングと生存確率

他社に先駆けて新しい市場に参入することによって，その後の生存の可能性が高くなることが知られています。第6章ではドミナント・デザインの成立とその後のシェイクアウトのパターンについて考えました。その分析で，スティーブン・クレッパーらは，どのような企業がこのシェイクアウトを生き残る可能性が高いのかを調べました[5]。

4　Rosenberg [1982b].
5　Klepper and Simons [2005].

■ 図表 12-1：参入のタイミングと生存率 ■

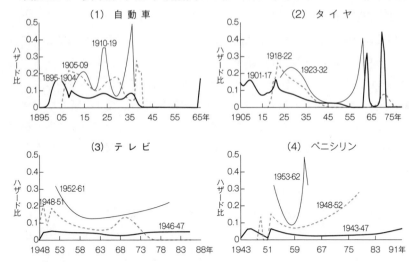

注：曲線に振ってある数字は参入時期。
出所：Klepper and Simons［2005］，p.36，Figure 2 から著者作成。

　図表 12-1 はクレッパーらの分析結果を示したものです。自動車，タイヤ，テレビ，そしてペニシリンの業界の分析であり，横軸は西暦を，縦軸は撤退する可能性（ハザード比）を示したものです。ハザード比が小さい方が，生存する可能性が高くなるということになります。それぞれの図で太い線が最も早期に参入していた企業群であり，線が細くなるにつれて，遅くに参入した企業群になります。シェイクアウトで生き残る可能性が高い（撤退する可能性が一番低い）のは，どの産業を見ても概ね最も早期に参入していた企業群だということがわかります。

　もちろん，この生存率（撤退する可能性）はあくまでも平均的なものですから，遅く参入したとしても，すぐれたパフォーマンスをあげて生き残る企業もあるでしょう。しかし，平均的には遅く参入すると，その後撤退せざるを得ない状況になる可能性が高いことには注意が必要です。

　また，参入のタイミングとその後の企業のパフォーマンスについては，日本企業に関して興味深い発見もされています。産業のライフサイクルとドミナント・デザインを分析したアターバックとスアレスは，日本企業は後発の参入が多く見られる一方で，彼らの生存の確率は必ずしも低くないことを指

┈┈ コラム㉓　「すぐれた」モノがドミナント・デザインに選ばれるわけではない ┈┈

　ドミナント・デザインは重要な先行者優位性の源泉になります。顧客のスイッチング・コストを高めるからです。そのため，自社に有利なドミナント・デザインの形成は企業の競争戦略上，重要なポイントです。だからこそ，企業は他社よりもすぐれた製品やサービスをつくり，多くの顧客に選んでもらおうとするわけです。

　ドミナント・デザインには，すぐれた製品やサービスが必ずしも選択されるわけではありません。もちろん，顧客は無理やり製品やサービスを買わされているわけではありません。品質や価格を検討し，「最適」と思うものを選択しています。それにもかかわらず，すぐれたものが選ばれるとは限らないのです。なぜでしょう。

　これは，顧客の購買に，収穫逓増（Increasing Returns）が作用するからです[6]。収穫逓増とは，その名の通り，収穫（投資から得られる成果）が逓増する（だんだん増えていく）ものです。

　少し具体的な例で考えましょう。有名な例は，キーボードの配列です[7]。皆さん，パソコンのキーボードを思い出してください。キーボードの配列はQWERTYと呼ばれるものではないでしょうか。左上から順番にキーがQWERTYとなっているものです。この配列は19世紀，機械式タイプライター時代に普及したものです。当時のタイプライターでは，タイピストのタイピングが早すぎると，印字棒（タイプ・バー）が絡まって戻らなくなってしまう（ジャムる）ので，キーボードの配列はタイピングのスピードが早くなりすぎないように設計されていました[8]。

　しかし，現在，機械式タイプライターでタイピングをしている人はほとんどいないでしょう。皆さん，コンピューターを使っています。もうジャムる心配もありませんし，QWERTY配列よりもタイピングのスピードが早い「すぐれた」配列もいくつも開発されています。Dvorak配列はその代表例です。それにもかかわらず，依然として，QWERTY配列が選ばれ続けているのです。

　なぜQWERTYは使い続けられるのでしょう。最も大きな理由は，すでに多くの人がそれを使っているからというシンプルなものです。ほとんどのキーボードがQWERTY配列を採用しているために，規模の経済性が働きます。他の配列のキーボードは相対的に高くなりがちです。しかし，価格だけではありません。

　一度QWERTYのキーボードに慣れるために投資したコストは半不可逆的であ

6　収穫逓増やロックイン，経路依存性についてもう一歩踏み込んで考えたい人はまずは，Arthur［1994］を読んでください。

7　David［1985］.

8　ただし，早いタイピングによりタイプバーがジャムってしまうという問題がすべての機械式タイプライターにあったわけではないことには注意してください。

り，ほかに使えるわけでもありません。他のキーボードの配列に慣れるためには，また学習をし直さなければなりません。そのため，他のキーボードに移るスイッチング・コストが高くなります。

　学習はハードウェアと適合的なものであってこそ機能します。Dvorak 配列を自分は学習しても，肝心の Dvorak 配列のキーボードがなければ役に立ちません。技術と技術の間には相互補完関係があるのです。図書館やインターネットカフェ，パソコン教室などにおいてあるキーボードはどれも QWERTY です。多くの人がこの配列を使えば使うほど，自分も同じ配列を使うことの便益が増すのです。

　このように規模の経済性や，半不可逆的な投資，技術の相互補完関係などが組み合わさると収穫逓増が起こり，ロックインが生じます。ロックインとは，ある製品やサービス以外のものに乗り換えるインセンティブがなく，そこから出られない状態です。QWERTY 配列を使う人が増えれば増えるほど，自分が QWERTY 配列へ慣れるための投資（時間やおカネ）の収穫は逓増していきます。これは，正のネットワーク外部性が作用するメカニズムともいえます。

　ブライアン・アーサーらは，歴史上の偶然によって，ある製品やサービス，あるいはシステムにロックインしてしまうと指摘しています[9]。これは，経路依存性（Path Dependency）と呼ばれています。

　技術が相互依存的であればあるほど，変更にかかるコストは大きくなります。AとBという技術が相互依存的であるとすれば，Aに変更があれば，Bも変えなくてはなりません。相互依存的な技術は1つの大きな技術システムとなります。システム全体を変えなくてはならないような変更はさらに難しくなります。たとえば，右側通行のシステムが出来上がっているのに，それを左側通行にしようというのは大変です。

摘しています[10]。この点は，日本の研究者によってたびたび指摘されてきた，日本企業の早期参入の傾向とは逆の発見です[11]。

　アターバックとスアレスらは，日本企業が後発なのに生存確率が低くないことの原因として，日本企業は学習能力が高く，キャッチアップが早いことが原因ではないかと指摘しています。あるいは，日本企業の学習やキャッチアップなどの能力が高いというわけではなく，株式の相互持ち合いなどによって株主からの圧力が比較的緩かったので，低い利益率でも事業を存続し

9 Arthur［1994］.
10 Utterback and Suárez［1993］.
11 たとえば，以下の研究ではアメリカ企業に比べると日本企業は新しい技術領域に早期に参入する傾向があることが指摘されています（Numagami［1996］，新宅［1994］）。

やすかったのかもしれません。日本企業の参入のタイミングとその後のパフォーマンスについてはさらなる実証的な研究がほしいところです。

■ 素早い模倣者の優位性

　先行者優位性を構築することは，「新しさ」を経済的な価値に転換する上で基本的な戦略となります。しかしながら，独占的な利益が存在しそうだという期待が高まると，模倣者がでてきます。新しい製品やサービスが導入されてから，模倣者が参入するまでの期間が短くなってきています。アメリカでは19世紀後半には平均的に33年かかっていたものが，20世紀中頃には3.4年にまで短くなっていることが観察されています[12]。これは，企業の間で，知識や技術の移転が容易になってきたことが主な原因と考えられています。模倣者が多くなると，企業にとってはなかなか新しいモノゴトから経済的な価値を生み出すことが難しくなります。

　さらに，先行者よりも素早い模倣者が大きな経済的な価値を生んでいるのではないかという疑いがでてきたのです[13]。たしかに，グーグルやアマゾン，フェイスブック，アップルあるいは，マイクロソフトも決して先行者ではありません。むしろ，素早い模倣者です。

　先行者優位性ではなく，先行者だからこそ不利な点も存在しているのです[14]。先行者は，新しい市場を開拓するための投資を行わなければいけません。新しい市場ですから，どのようなことが成功するかは事前にはわかりません。そのため，不確実性が高い中で，試行錯誤を繰り返して新しい市場を開拓していくのです。それに対して，先行者がこのコストを負担してくれているので，模倣者たちが直面する不確実性は小さくなります。模倣者は，先行者から学習できるわけです。先行者は，自社の新しい製品やサービスを導入するために，流通網を開拓したり，原材料供給業者を育成したり，補完的な財の供給を用意したりしなくてはいけないこともあります。後発の模倣者は，先行者によって構築されたそれらを活用できるのです。

　また，市場が成長している場合には，後発者であっても，参入できる余地

12　Agarwal and Gort［2001］.

13　井上［2015］は，模倣を通じた学習がさらなる革新に結びつく点を指摘しています。

14　Boulding and Christen［2001］.

はあります。先行者が成長する市場を専有しきれないのです。また，新しい顧客にとっては，スイッチング・コストも存在していません。これは，後発者にとってはチャンスです。もちろん，先行者は，これまで見てきたような先行者優位の源泉を使い，自社の競争優位を確立させ，それをできるだけ持続させようとします。しかし，先行者優位性の源泉が弱くなっていくと，模倣者が経済的な価値を生み出す余地がでてくるのです。ただし，素早い模倣者が競争優位を構築するケースは見られているものの，先行者の優位性の存在も繰り返し観察されています[15]。

3 模倣を防ぐ

　新しいモノゴトを生み出すことができたとしても，それが容易に模倣されてしまっては，企業が経済的な価値を得ることは難しくなります。模倣が多くなると，良いものが安く手に入るようになるので，消費者にとってはありがたいものです。つまり，模倣が多くなると，生産者余剰が減り，消費者余剰が増えるのです（これらについて忘れてしまった人は，第1章に戻ってください）。これは，企業にとっては困ります。経済的な価値を得られにくくなってしまうからです。だからこそ，新しいモノゴトをビジネスにしていくためには，模倣をいかに防ぐかを考えなくてはなりません。模倣を防ぐには，ノウハウなどを秘匿化したり，ビジネス上の参入障壁を築いたり，ブランディングしたりとさまざまな戦略がありえます。この章でこれまで見てきた，先行者優位の源泉は，模倣に対抗する戦略だともいえます。ここでは模倣に対抗する戦略を，知的財産戦略に焦点を当てながらもう少し考えていきましょう。

■ 4つの知的財産権
　自社で新しいモノゴトを生み出した場合，それを模倣されないようにすることを企業は考えなくてはなりません。新しいモノゴトがすぐれたものであればあるほど，他社が真似したくなるのは当然です。

---

15 VanderWerf and Mahon [1997].

そこで，最初に考えるのは，新しいモノゴトを知的財産権で守れないかというポイントです[16]。知的財産権とは，知的な生産物に対する所有権です。企業の活動に関する知的財産権で，とくに重要性の高いものとしては，①特許権，②実用新案権，③意匠権，④商標権があります。クルマを例に考えてみましょう（図表12-2）。

特許権は，この4つの知的財産権の中でも，イノベーションに関連が深いものです。自然法則を利用した技術的思想の創作のうち高度なものが対象です。新規性と進歩性があることが求められます。また，第2章でも見たように，自然法則の発見や，文章や数式，絵などで説明できないノウハウのようなものは，特許化することはできません。

実用新案権の対象は，特許権と似ていますが，物品の形状，構造，または組み合わせに係るものです。形状や構造などに係るものなので，製造の方法に係るものなどは対象ではありません。また，特許と比べると，技術的に高度なものでなくても構いません。現在の日本の特許庁の場合には，出願日から特許権は20年間，実用新案権は10年間，その発明の排他的な利用が認められています。

意匠権は，物品の形状や模様，色彩，あるいはこれらの組み合わせであり，視覚を通じて美感を起こさせるものが対象です。簡単にいえば，製品のデザインです。せっかく良いデザインを生み出したとしても，それが真似されてもらっては困るので，意匠権で保護するのです。出願日から25年間が意匠権の存続期間です。

商標権は，自社が取り扱う製品やサービスを他社のものと区別するためのマークやネーミングを対象としています。あるブランドが人気になったからといって，同じブランド・マークが他社に使われてしまうと困ります。商標権の存続期間は，登録日から10年です。存続期間は申請すれば延長することができます。

16　知的財産権についての戦略については，さまざまな解説書がでていますが，まずは米山・渡部［2004］が「もう少し詳しく」の最初の一歩として読みやすくおすすめです。

■ 図表 12-2：4 つの知的財産権

	特許権	実用新案権	意匠権	商標権
対象	自然法則を利用した技術的思想の創作のうち高度のもの	自然法則を利用した技術的思想の創作であり，物品の形状，構造または組み合わせに係るもの	物品の形状，模様もしくは色彩，またはこれらの結合であり，視覚を通じて美感を起こさせるもの	自社の取り扱う商品・サービスを他社のものと区別するために使用するマークやネーミング
存続期間	出願日から 20 年	出願日から 10 年	出願日から 25 年	登録日から 10 年
例	エンジンの新しい機構	お尻が痛くならないシートのかたち	車両のデザイン	ブランドマーク

出所：著者作成。

■ 特許化せずに社内に秘匿化する

　具体的な知的財産権についての戦略を見ていきましょう。ここでは，新規性が重要な要件になっており，イノベーションに最も関連性が大きい特許を中心に見ていきましょう。

　研究開発で新しいモノゴトが生み出せ，しかも，それが特許化できるような新規性と進歩性を持っている場合には，特許をとるかどうかという選択があります。「せっかく投資をしたのだから，特許化するという一択じゃないの」と思う人も多いでしょう。そうですよね。たしかに，知的財産権で保護できるものは，保護して，模倣を防ぐことが基本的な戦略になります。

　しかし，戦略的に特許にしない選択もあります。特許はその技術内容の公開を条件として付与されるものです。新しく生み出した技術が広く社会に公開されるわけです。これによって，社会的には二重投資を回避することが可能になりますし，次の研究開発の大切なインプットともなります。しかし，企業にとっては，できれば公開してほしくないものです。自社が行ってきた研究開発の技術内容に誰でもアクセスできるようになるからです。ライバル企業が，その特許を上手く迂回するような類似の技術を開発してしまうかもしれません。技術を発明した人物も特許を見れば特定できますから，優秀な発明者を引き抜かれてしまうかもしれません。公開された技術内容から，ビ

ジネスの戦略も見えてきてしまうかもしれません。だからこそ，生み出した技術が特許化できるものであったとしても，戦略的に特許をとらない選択もありえます。

　この戦略にはリスクもあります。特許は先願主義ですから，いくら先に発明していたとしても，先に出願した方が優先されます。特許として出願せずに，社内に秘匿化していた場合，同じ技術を開発した企業によって，先に出願されてしまうリスクがあります。もちろん，常に状況をモニタリングし，ほかに同様の技術開発をしているという情報が入った段階で，特許を出願するという戦略もあります。しかし，外部の研究開発を完全にモニタリングすることは実質的にはできませんから，絶対に他の企業に出し抜かれない保証はありません。同様の技術を開発している企業がないと判断すれば，このリスクをとり，社内に技術を秘匿化しておくことも合理的な戦略的選択になります。

■ 特許をとり，排他的に実施する

　新しく生み出した技術で，特許をとれれば，それを一定期間排他的に実施する権利が付与されます。他社が同じ技術を開発しても特許をとることはできません。特許をとれば，その技術を知的財産として守れるわけです。しかし，これで一件落着ではありません。

　企業としては，特許で守るだけでなく，その新しいビジネスを経済的な価値に転換していくことが大切です。そこでは，大きくは，①その技術を自社で排他的に実施する，あるいは，②その技術を自社で排他的に実施しないという2つの選択があります。

　①の自社で特許化した技術を排他的に実施していくという選択は，知的財産権で自社が生み出した技術を守るという一般的なイメージに近いものでしょう。他社（他者も）がこっそりと同じ技術を使っていることが判明した場合には，それを排除することができます。自社だけで排他的にその技術を使い，経済的な価値を生み出していく戦略にとって重要なポイントは補完財です（補完財は次節でも大切なポイントとして出てきます）。たとえば，クルマの新しいエンジンの機構を開発して，それの特許をとったとしましょう。この新しい技術を使って，実際にビジネスを展開するためには，生産設備が必

要です。また，そのエンジンを搭載するクルマがなくてはなりませんし，販売網も必要です。ブランドも必要かもしれません。このように補完財がなければ，いくら良い技術を新しく開発し，特許をとり，自社だけで排他的にその技術を実施したとしても，ビジネスとして経済的な価値を享受することはできません。反対に，補完財が自社にある場合（あるいは，補完財の調達を自社で安価にできる場合）には，排他的に特許を実施していく戦略が合理的になります。その場合には，自社の特許に抵触しているケースがあれば，徹底的に訴え，排除していくというシグナルをライバル企業に送り続けることは重要です。

■ 特許をとり，他社に実施権を供与する

　排他的に使うだけが，特許の戦略ではありません。②特許をとった上で，その技術の使用権を他社に提供するということも戦略的な選択肢です。具体的には特許のライセンシングや譲渡です。

　ライセンシングとは，契約によってその特許の実施を許諾するものです。個別に結ばれる契約ですから，誰に対して，どのような条件（価格や期間など）で許諾するのかなどは，さまざまな形態があります。

　自社のビジネスの補完財を供給する企業に限って，ライセンシングするという選択もあるでしょう。あるいは，自社の販売網が未整備の地域の企業に限って，ライセンシングするという選択もあります。このような選択的ライセンシングは，自社が排他的に当該特許を実施していくという戦略と，他社に実施権を許諾するという戦略のハイブリッドとして行われています。

　また，あまり選択的ではなく，できるだけ多くの企業にライセンシングを行う選択もあります。自社だけで排他的にその技術を使用していくということは，参入障壁を上げることになります。これでは，他社はなかなかその市場に入ってこられません。その結果，市場が拡大しないこともあります。そこで，市場を拡大させるために，特許のライセンシングを積極的に行う戦略がとられることもあります。その場合，できるだけ多くの企業にライセンシングすることが大切になります。そのためには，ライセンシングの対価も低くする（無償など）ことも市場を拡大する上では重要になります。

　自社ではその特許を実施せずに，ライセンシングだけを行う戦略もありま

す。自社でその特許は実施しないというのは，自社でその技術を使った製品
化をしないということです。自社で製品化はしないのですが，その技術が必
要な企業に特許のライセンシングを行い，その対価で稼ぐ戦略です。この戦
略をとる場合，企業は補完財を自社で供給する体制や安価に調達する体制を
構築する必要はありません。知的財産権で直接的に稼ぐのです。

　このように，ライセンシングを与える企業の選択やライセンシングの条件
などの決定は，非常に戦略的なものとなります[17]。また，他社に実施権を与
える方法は，ライセンシングだけではありません。特許を譲渡することもで
きます。有償で譲渡する場合には，売買契約となります。ライセンシングが
自社に技術の排他的な実施権を残しながら，他社にも実施を許諾するもので
あるのに対して，売却は排他的な実施権自体を売るものです。そのため，特
許を売却した後には，その特許に対してどこの企業にどのような条件でライ
センシングするかなどについての意思決定にかかわることはできません。

　特許のライセンシングは，研究開発の成果としてとられた特許についての
契約だけではありません。研究開発を行う前に，その成果から得られるであ
ろう成果をライセンシング（あるいは権利の譲渡）することを契約しておく
こともあります。研究開発が行われたのちに，その成果である特許に対する
ライセンシングが事後的なライセンシングであるのに対して，研究開発を行
う前のものは事前的ライセンシングと呼ばれています。事前的なライセンシ
ングは，外部の組織に対して研究開発費の提供を行う場合に用いられること
が一般的です。すでに特許として成立している技術だけでなく，まだ研究開
発が行われていないけれど有望なプロジェクトにまで探索を広げているので
す。

4　新しさを自社のビジネスとして実装できるのか

　自社で生み出した新しいモノゴトを自社のビジネスとして展開できるかど
うかは企業にとって切実なポイントです。どのような条件があれば，自社で

17　そのため，ライセンスに関する情報は企業機密のことが一般的であり，情報も公開
　されていないためなかなか実証的な分析が難しいところです。

〜 **コラム㉔　パテント・プール** 〜〜〜〜〜〜〜〜〜〜〜〜〜〜〜〜〜〜〜〜〜〜〜〜〜〜〜

　1つの特許で，1つの製品がつくられることはほとんどありません。もちろん，すでに特許の存続期間が切れていて，今，この製品を構成する技術で有効な特許は1つだけということはあります。しかし，製品が複雑なものになってくれば，複数の技術によって構成されるようになってきます。自動車やコンピューター，エレクトロニクス製品はいうまでもなく，自転車やボールペンなども複数の特許で構成されています。もはや，1つの技術で構成されている製品を見つける方が難しいぐらいです。

　製品が多くの技術で構成されるようになると，困ったことが起こります。誰も製品がつくれなくなってしまう可能性があるのです。たとえば，コンピューターを考えてみましょう。コンピューターをつくろうと思ったら，さまざまな技術が必要です。当然，たくさんの種類の特許が必要です。コンピューターを構成するのに必要な特許のすべてを自社で保有している場合には問題はないのですが，複雑な製品の場合にはそのようなケースは実質的にはありません。コンピューターを構成する特許は，複数の企業によってバラバラに持たれているのです。このような場合，コンピューターを生産しようとすれば，特許を持っているすべての企業と交渉し，すべての企業から特許によって守られている技術の実施の許諾を受けるか，すべての企業から特許を買い集めなければなりません。もしも，1社でも拒否するところがあれば，コンピューターはつくれないのです。これでは，複数の技術で構成される複雑な製品を開発しようとするインセンティブも小さくなってしまいます。1つでも必要な特許を他社にとられると，それまでの投資が回収できなくなる可能性があるからです。

　そこで，ある製品を成立させるために絶対に必要となる特許を集めようということになったのです。特許を管理する目的で設立された組織に，必要な特許を持っている企業が，それぞれ所有している特許や特許のライセンスを供与する権利を付与します。特許を管理する組織を設立して，特許（パテント）を共同で管理（プール）するので，パテント・プールと呼ばれています。特許を管理する組織は，もともと特許を持っていた企業だけでなく，第三者にも，必要な特許を束ねてライセンシングをします。特許の共同管理会社は，非差別的に特許権の束としてライセンスを付与するのです。このことにより，多くの企業によって製品化のために必要な特許が分断的に保有されている際に起こる交渉の問題を解決しています。当該製品をつくろうとする企業がいちいち必要な特許の権利者のすべてと交渉する必要がなくなるのです。

　「それは独占的な組織をつくるということだから，競争を制限し，社会的な厚生を阻害してしまうのでは」と考える人もいるかもしれません。たしかに，市場で競争している企業と比べると，独占的な企業の製品の価格は高く，生産量は小さくなります。これにより社会的厚生の損失が生じます。

　パテント・プールがない場合には，企業はそれぞれ必要な特許を所有している

企業とライセンシングや譲渡の交渉をしなければなりません。特許は，その技術の排他的な実施権ですから，その技術についての（一定期間の）独占です。個別で，複数の企業と交渉していると，その交渉すべてにおいて独占価格を支払うことになってしまいます。独占的な価格設定が複数の段階で積み上がり，その結果，社会的な厚生の損失が複数の段階で起こってしまうのです。これは二重限界性（Double Marginalization）と呼ばれています。それよりは，独占的な企業を1社つくり，そこが独占的な価格を設定する方が最終的にライセンス料は低く収まるのです[18]。

　業界団体が，製品化のために必ず必要になる特許を標準必須特許（Standard Essential Patent）として認定する場合もあります。その上で，業界団体がその標準必須特許を保有している企業に対して，ライセンスを行う際に，公平で，合理的でなおかつ非差別的に行うべきであると勧告することもあります。これは，FRAND（Fair, Reasonable And Non-Discriminatory）宣言と呼ばれています。もちろん，この宣言がなされたとしても，実際のライセンシングが公平，合理的，そして非差別的に行われるかを担保するものではありません。また，FRAND宣言される特許は，その製品化のために必須となるものであり，技術的に重要性の高いものだといえるでしょう。だからこそ，そのような技術を開発した企業に対する合理的な報酬と産業全体の効率性のバランスが重要なポイントとなってきます。

ビジネスとして展開できるでしょうか。この点は，カリフォルニア大学バークレー校のデビッド・ティースがわかりやすくまとめてくれています[19]。

■ 補完的な財

　社内で新しいモノゴトが生み出せたとしても，それをビジネスにするためには，さまざまな経営資源が必要です。生産設備や販売網，アフター・サービスなどが必要なこともあるでしょう。あるいは，ブランドや原材料供給者とのネットワークあるいは信頼といった無形資産が必要になることもあります。これらは，新しいモノゴトをビジネスにする上で必要な補完的な財です。

　自社が生み出した新しいモノゴトをビジネスとして実装していく上で，補完的な財が何も必要ない場合，しかも，先行者優位性の源泉が確保できる場

18　Shapiro [2000].
19　Teece [1986].

合には，できるだけ早くにビジネスとして展開することが合理的です。また，補完的な財は必要なのだけれども，その財の提供体制が社内にある場合にも，先行者優位性の源泉を確保できそうな時には，早くにビジネスを展開することが合理的です。補完的な財を提供する能力を有していれば，新しいモノゴトの提供自体で収益を得なくても，補完的な財を利用して収益化を図ることができます。たとえば，プリンターのインクカートリッジは，プリンターの収益化の上では欠かせない補完財です。プリンターの販売だけで収益化を図るのではなく，インクカートリッジを含めて利益を上げることができます。

　もしも，新しいモノゴトをビジネスとして展開する上で，補完財が必要だけれど，それを社内に有していない場合には，すぐにビジネスとして展開することはやや難しくなります。補完財へどうアクセスするかを考えないといけません。

　補完財が標準化されたものであり，アクセスが容易な場合（つまり，取引費用が小さい場合）には，あまり問題はありません。その財を市場から調達すればよいのです。しかし，補完財が差別化の程度が高い特殊なものであると，市場からの調達が難しくなります。

　市場から調達することが容易でない場合には，基本的な戦略としては3つです。1つめは，自社でその補完財の供給体制を構築するというものです。垂直統合です。これには投資が必要ですし，時間もかかるかもしれません。しかし，垂直統合することにより，補完財の供給を自社の指揮命令系統の中でコントロールすることができます。

　2つめは，補完財を提供している企業と交渉し，排他的に供給を受ける契約を結ぶことです。これは，補完財の模倣困難性が高い場合には有効です。模倣が容易な場合には，補完財の提供が超過利益を生み出すという期待があると，模倣者が現れるはずです。そのため，わざわざ排他的な契約を結ぶ合理性は低くなります。

　3つめは，自社の新しい製品やサービスに対する補完的な財を提供してくれる企業を増やすという戦略です。補完的な財を標準化したり，特許を無償でライセンシングしたりすることにより，参入障壁を下げて，参入企業を増やします。補完財を市場から調達することを容易にする戦略といえます。参入企業が増えて，競争が激しくなれば，良いものが安くなります。その結果

として，市場全体が拡大することも見込めます。

■ 補完財を売るのか売らないのか問題

最後に，少し違う角度から，もう少し補完財について掘り下げてみましょう。ここで考える補完財とは，自社の製品やサービスの半製品（原材料も含む）です。たとえば，自社の製品やサービスの品質にとって重要な半製品のことを想像してください。デジタルカメラにとってのレンズやセンサー，クルマにとっての自動運転システム，あるいはエアコンにおけるインバーターなどです。もしも，社内でつくっている半製品の質がとてもすぐれていたり，かなり低価格で生産できていたりする場合には，それは自社の製品やサービスの競争力に大きく貢献してくれます。

しかし，質の高いあるいは価格競争力のある半製品は，どこの企業も欲しがるはずです。それを外販すれば，高い収益を稼げる可能性があるのです。自分の社内の経営資源で経済的な価値をもたらすものであれば，どんどん売ったら良いじゃないかとも考えられます。しかしながら，それほど単純な話ではありません。戦略的に考える必要があります[20]。

半製品を外部に販売することの一番のメリットは，売上高が増えるということでしょう。競争力のある半製品の場合には，利益率の向上も見込めます。これは，半製品を担当している部門にとっては非常に魅力的です。

最終製品市場の競争が激しく，高い利益率を上げることが難しいと予想される場合などは，最終製品から完全に撤退して，半製品を自社のビジネスとして本格展開するということも考えられます[21]。自社以外にも外販するので，規模の経済性を活かした生産が期待できます（量産効果）。また，それまでのライバル企業（同業他社）を自社の顧客に転換できます。自社以外にも販売するということは，さまざまな顧客にアクセスできるということになります。社内の顧客だけでなく，多様な顧客からフィードバックを得ることができるようになるので，それを製品やサービスの開発に活かすことができます（学習効果）。

---

20 これは，sell or not sell とも呼ばれています（延岡［2006］，榊原［2005］）。
21 これを戦略的に行ったケースとしては，丸山・清水［2013］があります。

　半製品の品質が良かったり，価格競争力がある場合には，半製品を売れば高い利益率を達成できます。しかし，それによって自社の最終製品の競争力が下がってしまう可能性があります。これは，真剣に考慮しなければならないポイントです。

　自社の最終製品の競争力が社内から調達していた半製品に依存していることもよくあります。半製品を外販すれば，最終製品市場で競合となる他社もその魅力的な半製品を調達できるようになります。

　複数のライバル企業がその半製品を調達できるとすれば，自社の最終製品の競争力の源泉が失われてしまうということになります。もちろん，半製品を外販するタイミングを遅らせる（社内の顧客の方を優先する）こともできるでしょうし，外販する半製品の価格を社内向けよりも高く設定することもできるでしょう。しかし，それでは顧客に対する魅力は薄れます。外販の意味が小さくなってしまいます。

　最終製品のビジネスを優先するのか，あるいは半製品もビジネスとして展開するのかは，社内の部門の評価システムが影響します。部門ごとに細かく独立採算に近い管理会計制度が用いられている場合には，半製品を生産している部門は，それが魅力的な半製品であればあるほど，当然，外販するインセンティブは高まります。外販先の顧客の方が社内の顧客（最終製品の部門）よりも高い価格で購入してくれる場合は，社内の顧客よりも外販先の顧客を優先させたいでしょう。最終製品の部門からすると，そのような魅力的な半製品を外販してもらっては困ります。半製品部門の外販には反対するでしょう。

　このような意思決定はより階層の高いトップマネジメントによる調整が必要なところです。しかし，トップマネジメントが戦略的ではなく，目の前の業績を上げることにばかり熱心な場合には，外販への意思決定が安易にされてしまいます。

5　変化する戦略

　本章では新しさを経済的価値に転換していく上で重要な戦略について見てきました。戦略的なポイントは，第3章で見てきたイノベーションのパター

~~ コラム㉕　新しすぎるという問題 ~~~~~~~~~~~~~~~~~~~~~~~~~~~~~~

　よく「新しすぎた」,「早すぎた」とか「時代がついてこなかった」と言われる
ことがあります。たとえば, 水洗トイレは1596年にはジョン・ハリントンが
発明していましたが, 当時は下水管や処理システムはありませんでした。空気入
りのタイヤは, 1840年代にロバート・ウィリアム・トムスンにより構想されて
いましたが, 自動車は当然まだ走っていません。暗号通貨のアイディアは1982
年にすでにあり, DigiCashというスタートアップが実用化しようとしていまし
た。

　新しすぎて, 失敗に終わったケースはたくさんあります。なぜ, 新規性が高す
ぎるとダメなのでしょうか。これは, 補完的な財が整備されないからです。

　自動車にとっては, 道路は重要な補完財です。いくら品質の良い自動車ができ
たとしても, 道路がなければ, 消費者が享受できる価値は限られたものになって
しまいます。実際に, 1908年にT型フォードが発売された当時は, まだ道路が
十分に整備されていなかったのです。州をまたぐ基幹道路はとくに未整備でした。
長距離の移動は鉄道が担っていたのです。そのため, 自動車メーカーや部品メー
カーなどは1913年にリンカーン・ハイウェイ協会を設立し, 長距離の高速道
路の建設を進めていきました。道路が整備されていくと, 自動車の価値がさらに
上がるのです。

　冷凍食品が価値を持つのは, 家庭の冷凍庫まで温度を保ち食品を運ぶコール
ド・チェーンと呼ばれるサプライ・チェーンが整備されているからです。スマー
トフォンが価値を持つのは, 大量の情報をやりとりできる通信網が整備されてい
るからです。

　新しい製品やサービスの新規性が高ければ高いほど, 補完財がないことがあり
ます。補完財がなければ, いくら新規性が高くても, 消費者は価値を享受できま
せん。しかし, 新しい製品やサービスが, さまざまな補完財を前提とする場合,
補完財の整備には大きな投資が必要です。さらに, その補完財は後発の模倣者に
とっても利用可能なものになってしまう可能性が大きいのです。補完財がなけれ
ば, 自社が生み出した新しい製品やサービスの価値は高まりません。しかし, 補
完財を整備するためには大きな投資が必要であり, その補完財は後発企業の参入
を容易にしてしまう可能性があります。だからこそ, 新しいモノゴトをビジネス
として展開していこうと考える先発企業にとっては, 補完財をどのように整備し
ていくかというのは戦略的に重要なポイントとなります。

ンや第6章の産業のライフサイクルなどによっても変わります。

　産業のライフサイクルを例に見てみましょう。図表12-3は, 第6章で見
たように企業の数の推移を表したものです。図表12-3のようにドミナン
ト・デザインの成立によって, 企業数はピークになり, その後, 企業の新規

参入は減り，撤退する企業の数が増えます。この産業のライフサイクルでもイノベーションをめぐる戦略は変わります。

　ドミナント・デザインがまだ成立していない段階では，自社にできるだけ有利なドミナント・デザインを成立させることが，企業の基本的な戦略になります。自社にとって不利なドミナント・デザインが成立してしまうことは避けたいところです。そのために，価格を安くしたり（タダにしたり，あるいはお金を払うことすらあります），参入障壁を下げて補完的な製品やサービスの供給業者の参入を促したり，標準化のためのロビー活動をすることもあるでしょう。

　また，この時期には，できるだけ早期に参入することも戦略的に重要になります。早期に参入していた企業のその後の生存確率は高いことがわかっています。早期に参入できれば，先行者優位性を構築することも可能です。ただ，あまりに先行者優位性を早い段階で確立させ，収益化を進めると，自社に有利なドミナント・デザインを成立させにくくなってしまうかもしれません。他の企業が追随しにくくなるからです。ここにはジレンマがあります。

　ドミナント・デザインが成立した後に，ドミナント・デザインが成立する前のような戦略をとっても効果は出にくいでしょう。顧客や供給業者などにすでにスイッチング・コストが発生している可能性が高いからです。ドミナント・デザインが成立した後には，企業の競争は同質的なものになってきます。そのため，プロセス・イノベーションが中心になります。効率的な生産体制を構築したり，規模の経済性や経験曲線効果を活かしたりすることが重要になります。ここでの競争に勝ち残っていると，企業数が減少してくるため，寡占的，あるいは独占的な市場となり大きな利益が期待できます。

6　本章のまとめ

　この章では，「新しさ」をどのように経済的な価値につなげていくのかについて考えてきました。新しいモノゴトを生み出した（あるいはいち早く新しさにアクセスした）企業にとっては，最初に考えるポイントは，先行者優位性です。先行者優位性は，先発企業と後発企業の間の非対称なコストです。これを構築できるかどうかは，「新しさ」を経済的な価値に転換できるかど

■■ 図表 12-3：産業のライフサイクルとドミナント・デザインの成立 ■■■■■■■

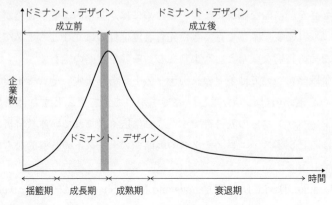

出所：著者作成。

うかの分かれ道の1つです。先行者優位性がしっかりと構築できない場合には，素早い模倣者が経済的な価値を生み出す余地が生まれます。

　また，模倣を防ぐ戦略について，知的財産権（とくに特許について）の戦略を中心に考えてきました。新しいモノゴトを生み出すことも簡単ではないのですが，新しいモノゴトを生み出すことに成功したとしても，それがすぐれたものであればあるほど，他社は模倣しようと考えます。だからこそ，新しいモノゴトを生み出して，それを市場に導入すれば経済的な価値が生み出せるというほど単純ではないのです。新しいモノゴトを自社のビジネスとして展開していくためには補完財が重要な役割を担うという点も考えてきました。

　第5節の最後にふれたように，これらの戦略はイノベーションの段階とともに変化します。先行者優位性を確立することが重要になるのは，当然，新しいモノゴトが生み出されてから（あるいはその前から）すぐです。模倣を防ぐ戦略も最初から大切になります。それと同時に，自社に有利なドミナント・デザインを構築するのも大切です。ここに難しさがあります。また，ドミナント・デザインが成立した後は，補完的な財や供給曲線を押し下げるようなプロセスのイノベーションが経済的な価値を生み出す上で重要になってきます。

もう一歩詳しく知るためのリーディング

　新しさを経済的な価値に転換するためには，基本的な競争戦略がとても大切になります。本章で見てきた先行者優位性の確立などもイノベーションのための特別な戦略というよりもむしろ競争戦略の定石です。

　競争戦略については多くの良いテキストがあります。そこで1冊だけおすすめを選ぶのはとても難しいのですが，あえて選ぶとすればこのデイビッド・ベサンコらの教科書です。これは広く読まれている教科書であり，いわゆるビジネス・エコノミクスの戦略面のテキストの基盤的なものといえるでしょう。

⇨ Besanko, David, David Dranove and Mark Shanley [2000], *Economics of Strategy* (2nd ed.), John Wiley & Sons.（奥村昭博・大林厚臣監訳『戦略の経済学』ダイヤモンド社，2002 年）

　基本的なテキストをおさえた上で，イノベーションという観点からの戦略をもう一歩踏み込んで考えたいという人には，この本をおすすめします。統合型企業のジレンマという戦略的に重要な視点もあります。

⇨ 榊原清則 [2005]，『イノベーションの収益化：技術経営の課題と分析』有斐閣。

第13章

どこまでを自社でやるのか？

■ この章を読み進める前に

■ 垂直統合の程度が高い企業と，低い企業では，生み出すイノベーションの傾向にどのような違いが出るでしょうか。

■ なぜ，そのような違いがでるのかの論理を考えてみてください。

　前章で見たように，新しさを自社にとっての経済的な価値に転換するためには，補完財が大切です。しかし，すべての補完的な財を自社で用意するのは実質的に無理です。そのため，どこからどこまでを自社で行うのかについて考えなくてはいけません。

　自社でつくるか，市場から調達するかというのは，企業の大きさについての決定です。企業の大きさというと，資本金や売上高，あるいは従業員数などの規模をイメージするかもしれません。しかし，ここでの大きさとは，企業の範囲です。どこからどこまでを自社のビジネスとして内製し，どこからは市場で調達するのかです。ビジネスの範囲の設定ですから，本書で考えてきている新しいモノゴトを生み出し，それを経済的な価値に転換していくという点に関するものでなくても，企業の最も基本的であり，なおかつ重要なポイントです。そのため，まずは，企業の範囲についての基本を考えた上で，イノベーションに影響が大きいポイントに移っていきましょう。

1　企業の範囲は何で決まるのか

あなたが，ハンバーガー店を始めることをイメージしてください。どこからどこまでを自分のビジネスとして内製化しますか。ハンバーガーをつくるのには，牛肉やトマト，チーズ，レタスなどの原材料が必要です。調理設備もいりますし，サイドメニューのためのフライドポテトの材料や飲み物もほしいところです。ハンバーガーをつくる人，注文をとったり，料理を出したりする人も必要です。店をオープンするための場所も必要です。このようにいろいろなものが必要です。

バンズはどうするでしょうか。「バンズは買ってくる」という人が多いのではないでしょうか。自分でバンズをつくるには製造設備も必要だし，そもそも買ってくる方が安い（しかも多分美味しい）と考えるわけです。もちろん，「バンズに徹底的にこだわったハンバーガーをつくりたい」と思う人は，自分でバンズはつくるかもしれません。

バンズは買ってくる方が良いと考えた場合でも，もしも，調達できるバンズの大きさや品質，あるいは価格がいつもバラバラだったらどうでしょうか。あるいは，信頼できるパン屋さんを探すのに大きなコストがかかったりする場合はどうでしょう。このような場合には，「しょうがないからバンズも自分でつくる」となります。

企業の範囲は，基本的には取引費用で決まります[1]。取引を行うためには，どのような取引相手がいるのか，その取引相手は信用できるのか，取引をしようとしている財の品質は適切なのか，価格は妥当なのか，もしも品質に問題があったときにはアフター・サービスは対応してくれそうなのかなどいろいろなことを調べる必要があります。契約したあとも，それがきちんと履行されるかをモニタリングしなければならないこともあるでしょう。これらには当然，コストがかかります。これが本書でもたびたび出てきた取引費用です。

取引費用が高くなると，企業はそのビジネスを社内に取り込みます。取引

---

[1]　Coase［1937］.

や財の性質が複雑であったり，不確実性が高かったりする場合には，取引コストは高くなります。取引費用が高い財の典型は，技術です。他社が開発した生産技術を市場から調達し，自社に導入するとしましょう。技術の新規性が高ければ高いほど，差別化技術であればあるほど，取引費用は高くなります。本当にその技術を自社に導入して上手く動くのか，必要なノウハウはあるのか，信頼できる取引相手なのか，価格は適切なのかなどを調べるのに大きなコストがかかります。そのため，必要な時に市場から技術を導入するのではなく，自ら研究開発を行っている企業が多いのです。取引を市場から企業内へと内部化しているのです。

歴史的に見ると，垂直統合の程度の高い企業は，経済の成長に，取引費用を下げる制度の整備が追いつかないという状況で発生してきました[2]。19世紀末のアメリカや高度経済成長期の日本などがその典型です。経済が成長している時には，さまざまなところでビジネス機会が発生します。それを追求するために必要な財を調達しようと思っても，取引費用が高い場合（つまり，取引相手を見つけるのが大変だったり，品質の評価が難しかったり，契約の履行をモニタリングしたりするコストが高い場合），その財の取引を社内に内部化するのです。つまり，自分の会社でつくってしまおうというわけです。

取引費用を下げる制度整備は徐々に経済成長に追いついてきます。度量衡が定められたり，商法がきちんと整備されたり，あるいは訴訟のコストが低くなったりすることで取引費用は下がっていきます。取引費用は制度だけでなく，取引しようと考える財の性質にも依存しています。その財が，新規性が高いものであったり，複雑なものであったりする場合は，取引費用は高くなります。それでも，正確な情報の流れが早くなったり，標準化がなされるようになると取引費用は低減します。そうすると，わざわざ多くの取引を社内に内部化しておく合理性がなくなります。その結果，企業はそれまでに内部化していた取引を外部に出し，市場から調達し始めます。垂直統合の程度は小さくなっていくのです。

取引費用が低下してくると，市場での取引が多くなります。企業にとっては，市場から調達できるものが増え，わざわざ多くの取引を社内に内部化し

2　この点については，Chandler［1977］，Langlois［2007］を参照してください。

ておく必要がなくなってくるのです。

　取引費用は，企業の範囲を大きく規定するのですが，もちろん，それだけ
で企業の範囲が完全に決まっているわけではありません。企業がどれだけ効
率的にマネジメントできるのかにも依存します。企業内部に取り入れた取引
を効率的に管理できなければ，いくら取引費用が高かったとしても，垂直統
合の程度を高めることはコストがかかってしまうばかりです。その反対に，
マネジメントが効率的であった場合には，より多くの取引を社内に取り入れ
うるのです。

　また，企業はどこまでを自社で内製化するかについての決定をもう少し戦
略的に行っています（全然戦略的に行っていない企業もあるのですが）。自社で
製品やサービスを生み出していく時に必要な要素（原材料や部品，あるいは
サービスなど）を企業で内製化するか，あるいは市場から調達するかは，企
業のイノベーション（もう少し正確にいえば，イノベーションの結果としてどれ
だけ生産者余剰を確保できるか）に影響を与えるからです。垂直統合の程度の
イノベーションへの影響は第8章で見てきました。ここでは違う角度から戦
略に焦点を当てて見ていきましょう。最初のポイントはタイミングです。

2　内部化・外部化のタイミングの戦略性

　企業がある財を内部化するか，外部から調達するかは，前節で見たように
基本的には，取引費用と管理コストのバランスで決まっています。しかし，
少し指摘したように，企業はもう少し戦略的に垂直統合の程度についての意
思決定をしています。垂直統合の戦略性については，これまでも経営学や経
済学のすぐれたテキストにおいて整理がされています[3]。垂直統合の基本に
ついては，それらのテキストを見ていただいて，ここではイノベーションの
ための戦略との関連が深い点を考えていきましょう。それは，自社のビジネ
スに重要な補完財の内部化のタイミングについてです。大切なポイントは，
将来のさらなる技術進歩の可能性です。

3　たとえば，網倉・新宅［2011］の第12章や，Milgrom and Roberts［1992］の第16
　章などがおすすめです。

■ さらなる技術革新への期待と遅れる普及

　身近な例から考えてみましょう。お年玉の使いみちは，小学生たちにとって最重要懸案事項の1つです。おもちゃ屋のチラシや友だちの意見などを通じて（本人なりに）慎重に検討を重ねて，とうとうあるゲーム機を買おうと12月には決心していたとしましょう。あとはお年玉が予定通りくることを首を長くして待つばかりです。

　そのような時に，お目当てのゲーム機の有望なライバル企業から，「3月には新機種を発売します！」という宣伝が飛び込んできました。あなたなら，どうするでしょうか。子どもはもう心に決めていたゲーム機を買う気満々ですし，3月までは到底待てそうにありません。しかし，もしも，新しいゲーム機の方が良かったら，きっと後悔するでしょう。予算も限られています。保護者としては，2台もゲーム機を買いたくはありません。「早まるな！」，「3月まで待ってから決めたら？」とどうにか説得するでしょう。

　すぐに使い終わってしまうような消費財の場合には問題ありません。来年になれば新しい書き味のより良いボールペンが発売されることがわかっていたとしても，今年はボールペンを買わずに，節約して使い，来年に新しいボールペンを買おうと考える人はそれほどいないでしょう。しかし，比較的長い間使う耐久消費財の場合は違います。クルマや太陽光発電のパネルなどは長い間使うものです。そのような場合には，慎重に選びます。さらなる技術革新がありそうだと思えば，消費者は買い控えるのです[4]。企業が調達する資本財になってくると，もっとシビアです。最新技術に下手に飛びついて，それを社内に取り入れてしまうと，あっという間に陳腐化してしまう可能性があります。

　技術がどんどん進歩している（より正確には，さらなる技術進歩が予想される）時には，買い控えが起こり，技術はなかなか普及が進まないというジレンマがあるのです。これは，スタンフォード大学のネイサン・ローゼンバーグが指摘したものです[5]。市場での競争が十分に激しく，技術進歩の余地が

---

[4]　企業は新製品や新サービスをアナウンスするタイミングを戦略的に選択します。ゲーム機の例であれば，クリスマスからお正月の商戦に新製品の開発が間に合わなかった企業が，消費者に買い控えておいてもらうために「3月に新種発売です！」というアナウンスをするのです。

あると思えば，企業はライバル企業に遅れないように研究開発投資をどんどんしていきます（第6章で見た競争圧力です）。しかし，そうすると消費者は買い控えてしまうのです。その結果，普及は思ったほど進みません。企業にとってこれは悩ましい問題です。

■ 内部化するタイミングのジレンマ

　新しいモノゴトで経済的な価値を生み出すためには，他社を出し抜く必要があります。そのため，自社のビジネスに必要な補完財を生産する経営資源を，他社に先駆けて囲い込みたいというインセンティブが常にあります。その一方で，早い段階で補完財を生産する経営資源を内部化してしまうと，よりすぐれた補完財が供給されてしまうかもしれません。陳腐化した補完財でビジネスを展開しなければならなくなるリスクがあるのです。少々抽象的な話なので，具体例で考えてみましょう。

　クルマの自動運転の例を考えてみましょう。自動運転の品質は顧客への重要な差別化になると考えられています。自動車メーカーにとっては，自動運転のシステムは，自社のクルマの価値をさらに高めてくれる補完財です。他社を出し抜くためには，できるだけ早い段階で自動運転のシステムを内製化して，囲い込みたいところです。しかし，自動運転のシステムは激しい研究開発競争が繰り広げられており，まだまだ技術的な革新が期待されている領域でもあります。人工知能やセンサーなど日々新しい技術が開発されています。最新のモノがどんどんでてきますから，既存のモノが陳腐化するスピードも早いのです。

　つまり，現在の技術が，将来陳腐化する可能性が高いのです。現在ベストの自動運転の開発チームを社内に組めたとしても，そのチームがつくり出す新技術が将来もベストかどうかはわからない（多分ベストではない）のです。もちろん，陳腐化してしまわないように研究開発を続けていくわけですが，技術開発が進んでいる領域であればあるほど，ずっと最先端で居続けることは実際はなかなか難しいのです。よほど独占的な市場でない限り，1社が投資できる研究開発の額は，他の企業の研究開発額の総和よりも高くなること

5　Rosenberg [1976].

はないからです。内製化のためには，ヒト・モノ・カネといった経営資源の動員が必要になります。しかし，陳腐化してしまったならば，その投資が無駄になります。

　だからこそ，将来に技術的な進歩が期待される状況では，あまり早くにその技術を取り入れてしまうと陳腐化するリスクがあるのです。しかし，リスクをとったライバル企業が新しい技術を取り入れ，先行者優位性を構築してしまうかもしれません。ここに戦略上の難しさがあります。ここでは技術といっていますが，これは広い意味での技術です。たとえば，経理のシステムであったとしても，より良いものが将来でてくるかもしれません。あるいは，より良い流通システムができてくるかもしれません。

　そのため，自社のビジネスにとって重要な補完的な財でなおかつその領域の技術革新が今後も続いていくであろうという期待がある場合には，できるだけ内部化をせずに，しかし，最先端のものを取り入れたいという難しいマネジメントになります。

　この課題は，労働者に対する雇用の保護の強さによってもその深刻さが変わります。第5章で見たような，労働者に対する保護が弱い社会では，それほど深刻にはなりません。もしも，自社の人材のスキルが陳腐化した場合には，解雇し，最新のスキルを持った人材に入れ替えることが比較的容易だからです。そのため，常にその時々でベストな補完財を開発したり，生産したりするチームを内部化することが合理的になります。それに対して，労働者に対する保護が強い社会の企業にとっては，重要なマネジメント上の課題です。自社が内製化している補完財が陳腐化したからといって，すぐにその補完財を扱っているチームを解雇し，最新のスキルを持った人材に入れ替えることが難しいからです。

　日本の自動車メーカーの部品の内製化率は，アメリカのメーカーと比べると低いことはよく知られてきました。これは，日本やドイツのように労働者に対する保護が相対的に強い社会の企業では，社内にあまり新しい（陳腐化する可能性の高い）技術を取り込まず，部品や原材料の内製化率を低くし，ベストな技術を外部から取り入れるインセンティブが大きいのです。

　自動車は，非常に多くの部品（構成要素といってもよいかもしれません）から構成されている財です。自社で多くの部品を内製化しようとして多くの経

～ コラム㉖　サンク・コストとリース，中古市場 ～～～～～～～～～～～～～～～～～～～～～～～～～

　技術変化のスピードが早い場合には，それを導入しようとする企業（あるいは消費者）は「すぐに新しい技術が開発される」あるいは「この技術はすぐに安くなる」と考え，導入を先送りします。消費財の場合には，このような買い控えはあまり起こりませんが，耐久消費財（自動車や冷蔵庫，エアコン，あるいは太陽光パネルなど何年も使う消費財）や資本財（企業が自社の生産のために用いる工場の生産設備やトラック，オフィスで使うコンピューターなど）の場合には，導入のタイミングはより慎重になります。

　これまでは，導入する側の企業の視点で考えてきましたが，ここでは，導入させたい側の企業の視点を少し考えてみましょう。技術開発競争をしている企業は投資が必要です。激しい競争の中で投資が進められると，次々と新しい技術は生み出されるでしょう。しかし，その結果，買い控えられてしまっては，技術開発競争をしている企業は困ります。

　皆さんがそのような企業であれば，どのような戦略をとるでしょうか。優秀な営業部門の人材を雇い，顧客への売り込みを進めるでしょうか。あるいは他社よりも大きな研究開発投資を行い，他社を圧倒するような製品やサービスを開発しようとするでしょうか。

　1つの合理的な戦略は，製品やサービスをリースにするというものです。技術変化のスピードが早く，買い控えが起こる理由は，いったんその技術を導入し，それが陳腐化してしまうと，その分がサンク・コストになりやすいからです[6]。技術変化のスピードが早いということは，より良い技術がどんどん誕生しているということです。それを他社に先駆けていち早く導入できれば，差別化につながるかもしれません。航空機の場合で考えてみましょう。新しい航空機であれば燃費も乗り心地も良いのです。だからこそ航空会社にとっては，最新の航空機を導入して，差別化に結びつけたいのです。けれども，技術進歩のスピードが早いと，せっかく最新の航空機を導入したとしても，すぐに陳腐化してしまうおそれがあります。そのため，航空会社は，飛行機の一部（あるいはすべて）をリースで調達することが合理的になります。リースで調達すれば，導入したものが陳腐化した場合には，新しいものに換えることが容易になります。また，固定費ではなく変動費にすることができますから，需要の細かな変動に対処して，生産能力を拡充したり縮小したりすることが比較的容易にできます。オフィスのパソコンやプリンターなどのOA機器も常に新しいものが開発されています。だからこそ，大型のオフィスでは，リースが中心になるのです。

　また，中古市場の拡大も重要になります。中古市場を拡充してしまうと，むしろ，新製品が売れなくなるのではないかという心配もあるかもしれません。しかし，中古市場があると，新製品を導入することに対して躊躇がややなくなります。

6　サンク・コストについては，第6章を参照してください。

もしも，クルマの中古車市場が存在していなかったとすれば，どうなるかを想像してください。おそらく，クルマの購入には多くの人がかなり慎重になるでしょう。すぐにより良いものが開発されるという期待がある場合には，さらに慎重に見きわめようとするでしょう。

　このようにより良いものが次々と開発されるような領域では，それを導入させようとする企業にとっては，導入する側の企業の「サンク・コストになるのでは」という心配をいかに小さくするかが重要になります。

営資源を内部化すると，外部で技術開発が進んだ場合，社内の陳腐化した技術を使い続けなければならなくなるリスクを抱えることになります。だからこそ，内製化率を低め，できるだけその時々にベストな部品を調達したいところです。しかし，そうそう都合良くはいきません。すぐれた部品を開発したサプライヤーは，その部品をできるだけ多くの自動車メーカーに売りたいわけです。当然です。しかし，自動車メーカーとしてはそれでは自社の差別化にはなかなかつながりません。そのため，日本の自動車メーカーは，サプライヤーとの長期的な関係を構築し，品質の良い自動車部品を生産できるサプライヤーを複数で競争させると同時に，時には救済もしながらリスクをシェアし，育てていくネットワークを構築していったのです。これが世界的にケイレツ（系列）として知られるようになったものです[7]。

3　進展する分化と外部の経営資源の活用

　ビジネスの進展は，分業化の歴史であるともいえます。分業とは，製品やサービスを生み出すために，タスクを分解し，異なる人がそれを分担していくことです。ある熟練した人にしかつくれないような財の場合は，なかなか分業は進みません。しかし，一度，分業が進むと，そのタスクは市場で調整される余地が大きくなっていきます。

　市場での価格をシグナルとして資源配分を調整することをアダム・スミスは，「神の見えざる手」と呼びました。それぞれの主体が自己の利益を追求すればするほど，その結果として社会的に望ましい資源配分が効率的に達成

7　Asanuma and Kikutani [1992], Asanuma [1989], Clark and Fujimoto [1991].

されるというわけです。

　しかし，1880年代からそれまでとはやや異なった動きが見られるように
なりました。企業が社内に多くの経営資源を内部化し始め，垂直統合型・多
角化企業が登場したのです。ゼネラル・モーターズやデュポンなどは多くの
経営資源を内部化してその多重利用を進めました。大量生産によって規模の
経済性を発揮したり，経営資源の多重利用により範囲の経済性を実現したり
することによって競争力が構築できるようになったのです。いわゆる「大企
業の時代」と言われました。ただし，それらの経済性は，生産規模の拡大や
事業の多角化によって自動的に手に入るものでは決してありませんでした。
社内に内部化した多くの経営資源のマネジメントを行う人材が必要になった
のです。マネジメントの専門経営者が台頭してきたのはこの時からです。多
くの機能を内部化して，それを効率的に管理していくかが重要な経営課題
なっており，そのスキルを教えるためにMBAの設立が相次ぎました。

　アダム・スミスが市場での価格メカニズムを介した調整を「神の見えざる
手」と呼んだのに対して，アルフレッド・チャンドラーは企業内部の指揮命
令系統による資源配分の調整を「見える手」と名付けました[8]。「見える手」
とは，企業の経営者たちのマネジメントであり，その巧拙が重要になってき
たのです。

　この経営資源の内部化とその結果である垂直統合型の大企業の時代は続く
かと思われていました。しかし，再び，市場における分業の進展が始まった
のです。経済成長に取引費用を下げる制度整備が追いついたのです。分業の
進展の流れの再開は，1980年代からすでに始まっていました[9]。比較的少な
い自己資本で，大企業を買収することができるレバレッジド・バイアウトの
手法が1980年代に広まり，コングロマリットが小さな企業へと解体されて
いきました。敵対的な買収の効果についての議論は残されているものの，こ
れは企業のビジネスの選択と集中，あるいは本来の事業への回帰とアメリカ
では捉えられていました[10]。企業はコア・コンピタンス（Core Competence）

8　Chandler [1977].

9　なぜこの時期から再び垂直分化や専門化が進んだのかについてはさまざまな議論が
　　あります。たとえば，Lamoreaux et al. [2003]，Langlois [2007] などを参照してく
　　ださい。

に集中するべきであるという主張が注目された背景にはこのようなビジネスの文脈がありました[11]。

コア・コンピタンスだけでなく，アウトソーシング，戦略的提携，選択と集中，オープン・イノベーション，そして，この章で見ていくモジュール化など，1980年代後半から経営学で話題になったものの多くは，垂直分化についてのものです。多くの経営資源を内部化したいわゆる「大企業の時代」が終わり，市場取引を介した分業化が再び進展していったプロセスをアメリカのコネチカット大学のリチャード・ラングロワは，「消えゆく手」と呼びました[12]。

分業化の進展は，さまざまな形をとって進行しています[13]。企業は外部の経営資源を活用することで，新しいモノゴトを生み出し，それを経済的な価値に転換していくことが重要なマネジメント上の課題になってきています。以下では，代表的なものについて見ていきましょう。

■ アウトソーシング

外部から経営資源を調達するといった時に，最初に思い浮かべることはアウトソーシングでしょう。アウトソーシングとは，社内で行っていたプロセスを外部（アウト）から，調達（ソーシング）することです。原材料や部品を外部から調達することもありますし，ある機能（たとえば，営業や総務の一部）を外部に委託することなどもアウトソーシングに含まれます[14]。

アウトソーシングのメリットは，外部から調達することで，高い専門性を活用できる点にあります。外部の組織で長い時間をかけて蓄積されてきたノウハウを自社で構築するのには大きなコストがかかります。これは，アウトソーシングにより，他社の経験効果の一部を享受できることを意味しています。あるいは，その企業がほかにも同様の部品を供給している場合は，規模の経済性の恩恵も受けられます。さらに，もしもその企業が関連多角化を

10　Bhagat et al.［1990］.
11　Prahalad and Hamel［1990］.
12　Langlois［2007］.
13　外部の経営資源の活用については，安本・真鍋［2017］を参照してください。
14　アウトソーシングについては，武石［2003］，冨浦［2014］を参照してください。

行っている場合には，その企業の範囲の経済性の恩恵すらも受けられるかもしれません。これらによって，自社で内製化するよりも，コスト面でメリットを受けられる可能性があるのです。さらに，外部から調達することによって，そのコストを固定費ではなく，変動費にすることができます。自社のビジネスの変動に合わせて，調達する量を調整できるということです。固定費が大きいとどうしても損益分岐点が上がってしまいます。とくに，環境の変化が激しい場合には，変動費にしておけると企業の収益性を安定化させることができます。また，外部から調達することで，それを社内で内製化する時にかかるマネジメントのコストも節約することができます。

　このようなメリットを享受するためには，自社にどのアウトソーシング先が適しているのかを適切に判断する能力が必要です。「そんなのすぐにわかる」と言われるかもしれません。たしかに，アウトソーシング先とこれまでにも長いつきあいがあるような場合や，調達するものの品質や価格が安定しているもの（取引費用が低いもの）であればそうでしょう。しかし，新規性の高い新製品開発の場合はそうもいきません。調達しようとしている部品は，これまでにない新しいものであるかもしれませんし，調達先もこれまでにつきあいがない新しい企業かもしれません。開発しようとしている自社の製品に本当に上手くフィットするかも事前にはよくわからないこともあります。もしも，アウトソーシング先を適切に判断する能力がなければ，コストが安くなるどころか，むしろ調整などを含めて大きなコストがかかってしまいます。

　次に，アウトソーシングしていくと，その部品についての知識が社内になくなってしまう可能性もあります。技術の空洞化などといわれることもあります。自社でその部品を内製化していると知識やノウハウがたまってきます。これは評価能力の重要な源泉になるのです。それがあるからこそ，適切なアウトソーシング先も選べることになります。ここにはジレンマがあります。

　安易にアウトソーシングしてしまうと，社内でのシナジーが消失してしまう可能性もあります。経営資源の多重利用によって多角化していた場合などは，ある部品の内製をやめてしまうと，経営資源の多重利用までなくなってしまう可能性があるのです。さらに，シナジー効果の源泉は目に見えやすいものばかりではありません。実は，社員の学習にとってアウトソーシングの

対象が重要な役割を担っている場合もあります。

　自社が外部から調達できるということは，おそらく同業のライバル企業も同じような部品を外部から調達できると考えた方がよいでしょう。ということは，外部から調達するだけでは，競争力には結びつかないのです[15]。つまり，メリットを享受できるのであれば，アウトソーシングを行っていかなければ競争力が失われてしまいますが，アウトソーシングをしたからといってすぐに競争力に結びつくものではない点にも注意が必要です。

■ 戦略的提携

　アウトソーシングは，すでにある部品やサービスを外部から調達することです。しかし，新しいモノゴトを生み出そうと思ったら，既存の部品や既存のプロセスだけでは足りないかもしれません。まだ，存在はしていない新しいモノゴトを外部と一緒につくっていくことも大切です。

　そのために，戦略的提携（Strategic Alliance）が行われることがあります。戦略的提携とは，複数の企業が共同で事業を進めるために提携することです。戦略的提携には，排他性があります。これは大切なポイントの1つです。この後で見るような排他性の低いオープン・イノベーションとは大きく異なるポイントです。排他性があるからこそ，提携を結んだ組織の間では濃密な，定型的ではない情報のやり取りができるのです。

　戦略的提携には，営業をある一定期間委託するような市場の取引に近いものもありますし，新しい製品やサービスを共同で開発するような組織の統合の程度が高いものまでさまざまなものがあります。

　市場の取引に最も近いものは，契約により法的な拘束力を持たせた提携です。たとえば，共同で行う製品の開発やその生産，販売あるいは，特許のライセンシングなどです。契約によるビジネスなので，市場取引とほとんど変わりません。違いがあるとすれば，そこで行われている取引が，スポットの取引ではなく，ある程度の時間的な長さを伴っていることぐらいです。法的な拘束力の強い契約に基づく提携の場合には，事前にそれぞれの企業が供出する具体的な経営資源や提携のあり方を明確にしておくことが多く，戦略的

15　武石［2003］．

提携におけるよく心配されるノウハウの流出のおそれは比較的少なくなります。

　法的な拘束力が緩く，組織間の取り決めや約束を基礎とした提携もあります。紳士協定を結ぶものです。契約関係がゼロというわけではなく，法的な拘束力の比較的弱いものです。新規性の高いプロジェクトを行う場合などは，事前に契約で細部まで決めておくことは難しくなります。そのため，緩やかな契約や覚書などを基に共同で新製品開発などを行っていきます。研究開発や新製品開発など新規性が高く，不確実性が高いプロジェクトにはこのような提携がよく見られます。しかし，法的な拘束力が弱いため，戦略的提携のマネジメントもグリップが緩くなりがちです。一般的に，組織の中に複数の異なる目的が存在している場合には，マネジメントは圧倒的に難しくなります。戦略的提携の目的がそれぞれの組織にとって異なることはしばしば見られます。同じであることの方が少ないぐらいです。通常の企業であれば，組織内の指揮命令系統に従って，意思決定がなされていきます。そのため，もしも組織の中に異なる目的が存在していたとしても，組織内の権限と責任において調整していきます（それすらできない組織もあると思いますが）。しかし，戦略的提携の場合には，権限と責任の所在が曖昧になりやすく，なおかつ指揮命令系統が複数になり，現場が混乱しやすくなるのです。また，新規性の高いプロジェクトの場合には，それぞれの組織のノウハウあるいは保持している情報で何が重要になるのかも事前に明確にできるわけではありません。そのため，機密保持契約を結んでいたとしても，知識の流出の心配はあります。流出した知識が使われているということのモニタリングはなかなか難しいのです。

　資本の提供を伴う，戦略的提携もあります。資本提携といわれることもあります。こうなると，戦略的提携の統合の程度が高くなります。それぞれに資本を出し合うこともありますし，一方が他方に資本を出すこともあります。資本を提供することにより，提携をより強固なものにすることができます。複数の企業が共同で資本を出し合い，新しい企業を設立するジョイント・ベンチャーも資本の提供を伴う戦略的提携と考えられます。新しい企業をつくることで，提携をさらに強固なものにすることができます。ジョイント・ベンチャーにまでなると，権限と責任の所在を明確にすることができます。組

織の目的も1つになるため，マネジメントも比較的やりやすくなります[16]。

■ 産学連携

　企業のビジネスのパートナーは，企業だけではありません。大学や公的な研究機関なども，大切なパートナーになります。大学や研究機関との連携は，産学連携と呼ばれています。基盤的な研究開発を大学や研究機関が担い，その事業化を企業が担います。この連携のあり方にもさまざまなものがあります。企業が大学や公的な研究機関に人員を派遣して，共同で研究開発を行うということもありますし，研究開発費を提供して，大学や公的機関の研究開発を促進するということもあります。

　研究開発が基礎的なものになればなるほど，企業にはそのような投資を行うインセンティブが小さくなっていきます。専有可能性が小さいからです。しかし，基礎的な研究開発の知見が企業にとって重要でないというわけではありません。早い段階で新しい知見を得られれば，他社に先駆けてビジネス機会を開拓できる可能性があるのです。だからこそ，企業は大学や研究機関と連携をするのです。

　大学や研究機関にとっては，産学連携は重要な研究費の獲得のチャネルの1つになっています。1970年代以降，アメリカの大学では産業界が重要なパトロンとなってきました。また，予算の大きさが大学の競争力を大きく左右するようになっており，現在では多くの国の大学にとって産業界からの寄付金や研究費の獲得は重要になっています。また，大学や公的な研究機関の研究者にとっては，自分たちの研究の実証実験の場としても産学連携は有用です。自分たちの研究が社会に対して高い関連性を持っているのかを確認できるのです。

　産学連携の難しさは，それぞれの組織の目的が異なる点にあります。企業同士であれば，互いに利潤を最大化することが目的です。成果をどのように配分するかという点に関しては，それぞれ利害が対立することはありますが，連携する目的については大きな乖離はありません。しかし，大学や研究機関は，利潤を最大化させることを目的としていません。研究によって，人類の

16　Oxley and Wada [2009].

知識の境界を広げるような新しい知識を生み出すことが目的です。そのため，大学や研究機関にとっての最大の成果は，公共財としての研究成果です。企業は，自分が投資したものが公共財になってしまっては困ります。ビジネスとして利益を上げていくためには，ある部分だけでも専有する必要があります。プライオリティ競争をしている大学や公的機関の研究者にとっては，重要な成果であればあるほど，いち早く論文として発表することが重要です。しかし，企業にとっては，論文として出されてしまうと困るのです。だからこそ，企業にとっては論文として公開される前に，きちんと特許を申請したり，事業化のための体制を整えたりする必要があります。異なる目的を持つグループが1つの組織で共同するのをマネジメントするのは簡単ではないのです。

■ モジュール化

　複雑なシステムとして組み上がっている人工物を，独立した小さなシステムに分割し，できるだけそれぞれの小さなシステムの間での調整を少なくし，それぞれは独立で設計や生産ができるようにすることでマネジメントしようという動きはモジュール化とか，モジュラー化と呼ばれています。この反対に，それぞれの独立的であった小さなシステムの相互依存性を高めていくことは，インテグラル化と呼ばれています。

　モジュール化が何なのかについては，カーネギーメロン大学で人間の意思決定や問題解決のプロセスを研究していたハーバート・サイモンが時計職人の例をだして上手く説明しています[17]。登場人物はホーラとテンプスという2名の時計職人です。2名とも素晴らしい腕の時計職人であったのに，ホーラはますます繁盛し，テンプスはだんだん仕事が少なくなってしまいました。

　なぜでしょう。彼らがつくっていたのは，100の部品からなる時計でした（サイモンは1000個の部品からなる時計を例にしていましたが，ここでは簡略化のために100個にしましょう）。テンプスは，100個の部品を丹念に1つずつ，精巧に組み立てていました。しかし，途中で電話がなったり，来客が来たり，作業に邪魔が入ったり，少し机が揺れたりして，組立途中の時計がバラバラ

17　Simon［1969］．この説明については，清水［2015］を基にしています。

■ 図表 13-1：モジュール化

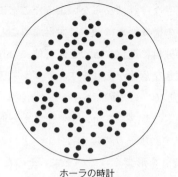
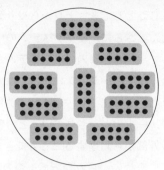

ホーラの時計
（それぞれの要素が相互に関連し，
1つのシステムを構成する）

テンプスの時計
（全体のシステムを構成する要素は
独立的なサブシステムに分解される）

出所：清水［2015］，123 頁，図2を基に著者作成。

になってしまうことがありました。そんな時は，作業をもう一度初めからや
り直さなければならなかったのです。

　ホーラも真面目に時計を組み立てていましたが，やり方が少し違いました。
彼は 10 個の部品を 1 つの中間組立製品としてつくり，さらにその 10 個を合
わせてより上位の中間製品にしました。そして，その 10 個の中間製品から，
最終製品を組み立てるというやり方をしていたのです。このため，ホーラは，
電話や来客あるいは，組立作業中の事故などがあったとしても，やり直さな
ければならない作業はごくわずかで済んでいたのです。

　図表 13-1 は，ホーラとテンプスの時計の部品のイメージです。ホーラの
時計は 100 個の部品がそれぞれ複雑に絡まって 1 つの時計となっているのに
対して，テンプスの時計は 10 個ずつの部品によって構成される 10 個の中間
部品から組み立てられています。

　モジュール化とは，多くの要素からなる 1 つのシステム（ここでの例の場
合には，時計）の構成要素を，独立に設計されうるサブシステムに分解する
ことです[18]。テンプスは時計のモジュール化をしたのです。

　モジュール化は，垂直統合の程度とイノベーションのあり方に影響を与え

---

18 モジュール化に関しては，青木・安藤［2002］に詳しく説明されています。

ます。上記の時計の例のように，生産をやり直さなければならないような事態が生じたとしても，ゼロからやり直さなければならないようなことにはなりません。さらに，サブシステムの中の構成要素は独立に設計することができるので，それぞれのサブシステムが独自に進化することが可能になります。これは，イノベーションにとっては大きな意味があります。サブシステムがその専門性を深化させ，どんどん進化していけるのです。

　モジュール化がなされていると，特定のサブシステムを，全体から取り外して，外部から調達することもできます。ホーラの場合は，1つ1つの部品が相互に密接にからみ合って1つの時計を形づくっています。そのため，1つの部品の変更は，全体の設計やその他の部品の変更につながります。テンプスの時計の場合には，1つのモジュールに変更があったとしても，モジュール間のつなぎ方（デザイン・ルール）さえ変えなければ，その他を変更する必要はありません。つまり，より品質の良い，あるいはより安いモジュールがあれば，それを外部から調達することができるのです。さらに，モジュール間のつなぎ方を公開することによって，組織外部にある新しいアイディアを活用することができます。よりオープンにしやすいのです。

　事前に要素間のつなぎ方のルールを決めておくことは，なかなか難しい場合もあります。あまりに事前にルールを決めてしまうと，臨機応変さが失われてしまいます。レゴを持っている人はぜひ，ご自分のレゴを駆使してクマをつくってみてください。そして，木彫りのクマと比べてみてください。レゴのクマは，どうしてもカクカクしてしていて，8ビットのゲームのキャラクターようにしかできないはずです。それはそれでキュートかもしれませんが，木彫りのクマのようにはいかないはずです。ましてや鮭などをくわえさせるのは至難の業です。木彫りのクマは，経年変化によってアメ色になるイチイ材などから1つひとつ切り出していくので，微妙な調整ができるのです（もちろん，作家の腕にもよりますが）。事前のデザイン・ルールをそれほど決めずに，製品やサービスの要素の間の調整を重ねながらつくり上げていくタイプのものはインテグラル型の開発と呼ばれています。事前のルールをなくしていくと，要素の間の相互依存性が高まります。相互依存性が高まるということは，ある要素に変更を加えた場合は，それに伴ってその他の要素とも調整をしなければいけない程度が増えるということです。組織内での調整が

多くなるので，そのためのコストはかかります。それでも，部分最適に陥ることなく，細かな調整を経て完成度が高いものができます。

　モジュール型は，事前にデザイン・ルールを明確に定義し，事後的な調整をできるだけ少なくするものです。そのため，それぞれの要素は，事前に決められたデザイン・ルールの下での最適化を進めていくことになります。違う言い方をすれば，事前に決められたルールを守っていれば，その他は独自に発展させても問題はありません。そのため，事前のルールの範囲内で，多様性が生まれます。ここにモジュール型の最大の長所があります。

　このような長所をフル活用するために重要なポイントは，事前のデザイン・ルールの質です。ここでいう，事前のルールとは，製品・サービスの全体の設計とそれを構成する要素と要素を組み合わせるインターフェイスの設計です。これが悪いとろくなものができません。最悪な場合，その事前のルールに従ってくれる人が誰もいなかったりします。質の高い事前のルールをつくるのは，簡単なことではありません。どこをどのように切り分けるかについての事前の調整や投資が必要です。上手くルールを明確に定義できれば，それをオープンにすることによって，業界の参入障壁を下げ，組織の外にあるアイディアの活用が可能になります。モジュール型にすることによって，それぞれのモジュールの生産は世界中に分散していきます。産業レベルでモジュール化が進むと，国際的な分業も進むのです[19]。

　短所もあります。それぞれの要素が独自に進化していくために，必ずしも，全体最適にはならないこともあります。また，デザイン・ルールを事後的に変更することは不可能ではありませんが，簡単ではありません。これらの長所と短所を考慮に入れた上で，自社がどのように経済的な価値を生み出そうとしているのかを戦略的に考えることが重要です。

■ プラットフォーム

　モジュール化が進み，特定のモジュールのつなぎ方（デザイン・ルール）が支配的になることがあります。同じ領域でデザイン・ルールが多く存在していることは効率的ではないからです。

19　この点については，立本［2017］が示唆的です。

　1つの例で考えましょう。コンピューターのオペレーティング・システム（OS）はそれぞれのアプリケーションのプログラムとハードウェアをつなぐものであり，コンピューターを構成するモジュールの1つです。さまざまなOSが存在すると，その分，アプリケーションのプログラムやハードウェアはそれに合わせて調整しなくてはなりません。だからこそ，デザイン・ルールが異なるOSがたくさん存在しているのは，アプリケーションを開発する組織にとっても，ハードウェアを開発する組織にとっても効率的ではありません。

　そのため，特定のデザイン・ルールが市場で支配的になります。これが，プラットフォームです[20]。プラットフォームとは，もともとは，水平で平らな場所のことです。鉄道の駅のプラットフォームのイメージです。しかし，経営学においてプラットフォームと言って，「どこの駅のですか」と聞く人はいません。プラットフォームは，さまざまな文脈で使われています。たとえば，業界プラットフォーム，技術プラットフォーム，製品プラットフォームなどがあります[21]。プラットフォームという言葉はさまざまに使われていますが，「多様な製品・サービスの基盤になる共通部分」という点では概ね共通しているといえるでしょう[22]。

　プラットフォームは，企業の競争力に大きく影響します。特定のプラットフォームの一人勝ち（Winner Takes All）の状況になりやすいのです。それは，ネットワーク効果が働きやすいからです。あるプラットフォームに参加する企業や最終消費者が多くなればなるほど，企業や最終消費者がそのプラットフォームに参加する利便性が増えるのです。

　プラットフォームは，両面市場という側面を持つことがあります。両面市場とは，プラットフォームでつながれた複数の種類のユーザーをつなぐビジネスのあり方のことです。たとえば，アマゾンや楽天はインターネット上に

20　根来［2019］。

21　それぞれについては，延岡［2006］を参照してください。

22　プラットフォームについては，根来［2017］，Gawer and Cusumano［2002］，Cusumano et al.［2019］などを参照してください。プラットフォームとオープン・イノベーションについては，立本・小川・新宅［2010］があります。また，プラットフォームといっても，さまざまな捉えられ方があります。経営学におけるプラットフォームの展開ついては，根来・足代［2011］を参照してください。

小売りサービスを展開するためのプラットフォームを構築してビジネスをしています。この場合，出店してくれる企業を多く集めてこなければいけません。また，買い手にも集まってもらわないとビジネスになりません。出店を考える企業は，このプラットフォームにはどのくらいの買い手がいるのかを考えて，出店の意思決定をします。買い手にとっては，このプラットフォームにはどのような製品があるのかはとても大切です。つまり，売り手と買い手の間には双方向的な関係があるのです。

　そのためプラットフォームを構築してビジネスを行う企業は，どのようにすれば売り手と買い手の両方から得られる利益を最大化できるかを考えます[23]。多くの売り手を集めるためには，出店するためにかかるコストを低くすることが重要ですし，多くの買い手を集めるためには，買い手のコストも低くすることが大切です。ただし，それでは，このプラットフォームから収益を上げることは難しくなってしまいます。しかし，あまりに利益をあげようとして，両側の市場に多くの課金をしてしまうと，このプラットフォームが誰にも使われないということになってしまいます。ここに難しさがあります。プラットフォームをどのように普及させるのかが重要なポイントとなります。

■ オープン・イノベーション

　これまで見てきたように，アウトソーシングや戦略的提携，そして産学連携も，外部で生まれた技術やアイディアを活用して，企業のイノベーションに結びつけようというものです。カリフォルニア大学バークレー校のヘンリー・チェスブロウは，これをオープン・イノベーションと名付けました[24]。社内に多くの機能を取り込む垂直統合的なビジネスの仕方では，イノベーションを生み出すためには遅く，コストもかかりすぎるからこそ，外部にある経営資源を戦略的に活用しようというのが，オープン・イノベーションの

23　Rochet and Tirole［2003］, Armstrong［2006］.

24　Chesbrough et al.［2006］, Chesbrough［2003］. 日本のオープン・イノベーションについては，米倉・清水［2015］，安本・真鍋［2017］，実務家向けとしては，星野［2015］，米山ほか［2017］などがあります。研究のレビューは真鍋・安本［2010］が詳しいです。

基本的な考えです。

　オープン・イノベーションにはインバウンドとアウトバウンドがあります。インバウンドとは，外部にある経営資源を取り入れて，企業内部のものと組み合わせて，イノベーションを生み出そうという試みです。これは，アウトソーシングや戦略的提携，あるいは産学連携といったものと基本的には同じ考え方です。アウトバウンドとは，社内にある経営資源を外に出すことによって，外部の経営資源と結びつけて，イノベーションを生み出そうという試みです。外部にある経営資源を社内に取り入れることによりイノベーションの創出を目指してきた，これまでのアウトソーシングや戦略的提携，あるいは産学連携とは対照的です。

　オープン・イノベーションのメリットは，第1に垂直統合型のビジネスと比べるとイノベーションを生み出すスピードが早く，コストも低く抑えることができる点にあるといわれています。実際に，企業が外部の経営資源を活用していた場合と，自社の経営資源のみで成果を上げた場合のイノベーションを生み出すまでのスピードを比較すると，外部の資源を活用した場合には19.9〜32.2%の時間の削減が見られています[25]。スピードの削減の効果は企業にとって重要です。ライバル企業に先駆けて市場へ製品やサービスを投入することによって，先行者優位性をとることもできるかもしれません。また，需要などの動向が不確実な場合には，ぎりぎりまで需要の動向を見きわめて素早く参入することが大切です。さらに，スピードが早ければ，コストの削減になるだけでなく，経営資源を次のプロジェクトに動員することもできます。

　2つめのメリットは，両利きの経営に関するものです。第7章で見たように，企業の長期的な発展のためには，これまでに構築してきた強みのさらなる深化と新しい探索の2つが必要です。この両方を1つの組織で同時に追求することは必要となる学習や能力が異なっており，なかなか容易ではありません。だからこそ，両利きではなく，多くの場合深化に偏った片手の経営に

25　Shimizu and Hoshino［2015］. 外部の経営資源を活用すると2〜3割のスピードの削減につながるのか，スピードの削減をしたい時に，企業は外部の経営資源を活用しているのかの判別ができていない点には注意が必要です。これを実証的に峻別するのは簡単ではありませんが，これからの研究課題の1つです。

なりやすいのです。オープン・イノベーションは，新しい探索においての重要性が高いといわれています。

　インバウンドのオープン・イノベーションは，それまで組織内部から調達していたものであったとしても，より良いものが外部にあればそれを積極的に活用していこうというものです。そのためには，組織の経営資源の棚卸しがなされます。そうすると，困る人たちが社内に出てくるかもしれません。自分たちの存在意義がなくなってしまうかもしれないのです。そういう人たちは，オープン・イノベーションに反対するでしょう。その時の反対の理由の1つは，社内で作り出された技術ではないから信用できないというものです。これは，NIH症候群（Not Invented Here Syndrome）と呼ばれています。たしかに，技術は取引費用が高いものの典型です。新規性の高い技術であったり，複雑な技術であったりする場合には，それを外部から導入しても上手く機能するかは事前にはよくわからないのです。だからこそ，このような反対が起こりやすくなりますし，それには一理あるのです。

　外部で生み出された知識を社内に取り入れる上では組織の吸収能力（Absorptive Capacity）が大切です。吸収能力とは，自社に適したものを探索し，それを取り入れる能力のことです[26]。この能力が低いと自社にとって適切な知識を選ぶことができません。吸収能力を高めるためには，自社でも研究開発をやっていることが大切です[27]。自社で研究開発をしていないと，どれが自社にとってベストの新しい知識なのかを見極めることができないのです。外部の経営資源を活用したいのに，そのためには自社でもしっかりと学習しないといけないのです。つまり，外部の経営資源を活用するのだから，自社での投資を抑えられるというほど都合の良い話ではないのです。吸収能力を上げるためには，専門領域での新しい知識を理解できる人材が必要です。実際に，博士号取得者が多い企業の方が外部の研究開発への投資が盛んであることもわかっています[28]。

26　Cohen and Levinthal［1990］.
27　Cassiman and Veugelers［2006］.
28　Yamaguchi et al.［2018］.

■ ユーザー・イノベーション

「今日は，わが社の新製品を紹介しましょう。新しい豆板醤です。辛すぎず，コクがあります。辛さが苦手な方にも大好評です。これでつくる麻婆豆腐は最高ですので，ぜひ試してみてください。」たとえばこのように，企業は新しい製品やサービスにはどのような価値があるのかを消費者にアピールします。

　しかし，顧客は，自分たちで工夫をして，企業が提案する価値よりもはるかに多様な価値を享受していることがわかっています。「麻婆豆腐に美味しい」と言われているのに，サラダに使ったり，お漬物に使ったり，スープに入れたり，あるいはケーキに入れたりと（ケーキはなかなかないかもしれませんが），顧客は自分で工夫しているのです。もちろん，顧客の創意工夫や試行錯誤には失敗もあるでしょう。その中で，新しい価値となるものもあります。この顧客が創り出す新しい価値はユーザー・イノベーションと呼ばれています[29]。

　ユーザーは，最終消費者に限られているわけではありません。企業も，自社が調達した製品やサービスを改良したり，使い方を変えたりしていることもあります。第8章で見た，使用による学習（Learning by Using）も，ユーザーによる新しい価値づくり（飛行機のメンテナンスの場合は，より効率的なメンテナンスの仕方の発見）だと考えることができます。

　ユーザーによる新しい価値の創造は，イノベーションの研究で光が当てられてこなかったのです。イノベーションにおける新しさを生み出すのは企業であり，ユーザーはそれを買うか買わないかの選択を行う主体と暗黙のうちに想定してきたのです。しかし，ユーザーの創意工夫による新しい価値づくりは，実際にはかなり大きいことがわかってきたのです[30]。そして，新しい価値づくりを行うユーザーを外部の重要な経営資源だと考える企業もでてきています。

29　Von Hippel［2006］，小川［2013］。
30　この点については，小川［2013］を参照してください。

4 本章のまとめ

　本章では，自社で行うビジネスの範囲について考えてきました。どこまでを自社のビジネスとして内製化するかは，基本的には取引費用によって決まります。取引費用が高い場合には，企業の垂直統合の程度は高まります。垂直統合の程度は，その企業が生み出しうるイノベーションに影響します。

　そのため，経営資源の内部化や外部化についての意思決定は，企業にとっては戦略的に重要なものとなります。外部の経営資源の活用の戦略は，アウトソーシングや戦略的提携，モジュール化，プラットフォーム，オープン・イノベーションにユーザー・イノベーションなど，さまざまなかたちをとっています。経営学の悪い癖でどんどん新しい概念を生み出していくので（それを消費する人たちももちろんいますが），おそらく新しいコンセプトはこれからもでてくるでしょう。それでも重要なポイントは，取引費用が低下していくプロセスでは，経営資源を外部化することで経済的な価値を生み出していく戦略の有効性が高いということです。もしも，反対に取引費用が高まるような状況では，経営資源を内部化していくことによる価値づくりが重要になってくるでしょう。

もう一歩詳しく知るためのリーディング

　垂直統合の程度と企業のイノベーションについてもう一歩踏み込みたい人はリチャード・ラングロワの本がおすすめです。歴史的にどのようにイノベーションを生み出す産業組織が変化してきているのかもよくわかります。第5章にとても大切な図がでてきます。この図の読み解きはなかなか難しいのですが，チャレンジしてみてください。

⊃ Langlois, Richard N. [2007], *The Dynamics of Industrial Capitalism: Schumpeter, Chandler, and the New Economy*, Routledge.（谷口和弘訳『消えゆく手：株式会社と資本主義のダイナミクス』慶應義塾大学出版会，2011年）

　本章でも見たように企業の外部の経営資源を活用する戦略についてはい

ろいろな形態があります。それらを俯瞰するためには，次の本がおすすめ
です。

⮕ 安本雅典・真鍋誠司編［2017］,『オープン化戦略：境界を越えるイノ
　　ベーション』有斐閣。

第 **V** 部

イノベーションの政策と社会

　最後に，第V部ではイノベーションと社会の関係について見ていきましょう。イノベーションは，経済成長や企業の競争力の重要な源泉であり，われわれの生活を便利にしてくれるものです。だからこそ，各国政府にとってはいかにその国の企業のイノベーションを促進するのかは重要な政策課題となっています。ただし，イノベーションを生み出せば万事解決というわけではなさそうです。そもそも，世の中に，これだけを目指していけばよいなどというものはないのです。イノベーションを促進する上で，セットで考えていかなければいけないポイントを見ていきましょう。

第14章

イノベーションのための政策

この章を読み進める前に

■ 好きな国を1つ選び，Total Economy Database を使って，その国の経済成長に対する TFP の貢献の推移を分析してください。

■ その上で，その国がこれまでにとってきたイノベーションを促進するための政策をまとめ，その評価をしてください。

イノベーションは経済成長の重要な源泉の1つです。そのため，各国政府にとってはイノベーションをどのように生み出していくのかは重要な政策課題の1つです。もちろん，政府の仕事は企業がイノベーションを生み出しやすい環境を整えることだけではありません。公共サービスを提供したり，所得の再分配を行ったり，国民の生活を支えることが政府の重要な役割です[1]。

この点を頭の片隅に入れた上で，この章では，まずイノベーションを促進することを直接的な目的とする政策を見ていきましょう。次に，イノベーションを促進することを第一義的な政策目標にしているわけではありませんが，イノベーションへの影響が大きいと考えられている政策を考えていきましょう。

---

1 イノベーションの政策については，一橋大学イノベーション研究センター［2017］の第3部を参照してください。

1　イノベーションを促進する政策

イノベーションを促進する政策を，第4章で見た①インセンティブ，②コスト，そして③知識プールという観点から見ていきましょう。もちろん，これらは相互に排他的なものではなく，それぞれに影響するものもあることには注意してください。とくに，コストを小さくする政策と知識プールを大きくする政策はそれぞれ密接につながっています。

■ インセンティブを高める政策

イノベーション（あるいはその一部）を生み出した人が，そこから生み出された経済的な価値を獲得できる程度をいかに高めるかは重要なポイントです。換言すれば，専有可能性を高めることが政策の重要課題といえます。イノベーションを生み出した人が，「得」をしなければ，「やってみよう！」と思う人も少なくなってしまいます。

プロパテント政策

インセンティブを高める政策の代表選手は，知的財産権の保護です。知的財産権の保護は，専有可能性を左右するものです。知的財産権の保護の程度を強める，あるいはその保護の範囲を広げる政策は，プロパテント政策と呼ばれています。これを進めると，研究開発の成果が模倣されにくくなります。研究開発の成果の専有可能性が高まります。つまり，プロパテントは，新しい技術を開発するインセンティブを高めます。実際に，プロパテント政策がとられると，特許の申請数は多くなることがさまざまな国で確認されています。また，特許は公開されますから，次の研究開発の重要なインプットとなります。社会的に見るとスピルオーバー効果が期待できます。

その一方で，保護の程度が強ければ，技術の普及を阻害する側面があるとも考えられています。特許は，一定期間，その技術を排他的に実施する権利です。そのため，ある企業がすぐれた技術を開発して，それを排他的に実施した場合には，社会にその技術が広く普及するのは遅れてしまうかもしれません。保護が小さければ，模倣が多くなり，その点で，技術の普及は進みま

す。

　アメリカでは 1970 年代末から 80 年代にかけて，プロパテント政策が検討され，1980 年代中頃にはさまざまなプロパテント政策がとられてきました[2]。アメリカ企業が知的財産戦略として，積極的な特許侵害訴訟を起こしていったのもこの頃からです。自分では特許を保有しているものの，その特許で保護された技術を用いて生産や販売をするわけではない（その特許の技術を自分では実施しない）企業が，他企業に対して特許侵害の訴訟を行っていくケースも増えていきました。このような企業は，NPE（Non-Practicing Entity）と呼ばれています。NPE が賠償金や和解金を狙って訴訟を起こすケースが増えてくると，プロパテント政策が行き過ぎていて，かえってイノベーションを妨げているのではないかとも考えられるようになってきました。また，特許を取得したり維持するためにもコストがかかります。プロパテント政策がとられて，企業が戦略的に防衛的に特許を多く申請するようになると，特許の取得，維持にかかるコストが大きくなってしまいます[3]。

　プロパテント政策がイノベーションをどの程度促進させた（あるいは阻害した）のかについては，まだ明確な結論はでていません。ただ，プロパテント政策は国レベルのイノベーションの生成におそらく良い影響があると考えられています。プロパテント政策が導入された時期からアメリカでの特許の出願が増えてはいます。プロパテント政策により，イノベーションのためのインセンティブは増えたと考えられます。スタートアップにとっては，特許は資金調達を進める上でも戦略的に重要性の高いものです。さらに，技術の取引費用を低下させ，技術の市場を活発化させます。

バイ・ドール法

　プロパテント政策の 1 つとして注目を集めたものに，アメリカで 1980 年に成立し，1981 年から施行されたバイ・ドール法（Bayh-Dole Act）があります。これは，国から支出された研究費による成果を，実際に研究開発をした研究者やその所属組織に帰属させる制度変更でした。少し見ていきましょう。

2　アメリカのイノベーション政策については，宮田［2011］を参照してください。
3　プロパテント政策の弊害については，Merrill et al.［2004］を参照してください。

　大学の研究者にとっては，国からの研究費は重要です。国に研究費を申請し，審査を通ると研究費が提供されます。研究費がなければ，研究に必要な資材は買えませんし，人材を雇うこともできません。バイ・ドール法が成立するまでは，国の資金による研究開発の成果は国に帰属されていました。税金ですから，当然な気もします。つまり，研究者がその成果として特許をとったとしても，それは国に帰属するのです。自分で排他的に実施をしたり，排他的にライセンシングを行ったりすることはできないのです。しかし，それでは，産学連携はやりづらいのです。国に帰属してしまうと，排他的な実施ができないからです。

　そこで，上院議員のバーチ・バイ（Birch Bayh）とロバート・ドール（Robert Dole）は，連邦政府から研究費が提供された研究開発の成果であったとしても，それを開発した大学や公的な研究機関やその研究者が排他的にその特許を実施することや排他的にライセンシングすることを可能にするための法案を提出しました。これが，1980年に成立したバイ・ドール法です。

　これによって，研究機関の特許の取得が進み，産学連携も促進されたと考えられています[4]。また，スタートアップの生成にも貢献したと考えられています。大学の研究者が国からの研究費を受け取りその成果を特許にして，自分で新しいスタートアップを設立し，ビジネスをできるようになったのです。

　アメリカでの成功を学習したさまざまな国の政府はこれを真似して，同じような仕組みを導入しました。日本では，1999年に日本版のバイ・ドール法（産業技術力強化法第17条）が成立しました。

　しかし，バイ・ドール法が大学の特許の取得や産学連携を促進したという見方に対して，バイ・ドール法は過大評価されているという指摘もされています[5]。歴史をきちんと振り返ると，バイ・ドール法が成立する前から，アメリカでは大学が特許をとり始めていたのです。なぜ，大学は特許をとり始めていたのでしょうか。これはベトナム戦争の終結が関係しています。国防予算から多くの研究費が大学の研究に流れていたのですが，これが戦争の終

4　Henderson et al.［1998］.
5　Mowery and Sampat［2001］.

結により小さくなると考えられていたのです。だからこそ，大学は新しい研究費のパトロンを見つける必要に迫られていました。そこで，新しいパトロン候補だったのが企業（産学連携）だったのです。そのため，産学連携を進めるために，バイ・ドール法の成立が求められたのです。つまり，バイ・ドール法が成立したから産学連携が増えたのではなく，産学連携を進めたいという大学側の事情があったためにバイ・ドール法がつくられ，その結果として産学連携が促進されたのです。

■ コストを小さくする政策

　イノベーションに対するインセンティブが高まったとしても，新しいチャレンジをするコストが高ければ困ります。新しいチャレンジをする人は限られてしまいます。そのため，イノベーションを生み出すためのコストを低下させることも大切です。

流動性制約の緩和

　ヒト・モノ・カネといった経営資源の流動性が小さい（流動性制約が大きい）と，企業にとっては必要な経営資源を調達することが難しくなったり，大きなコストがかかったりします。そのため，流動性制約を小さくするための政策はこれまでもとられてきました。これは第4章でも見てきたところですが，簡単に振り返りましょう。

　最も典型的なものは，スタートアップへのエクイティ・ファイナンスのための制度整備です。第5章で見たような，年金基金からベンチャー・キャピタルへ資金が流れるようにしたエリサ法やキャピタル・ゲインに対する減税，新興企業用の証券取引所のための制度整備などは，新規性の高いビジネス機会を追求するスタートアップの資金制約を小さくするという点で重要です。

　前述のプロパテント政策は，技術の市場を創り，技術の売買を促進するという点において，技術の流動性制約を緩和する効果もあります。技術が柔軟に売買できなければ，自社で開発をしなければなりませんが，その取引が柔軟に行えるようになれば企業にとってはさまざまな選択肢が生まれます。

　ヒトの働き方も大切です。重要な知識やスキルを持っている人が特定の組織にだけいて，そこから離れない場合には，企業は人材育成に自社で投資を

しなければなりません。しかし，必要な人材を市場から柔軟に調達できる，あるいは遊休資産となってしまった人材を労働市場を通じて調整できれば企業にとってはイノベーションのためのコストが小さくなります。

企業の研究開発の支援

　流動性制約を小さくすることのほかにコストを小さくする政策で典型的なものは，企業の研究開発の支援です。基礎的な研究開発は，大学や公的な研究機関が中心として担っています。企業が行う基礎的な研究開発は，最終的に事業化を念頭においています。しかし，直ちには事業化することはできず，事業化のための基盤となるような技術を開発しなければならないということはよくあります。ただ，基礎的な研究であれば専有可能性は低くなりますし，技術の新規性が高ければ高いほど，不確実性は高くなります。

　専有可能性が低かったり，不確実性が高かったりして，企業が研究開発投資を渋る領域への政府の投資は重要な技術的な成果を生み出してきたといわれています。現在までの 100 年ほどの間に生み出されたジェネラル・パーパス・テクノロジーと呼ばれる非常に汎用性の高い技術には政府の投資がなされています。半導体やマイクロ波，レーザー，インターネット，GPS，あるいは人工知能などです。これらは政府による（とくに国防に関する）明確なターゲットについての旗振りと大型の研究開発投資がなければ，実現は難しかったであろうと考えられています[6]。日本でも，第二次世界大戦後，鉱工業技術試験研究補助金が 1952 年に設立され，技術開発に対して補助金が提供されていました。研究開発への投資は，直接助成金や補助金を提供することもありますし，研究開発を行っている企業に対して減税をするという間接的な支援の仕方もあります。

　企業の研究開発の支援は，企業にとってのイノベーションのためのコストを削減するという直接的な効果もありますし，次の項で見るような知識プールを大きくするという効果もあります。

6　Ruttan [2006], Mazzucato [2015].

スタートアップの研究開発支援

どのような企業の研究開発費の負担を小さくするのが効果的かは，政府にとって常に大切なポイントです。ここでは，国が特定の企業の研究開発を選択的に支援している政策の代表例である SBIR を見ていきましょう。

アメリカでは中小企業に対する研究開発の支援が 1980 年代から始まりました。1982 年に SBIR と呼ばれる中小企業技術革新研究プログラム（SBIR：Small Business Innovation Research）が制度化されたのです。

アメリカで研究開発型のスタートアップが増えてきたのは 1980 年代に入ってからですが，その背景にはこの SBIR がありました。SBIR は，中小企業に研究開発補助金を提供する制度です。外部への研究開発費の支出が大きな省庁に対して，そのうちの一定の割合を中小企業に振り分けることを義務化したのです。中小企業はそれぞれの省庁に対して申請を行い，審査にパスした企業は研究開発の補助金を受け取ります。国防省は国防に資するような，環境省は新エネルギーの開発に資するようなというように，省庁はそれぞれの調達に資するプロジェクトを求めています。SBIR は Phase I から III まで3つの段階からなっています。最初の段階（Phase I）では，企業は研究開発費を受け取り，研究開発を実施します。そして，その研究開発が上手くいき，もう一度審査に通ると，Phase II に進みます。Phase II では研究開発助成の上限金額が引き上げられ，本格的な事業化に向けた研究開発を行います。最後の Phase III では，研究開発費は与えられません。しかし，省庁の調達などを通じて中小企業の研究開発が支援されます。また，SBIR には，エンジェル投資家やベンチャー・キャピタル，あるいはその他の企業に対して，研究開発補助金を受けている企業は有望な研究開発プロジェクトを持っていることを伝えるシグナリング効果もあります。

第8章で見たように，コスト・スプレディングができにくいため，研究開発投資という点で，規模の小さい企業は大企業と比べると不利です。だからこそ，何もしなければ，研究開発型のスタートアップは生まれにくいのです。その点で，SBIR は研究開発型のスタートアップの生成を促進する重要な制度であるといえます。大学の研究者が，スタートアップを設立し，SBIR から研究開発費の支援を受けることも多くなっています。

日本でも 1999 年に日本版 SBIR が導入されています。しかし，なかなか

思ったような成果はあげられてきませんでした。この理由は制度の補完関係
にあります。補完的な制度がなければ，上手く機能しないのです。少し考え
てみましょう。SBIR を受ける主体は企業です。個人ではダメなのです。そ
のため，多くの場合はスタートアップを起業して，SBIR を受けることにな
ります。しかし，スタートアップを設立する前には，何らかの新しいアイ
ディアがほしいところです。国防総省の国防高等研究計画局（DARPA：
Defense Advanced Research Projects Agency）の研究開発投資は，SBIR の前段
階の研究開発の支援を行っています[7]。DARPA は次世代の国防の要となるよ
うな基礎研究や新規性の高い研究開発プロジェクトを支援してきました。イ
ンターネットや GPS など，新しいビジネスの基盤となるような新しい技術
が DARPA の支援を通じて生み出されてきたのです[8]。

　DARPA は 1958 年に設立されました[9]。DARPA によって，アメリカの国防
予算の一部が，現在はまだアイディア段階であり，将来どうなるかもわから
ないけれど，もしかしたら，長期的に重要な技術になるかもしれないような
基盤的な技術の研究開発にあてられるようになったのです。しかも，
DARPA は，設立して間もないスタートアップへの支援を行ったのです。繰
り返しですが，小規模な企業はコスト・スプレディングができにくいため，
いくら良いアイディアを持っていたとしても大型の研究開発を行うことは難
しいのです。DARPA は，国防に資するような基盤的な研究開発に投資をし
ていきますが，最終的な産業化までが視野に入れられています。

　これは，基礎的な研究開発に対する投資の 1 つの正当性の確保の上で大切
なのです。少し背景を説明しましょう。第二次世界大戦時，アメリカの科学
研究開発局（Office of Scientific Research and Development）のヴァネーバー・
ブッシュ（Vannevar Bush）は，基礎的な研究がアメリカの将来にとって重要
であり，その資金は国が提供する必要があると考えていました。そのため，
ブッシュは 1945 年 7 月に「科学　その果てしなきフロンティア（Science the
Endless Frontier）」というレポートを大統領に提出し，科学研究の振興が公

---

[7]　国防総省以外にもエネルギー省も基礎的な研究開発や新規性の高いプロジェクトの
　　支援を積極的に行っています。
[8]　この点については，Mazzucato [2015] や Ruttan [2006] を参照してください。
[9]　DARPA については，Block [2008]，Fuchs [2010] などを参照してください。

共の福祉の増大につながるという点と，そのために国が基礎的な科学研究を助成するための機関を設立し，研究資金を提供する必要性を論じたのです。基礎的な研究開発を支援することによって，そこからイノベーションが生み出され，経済成長を介して，最終的には国民全体にリターンがあると主張したのです。基礎的な研究開発がビジネスを生み，最終的に経済成長へとつながっていくという考えであるため，これはその後，リニアモデルと呼ばれるようになりました。これは，国による基礎的な研究開発の支援の正当性を確保する上で大切な論理づけだったのです[10]。

　だからこそ基礎的な研究開発を支援している DARPA にとって，それがきちんと産業化されることはとても大切なのです。最終的には支援した研究開発の成果が製品やサービス（もちろん，最終消費者の私たちが購入するようなものではありませんが）となっていて，それを安全保障のために国が調達できるようになっていることが国防のためには不可欠です。そこで，DARPAは成果が出つつある研究開発プロジェクトを推進している研究者たちには，スタートアップを設立し，SBIR をとるように促しています。研究だけしていても，最終的な装備品の調達にはつながらないからです。さらに，国防だけでなく，最終的にはその技術が民間転用されていくことも基礎研究に投資をする正当性の確保の上では大切です。だからこそ，スピルオーバーとして，新しいビジネスが生まれてくることは大歓迎なのです。

　SBIR を受けた後，研究開発で期待できるような成果が生み出されれば，その後，ビジネスの拡大のために出資を行うベンチャー・キャピタルや既存企業が存在しています。スタートアップを設立し，SBIR から研究開発費の提供を受けても，失敗に終わることもあるでしょう。むしろ，失敗に終わることの方が多いのです。しかし，労働市場が流動的であれば，自分の市場価値にしたがって次の職場を探すことが，労働市場が流動的でない社会と比べれば容易です。

10　これはリニアモデルが正しかったことを必ずしも意味しないことには注意してください。基礎研究への投資がどの程度の経済的な成長を生み出すのかについては，まだ実証的にはそれほど頑健な結果が見られているわけではありません。大切なのは，リニアモデルが基礎的な研究開発投資を正当化するものとして妥当だと思われていたという点です。

SBIR の前の段階で新規性の高い研究プロジェクトを支援する制度や，SBIR 後のエクイティ・ファイナンス，あるいは流動性の高い労働市場などの制度が相互補完的に機能しているために，SBIR は上手く機能しているのです。これらがないのに，SBIR という制度を表面的に模倣したとしても，上手くいかないのは当たり前です[11]。

共同研究開発

政府は，企業がイノベーションを生み出すためのコストを小さくするために企業の共同研究開発の組織化も行っています。この政策も企業の知識のプールを大きくするという効果もあります。

不確実性が高い基盤的な技術開発への投資は，個別企業にとってはリスクが高く，正当性の確保が難しいものです。失敗する可能性が高いからです。しかし，できるだけ早くに基盤的な技術を開発できれば，先行者優位性を確立できるかもしれません。

ここに，政府がターゲットの技術領域を選定し，企業が共同で基盤的な技術の研究開発を行う上での費用を一部負担する合理性があります。早い段階で基盤的な技術を開発することによって，国内企業の国際競争力を構築することが主な狙いです。日本では国による大型プロジェクトが次々と立ち上げられ，これが日本企業の技術力向上に貢献したと考えられてきました。1976年からスタートした超 LSI の共同研究開発は有名なケースです[12]。そこでは，通商産業省（現在の経済産業省）の大型プロジェクト制度を使って，半導体の集積回路の基盤的な研究開発が行われました。

11　SBIR やそれと補完的な制度を整備して，研究開発型のスタートアップを増やせばそれで万事上手くいくわけでもなさそうです。汎用性の高い技術の累積的なイノベーションが低い水準で収束してしまう可能性があります（Shimizu [2019]，清水[2016]）。研究開発投資が，基礎的な研究開発からサブマーケットに拡散してしまうからです。アメリカでは，前述のように DARPA などが基盤的な技術の開発を下支えしてきましたが，そのような仕組みがない社会で同じような制度整備がされ，スピンアウトが促進されると，汎用性の高い技術の累積的な技術開発の水準が低下してしまう可能性があります。アメリカですら，汎用性の高い技術が育っていないという危惧が指摘されるようになっています（Gordon [2012]，Huebner [2005]）。

12　榊原 [1981]。

アメリカでは半導体メーカーが共同で，1987 年に SEMATCH（Semi-conductor Manufacturing Technology）と呼ばれる共同研究開発企業を設立しました。国は国防予算から SEMATCH の運営予算のおよそ半分を負担しました。その後，SEMATCH は，海外からの企業の参加も受け入れ，参加企業の費用負担により運営されるようになっています[13]。

　共同研究開発は，参加企業にとっては，研究開発費の一部が政府によって負担されるだけでなく，他社の研究開発の動向を知ったり，共同研究開発の成果を得たりする重要な場です。その一方で，他社に自社の研究開発の水準がバレてしまったり，下手をすればせっかく開発した技術情報が漏洩してしまう可能性もあります。そのため，最終製品市場で競争している場合には，参加企業はエース人材ではなく，比較的若手の人材を共同研究開発に送り，コミットメントの水準を下げることも観察されています[14]。

■ 知識プールを大きくする政策

　国の経済がキャッチアップのフェーズにある時には，最新の技術の導入が生産性を向上させるために重要です。江戸時代末から明治時代にかけて，中央政府や地方政府は，欧米からの新しい技術を導入するために，海外から人材を雇用しました。いわゆる，お雇い外国人と呼ばれた人々です。鎖国により海外からの新しい技術の流入は制限されてきました。そこで，お雇い外国人たちは，新しい技術の導入を促進する役割を担ったのです。その費用は，中央政府や地方政府が負担しました。これは，新しい技術を開発するというよりも，陳腐化した技術を最新の技術に転換することにより，生産性を高めることを目的としたものです。第二次世界大戦後にも，海外から先端技術を導入し，それを自国の技術として吸収していくために政府が支援を行っていました。このような技術導入の支援は，企業の生産技術をアップデートして，生産性を向上させる上で重要な役割を担ってきました。しかし，技術水準がキャッチアップのフェーズを超えると，次に重要な政策課題は，最新の技術

---

13 ただし，SEMATCH の成果については，それほど肯定的な評価がなされているわけではありません。たとえば，Mowery and Nelson［1999］。

14 日本の共同研究開発については，Branstetter and Sakakibara［1998］，［2002］が代表的な研究の 1 つです。

を導入することから，新しいモノゴトを生み出す能力を育成することに変わっていきます。その点で重要だと考えられているのが，研究開発の支援です。

基盤的な研究開発の支援

専有可能性が低い研究開発（典型的には基礎的な研究）へは企業は投資をするインセンティブはありません。基礎的な研究開発であればあるほど，その成果で特許をとることは難しくなります。基礎的な研究開発は，モノゴトの理解が目的になるからです。そのような成果は論文にはなるかもしれません。論文になれば，公共財として基本的には（論文にアクセスできれば）誰でも利用できる知識になります。しかし，それでは，その投資を行った企業がその成果を排他的に利用することはできず，投資からのリターンを獲得することが難しい（専有可能性が小さい）のです。

そのため，企業だけに任せておくと，研究開発投資が社会的に見ると過少になってしまいます。基盤的な研究開発や不確実性が高い研究開発を担う大学や公的な研究機関を，国が財政的に支える合理性がここにあります。

大学や公的な研究機関は，その国の基盤的な知識のプールを拡大するという社会的な役割を担っています。実際に，公的資金による基礎的な研究開発は，領域によっても異なってはいるものの，スピルオーバー効果が大きいことが繰り返し観察されています[15]。第4章で見たように，知識プールは新しさを生み出すためには重要です。それがなければ，企業は新しさやそこから経済的な価値を生み出すことは難しくなります。新しい知識が生み出されれば，それはビジネス機会になるのです[16]。

産学連携の促進

大学や国の研究機関が基礎的な研究開発を担い，それを企業が事業化していくことを促進するために，産学（あるいは官も）連携が進められてきました。これも，企業にとってはイノベーションを生み出すためのコストを低下

---

15 Salter and Martin [2001].
16 この点については，姉妹書『アントレプレナーシップ』の第2章で詳しく見ています。

させるものであり，なおかつ知識プールを大きくするものと考えられます。アメリカ政府は，1994年からSTTR（Small Business Technology Transfer Research）もスタートさせました。これは，前述のSBIRと同じような研究開発補助金を中小企業に提供するプログラムですが，大学や公的な研究機関と産学連携を行うことが条件となっているものです。

　産学連携をスムーズに進めるのは簡単ではありません。大学などの研究機関と企業では達成しようとしている最終的な目的が異なっている点が，マネジメントを難しくさせる最大の要因です。大学などの研究機関の目的は，知識のバウンダリーを広げるような研究成果を生み出すことにあります。そのような研究成果は，公共財的な側面を持っています。大学などの研究機関は，企業では専有可能性が低すぎてなかなかできないような基礎的な研究開発を担うという社会的機能があるのです（だからこそ，国による経済的な支援があるわけです）。これに対して，企業の目的はやはり利潤を最大化させることにあります。もちろん，それぞれの企業にはそれぞれのミッションがあり，儲かれば何でもよいというわけではありません。しかし，やはり研究機関と企業は，最終的な目的や担っている社会的な機能も違うのです。もちろん，産学連携で一緒に同じ目標を持って取り組むわけではありますが，どうしても利害が対立することもあるでしょう。複数の組織が集まって取り組む産学連携の場合には，その時の調整が難しいのです。

　マネジメントが難しい産学連携ですが，それを上手く始めるための基本的な条件の1つが知的財産権の所在の明確化です。研究開発を担う研究機関が，その成果をしっかりと知的財産権で保護してくれなければ，企業はなかなか連携に踏み切れないのです。知的財産権で保護してくれれば，企業は研究機関との間で，自社がその成果を排他的に実施するという契約を結ぶことができるのです。つまり，せっかくの成果を他社にとられる心配がなくなるのです。もしも，共同研究開発の成果が，論文で発表されるだけで，知的財産権で保護されなかった場合には，その成果は誰でも使えることになります。公共財です。これでは，企業側は困るのです。

　しかし，社会的には公共財としての新しい知識を生み出すという機能を担っている大学や公的な研究機関が，その成果を知的財産権で保護するということは，研究成果の私有化ともいえます。大学や研究機関にとっては，産

学連携は研究費を確保する上で大切です。また，すぐれた技術を特許化できれば，ライセンシング料が入ってくるかもしれません。大学の重要な収入源となるでしょう。大学の研究者のインセンティブともなるでしょう。学術界においてビジネスの側面が多くなってくることは，アカデミック・キャピタリズムと呼ばれたりしています[17]。これが進みすぎると，公共財としての新しい知識の生成が阻害されてしまうのではないかという懸念も出始めています。たとえば，特許がとれるような領域の研究者に対して大学が経営資源を傾斜的に配分したり，研究者も産学連携ができたり，特許をとれるような応用や開発の領域に研究をシフトさせたり，あるいは公共財として研究者の間での研究資材や情報の自由なやり取りを特許を申請するまではためらったりという懸念があるのです[18]。ただ，今のところは，そのような懸念は目立ったかたちでは見られていません。特許を多く取得している研究者は，論文も多く発表していることや，質の高い論文を発表している大学の方が特許取得が多いことなどが観察されています[19]。

2　イノベーションに影響がある政策

　イノベーションを促進することは第一義的な政策目標ではないものの，イノベーションに影響が大きい政策についても見ていきましょう。これらについても，①インセンティブ，②コスト，そして③知識プールに分けて考えていきましょう。

■ インセンティブに影響する政策

　新しいモノゴトを生み出そうとするインセンティブは，個人のインセンティブと企業のインセンティブに分けることができます。個人のインセンティブに影響するものの代表的なものとしては，発明に対する対価があります。企業のインセンティブに影響を与えるものには競争政策があります。ま

---

17 アカデミック・キャピタリズムについては，Slaughter and Leslie [1997]，Slaughter and Rhoades [2004]，上山 [2010] を参照してください。

18 Walsh et al. [2007]．

19 Azoulay et al. [2009]，Owen-Smith [2003]．

ずは，発明に対する対価から見ていきましょう。

職務発明への対価

　企業で研究開発をしている人は，仕事で発明をしています。これは，職務発明と呼ばれています。仕事で発明活動をしているわけですから，研究開発の対象ややり方をすべて自由に自分で決められるわけではありません。もちろん，自由裁量の余地はあることが多いわけですが，あくまでも，仕事です。研究開発に必要な設備や資材を自分で用意する必要はありません。

　研究開発をしている人は，組織の中では新しいモノゴトをつくっているといえます。イノベーションの重要なプロセスの1つです。研究開発の成果としてすぐれた技術が生み出されれば，それが企業の競争力に直結することも少なくありません。とくに，製薬やエレクトロニクスなどといったいわゆるサイエンス型産業では，研究開発の成果は顕著に企業が生み出しうる経済的な価値を規定します[20]。

　この職務発明に対する対価が，少なすぎるのではないかと考えられ，2000年代に入り日本では訴訟が行われてきました。この訴訟は，職務発明対価請求訴訟と呼ばれています。これは，職務として行った研究開発の成果が生み出した経済的な価値に対して，それを実際に発明した発明者が得た対価が不当に小さいことや，企業側が一方的に特許を受ける権利を承継することに対する訴えでした。

　職務発明に対する対価は，研究開発に対する重要なインセンティブです。すぐれた発明をすれば，大きな対価がもらえると期待できればやる気がでるでしょうし，期待できる対価が小さければやる気はでません。もちろん，研究者たちは常に金銭的なインセンティブに強く反応するわけではないかもしれません。研究費や研究上の自由裁量権の拡大，あるいは昇進などを望む人も多いでしょう。しかし，金銭的なインセンティブがあまりに小さすぎると，「会社にとって重要だと思われていないのではないか」という社会的な承認に対する疑念すら湧いてくるかもしれません。

　職務発明に対する対価は，国が政策によって決めるわけではありません。

20　サイエンス型産業については，後藤・小田切［2003］を参照してください。

そのため政府の政策ではありません。基本的に，企業のマネジメントと従業員の関係において決められるものです。もしも，それに対して従業員が不当だと考えれば，訴訟になることもあります。その場合には，裁判所が判断を下します。

　職務発明対価請求訴訟では，裁判所は，発明者の貢献（業務の延長線上でなく，着想が発明者独自なものである程度）を算出し，それに基づいて，企業に対価の支払いを命じています。2010年頃には訴訟の数も減り，判決では，年々，発明者へ支払いを命じられる額は小さくなっています。これは必ずしも，裁判所が職務発明の対価を小さく評価しているということを意味するものではありません。訴訟が減ってきたということは，企業が発明に対する報奨の制度を整備してきたり，企業と従業員との間で職務発明をめぐる共通の期待が形成されてきた結果と考えることもできます。しかし，もしも従業員が発明に対する対価が不当だと判断し，訴訟となった時に，裁判所が発明への対価を高く判断すれば，研究開発に対するインセンティブは大きくなりますし，対価を低く判断すればインセンティブは小さくなります。

競争政策

　競争政策は，企業のインセンティブに影響を与えます。競争政策とは，独占，カルテルや談合などによる不当・不公正な取引の是正，あるいは規制の撤廃や緩和（あるいは強化）などです。企業間の競争を公正で自由なものにすることが目的です。

　競争政策は，第6章で見た，①独占的な利益の獲得に対する事前の期待，②独占的なポジションの事後的な確立，そして③競争圧力のすべてに直接的に影響します。イノベーションを促進することを第一義的な目的にしているものではありませんが，イノベーションのインセンティブに影響します。

　独占禁止法は，競争政策のなかでも中心的なものです。第1章で見たような，消費者余剰と生産者余剰の合計である社会的余剰（総余剰）を減少させるような取引は，経済的な厚生上望ましくありません。独占的な企業は，生産量を小さくし，価格を上げて独占的な利潤を得ます。そのため，一般的には望ましくないと考えられています。死重損失（Deadweight Loss）と呼ばれるものが発生するからです。しかし，独占企業が他社にはないすぐれた技術

を持っている場合（あるいは今後そのような技術を生み出す可能性が高い場合）には，一概に独占はよろしくないとはいえません。独占企業は生産量を小さくし，価格を上げるのですが，その価格が独占企業よりも劣った技術で他社が生産するよりは，まだ低いものになる可能性があるわけです。そのために，単純に市場の支配力の強い独占的な企業が成立することを排除して，市場を競争的にすればそれでよいわけではないことには注意が必要です。

■ コストに影響する政策

　新しいチャレンジをすれば，失敗することもあります。もしも，失敗が取り返しのつかないものになってしまう場合には，新しいチャレンジをするコストが高いということになります。その反対に，その失敗から早く立ち直らせてあげる（あるいは，失敗をポジティブに評価してあげる）ことができれば，新しいチャレンジをするコストは低いということになります。

破産法と労働者に対する保護

　国の政策として，このコストに大きな影響を及ぼすものは，破産法と労働者に対する保護です。これらは，第5章のナショナル・イノベーション・システムのところで見てきたので，簡単に見直していきましょう。

　破産法から見ていきましょう。まず，イノベーションを促進することは，破産法の第一義的な目標ではありません。あくまでも，利害関係者や債権者，債務者の間の権利関係の適切な調整と公平な清算，そして債務者の再生の機会の確保が目的です。しかし，イノベーションに対する影響も大きいと考えられています。新規性の高い試みをすれば，失敗することもあるでしょう。そのため，新しい試みをしたことによって，経営が立ち行かなくなる企業もあります。そのような企業が，速やかに倒産し，ビジネスを清算できるかどうかは重要です。速やかに倒産できれば，企業家には再生の機会が与えられることになります。企業家は，新しいチャレンジをしやすくなります。もしも，債権者に対する保護が強い場合には，速やかな倒産ができません。企業家の再生の機会は限定的です。そのため，債務者にやさしい破産法は，失敗のコストを低め，新しいチャレンジを促進すると考えられています。

　労働者に対する保護の強さも，企業にとってはイノベーションのためのコ

ストに影響します。新しいチャレンジをすれば，そのビジネスが失敗に終わることも少なくありません。そのため，そのビジネスから撤退しやすいかどうかは重要です。もしも，いったん始めたビジネスからの撤退が難しければ難しいほど，新しいビジネスを始めるコストは高いということになります。ビジネスからの撤退を難しくする要因の1つが，雇用です。そこで雇われている人材の整理解雇がしやすければ，ビジネスを閉めることはそれほど難しくなく，新しいチャレンジのコストは小さいといえます。解雇が難しければ，余剰人員を他の部署に回すなどして調整しなければなりません。それでは，新しいチャレンジをするコストが高いのです。解雇がしやすければ，企業にとってのイノベーションのためのコストは小さくなりますが，そこで働く従業員にはやや異なった影響が出ます。働く人にとっては，あまり腰を落ち着けて長期的な取り組みがしにくくなってしまうのです。解雇のしやすさは，労働法だけでなく，裁判の判例によっても規定されています。それらの目的は，あくまでも労働者の保護にあり，イノベーションの促進ではないことには注意が必要です。

移民とイノベーション

　移民の受け入れは，政府にとっては社会・経済・外交上の重要な政策の1つです。移民については，その受け入れが，その国の社会生活や文化，あるいは経済にどのような影響を与えるのかなどについてさまざま議論が蓄積されてきました。

　移民はイノベーションにどのような影響を与えるのでしょうか。国をまたいだ人材の移動がイノベーションにどのような影響をもたらすのかについては，多くの研究がされてきました。そこでは，どのような人材がどのように移動しているのかについて体系的に蓄積されたデータがないことが大きな障壁となってきました。ただ，いくつかわかってきていることもあります。

　移民は，自分のスキルのレベルによってそもそも移動するかどうか，どこに移動するのかを選択しています。つまり，移民を受け入れる国と，送り出す国の間で人々のスキルとビジネス機会（得られるであろう賃金）が偏っていることが移民となる理由の1つです。移民を考える人は，自分のスキルとそれを基にして得られるであろう賃金が高い地域を移民先として選ぶことに

なります。つまり，高スキルの移民を魅了するためには，彼らが高い賃金を得られることが重要です。

　もちろん，移民となるのにもコストがかかります。たとえば，アメリカへの移民は地理的に近い中南米からの方が，インドや中国からよりもコストが低くなります。移民のためのコストが高ければ，そのコストを差し引いた上でも，高い賃金が期待できると思う人（つまり，より高スキルな人）が移動してくるということになります。

　そのため，移民の割合は，多くの国で大学卒業以上の個人の方がそうでない人よりも高いことがわかっています。学歴が高い人の方が汎用性の高いスキルを持っていることが一般的です。そのような人の方がグローバルな情報にアクセスしやすくどこにチャンスがあるのかを早く知ることができるでしょうし，ホスト国で職を得やすいのでしょう。また，高スキルの人材をより好んで迎え入れる政策をとっている国も多いことも背景にあります。高スキルの人材を移民として受け入れる政策がイギリスやオランダ，アメリカなど多くの国でとられています。

　高スキルの移民は先進国に集まる傾向があります[21]。OECD 諸国の中でもアメリカ，カナダ，オーストラリア，イギリスに多くが集まっています。そして，これらの高スキルの人材は，学術界，エンターテインメント，文学界や医学界など幅広く活躍しています。数学界のフィールズ賞や文学界の国際ブッカー賞，ノーベル賞などでは移民の受賞者が多いのです。また，アメリカでは，移民の方がより企業家的だという研究もあります。アメリカの国勢調査のデータなどを分析した研究でも，移民は新しいビジネスを立ち上げる上でも重要な役割を担っていることが明らかになっています[22]。アメリカの入国ビザと 2003 年の大学の卒業生への調査を用い分析すると，学生用のビザで最初に入国した移民は，アメリカ人よりも賃金や特許あるいは論文の出版などにおいて高い成果を上げていました[23]。このことは，アメリカにとって留学生が重要な役割を担っていることを示唆しています。高度なスキルを身につけた留学生がとどまって重要な労働力になっているのです[24]。また，

21　Artuc et al.［2015］.

22　たとえば，Kerr and Kerr［2016］，［2018］。

23　Hunt［2011］.

移民は既存企業の採用や昇進などにおいて「ガラスの天井」に突き当たると考えている傾向が大きいため，自分でビジネスを始める傾向も高いという指摘もあります[25]。実際に，移民や移民の子どもたちの起業家は枚挙に暇がありません。

移民が入ってくると，本国の労働者の賃金の低下や所得の格差などが心配なところです。長期的に見ると，移民は受け入れる国の成長を後押ししていると考えられていますが，短期的には，移民による置き換えが起こっています。たとえば，コンピューター・サイエンティストや数学者などでは，移民によって本国の労働者が置き換えられている（クラウディング・アウトといわれたりすることもあります）ことが見られています[26]。

移民を送り出す国にとっては，高いスキルの人材の流出は頭脳流出ということになります。優秀な人材が流出することはどうにかして食い止めたいところではあるのですが，実際には悪いことばかりではありません。出身国に戻る移民も存在するのです。彼らは移民していた国と出身国のネットワークをつなぐ上で重要な役割を担っているといわれています。インドや台湾などの事例では，帰国した移民を通じて出身国の産業へ知識のスピルオーバーが見られています[27]。

■ 知識プールを大きくする政策

知識プールを大きくすることは，イノベーションにとってだけでなく，人々の生活の質の向上にとってもとても大切です。質の高い教育は，職業選択の機会を広げてくれるだけでなく，より健康で，さまざまな視点から社会を見る目も養ってくれます。そのため，質の高い教育を安価に提供するという点で国や地方行政は大切な役割を担っています。

基盤的な教育

教育は，労働の質を高める上で重要です。産業革命期には，イングランド

24　Bound et al.［2015b］.
25　Iwata［1993］.
26　Bound et al.［2015a］.
27　Saxenian［2002］, Breschi and Lissoni［2001］.

において識字能力の向上が見られていたことがわかっています[28]。識字能力は，技術の伝達においてきわめて重要です。産業革命期の識字率の向上には，教会が重要な役割を果たしていましたが，現在の人的資本に対する投資では，政府の役割が重要です。人的資本に対する投資が脆弱で，教育の水準が低ければ，企業は自社で人材開発のためにしなければいけない追加的な投資が大きくなってしまいます[29]。

　教育は，労働力の質を高め，より効果的なものにするだけではありません。新しい技術の導入を含めた変化に対する対応力を上げてくれます。この点からすると，企業が望む特定のスキル教育だけに偏ることはリスクが高いのでやめた方がよいということになります。イノベーションが社会で多く生み出されてくればくるほど，特定のスキルが陳腐化する可能性は高まるのです。そのスキルが陳腐化した時に，その人は困ってしまうのです。

　教育は，社会移動も促進します。そのため，教育は適材適所を通じて人々の所得の向上や不平等の解消に役に立ってきました。もしも，教育のコストが大きくなると，裕福な家の子どもだけが質の高い教育を受けられ，その恩恵を受けることになります。その結果，社会移動も小さくなり，経済的な格差が広がってしまいます。誰でもが安価にアクセスできる質の高い教育は重要です。実際に，アメリカでは1960年代まで中等教育を中心とした投資が労働生産性を向上させる上で大きな効果を上げていましたが，1970年代後半から1980年代にはそのような生産性の向上は見られなくなってきました[30]。その1つの要因は，高等教育の教育負担の増大によって，高等教育を受ける機会が偏在化したことです。もう1つの要因は，技術変化です。技術がスキルを代替していったのです。大学学部卒の賃金でのプレミアムはアメリカでは2005年に無くなっています。賃金プレミアムを得るためには，大学院での教育が必要です。それだけ高いスキルを持っていないと，技術と競争させられてしまうのです。しかし，そのような高等教育を受ける負担が高くなると，格差が固定されやすくなります。

28　Allen［2009］.

29　日本においても複利表を使った金利の計算が，国民の金融リテラシーを高めることにつながっていたのではないかという指摘もされています（横山［2019］）。

30　Goldin and Katz［2008］.

3　政策の実施と評価

これまでイノベーションを促進することを目標とした政策やイノベーションに影響の大きい政策について見てきました。本章の最後に政策の立案と実施，そして評価を考えてみましょう[31]。

■ エビデンス・ベースの立案と実施の難しさ

どのような目標を立てて，具体的にどのような政策を立案するのかは，イノベーション政策に限らずどの政策においても大切です。とくに2000年代に入り，エビデンスに基づく政策立案（EBPM：Evidence Based Policy Making）の重要性が強く指摘されるようになりました。声の大きい人の思いつきや流行っている専門用語に流されて重要な政策が決められては困ります。思いつきベースとしか考えられないような政策がたくさん立案されており，それが期待通りの成果を上げていないという反省がこの背後にはあります[32]。また，税金を使うことから，広く国民に対して政策の説明責任が求められるということも重要な理由です。だからこそ，きちんとしたエビデンスに基づいて，政策を立案していこうという考え方です。

エビデンスとは，その政策の合理性を示す証拠です。どのようなものが証拠になりうるのかについては議論がありますが，基本的には，記述的な統計と因果関係を推定するための実証的な分析結果です。ということは，EBPMのためには，記述的な統計や実証的な分析結果の基となるデータが分析できるかたちで残されておく必要があります。また，政策評価のためには，事前に政策実施の結果，どのような成果が生じるのかの論理関係を細かく想定し，実際にどのようなことが起こったのかを観察し，評価することが大切です。そのため，政策により投入されるインプット，それによる活動のアウトプッ

31　科学技術政策と社会の合意形成については，政策担当者以外にはややとっつきにくいかもしれません。まずは全体像を把握したいという人は，標葉［2020］を参照してください。

32　エビデンスが求められるようになった背景には，専門家に対する社会的な信頼性が揺らいでいるという背景もあるという指摘もあります（Porter［1995］）。

ト，そして，その結果生じる成果（アウトカム）の間の論理的な関係を記述するロジックモデルが重要と考えられています。

　イノベーションに関する政策特有の難しさは，「新しさ」を生み出す点にあります。まだ，世の中にない新しいものを考えてみてください。たとえば，タイムマシン，どこでもドア，四次元ポケット……ちょっとドラえもんっぽくなってしまいましたが，新しいエネルギー源やロボットに人間を移植する技術など，新しいものはたくさんあります（むしろ，すでに生み出されているモノの方が少ないのです）。そのような新規性の程度がきわめて高いものは頻繁には生み出されません。そのためどのような政策が有効なのかを実証的に分析するためのデータは限られたものになります。

　さらに，新しい政策を立案する時にも EBPM は難しくなります。前例がない政策には，それを行う合理性をサポートする証拠ももちろんありません。過去をいくら探しても，エビデンスは出てきません。

　たとえば，この章で見た SBIR は，実は 1977 年にアメリカ国立科学財団（NSF: National Science Foundation）で小さく始められていました。前例のない政策でした。それを進めたのは中小企業支援をしてきた実務家のローランド・ティベッツ（Roland Tibbetts）や上院議員のエドワード・ケネディ（Edward Kennedy）たちでした。彼らは，中小企業の研究開発を促進させるためには SBIR（のようなプログラム）が必要だと信じ，それを政策にしていったのです。もちろん，事前には SBIR をやれば上手くいくというデータはどこにもありません。新しい政策を立案する時点でエビデンスを重視しすぎると，どこかですでに成果が出ている政策の後追いの政策しか立案できません。

　それでは，イノベーションに関する政策において，エビデンスがまったく必要ないかといえばそうではありません。新しい取り組みは実験です。小さく始めて，政策により投入されるインプット，それによる活動のアウトプット，その結果生じる成果（アウトカム）を丁寧に検証することが大切です。ここで初めてエビデンスが出てくるのです。そして課題が出てくれば対応策を練り（場合によっては，政策の中止），上手くいけば拡大していくことになります。

■ 政策に対する社会の合意形成

　前例のない政策を立案するときには，その政策の合理性をサポートするエビデンスがないからこそ，社会的な合意形成が重要になります。

　ここで，イノベーションについての政策においてとくに注意しなければいけないポイントが2つあります。1つめは，社会的な合意を形成する相手です。一般的に社会的な合意形成というと，合意を形成する相手は広く国民です。この点は，イノベーションについての政策でも変わりはありません。ただし，イノベーションについての政策では，企業が直接的な利害関係者になります。イノベーションは企業の競争力を大きく左右するものですから，当然です。そこで，企業の合意を取り付けようとするわけですが，ここに注意が必要です。事前に合意が形成できる企業は，すでに存在している企業だけです。しかし，既存企業だけの合意を取り付けていては，生み出しうるイノベーションが既存企業に有利なものに偏る可能性があります。既存企業の能力をさらに強化するようなイノベーションや累積的なイノベーションを促進するような政策には合意が形成されやすい一方で，既存企業の能力を破壊するようなイノベーションを促進しようとする政策に対しての合意形成はされにくいでしょう。既存企業が抵抗勢力になる可能性すらあるのです。この点については重要なポイントなので，次の章でも考えていきましょう。

　2つめは，その政策が生み出す結果がよくわからないために，合意形成が難しいという点です。イノベーションは，新しいものです。それが社会にどのような影響を与えるのかは，事前にはよくわからないことも少なくありません。そのため，何にどのように合意を形成するのが適切なのかもよくわからないのです。

　たとえば，1997年に報道された羊のドリーは有名になりました。ドリーは体細胞クローンの羊です。動物のクローン技術が発展すると，医薬品の製造に役立つでしょうし，食料が安定的に供給されるようになるかもしれません。絶滅のおそれのある動物を保護したり再生したりできるようにもなるでしょう。しかし，もしも，このクローン技術が人間に応用されたらどうなるでしょう。人間が道具のように生産されるかもしれませんし，それによって社会のあり方が大きく変わるかもしれません。そのため，多くの国ではひとまず，人間のクローン技術に規制がかけられています。新規性の高いもので

あればあるほど，何にどのように合意を形成すれば効果的，あるいは効率的なのかなどについては，今後研究が期待されるところです。

■ 政策評価

　政府の政策をどのように評価するのかは，イノベーションに関するものでなくても重要な課題です。しっかりと，政策評価がなされなければ，政策の質が高まりません。そのため，アメリカでは1993年に政府業績評価法（GPRA：Government Performance and Results Act）が成立しました。これは，中央政府のそれぞれの省庁の政策を評価するために，省庁ごとに政策目標を設定し，その達成状況を評価するというものです。GPRAの取り組みは，とくにイノベーション政策に限ったものではなく，政府の政策を評価する一般的な枠組みです。

　イノベーションについての政策を評価しようと思ったら，それが政策目標にどのように貢献したのかを調べなくてはいけません。そこでは，政策のインプット，アウトプット，アウトカムの論理的な関係（ロジックモデル）を丁寧にひもといていかなければなりません。実証的に分析ができるように，事前にデータが適切に蓄積されるように設計しておく必要もあります。

　また，政策には意図せざる結果はつきものです。その意図せざる結果が望ましくないものであれば，対応しなければなりません。たとえば，イギリスは1980年代から大学の研究評価の枠組みを見直し，RAE（Research Assessment Exercise）と呼ばれる評価枠組みを導入し，研究の成果に基づいて資源を傾斜させて配分しようという政策を始めました。RAEの評価では，論文の数や質に重点が置かれました。たしかに，大学の研究に対する評価ですから，論文の数と質はとても大切です。しかし，大学は，研究者たちにとにかく論文の数を稼がせたり，質の高い論文を生み出した（あるいは生み出しそうな）研究者のリクルート競争を始めてしまいました。しかし，生み出された論文の数は少なかったり，他の論文によって引用される数（被引用件数）はそれほど多くなくても，社会的に重要な研究もあるのです。RAEを続け，論文の数と被引用件数だけを数えていると，このような研究が減ってしまいます。そこで，イギリス政府は，RAEをアップデートし，2014年からREF（Research Excellence Framework）が導入されています。このアップデートは，

研究の社会へのインパクトも評価に入れようということがポイントです。ただし，社会へのインパクトを測ることはなかなか難しいのです。そのため，大学側が社会にどのようなインパクトをもたらしたのかを質的に記述し，それを第三者が評価するのです。もちろん，これで完璧というわけではありません。常に評価のあり方のアップデートを続けていくのです。

4　本章のまとめ

　本章では，イノベーションのための政策を見てきました。イノベーションを促進することを第一義的な政策目標にするものと，そうではないもののイノベーションに大きな影響を与えるものをそれぞれ考えてきました。イノベーションは経済成長の重要な源泉であるため，それぞれの国にとって企業のイノベーションを促進することは重要な政策課題になっています。第5章で見てきたような，ナショナル・イノベーション・システムのアップグレード競争ともなっています。そのため，イノベーションを生み出すことを第一義的な政策目標としていないものであっても，イノベーションに対する影響を考えることが多くなってきています。ただし，国としては考えなければならないのはイノベーションだけではありません。この点については，次の章で考えていきましょう。

もう一歩詳しく知るためのリーディング

　　イノベーションと競争政策については，法律と経済の両方の側面から考えさせてくれる次の本がおすすめです。競争政策を考える上での基本となるポイントがわかりやすく解説されています。

⇨ 小田切宏之［2016］，『イノベーション時代の競争政策：研究・特許・プラットフォームの法と経済』有斐閣。

　　イノベーションという観点から国と企業の関係を考えるのには，マリアナ・マッツカートのこの本がおすすめです。国は民間に比べてアントレプレナーシップが小さく，イノベーションを生み出す力が弱いと一般的に考えられています。しかし，それは神話であって，イノベーションを生み出すためには国の関与がきわめて大切だということをわかりやすく説明して

くれています。

⮑ Mazzucato, Mariana [2015], *The Entrepreneurial State: Debunking Public VS. Private Sector Myths*, PublicAffairs.（大村昭人訳『企業家としての国家：イノベーション力で官は民に劣るという神話』薬事日報社, 2015 年）

第15章

イノベーションと社会

■ イノベーションが多く生み出されるようになると，どのような影響が社会に出てくるでしょうか。できるだけ具体的に影響を1つ考え，それを掘り下げてください。

■ イノベーションに対する抵抗を小さくするためにはどのような制度が重要になるでしょう。

　本書でこれまで見てきたように，イノベーションには経験的な規則性があります。イノベーションというと，人々のひらめきや熱い情熱，あるいは狂気（良い意味でのクレイジーさ）などに焦点が当てられることが多くあります。それらも大切なのですが，経験的な規則性が観察されているということは，イノベーションを促進したり，阻害したりする要因があると考えられます。

　本書ではこれまで，イノベーションの生成やその性質に影響を与える要因をいろいろ考えてきました。本書の最後に，イノベーションが促進されると，社会にどのような影響が出るのかを考えていきましょう。

1　創造と破壊の時間差

イノベーションは創造的破壊といわれます。これまでは，主に創造的な側面に焦点が当たってきました。イノベーションの創造的なポイントは，経済成長をもたらしたり，私たちの生活を豊かにしたり，企業の競争力の源泉になったりすることにあります。良いことずくめです。実際に，わたしたちの生活もイノベーションによりどんどん便利になっています。上下水道や屋内配管が生み出され，それが普及したおかげで，川や井戸に毎日水を汲みに行く重労働から解放されました。自動車があることで，移動のために馬を使わなくてもよくなりました。馬のフンを掃除しなくてよくなりました。ミシンのおかげで，裁縫の生産性が上がりました。これらは古い例で，今では当たり前になりすぎているものです[1]。生活を便利にしたイノベーションには枚挙に暇がありません。それらがなかった時代に戻る想像を少ししてみただけで，「……」と思うのではないでしょうか。だからこそ，いつからかイノベーションはみんなで目指す目標となったのです。

しかしながら，本当にそれほど善きことなのでしょうか。イノベーションはその創造的な側面にばかり注目が集まってきましたが，2010年代から破壊される側にも少しずつ光が当てられてきました[2]。イノベーションには，創造的な側面と破壊的側面が存在しているだけでなく，それぞれは時間差で影響をもたらします。この時間差がやっかいです。この点から考えていきましょう。

■ 時間がかかるイノベーションの果実の浸透

イノベーションの創造的な側面の効果は，長い時間をかけてじわじわと波及します。たとえば，産業革命のきっかけの1つとなった飛び杼の発明からミュール紡績機が出来るまでには，およそ50年もかかりました。それらが

1　イノベーションがいかに人々の生活を便利にしてきたのかについては，Gordon［2016］を参照してください。水をくんだり，馬のフンを掃除したりすることがいかに人々の生産性を下げていたのかがわかります。

2　たとえば，Soete［2013］や清水［2019］などを参照してください。

普及して，生産性が向上していくには，さらに多くの年月がかかっています。蒸気機関もその普及には長い時間がかかっています。ニューコメンが1712年に最初の蒸気機関を発明し，それに改良を加えたワットが1769年に新しい蒸気機関をつくっていたにもかかわらず，イギリスで蒸気機関が水力や風力を超えるのは1830年から1870年の間でした。その普及に，およそ100年かかっていたのです。ワットの特許は1800年に切れているにもかかわらずです。

　なぜ，100年もかかったのでしょうか。それは，燃費が悪かったのです。熱効率が悪かったのです。なおかつ重かったのです。そのために，ピストンエンジンの改良を行う必要がありました。また，帆船も蒸気船が登場したことがきっかけで改良が重ねられ，スピードが早くなったことも蒸気船に置き換わるまでに時間がかかったことの一因です。第3章でもふれた帆船効果です。

　帆船効果の方に話がずれてしまったので，戻しましょう。新しいモノゴトが生み出されてからそれが普及するまでに時間がかかりますし，さらに経済的な価値が生み出されるまでにも時間がかかるのです。イノベーションの要件である「経済的な価値」について確認してみると，2005年のロンドン・スクール・オブ・エコノミクスのニコラス・クラフツの試算によれば，イギリスの産業革命で実際にイノベーションの貢献による1人当たりのGDPの伸びが見られるのは，1800年代に入ってからだったのです[3]。

普及と生産性の向上にかかる時間

　なぜ，時間がかかるのでしょう。その理由は大きく2つあります。1つの理由は，補完的な技術や制度の整備に時間がかかることにあります。これは本書でも繰り返し見てきたポイントです。

　経済史家のポール・デイビッドは，アメリカの工場の動力源の電化（ダイナモの普及）とその果実である生産性の向上に時間がかかったことを次のように分析しています。アメリカの工場は，元来，蒸気機関を動力源としていました。そこに，電力のダイナモが新しい動力源として登場したのです。先

---

[3]　Crafts［2005］.

進的な工場主は，すぐにそれを取り入れました。しかしながら，生産性はほとんど向上しなかったのです。期待はずれでした。

　なぜでしょう。それは，工場の配置を大幅に刷新する必要があったからです。蒸気機関を動力源としていた工場では，生産ラインは，蒸気機関からの距離を最小化するように配置されていました。生産ラインはベルトで，1つの蒸気機関につながれていたのです。そのために，蒸気機関を囲うように多くの階がつくられていました。しかし，電力のダイナモを動力源とした場合には，多くの階がある工場の合理性はなくなったのです。ダイナモは小型ですから，それぞれの生産ラインの責任者がスタートボタンや停止ボタンを都合の良いところで押すことができました。生産ラインは，モノの移動を最小化するように設計することができるようになったのです。工場は1階（平屋）建てにして，モノの移動を最小化するような配置にすることによって，生産性が上がるようになったのです。また，それまでは大きな蒸気機関1つですべてのラインがつながって動いていましたが，電力化によってより細かな調整ができるようになりました。権限と責任を細分化し，細かな分業ができる余地ができたのです。しかし，工場の生産ラインを効率的に運営するためには，それができるような能力を身につけた人材が必要です。その人材がきちんと供給され，ダイナモを電力源として使うように効率的に工場のレイアウトが整備されるようになって，初めて生産性が向上したのです。それには，およそ30年かかりました。

　もう1つの時間がかかる理由は，破壊される側の抵抗です。イノベーションが既存のシステムを大きく破壊するようなラディカルなものである場合には，既存のシステムにおいて目的の極大化に成功している組織（あるいは人々）からの抵抗があるため，社会に普及するのには時間がかかるのです。

　イギリスの産業革命期のラッダイト運動が有名な抵抗の例です。綿工業において自動化された機械に職を奪われた熟練労働者たちが機械の打ち壊しを行ったのです[4]。さすがに，これほど暴力的な抵抗運動は最近はなかなかありません。すぐに捕まってしまいます。しかし，抵抗がなくなったわけでは

4　ラッダイト運動については，そもそも機械の打ち壊しは労働者の資本家に対する交渉の1つの手段として従前から行われていたものであり，機械が雇用を奪っているとして敵対視されたのは，わずかであったという見方もあります。

ありません。

もっと静かな抵抗です。社内にも静かな抵抗はたくさんあるでしょう。新しいやり方を導入することに対する抵抗です。パレンテとプレスコットは，生産性が高まらず経済的な成果が収斂しないのは，ベストプラクティスから学び，それを導入することに対する抵抗があるからであると指摘しています[5]。

■「時間差」が抵抗を呼ぶ

イノベーションの恩恵は長い時間かけて，社会全体へと浸透していきます。その一方で，イノベーションの「破壊」の側面は，比較的短期間に特定の人に局所的に現れます。

たとえば，自動電話交換機の登場により，電話料金は低下し，格段に使いやすくなりましたが，電話交換手の仕事は必要なくなりました。自動運転技術が発展すると，社会全体としては生産性の向上が期待されていますが，トラックやバス，あるいはタクシーなどの運転手のスキルは陳腐化することになるでしょう。

新しいイノベーションが社会に浸透していく過程で，経済的な格差が一時的に大きくなるのもこのせいです[6]。イノベーションの恩恵は人々に実感されにくい一方で，特定の人々に短期的に集中するコストは深刻なものとして当人たちには認識されやすくなります。

ネガティブな影響を受ける人は，もちろん，そのイノベーションが浸透することに大きな声で反対します。自分の職がなくなってしまうかもしれない人たちにとっては，イノベーションの恩恵よりもコストの方がはるかに大きいからです。コストを被る人が特定の人に集中すればするほど，その人たちの抵抗は強くなります。

抵抗は，さまざまなかたちをとります。政府の規制による保護を訴えるものもあるでしょうし，暴力的なものもあるかもしれません。ストライキもあるでしょう。あるいは，サボタージュのような組織の中での静かな抵抗もあ

5　Parente and Prescott [2000].
6　Kuznets [1955].

ります。

　もちろん，それまでに社員がやってきた職務がなくなったとしても，経営者がより高い収益性が見込まれるビジネス機会にきちんと投資していて，そのビジネス機会を追求するのに必要な能力を各人が持っていたとすれば，社内での配置転換ができますから，それほど反対は大きくならないでしょう。

　しかし，そういう場合ばかりではありません。経営者が次のビジネス機会を見定められないようなこともあるでしょうし，社内の人員の適応能力に課題があることもあります。そのような場合に，既得権益者は，自分のスキルを破壊するかもしれないベストプラクティスの導入に強く反対するでしょう。

　経営者がいくら「雇用を守る」と言ったとしても，高い収益性が見込める投資機会をしっかりと見つけて（あるいはつくりだしてという言い方の方が正しいですが），そこに投資をし，既存の人員の再配置をしていかなければ，それは，今いる（自分を含めた）生産性の低い人のために，将来の高い収益性を犠牲にする意思決定をしているのと同じです。プレスコットらがイノベーションを阻害するものといっているのは，このことです。

　イノベーションの恩恵は時間をかけて社会全体に広く薄く拡がっていくのに，破壊のインパクトは短期的に特定の人に集中的に現れます。そのために，どうしても，抵抗運動が先に現れます。しかも，それに対抗してポジティブなキャンペーンを推進しようとしても，恩恵の方は特定の人に集中しにくいため，抵抗運動と比べるとなかなか力のあるものになりません。だからこそ，イノベーションの「時間差」問題は厄介なのです。イノベーションの創造的な側面の恩恵が浸透するのに時間がかかり，破壊のインパクトが短期的に特定の人に集中的に現れることは，社会においては格差問題も生み出します。

～コラム㉗　抵抗が生産性を下げる～

　抵抗の少なさがイノベーションにとって重要になるということは，繰り返し指摘されてきました。たとえば，ノースウエスタン大学の経済史学者ジョエル・モキイアは，世界の産業革命（とくにイギリス）を歴史的に分析して，新しい技術の導入に対する抵抗の少なさが重要な役割を担っていたことを発見しています[7]。
　ただし，これまでの研究はいわゆるケーススタディが多く，実際にどのような

---

[7]　Mokyr［1999］,［2000］.

　ことが起こっていたのかはとてもよくわかるのですが，そこで想定している原因
と結果の因果関係が他の事例についても一般化できるのかはやや心もとなくなっ
てしまいます。一方で，理論的なモデルだけでは，本当に現実がそうなっている
のかという疑問になかなか答えられないという弱みもあります。

　そこでイリノイ大学のバレンテとミネソタ大学のプレスコットらは，カリブ
レーションと呼ばれる方法を用いました。カリブレーション（Calibration）とは，
日本語では較正とも呼ばれるもので，測定の結果の値を比較して，それぞれの測
定が標準となる測定とどれだけズレているかを知り，そのズレを是正することを
意味します。もともとは，たとえば水位計や放射線量などの読みを正しく調整す
ることとして使われてきました。

　プレスコットらは，理論的なモデルをつくった上で，アメリカと日本の第二次
世界大戦後の成長の軌跡からパラメータの値をできるだけ現実的なもの（アメリ
カと日本の戦後の成長を説明できるもの）にカリブレートしていったのです。そ
の上で，そのモデルをフランス，西ドイツ，韓国，台湾の戦後の成長と照らし合
わせて妥当性を確認しています。その結果，抵抗が大きいと，企業が新技術を導
入する時に大きな投資（コスト）がかかってしまい，それが国の成長を阻害して
いることが改めて明らかになったのです[8]。

　抵抗を少なくするためには，イノベーションにより代替（あるいは陳腐化）さ
れるタスクに就いている人の次の活躍の場が大切です。企業が多角化し，規模が
成長している場合には，社内の人事異動で吸収できます。しかし，多角化の程度
や規模の成長が小さくなると，社内での吸収は期待できません。その場合，賃金
の引き下げで調整するか，イノベーションの導入が見送られることになります。

　整理解雇が容易な社会では，労働市場を通じた調整が行われています。企業は
イノベーションにより代替（あるいは陳腐化）されたタスクに就いていた人を社
内で抱えておく必要がありません。不採算のビジネスからの撤退も早く，新しい
領域への大胆な投資も行いやすいのです。

　このようにいうと，日本ではしばしば「それは強者の論理だ」と片付けられる
ことがあります。しかし，その言葉が正当性を持つ社会ほど，ラディカルなイノ
ベーションは起こりにくくなり，累積的なイノベーションを重ねることに多くの
経営資源が割かれることになります。

2　イノベーションと格差

格差について，世界的に大きな関心を集めたきっかけをつくったのは，パ

8　Parente and Prescott [1994], [2000].

リ・スクール・オブ・エコノミクスのトマ・ピケティです[9]。ピケティは高額所得者の所得の分布の推移を分析し，1980 年代以降，アメリカやイギリス，カナダ，オーストラリアなどで高所得者へ所得が集中する割合が高まっていることを示しました。この傾向は国ごとに若干の違いはあるものの，ヨーロッパやアジアの国でも見られています。ピケティは，これらの格差の原因を「資本収益率＞経済成長率」というとてもわかりやすい 1 つの式で説明しました。

　これに対して，格差の原因はイノベーションにあるのではないかという見方が，とくにアメリカの研究者から指摘されてきたのです。イノベーションによって，スキルの二極化が起こっているというのです。

■ 広がる格差はイノベーションが原因なのか

　スキルの二極化とはどのようなことかを考えましょう。まず初めに，仕事にはそれぞれ必要なスキル（能力）があります。図表 15-1 では 2 つのグラフの横軸にそのスキルを低スキルから中スキル，そして高スキルまで並べています。具体的には 1980 年の時点の職業別の平均賃金を使って，低スキルから高スキルへと並べています。この図の左側(1)図の縦軸は，雇用に占める割合の 1980 年から 2005 年までの変化を示しています。スキルがそれほど必要のない仕事に就く人と，高スキルが必要な仕事に就く人が増えている一方で，中程度のスキルの職業に就く人は減少していることがわかります[10]。

　ここでの低スキルの職業とは，介護などのパーソナルケア，清掃，警備員，肉体労働などであり，中程度のスキルとは生産，事務職員，営業などの職業であり，高スキルとは専門職や技術者，あるいは経営者などです。

　中程度のスキルに就く人がアメリカで少なくなってきたのは，これらの職務がオフショアリングにより海外に移転されたり，イノベーションによって代替されたことが原因です。これに対して，低スキルの職業に就く人は減っておらず，むしろわずかにですが増えています。なぜでしょうか。中程度のスキルが減ってきているのだから，低スキルの職はそれ以上に減ってもよさ

9　Piketty and Goldhammer [2014].
10　Autor and Dorn [2013], Autor [2019].

■ 図表 15-1：スキルの両極化 ■

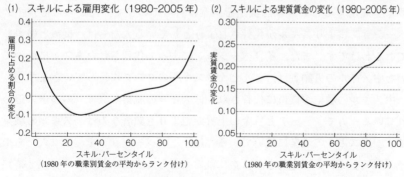

(1) スキルによる雇用変化（1980-2005年）　(2) スキルによる実質賃金の変化（1980-2005年）

スキル・パーセンタイル
（1980年の職業別賃金の平均からランク付け）

出所：Autor and Dorn [2013]，p.1551，Figure 1 から作成。

そうです。

　その理由は，低スキルの職業の賃金がそれほど高くなっていないことにあります。図表15-1の(2)図の縦軸は，1980年から2005年までの賃金の変化（1時間あたりの実質賃金の対数値の変化）を示しています。やはり中程度のスキルの職業の賃金の上昇が，低スキルと高スキルの職業のそれと比べると，上がっていない（図で見ると凹になっています）ことがわかります。注意してもらいたいのは，低スキルの人たちの賃金の変化です。働く人の中に占める割合を表している左側の図では，低スキルの人たちのシェアは高まっている一方で，その賃金はそれほど高くなっていないのです。

　中程度のスキルの人は比較的賃金が高かったため，イノベーションによって代替することができれば企業の収益性は高まります。典型的な例は，工場での溶接作業です。溶接は構造物の品質を左右する重要なプロセスです。そのため，溶接作業には資格が必要ですし，資格だけでなく熟練が必要とされるタスクです。そのため賃金もそれほど低くはありませんでした。しかし，工業用ロボットが工場に浸透すると，多くの溶接工の労働者が職を失いました。

　低スキルの人の割合が増えており，彼らの賃金がそれほど上昇していないことから，イノベーションの導入のコストと彼女・彼らの賃金が天秤にかけられていることがうかがえます。これは，機械との競争（Race Against Machines）とも呼ばれています。もしも，賃金が下がらないのであれば機械

を導入するけれど，機械を導入するよりも安い賃金で働いてくれるのならば多くを雇用するという意思決定を企業は行っています。だからこそ，イノベーションによりスキルが代替されようとしている人たちは，機械と競争しているわけです。また，イノベーションによって代替されたタスクに就いていた中スキルの労働者は，どんどん低スキルのタスクに移っていきます。

　中スキルの職業が機械に代替され，低スキルの職業が機械との競争に追われている一方で，シェアと賃金の上昇が他よりも顕著なのは高スキルの職業です。高スキルの職業に就いているのは，イノベーションを起こす人たちや，イノベーションと補完的なタスクに就く人たちです。イノベーションと補完的なタスクというのは，あるイノベーションが起こると，新たに必要となったりその価値が高まったりするタスクです。たとえば，プログラミングや新しいビジネスの構想，それを実際のビジネスとして構築するタスクなどが典型的です。もちろん，そのような職業に就く人も安泰ではありません。賃金が高い分，このタスクに就く人たちを代替できるようなイノベーションを起こす企業家のインセンティブは高くなります。自分のタスクがイノベーションによって代替されてしまう可能性はあります。

　スキルの両極化はアメリカで最初に確認されてきましたが，イギリスでも起こっており，新しい技術に代替されるタスクに従事している人々と，補完的なタスクに従事している人々との間に，格差が広がってきていることを示しています[11]。学歴による所得格差が拡大していることもわかっています[12]。中学卒業や高校卒業，あるいは大学卒業の人の所得はほとんど伸びていない一方で，大学院卒の人の所得だけが着実に伸びているのです。これはスキルの両極化と格差の拡大の一側面です。

　このように，イノベーションには，2つの相反する効果があるのです。それは，タスクを代替することで雇用や賃金を低下させる効果と，新しい補完的なタスクを創出することでそのようなタスクに従事する人の雇用や賃金を上昇させる効果です。

11　Goos and Manning［2007］.
12　Acemoglu and Autor［2010］.

■ 考えなければいけない再分配

　イノベーションが促進され，社会で多く生み出されてくると，どうしてもこの格差の問題が大きくなってきます。イノベーションの創造的な側面の恩恵は，長期的には広く社会に浸透していくのだから問題ないのではと考える人もいるかもしれません。しかし，それは，再分配が適切になされるかどうかにかかっています。

　再分配は，政治の問題です。つまり，最終的には国民の投票行動が決め手です。イノベーションが促進されてくると，上記のような経済的な格差が生じてきます。イノベーションによって陳腐化されてしまうタスクに就いていた人の所得が下がります。イノベーションが社会的に促進されればされるほど，タスクが陳腐化する人も増えてきます。所得の格差では，富裕層と貧困層を比べると，数は後者の方が圧倒的に多くなります。民主主義では，大票田となります。すると，そこに訴求するような政治家が現れてきます。そのような政治家は，当然，保護主義的な政策を掲げます。保護主義的な政策を掲げる政治家が，その後に全体主義へとつながり，戦争をへて結果として格差が小さくなるということは歴史的に経験してきました[13]。これはどうしても避けたいシナリオです。

　今後も格差拡大を抑制しながらも，イノベーションを促進し，持続的に経済を成長させていくためには，①いかにイノベーションに代替されてしまったタスクに従事していた人々を他のタスクに移りやすくするか，そして②いかに技術との関係が補完的なタスクに従事する人を増やしていくか，の2点がとても大切なポイントです。さらにやっかいな問題もあります。国際分業が進展していくと，イノベーションにまつわる課題は，一国経済の中だけで完結するものではなくなってきています。具体的にどのような政策が，これらに有効なのかについては実証的にはまだよくわかっていません。これは，イノベーションとともにどのような社会を構築していくかというチャレンジです。

13　自由主義的な考え方がいかに全体主義に結びついていったのかについては，Polanyi［1944］を参照してください。

━━ コラム㉘　ボーモル効果：生産性が低い人たちの賃金上昇と人数増加 ━━━━━━━━

　ベートーベンの弦楽四重奏曲の演奏に必要な演奏者の人数は，19世紀から変わっていません。クラシック音楽の演奏の生産性は，昔から向上していません。看護師が包帯を巻いたり，美容師がヘアアレンジをしたり，裁判官が判決を下したり，教師が生徒に向き合って教育するのも同じです。生産性の向上は見られません。これらの労働集約的な仕事は，資本装備率が低く，技術的な革新の恩恵を受けにくいのです。

　しかし，そのような仕事に就く人の賃金は，上昇しています。弦楽四重奏曲の演奏に必要な人数も時間も変わっていない（生産性が向上していない）のにもかかわらず，賃金が高くなっているのです。

　なぜでしょう。その理由は，生産性が向上している仕事の賃金が上昇しているからです。生産性が低い職種の企業も従業員を雇わなければいけないので，その点で，生産性の高い職種と競争しています。クラシック音楽の演奏者の賃金を上げなければ，その職業に就く人は少なくなり，みんな賃金の高い仕事に移るでしょう。だからこそ，演奏者の生産性は高まっていないのに，賃金を上げるのです。

　さらに，労働生産性が向上すると，その職種で働く人の人数は減ります。最新の生産設備が導入されている工場では，実際に自分のカラダをつかって，重い荷物を上げ下げしたり，釘を打ったり，色をぬったりなどの単純作業に従事する人はどんどん減っています。製造業では工場は自動化し，少人数で生産ができるようになっています。その結果，生産性が低い仕事に従事する人が相対的に増えてきます。労働生産性が上がりにくい仕事に従事する人の相対的な人数の増加は，先進国で顕著に見られています。

　さらに，音楽のライブを行ったり，バレエの公演をしたりするのを自動化できるわけではありません。人件費は上昇していくので，コストがかかります。コストが上昇したとしても，生産性も上がっていれば，それを価格に転嫁しなくても済みます。しかし，生産性が上がっていなければ，価格を上げるしか仕方ありません。その結果，生産性の低い職種が生み出す財の価格は上昇します。

　実際に，たとえば，コンピューターの価格は，コスト・パフォーマンス比で見ると著しく低下していますが，芸術や教育，医療，美容院などの労働集約的な産業の財の価格は上がっているのです。これは，ボーモル効果（あるいは，ボーモルのコスト病）と呼ばれています[14]。

　もちろん，芸術や教育，医療，美容院などの労働集約的な産業の一部には一般の賃金の上昇を上回るコストの上昇を見せているものもあります。たとえば，アメリカでは，大学教育のコストは顕著に上昇しています。優秀な学生や研究者を惹きつけるために，大学は大きな投資をするようになっているからです。そのため，ボーモル効果が生産性の低いセクターの賃金上昇のすべてを説明できるわけではありませんが，イノベーションによる生産性の向上と経済成長の程度の鈍化

を考える上で重要な視点です。新しい製品やサービスはどんどん生み出されているように見えるけれど，国全体の生産性が上がらないのは，ボーモル効果かもしれません。

3 ソーシャル・イノベーション

2000年代に入り，ソーシャル・イノベーションと呼ばれるものが注目されてきました。ソーシャル・イノベーションとは，社会問題に対する新しい解決です。つまり，社会的な問題を解決する新しいモノゴトといえます[15]。

ソーシャル・イノベーションに対する注目が徐々に大きくなってきたきっかけの1つは，イギリスのいわゆるニューレイバーと呼ばれる労働党政権が「第三の道」を打ち出したことにあります。第三の道とは労働党によってそれまで伝統的にとられてきた福祉国家モデルでもなく，保守党による新自由主義的な政策でもない新たな道を切り開こうというものでした。市場の効率性を重視しながらも，国が積極的に市場の補完的な役割を担っていくというものでした。そのために非営利セクターを拡充する政策をとっていったのです。

近年，ソーシャル・イノベーションにさらに注目が集まっている背景には，イノベーションが社会的に促進されてきた結果として，イノベーションによって代替されてしまったタスクに従事していた人たちの賃金低下や雇用の問題，ビジネスと移民，社会的排除や差別，あるいは環境問題など多くの課題が出てきていることがあります。ソーシャル・イノベーションは市場が失敗する領域やそもそも市場が成立しない領域などにおいて，社会問題を解決する新しいかたちです[16]。企業がイノベーションを生み出しやすい環境をつくっていくとともに，補完的にNPOなどが社会的な課題の解決を後押しするようになっています。

---

14 Baumol and Bowen［1968］.

15 ソーシャル・イノベーションとソーシャル・アントレプレナーシップについては，Dacin et al.［2010］，高橋ほか［2018］を参照してください。

16 Phills et al.［2008］.

4 本章のまとめ

イノベーションが促進されると，社会にはどのような影響がでるのかを本章では考えてきました。イノベーションは経済成長の重要な源泉の1つですから，当然，イノベーションが促進されると経済成長が期待できます。また，われわれの生活も便利になるでしょう。これは，イノベーションの創造的な側面です。しかし，同時に，破壊的な側面もあるわけです。イノベーションによって破壊されたタスクに就いていた人たちは，所得が少なくなったり，失業したりするでしょう。所得の格差も広がります。創造的な側面だけでなく，破壊的な側面に対しても目を配っていくことが大切です。そうでなければ，イノベーションに対する抵抗が強くなりますし，社会的に不安定になってしまいます。

もう一歩詳しく知るためのリーディング

どのような社会の条件がイノベーションに影響を与えるのかについては多くの研究が蓄積されてきています。イノベーションに代替されるスキルの問題や格差の拡大なども指摘されています[17]。

ここでおすすめする『大転換』はもう完全に古典ですが，それまで社会の中に埋め込まれていた経済が，産業革命以降，反対に社会を包摂するようになってきたのかについて，そしてその結末がどのようなものであるのかを描いています。古典ですからやや読みにくい面もあったのですが，この新訳では読みやすさは増しています（といってもお手軽に数時間で読めるものではありませんが）。思考の太い幹を建てたい人にはおすすめです。

↪ Polanyi, Karl [1944], *The Great Transformation*, Farrar & Rinehart Inc. (野口建彦・栖原学訳『「新訳」大転換：市場社会の形成と崩壊』東洋経済新報社，2009 年)

最後の本は，ヒト・モノ・カネといった経営資源の流動性とイノベー

---

17 Acemoglu and Autor [2010]，Autor [2019] の2本のワーキング・ペーパーはおすすめです。

ションの性質の変化，そしてその結果，社会にどのようなことが起こって
いくのかについて解説しています。敷居は低く，奥が深くなるように書い
てあります。高まる流動性の中で，国，企業，そしてビジネスパーソンと
して何ができるのかをぜひ考えてみてください。

↪ 清水洋［2019］,『野生化するイノベーション：日本経済「失われた20
　年」を超える』新潮社。

補　論

よくある質問

　イノベーションについてよくある質問を見ていきましょう。素朴だけれど
も，大切な質問です。

質問1　なぜ，この本を読んでもイノベーションを起こせないのですか？

　この本を読んだだけではイノベーターにはなれません。政治学の本を読ん
でも，首相（あるいは大統領）になれるかどうかはわかりません。しかし，
人々がどのような投票行動をし，どのように大統領が生まれてくるのかのプ
ロセスはわかります。それと同じです。

　それと，もう1つ大切な理由があります。イノベーションは新しさが必要
です。そのため，先駆ける必要があります。違う言い方をすれば，出し抜き
競争という側面があるのです。

　世の中には，「イノベーションのための○○」とか，「○○でイノベーター
になれる」と謳う本もあります。しかし，あまり誠実とはいえないものが少
なくありません。そもそも，ある企業のパフォーマンス（経済的な価値を生
み出せるかどうか）は，その企業が何をするかによって決まるだけではなく，
他社の動向にも大きな影響を受けます。他社がその戦略を採用し，同じこと
を行ってしまえば，それをやったとしても成果は上がりません。出し抜き競
争は，かならずライバルがいます。将棋やチェスに定石はありますが，必勝
法がないのと同じです。自分のパフォーマンスが，自分の行いだけで決まる
わけではないのです。イノベーションの性質を定石として理解した上で，も
う一歩，クリエイティビティが求められるわけです。

質問2　イノベーションは運じゃないのですか？

　イノベーションが生み出されたケースを見ていると，たしかに幸運に恵ま
れたというものがよくあります。アレクサンダー・フレミングのリゾチーム
やペニシリンの発見は有名な例ですが，アンリ・ベクレルによる放射線の発

見や白川英樹のポリアセチレンの導電性発見など偶然が重要な役割を担っていたようなケースは枚挙に暇がありません。むしろ，偶然がまったくなかったというケースなどないような気もします。

もしも，幸運がイノベーションを生み出すのであれば，イノベーションの生成に経験的な規則性は見られなくなるはずです。しかし，本書で見てきたように，実際にはそうなってはいません。

イノベーションを生み出した個人に注目すると，運が重要な要素に見えます。交通事故も同じです。今日，自分がクルマの事故にあってしまうかどうかは，かなり運の要素が強くなります。しかし，夕方や雨の日などには交通事故が増えることは経験的に観察されています。つまり，1つひとつ個別のケースを見ていくと，運の要素が強そうに見えるのですが，それを集めてくると，規則性が見えてくるのです。

質問3 結局，イノベーションを起こすためには何をすればよいのですか？

本書では，イノベーションには経験的な規則性があることを見てきました。つまり，イノベーションの生成を促進する要因や阻害する要因があるわけです。これはたとえていうならば，川の流れです。流れに逆らって進むのは大変です。急な流れも緩やかな流れもあるでしょう。どのような流れなのかを見きわめてほしいところです。

その上で，なのですが，「何をしたらよいのかわからない，答えがほしい」という考え方をしていては，イノベーションは起きないのではないでしょうか。

イノベーションには問題解決という側面が含まれています。新しい課題を解決したり，古い課題を新しい方法で解決したりするのです。それが，結果として，経済的な成果に結びつけば，イノベーションが生まれたということになるのです。

解決したい課題は何なのかがあやふやなままで，答えをさがしても見つかりません。あなたの会社は何がしたいのか，あなたは何がしたいのかが明確になっている必要があります。

その点で，トップマネジメントの方々には，「イノベーションを起こせ！」という指示出しはぜひともやめてほしいところです。このような指示出しが

あるから，部下たちは「えーと。イノベーションって，どうすればよいのですか」と答えを探してしまうのです。

　それよりも，解決しようとしている課題をできるだけ明確に（いつまでに，何を達成するのか）を明示してください。「自社の技術で社会の課題を解決する」などの曖昧なものはやめてください。ある自動車会社は，2020年から販売する新車での交通事故による死亡者や重傷者をゼロにするという目標を掲げました。これは具体的ですし，野心的です。これまでと同じことをやっていては，解決できないような課題です。だからこそ，自然と，新しいやり方を考えようとなるのです。他社と同じような課題や目標設定では，やることも他社と同じようなものでしょう。成果も他社と変わらないようなものになるでしょう。

　「で，何をすればよいのですか」と答えを求めるのではなく，自分が本当に解きたい課題が何なのかを真剣に考えてください。そして，行動してください。

参考文献

欧文文献

Abernathy, William J. [1978], *The Productivity Dilemma: Roadblock to Innovation in the Automobile Industry,* Johns Hopkins University Press.

Abernathy, William J. and Kim B. Clark [1985], "Innovation: Mapping the Winds of Creative Destruction," *Research Policy,* 14 (1), 3-22.

Abernathy, William J., Kim B. Clark and Alan M. Kantrow [1983], *Industrial Renaissance: Producing a Competitive Future for America,* Basic Books.（日本興業銀行産業調査部訳『インダストリアルルネサンス：脱成熟化時代へ』TBS ブリタニカ, 1984 年）

Abra, Jock [1989], "Changes in Creativity with Age: Data, Explanations, and Further Predictions," *The International Journal of Aging and Human Development,* 28 (2), 105-126.

Acar, Selcuk, Xiao Chen and Nur Cayirdag [2018], "Schizophrenia and Creativity: A Meta-Analytic Review," *Schizophrenia Research,* 195, 23-31.

Acemoglu, Daron and David Autor [2010], "Skills, Tasks and Technologies: Implications for Employment and Earnings," National Bureau of Economic Research, Working Paper, 16082.

Acharya, Viral V. and Krishnamurthy V. Subramanian [2009], "Bankruptcy Codes and Innovation," *The Review of Financial Studies,* 22 (12), 4949-4988.

Acharya, Viral V., Ramin P. Baghai and Krishnamurthy Subramanian [2009], "Labor Laws and Innovation," London Business School, Working Paper, DP7171.

Acs, Zoltan J. and David B. Audretsch [1990], *Innovation and Small Firms,* MIT Press.

Agarwal, Rajshree, and Michael Gort [1996a], "The Evolution of Markets and Entry, Exit and Survival of Firms," *The Review of Economics and Statistics,* 78 (3), 489-498.

—— [1996b], "The Evolution of Markets and Entry, Exit and Survival of Firms," *The Review of Economics and Statistics,* 489-498.

—— [2001], "First-Mover Advantage and the Speed of Competitive Entry, 1887-1986," *The Journal of Law and Economics,* 44 (1), 161-177.

—— [2002], "Firm and Product Life Cycles and Firm Survival," *The American Economic Review,* 92 (2), 184-190.

Agarwal, Rajshree, Serguey Braguinsky and Atsushi Ohyama [2020], "Centers of Gravity: The Effect of Stable Shared Leadership in Top Management Teams on Firm Growth and Industry Evolution," *Strategic Management Journal,* 41 (3), 467-498.

Aghion, Philippe and Jean Tirole [1994], "The Management of Innovation," *The Quarterly Journal of Economics,* 109 (4), 1185-1209.

Aghion, Philippe and Peter Howitt [1998], *Endogenous Growth Theory,* MIT Press.

Aghion, Philippe, John Van Reenen and Luigi Zingales [2013], "Innovation and Institutional

Ownership," *The American Economic Review*, 103（1）, 277-304.

Aghion, Philippe, Nick Bloom, Richard Blundell, Rachel Griffith and Peter Howitt [2005], "Competition and Innovation: An Inverted-U Relationship," *The Quarterly Journal of Economics*, 120（2）, 701-728.

Akkermans, Dirk, Carolina Castaldi and Bart Los [2009], "Do 'Liberal Market Economies' Really Innovate More Radically Than 'Coordinated Market Economies'?: Hall and Soskice Reconsidered," *Research Policy*, 38（1）, 181-191.

Allen, Robert C. [1983], "Collective Invention," *Journal of Economic Behavior & Organization*, 4（1）, 1-24.

—— [2009], *The British Industrial Revolution in Global Perspective*, Cambridge University Press.（眞嶋史叙・中野忠・安元稔・湯沢威訳『世界史のなかの産業革命：資源・人的資本・グローバル経済』名古屋大学出版会, 2017 年）

—— [2011], *Global Economic History: A Very Short Introduction*, Oxford University Press.（グローバル経済史研究会訳『なぜ豊かな国と貧しい国が生まれたのか』NTT 出版, 2012 年）

Allen, Thomas J., Michael L. Tushman and Denis M. S. Lee [1979], "Technology Transfer as a Function of Position in the Spectrum from Research through Development to Technical Services," *The Academy of Management Journal*, 22（4）, 694-708.

Amabile, Teresa M. [1996], "The Motivation for Creativity in Organizations," *Harvard Business School Background Note*, 396-240.

Amabile, Teresa M. [2018], *Creativity in context: Update to the Social Psychology of Creativity*, Routledge.

Amabile, Teresa. M., K. G. Hill, B. A. Hennessey and E. M. Tighe [1994], "The Work Preference Inventory: Assessing Intrinsic and Extrinsic Motovational Orientations," *Journal of Personality and Social Psychology*, 66（5）, 950-967.

Amabile, Teresa M., Regina Conti, Heather Coon, Jeffrey Lazenby and Michael Herron [1996], "Assessing the Work Environment for Creativity," *The Academy of Management Journal*, 39（5）, 1154-1184.

Ancona, Deborah Gladstein and David F. Caldwell [1992], "Demography and Design: Predictors of New Product Team Performance," *Organization Science*, 3（3）, 321-341.

Anderson, Philip and Michael L. Tushman [1990], "Technological Discontinuities and Dominant Designs: A Cyclical Model of Technological Change," *Administrative Science Quarterly*, 35（4）, 604-633.

Aoki, Masahiko [1988], *Information, Incentives, and Bargaining in the Japanese Economy*, Cambridge University Press.（永易浩一訳『日本経済の制度分析：情報・インセンティブ・交渉ゲーム』筑摩書房, 1992 年）

—— [2001], *Toward a Comparative Institutional Analysis*, MIT Press.（谷口和弘訳『比較精度分析に向けて』NTT 出版, 2001 年）

Aoki, Masahiko and Hugh T. Patrick [1994], *The Japanese Main Bank System: Its Relevance for Developing and Transforming Economies*, Oxford University Press.（東銀リサーチイン

ターナショナル訳『日本のメインバンク・システム』東洋経済新報社，1996年）

Argyres, Nicholas S. and Brian S. Silverman [2004], "R&D, Organization Structure, and the Development of Corporate Technological Knowledge," *Strategic Management Journal*, 25 (8/9), 929-958.

Arikawa, Yasuhiro, Takuya Kawanishi and Hideaki Miyajima [2011], "Debt, Ownership Structure, and R&D Investment: Evidence from Japan," RIETI Discussion Paper Series, 11-E-013.

Armstrong, Mark [2006], "Competition in Two-Sided Markets," *The RAND Journal of Economics*, 37 (3), 668-691.

Arrow, Kenneth Joseph [1962], "Economic Welfare and the Allocation of Resources for Invention," in Universities-National Bureau Committee for Economic Research and the Committee on Economic Growth of the Social Science Research Council (U.S.) (eds.), *The Rate and Direction of Inventive Activity: Economic and Social Factors: A Conference of the Universities-National Bureau Committee for Economic Research and the Committee on Economic Growth of the Social Science Research Council*, 609-626, Princeton University Press.

—— [1971], "The Economic Implications of Learning by Doing," in F. H. Hahn (ed.), *Readings in the Theory of Growth: A Selection of Papers from the Review of Economic Studies*, 131-149, Springer.

—— [1974], *The Limits of Organization*, Norton.（村上泰亮訳『組織の限界』筑摩書房，2017年）

—— [1993], "Innovation in Large and Small Firms," *Journal of Small Business Finance*, 2 (2), 111-124.

Arthur, W. Brian [1994], *Increasing Returns and Path Dependence in the Economy*, The University of Michigan Press.（有賀裕二訳『収益逓増と経路依存：複雑系の経済学』多賀出版，2003年）

Arts, Sam, Jianan Hou and Juan Carlos Gomez [2021], "Natural Language Processing to Identify the Creation and Impact of New Technologies in Patent Text: Code, Data, and New Measures," *Research Policy*, 50 (2), 104144.

Artuc, Erhan, Frédéric Docquier, Çaglar Özden and Christopher Parsons [2015], "A Global Assessment of Human Capital Mobility: The Role of Non-OECD Destinations," *World Development*, 65, 6-26.

Arundel, Anthony [2001], "The Relative Effectiveness of Patents and Secrecy for Appropriation," *Research Policy*, 30 (4), 611-624.

Asanuma, Banri [1989], "Manufacturer-Supplier Relationships in Japan and the Concept of Relation-Specific Skill," *Journal of the Japanese and International Economies*, 3 (1), 1-30.

Asanuma, Banri and Tatsuya Kikutani [1992], "Risk Absorption in Japanese Subcontracting: A Microeconometric Study of the Automobile Industry," *Journal of the Japanese and International Economies*, 6 (1), 1-29.

Audretsch, David B. and Maryann P. Feldman [1996a], "Innovative Clusters and the

Industry Life Cycle," *Review of Industrial Organization*, 11 (2), 253-273.

—— [1996b], "R&D Spillovers and the Geography of Innovation and Production," *The American Economic Review*, 86 (3), 630-640.

Autor, David H. [2019], "Work of the Past, Work of the Future," National Bureau of Economic Research, Working Paper, 25588.

Autor, David H. and David Dorn [2013], "The Growth of Low-Skill Service Jobs and the Polarization of the US Labor Market," *The American Economic Review*, 103 (5), 1553-1597.

Azoulay, Pierre, Waverly Ding and Toby Stuart [2009], "The Impact of Academic Patenting on the Rate, Quality and Direction of (Public) Research Output," *The Journal of Industrial Economics*, 57 (4), 637-676.

Bain, Joe Staten [1968], *Industrial Organization* (2nd ed.), John Wiley & Sons. (宮沢健一訳『産業組織論』(上・下) 丸善, 1970 年)

Bain, Paul G., Leon Mann and Andrew Pirola-Merlo [2001], "The Innovation Imperative: The Relationships between Team Climate, Innovation, and Performance in Research and Development Teams," *Small Group Research*, 32 (1), 55-73.

Balasubramanian, Natarajan and Jeongsik Lee [2008], "Firm Age and Innovation," *Industrial and Corporate Change*, 17 (5), 1019-1047.

Barney, Jay B. [2014], *Gaining and Sustaining Competitive Advantage* (4th ed.), Pearson Education. (岡田正大訳『[新版] 企業戦略論：戦略経営と競争優位』(上・中・下) ダイヤモンド社, 2021 年)

Barron, Frank and David M. Harrington [1981], "Creativity, Intelligence, and Personality," *Annual Review of Psychology*, 32, 439-476.

Basberg, Bjørn L. [1987], "Patents and the Measurement of Technological Change: A Survey of the Literature," *Research Policy*, 16 (2-4), 131-141.

Batey, Mark Daniel [2007], *A Psychometric Investigation of Everyday Creativity,* University College London, University of London (United Kingdom).

—— [2012], "The Measurement of Creativity: From Definitional Consensus to the Introduction of a New Heuristic Framework," *Creativity Research Journal*, 24 (1), 55-65.

Batey, Mark and Adrian Furnham [2006], "Creativity, Intelligence, and Personality: A Critical Review of the Scatered Literature," *Genetic, Social, and General Psychology Monographs*, 132 (4), 355-429.

Baumol, William J. and William G. Bowen [1968], *Performing Arts, the Economic Dilemma: A Study of Problem Common to Theater, Opera, Music and Dance*, MIT Press. (池上惇訳・渡辺守章監訳『舞台芸術と経済のジレンマ』芸団協出版部, 1994 年)

Beech, Anthony and Gordon Claridge [1987], "Individual Differences in Negative Priming: Relations with Schizotypal Personality Traits," *British Journal of Psychology*, 78 (3), 349-356.

Bellstam, Gustaf, Sanjai Bhagat and J. Anthony Cookson [2021], "A Text-Based Analysis of Corporate Innovation," *Management Science*, 67 (7), 4004-4031.

Berle, Adolf A. and Gardiner C. Means [1932], *The Modern Corporation and Private Property*, Macmillan. (森杲訳『現代株式会社と私有財産』北海道大学出版会，2014 年)

Berry, Colin [1981], "The Nobel Scientists and the Origins of Scientific Achievement," *The British Journal of Sociology*, 32 (3), 381-391.

Besanko, David, David Dranove and Mark Shanley [2000], *Economics of Strategy* (2nd ed.), Jhon Wiley & Sons. (奥村昭博・大林厚臣監訳『戦略の経済学』ダイヤモンド社，2002 年)

Beugelsdijk, Sjoerd [2008], "Strategic Human Resource Practices and Product Innovation," *Organization Studies*, 29 (6), 821-847.

Bhagat, Sanjai, Andrei Shleifer and Robert W. Vishny [1990], "Hostile Takeovers in the 1980s: The Return to Corporate Specialization," *Brookings Papers on Economic Activity: Microeconomics*, 1990, 1-84.

Block, Fred [2008], "Swimming against the Current: The Rise of a Hidden Developmental State in the United States," *Politics & Society*, 36 (2), 169-206.

Boulding, William and Markus Christen [2001], "First-Mover Disadvantage," *Harvard Business Review*, 79 (9), 20-21.

Bound, John, Breno Braga, Joseph M. Golden and Gaurav Khanna [2015a], "Recruitment of Foreigners in the Market for Computer Scientists in the United States," *Journal of Labor Economics*, 33 (S1-Part2), S187-S223.

Bound, John, Murat Demirci, Gaurav Khanna and Sarah Turner [2015b], "Finishing Degrees and Finding Jobs: US Higher Education and the Flow of Foreign IT Workers," *Innovation Policy and the Economy*, 15, 27-72.

Braguinsky, Serguey, Atsushi Ohyama, Tetsuji Okazaki and Chad Syverson [2021], "Product Innovation, Product Diversification, and Firm Growth: Evidence from Japan's Early Industrialization," *The American Economic Review*, 111 (12), 3795-3826.

Braguinsky, Serguey, Salavat Gabdrakhmanov and Atsushi Ohyama [2007], "A Theory of Competitive Industry Dynamics with Innovation and Imitation," *Review of Economic Dynamics*, 10 (4), 729-760.

Branstetter, Lee G. and Mariko Sakakibara [1998], "Japanese Research Consortia: A Microeconometric Analysis of Industrial Policy," *The Journal of Industrial Economics*, 46 (2), 207-233.

Branstetter, Lee G. and Mariko Sakakibara [2002], "When Do Research Consortia Work Well and Why? Evidence from Japanese Panel Data," *The American Economic Review*, 92 (1), 143-159.

Breschi, Stefano and Francesco Lissoni [2001], "Knowledge Spillovers and Local Innovation Systems: A Critical Survey," *Industrial and Corporate Change*, 10 (4), 975-1005.

Breverton, Terry [2012], *Breverton's Encyclopedia of Inventions: A Compendium of Technological Leaps, Groundbreaking Discoveries, and Scientific Breakthroughs*, Quercus. (日暮雅通訳『世界の発明発見歴史百科』原書房，2015 年)

Bridgman, Roger [2002], *1000 Inventions & Discoveries*, Dorling Kindersley. (小口高・鈴木

良次・諸田昭夫監訳『1000 の発明・発見図鑑』丸善，2003 年)

Burgelman, Robert A., Clayton M. Christensen and Steven C. Wheelwright [2009], *Strategic Management of Technology and Innovation* (5th ed.), McGraw-Hill.（岡真由美他訳『技術とイノベーションの戦略的マネジメント』(上・下) 翔泳社，2007 年)

Burns, Tom and George Macpherson Stalker [1961], *The Management of Innovation,* Tavistock Publications.

Bushee, Brian J. [1998], "The Influence of Institutional Investors on Myopic R&D Investment Behavior," *The Accounting Review,* 73 (3), 305-333.

Cai, Jing and Adam Szeidl [2018], "Interfirm Relationships and Business Performance," *The Quarterly Journal of Economics,* 133 (3), 1229-1282.

Camisón-Zornoza, César, Rafael Lapiedra-Alcamí, Mercedes Segarra-Ciprés and Montserrat Boronat-Navarro [2004], "A Meta-Analysis of Innovation and Organizational Size," *Organization Studies,* 25 (3), 331-361.

Carpenter, Mark P. and Francis Narin [1983], "Validation Study: Patent Citation as Indicators of Science and Foreign Dependence," *World Patent Information,* 5 (3), 180-185.

Carpenter, Mark P., Francis Narin and Patricia Woolf [1981], "Citation Rates to Technologically Important Patents," *World Patent Information,* 3 (4), 160-163.

Cassiman, Bruno and Reinhilde Veugelers [2006], "In Search of Complementarity in Innovation Strategy: Internal R&D and External Knowledge Acquisition," *Management Science,* 52 (1), 68-82.

Challoner, Jack and Trevor Baylis [2009], *1001 Inventions that Changed the World,* Barron's.（小巻靖子ほか訳『人類の歴史を変えた発明 1001』ゆまに書房，2011 年)

Chandler, Jr., Alfred Dupont [1962], *Strategy and Structure: Chapters in the History of the American Industrial Enterprise,* MIT Press.（有賀裕子訳『組織は戦略に従う』ダイヤモンド社，2004 年)

—— [1977], *The Visible Hand: The Managerial Revolution in American Business,* Belknap Press of Harvard University Press.（鳥羽欽一郎・小林袈裟治訳『経営者の時代：アメリカ産業における近代企業の成立』(上・下) 東洋経済新報社，1979 年)

Chesbrough, Henry William [2003], *Open Innovation: The New Imperative for Creating and Profiting from Technology,* Harvard Business School Press ; McGraw-Hill.（大前恵一朗訳『Open Innovation：ハーバード流イノベーション戦略の全て』産業能率大学出版部，2004 年)

Chesbrough, Henry William, Wim Vanhaverbeke and Joel West [2006], *Open Innovation: Researching a New Paradigm,* Oxford University Press.（長尾高弘訳『オープンイノベーション：組織を超えたネットワークが成長を加速する』英治出版，2008 年)

Christensen, Clayton M. [1992a], "Exploring the Limits of the Technologi S-Curve, Part I: Component Technologies," *Production and Operations Management,* 1 (4), 334-357.

—— [1992b], "Exploring the Limits of the Technology S-Curve, Part II: Architectural Technologies," *Production and Operations Management,* 1 (4), 358-366.

—— [1993], "The Rigid Disk Drive Industry, 1956-90: A History of Commercial and

Technological Turbulence," *Business History Review*, 67 (4), 531-588.

―― [1997], *The Innovator's Dilemma: When New Technologies Cause Great Firms to Fail*, Harvard Business School Press. (伊豆原弓訳『イノベーションのジレンマ：技術革新が巨大企業を滅ぼすとき』翔泳社，2001 年)

Christensen, Clayton M. and Joseph L. Bower [1996], "Customer Power, Strategic Investment, and the Failure of Leading Firms," *Strategic Management Journal*, 17 (3), 197-218.

Clark, Kim B. and Takahiro Fujimoto [1991], *Product Development Performance: Strategy, Organization, and Management in the World Auto Industry*, Harvard Business School Press. (田村明比古訳『製品開発力；自動車産業の「組織能力」と「競争力」の研究』ダイヤモンド社，2009 年)

Coad, Alex [2018], "Firm Age: A Survey," *Journal of Evolutionary Economics*, 28 (1), 13-43.

Coase, R. H. [1937], "The Nature of the Firm," *Economica*, 4 (16), 386-405.

Cockburn, Iain and Zvi Griliches [1988], "Industry Effects and Appropriability Measures in the Stock Market's Valuation of R&D and Patents," *The American Economic Review, Papers and Proceedings*, 78 (2), 419-423.

Cohen, Wesley M. and Dainel A. Levinthal [1990], "Absorptive Capacity: A New Perspective on Learning and Innovation," *Administrative Science Quarterly*, 35 (1), 128-152.

Cohen, Wesley M. and Steven Klepper [1996], "A Reprise of Size and R&D," *The Economic Journal*, 106 (437), 925-951.

Cole, Stephen [1979], "Age and Scientific Performance," *American Journal of Sociology*, 84 (4), 958-977.

Collins, Harry M. [1974], "The TEA Set: Tacit Knowledge and Scientific Networks," *Science Studies*, 4 (2), 165-185.

Collins, Harry M. and R. G. Harrison [1975], "Building a TEA Laser: The Caprices of Communication," *Social Studies of Science*, 5 (4), 441-450.

Costa, Paul T. and Robert R. McCrae [1992], *Revised Neo Personality Inventory (Neo-Pi-R) and Neo Five-Factor Inventory (Neo-Ffi)*, Psychological Assessment Resources.

Crafts, Nicholas [2005], "The First Industrial Revolution: Resolving the Slow Growth/Rapid Industrialization Paradox," *Journal of the European Economic Association*, 3 (2/3), 525-534.

Crosby, Alfred W. [1997], *The Measure of Reality: Quantification and Western Society, 1250-1600*, Cambridge University Press. (小沢千重子訳『数量化革命：ヨーロッパ覇権をもたらした世界観の誕生』紀伊國屋書店，2003 年)

Cusumano, Michael A., Annabelle Gawer and David B. Yoffie [2019], *The Business of Platforms: Strategy in the Age of Digital Competition, Innovation, and Power*, Harper Business. (青島矢一ほか訳『プラットフォームビジネス：デジタル時代を支配する力と陥穽』有斐閣，2020 年)

Dacin, Peter A., M. Tina Dacin and Margaret Matear [2010], "Social Entrepreneurship: Why We Don't Need a New Theory and How We Move Forward from Here," *Academy of*

Management Perspectives, 24（3）, 37-57.

David, Paul A.［1985］, "Clio and the Economics of QWERTY," *The American Economic Review*, 75（2）, 332-337.

De Dreu, Carsten K. W.［2006］, "When Too Little or Too Much Hurts: Evidence for a Curvilinear Relationship between Task Conflict and Innovation in Teams," *Journal of Management*, 32（1）, 83-107.

De Vaan, Mathijs, David Stark and Balazs Vedres［2015］, "Game Changer: The Topology of Creativity," *American Journal of Sociology*, 120（4）, 1144-1194.

Deci, Edward L., Richard Koestner and Richard M. Ryan［1999］, "A Meta-Analytic Review of Experiments Examining the Effects of Extrinsic Rewards on Intrinsic Motivation," *Psychological Bulletin*, 125（6）, 627-668.

Dunne, Timothy, Mark J. Roberts and Larry Samuelson［1989］, "The Growth and Failure of U. S. Manufacturing Plants," *The Quarterly Journal of Economics*, 104（4）, 671-698.

Dweck, Carol S.［2008］, *Mindset: The New Psychology of Success,* Random House Digital, Inc.（今西康子訳『マインドセット「やればできる！」の研究』草思社，2016 年）

Dyer, Jeffrey H. and Kentaro Nobeoka［2000］, "Creating and Managing a High-Performance Knowledge-Sharing Network: The Toyota Case," *Strategic Management Journal*, 21（3）, 345-367.

Ederer, Florian and Gustavo Manso［2013］, "Is Pay for Performance Detrimental to Innovation?," *Management Science*, 59（7）, 1496-1513.

Edmondson, Amy C.［1999］, "Psychological Safety and Learning Behavior in Work Teams," *Administrative Science Quarterly*, 44（2）, 350-383.

Edmondson, Amy C.［2018］, *The Fearless Organization: Creating Psychological Safety in the Workplace for Learning, Innovation, and Growth,* John Wiley & Sons.（野津智子訳『恐れのない組織：「心理的安全性」が学習・イノベーション・成長をもたらす』英治出版，2021 年）

Edquist, Charles［1997］, *Systems of Innovation: Technologies, Institutions and Organizations,* Pinter.

El-Murad, Jaafar and Douglas C. West［2004］, "The Definition and Measurement of Creativity: What Do We Know?," *Journal of Advertising research*, 44（2）, 188-201.

Epstein, S. R.［1998］, "Craft Guilds, Apprenticeship, and Technological Change in Preindustrial Europe," *The Journal of Economic History*, 58（3）, 684-713.

Epstein, S. R. and Maarten Prak（eds.）［2008］, *Guilds, Innovation and the European Economy, 1400-1800,* Cambridge University Press.

Espinosa, J. Alberto, Sandra A. Slaughter, Robert E. Kraut and James D. Herbsleb［2007］, "Familiarity, Complexity, and Team Performance in Geographically Distributed Software Development," *Organization Science*, 18（4）, 613-630.

Ettlie, John E., William P. Bridges and Robert D. O'keefe［1984］, "Organization Strategy and Structural Differences for Radical Versus Incremental Innovation," *Management Science*, 30（6）, 682-695.

Evans, David S. [1987], "The Relationship between Firm Growth, Size, and Age: Estimates for 100 Manufacturing Industries," *The Journal of Industrial Economics*, 35 (4), 567-581.

Evans, David S. and Boyan Jovanovic [1989], "An Estimated Model of Entrepreneurial Choice under Liquidity Constraints," *Journal of Political Economy*, 97 (4), 808-827.

Fafchamps, Marcel and Simon Quinn [2018], "Networks and Manufacturing Firms in Africa: Results from a Randomized Field Experiment," *The World Bank Economic Review*, 32 (3), 656-675.

Farmer, Steven M., Pamela Tierney and Kate Kung-Mcintyre [2003], "Employee Creativity in Taiwan: An Application of Role Identity Theory," *The Academy of Management Journal*, 46 (5), 618-630.

Feist, Gregory J. [1998], "A Meta-Analysis of Personality in Scientific and Artistic Creativity," *Personality and Social Psychology Review*, 2 (4), 290-309.

Fenn, Jackie and Mark Raskino [2008], *Mastering the Hype Cycle: How to Choose the Right Innovation at the Right Time,* Harvard Business Press.

Fontana, Roberto, Alessandro Nuvolari and Bart Verspagen [2009], "Mapping Technological Trajectories as Patent Citation Networks. An Application to Data Communication Standards," *Economics of Innovation and New Technology*, 18 (4), 311-336.

Fontana, Roberto, Alessandro Nuvolari, Hiroshi Shimizu and Andrea Vezzulli [2012], "Schumpeterian Patterns of Innovation and the Sources of Breakthrough Inventions: Evidence from a Data-Set of R&D Awards," *Journal of Evolutionary Economics*, 22 (4), 785-810.

── [2013], "Reassessing Patent Propensity: Evidence from a Dataset of R&D Awards, 1977-2004," *Research Policy*, 42 (10), 1780-1792.

Foster, Richard N. [1986], *Innovation: The Attacker's Advantage,* Summit Books.（大前研一訳『イノベーション：限界突破の経営戦略』TBS ブリタニカ，1987 年）

Francis, Bill, Iftekhar Hasan and Zenu Sharma [2011], "Incentives and Innovation: Evidence from CEO Compensation Contracts," Bank of Finland Research, Discussion Paper, 17.

Freeman, Christopher and University of Sussex, Science Policy Research Unit [1987], *Technology Policy and Economic Performance: Lessons from Japan,* Pinter.（新田光重・大野喜久之輔訳『技術政策と経済パフォーマンス：日本の教訓』晃洋書房，1992 年）

Fuchs, Erica R. H. [2010], "Rethinking the Role of the State in Technology Development: DARPA and the Case for Embedded Network Governance," *Research Policy*, 39 (9), 1133-1147.

Garcia-Macia, Daniel, Chang-Tai Hsieh and Peter J. Klenow [2019], "How Destructive Is Innovation?," *Econometrica*, 87 (5), 1507-1541.

Gawer, Annabelle and Michael A. Cusumano [2002], *Platform Leadership: How Intel, Microsoft, and Cisco Drive Industry Innovation,* Harvard Business School Press.（小林敏男監訳『プラットフォーム・リーダーシップ：イノベーションを導く新しい経営戦略』有斐閣，2005 年）

George, Jennifer M. and Jing Zhou [2001], "When Openness to Experience and

Conscientiousness Are Related to Creative Behavior: An Interactional Approach," *Journal of Applied Psychology*, 86 (3), 513-524.

Goldin, Claudia Dale and Lawrence F. Katz [2008], *The Race between Education and Technology,* Belknap Press of Harvard University Press.

Goos, Maarten and Alan Manning [2007], "Lousy and Lovely Jobs: The Rising Polarization of Work in Britain," *The Review of Economics and Statistics*, 89 (1), 118-133.

Gordon, Robert J. [2012], "Is U.S. Economic Growth Over? Faltering Innovation Conftonts the Six Headwinds," National Bureau of Economic Research, Working Paper, 18315.

—— [2016], *The Rise and Fall of American Growth: The U.S. Standard of Living since the Civil War,* Princeton University Press.（高遠裕子・山岡由美訳『アメリカ経済：成長の終焉』（上・下）日経 BP 社，2018 年）

Gosling, Samuel D., Peter J. Rentfrow and William B. Swann Jr. [2003], "A Very Brief Measure of the Big-Five Personality Domains," *Journal of Research in Personality*, 37 (6), 504-528.

Goto, Akira [2000], "Japan's National Innovation System: Current Status and Problems," *Oxford Review of Economic Policy*, 16 (2), 103-113.

Graen, George B. and Mary Uhl-Bien [1995], "Relationship-Based Approach to Leadership: Development of Leader-Member Exchange (LMX) Theory of Leadership over 25 Years: Applying a Multi-Level Multi-Domain Perspective," *The Leadership Quarterly*, 6 (2), 219-247.

Graham, Margaret B. W. [1986], *RCA and the VideoDisc: The Business of Research,* Cambridge University Press.

Green, Melissa J. and Leanne M. Williams [1999], "Schizotypy and Creativity as Effects of Reduced Cognitive Inhibition," *Personality and Individual Differences*, 27 (2), 263-276.

Greve, Henrich R. and Hitoshi Mitsuhashi [2007], "Power and Glory: Concentrated Power in Top Management Teams," *Organization Studies*, 28 (8), 1197-1221.

Griliches, Zvi [1990], "Patent Statistics as Economic Indicators: A Survey," *Journal of Economic Literature*, 28 (4), 1661-1707.

—— [1992], "The Search for R&D Spillovers," *The Scandinavian Journal of Economics*, 94, S29-S47.

Griliches, Zvi and National Bureau of Economic Research [1984], *R&D, Patents, and Productivity,* University of Chicago Press.

Gupta, Anil K., Ken G. Smith and Christina E. Shalley [2006], "The Interplay between Exploration and Exploitation," *The Academy of Management Journal*, 49 (4), 693-706.

Hacking, Ian [1990], *The Taming of Chance*, Cambridge University Press.（石原英樹・重田園江訳『偶然を飼いならす：統計学と第二次科学革命』木鐸社，1999 年）

Hall, Bronwyn H. and Josh Lerner [2010], "The Financing of R&D and Innovation," in B. H. Hall and N. Rosenberg (eds.), *Handbook of the Economics of Innovation*, 609-639, Elsevier.

Hall, Bronwyn H., Jacques Mairesse and Pierre Mohnen [2010], "Chapter 24 - Measuring the Returns to R&D," in B. H. Hall and N. Rosenberg (eds.), *Handbook of the Economics of*

Innovation, Vol.2, 1033-1082, North-Holland.

Hall, Peter A. and David W. Soskice (eds.) [2001], *Varieties of Capitalism: The Institutional Foundations of Comparative Advantage*, Oxford University Press. (遠山弘徳ほか訳『資本主義の多様性：比較優位の制度的基礎』ナカニシヤ出版，2007年)

Hall, Rupert A. [1974], "What Did the Industrial Revolution in Britain Owe to Science?," in N. McKendrick (ed.), *Historical Perspectives: Studies in English Thought and Society*, 129-151, Europa Publications.

Hammond, Michelle M., Nicole L. Neff, James L. Farr, Alexander R. Schwall and Xinyuan Zhao [2011], "Predictors of Individual-Level Innovation at Work: A Meta-Analysis," *Psychology of Aesthetics, Creativity, and the Arts*, 5 (1), 90-105.

Haneda, Shoko and Keiko Ito [2018], "Organizational and Human Resource Management and Innovation: Which Management Practices Are Linked to Product and/or Process Innovation?," *Research Policy*, 47 (1), 194-208.

Harris, Milton and Artur Raviv [1978], "Some Results on Incentive Contracts with Applications to Education and Employment, Health Insurance, and Law Enforcement," *The American Economic Review*, 68 (1), 20-30.

Hayashi, Fumio and Edward C. Prescott [2002], "The 1990s in Japan: A Lost Decade," *Review of Economic Dynamics*, 5 (1), 206-235.

Hayes, Rachel M., Michael Lemmon and Mingming Qiu [2012], "Stock Options and Managerial Incentives for Risk Taking: Evidence from FAS 123R," *Journal of Financial Economics*, 105 (1), 174-190.

Henderson, Rebecca M., Adam B. Jaffe and Manuel Trajtenberg [1998], "Universities as a Source of Commercial Technology: A Detailed Analysis of University Patenting, 1965-1988," *The Review of Economics and Statistics*, 80 (1), 119-127.

Higham, Kyle, Gaétan de Rassenfosse and Adam B. Jaffe [2021], "Patent Quality: Towards a Systematic Framework for Analysis and Measurement," *Research Policy*, 50 (4), 104215.

Hoegl, Martin and K. Praveen Parboteeah [2006], "Team Reflexivity in Innovative Projects," *R&D Management*, 36 (2), 113-125.

Holmes, Thomas J. and James A. Schmitz Jr. [2010], "Competition and Productivity: A Review of Evidence," *Annual Review of Econnomics*, 2, 619-642.

Holmström, Bengt R. [1979], "Moral Hazard and Observability," *The Bell Journal of Economics*, 10 (1), 74-91.

Holmström, Bengt R. [1989], "Agency Costs and Innovation," *Journal of Economic Behavior & Organization*, 12 (3), 305-327.

Hori, Keisuke, Yusuke, Hoshino and Hiroshi Shimizu [2020], "Apprenticeship and Product Quality: Empirical Analysis on the Sake Brewing Industry," *Management & Organizational History*, 15 (1): 40-64.

Hoshi, Takeo, Anil Kashyap and David Scharfstein [1990], "The Role of Banks in Reducing the Costs of Financial Distress in Japan," *Journal of Financial Economics*, 27 (1), 67-88.

Hoskisson, Robert E., Michael A. Hitt and Charles W. L. Hill [1993], "Managerial Incentives and Investment in R&D in Large Multiproduct Firms," *Organization Science*, 4 (2), 325-341.

Hoskisson, Robert E., Michael A. Hitt, Richard A. Johnson and Wayne Grossman [2002], "Conflicting Voices: The Effects of Institutional Ownership Heterogeneity and Internal Governance on Corporate Innovation Strategies," *The Academy of Management Journal*, 45 (4), 697-716.

Hounshell, David A. [1984], *From the American System to Mass Production, 1800-1932: The Development of Manufacturing Technology in the United States*, Johns Hopkins University Press. (和田一夫・金井光太朗・藤原道夫訳『アメリカン・システムから大量生産へ：1800-1932』名古屋大学出版会，1998年)

Huckman, Robert S., Bradley R. Staats and David M. Upton [2009], "Team Familiarity, Role Experience, and Performance: Evidence from Indian Software Services," *Management Science*, 55 (1), 85-100.

Huebner, Jonathan [2005], "A Possible Declining Trend for Worldwide Innovation," *Technological Forecasting and Social Change*, 72 (8), 980-986.

Hülsheger, Ute R, Neil Anderson and Jesus F. Salgado [2009], "Team-Level Predictors of Innovation at Work: A Comprehensive Meta-Analysis Spanning Three Decades of Research," *Journal of Applied Psychology*, 94 (5), 1128-1145.

Hunt, Jennifer [2011], "Which Immigrants Are Most Innovative and Entrepreneurial? Distinctions by Entry Visa," *Journal of Labor Economics*, 29 (3), 417-457.

Hunter, Samuel T., Katrina E. Bedell and Michael D. Mumford [2007], "Climate for Creativity: A Quantitative Review," *Creativity Research Journal*, 19 (1), 69-90.

Iwata, Edwards [1993], "Qualified, But... A Report on Glass Ceiling Issues Facing Asian Americans in Silicon Valley," *Report by Asian Americans for Community Involvement*, Quick Silver Printing.

Jacobs, Michael T. [1991], *Short-Term America: The Causes and Cures of Our Business Myopia*, Harvard Business School Press.

Jaffe, Adam B. [1986], "Technological Opportunity and Spillovers of R&D: Evidence from Firms' Patents, Profits, and Market Value," *The American Economic Review*, 76 (5), 984-1001.

Jaffe, Adam B. and Manuel Trajtenberg [2002], *Patents, Citations, and Innovations: A Window on the Knowledge Economy*, MIT Press.

Jaussi, Kimberly S. and Shelley D. Dionne [2003], "Leading for Creativity: The Role of Unconventional Leader Behavior," *The Leadership Quarterly*, 14 (4-5), 475-498.

Jensen, Michael C. [1986], "Agency Costs of Free Cash Flow, Corporate Finance, and Takeovers," *The American Economic Review*, 76 (2), 323-329.

Katz, Ralph and Michael Tushman [1981], "An Investigation into the Managerial Roles and Career Paths of Gatekeepers and Project Supervisors in a Major R&D Facility," *R&D Management*, 11 (3), 103-110.

Kay, Neil [1988], "The R and D Function: Corporate Strategy and Structure," in Giovanni

Dosi, Christopher Freeman, Richard Nelson, Gerald Silverberg and Luc Soete (eds.), *Technical change and economic theory*, 282-294, Printer Publishers.

Kell, Harrison J., David Lubinski, Camilla P. Benbow and James H. Steiger [2013], "Creativity and Technical Innovation: Spatial Ability's Unique Role," *Psychological Science*, 24 (9), 1831-1836.

Kerr, Sari Pekkala and William R. Kerr [2016], "Immigrant Entrepreneurship," National Bureau of Economic Research, Working Paper, 22385.

Kerr, Sari Pekkala and William R. Kerr [2018], "Global Collaborative Patents," *The Economic Journal*, 128 (612), F235-F272.

Keum, D. Daniel [2020], "Innovation, Short-Termism, and the Cost of Strong Corporate Governance," *Strategic Management Journal*, 42 (1), 3-29.

Khan, B. Zorina [2015], "Inventing Prizes: A Historical Perspective on Innovation Awards and Technology Policy," *Business History Review*, 89 (4), 631-660.

Khan, Mohammad Saud, Robert J. Breitenecker, Veronika Gustafsson and Erich J. Schwarz [2015], "Innovative Entrepreneurial Teams: The Give and Take of Trust and Conflict," *Creativity and Innovation Management*, 24 (4), 558-573.

Kirzner, Israel M. [1973], *Competition and Entrepreneurship,* University of Chicago Press. (江田三喜男ほか訳『競争と企業家精神：ベンチャーの経済理論』千倉書房，1985 年)

Klepper, Steven [1997], "Industry Life Cycles," *Industrial and Corporate Change*, 6 (1), 145-182.

Klepper, Steven and Kenneth L. Simons [2005], "Industry Shakeouts and Technological Change," *International Journal of Industrial Organization*, 23 (1-2), 23-43.

Koike, Kazuo [1998], "NUMMI and Its Prototype Plant in Japan: A Comparative Study of Human Resource Development at the Workshop Level," *Journal of the Japanese and International Economies*, 12 (1), 49-74.

Kotabe, Masaaki [1992], "A Comparative Study of U.S. and Japanese Patent Systems," *Journal of International Business Studies*, 23 (1), 147-168.

Kotler, Philip and Gary Armstrong [2001], *Principles of Marketing* (9th ed.), Prentice-Hall. (和田充夫監訳『マーケティング原理：基礎理論から実践戦略まで』ダイヤモンド社，2003 年)

Kratzer, Jan, Oger Th. A. J. Leenders and Jo M. L. van Engelen [2004], "Stimulating the Potential: Creative Performance and Communication in Innovation Teams," *Creativity and Innovation Management*, 13 (1), 63-71.

Krause, Diana E. [2004], "Influence-Based Leadership as a Determinant of the Inclination to Innovate and of Innovation-Related Behaviors: An Empirical Investigation," *The Leadership Quarterly*, 15 (1), 79-102.

Kuhn, Thomas S. [1962], *The Structure of Scientific Revolutions,* University of Chicago Press. (中山茂訳『科学革命の構造』みすず書房，1971 年)

Kurtzberg, Terri R. [2005], "Feeling Creative, Being Creative: An Empirical Study of Diversity and Creativity in Teams," *Creativity Research Journal*, 17 (1), 51-65.

Kuznets, Simon [1955], "Economic Growth and Income Inequality," *The American Economic Review*, 45 (1), 1-28.

Lamoreaux, Naomi R., Daniel M. G. Raff and Peter Temin [2003], "Beyond Markets and Hierarchies: Toward a New Synthesis of American Business History," *The American Historical Review*, 108 (2), 404-433.

Landes, David S., Joel Mokyr and William J. Baumol [2010], *The Invention of Enterprise: Entrepreneurship from Ancient Mesopotamia to Modern Times*, Princeton University Press.

Langlois, Richard N. [2007], *The Dynamics of Industrial Capitalism: Schumpeter, Chandler, and the New Economy*, Routledge.（谷口和弘訳『消えゆく手：株式会社と資本主義のダイナミクス』慶應義塾大学出版会, 2011年）

Lawrence, Barbara S. [1997], "Perspective: The Black Box of Organizational Demography," *Organization Science*, 8 (1), 1-22.

Lawrence, Paul R. and Jay William Lorsch [1967], *Organization and Environment; Managing Differentiation and Integration*, Division of Research, Graduate School of Business Administration, Harvard University.

Lazonick, William [1983], "Industrial Organization and Technological Change: The Decline of the British Cotton Industry," *Business History Review*, 57 (2), 195-236.

Lee, You-Na, John P. Walsh and Jian Wang [2015], "Creativity in Scientific Teams: Unpacking Novelty and Impact," *Research Policy*, 44 (3), 684-697.

Lehman, Harvey Christian [2017], *Age and Achievement*, Princeton University Press.

Lerner, Josh and Julie Wulf [2007], "Innovation and Incentives: Evidence from Corporate R&D," *The Review of Economics and Statistics*, 89 (4), 634-644.

Levin, Richard C., Alvin K. Klevorick, Richard R. Nelson and Sidney G. Winter [1987], "Appropriating the Returns from Industrial Research and Development," *Brookings Papers on Economic Activity*, 18 (3, Special Issue on Microeconomics), 783-831.

Lieberman, Marvin B. and David B. Montgomery [1988], "First-Mover Advantages," *Strategic Management Journal*, 9 (Special Issue: Strategy Content Research), 41-58.

Loderer, Claudio F. and Urs Waelchli [2010], "Firm Age and Performance," MPRA Paper, 26450.

Loderer, Claudio F., Klaus Neusser and Urs Waelchli [2011], "Firm Age and Survival," Available at *SSRN*, 1430408.

Ludwig, Arnold M. [1992], "Creative Achievement and Psychopathology: Comparison among Professions," *The American Journal of Pychotherapy*, 46 (3), 330-354.

Lundvall, Bengt-Åke (ed.) [1992], *National Systems of Innovation: Towards a Theory of Innovation and Interactive Learning*, Pinter.

Malerba, Franco and Sunil Mani [2009], *Sectoral Systems of Innovation and Production in Developing Countries: Actors, Structure and Evolution*, Edward Elgar.

Mansfield, Edwin [1986], "Patents and Innovation: An Empirical Study," *Management Science*, 32 (2), 173-181.

Manso, Gustavo [2011], "Motivating Innovation," *The Journal of Finance*, 66 (5), 1823-1860.

March, James G. [1991], "Exploration and Exploitation in Organizational Learning," *Organization Science*, 2 (1), 71-87.

Marino, Marianna, Pierpaolo Parrotta and Dario Pozzoli [2012], "Does Labor Diversity Promote Entrepreneurship?," *Economics Letters*, 116 (1), 15-19.

Marshall, Alfred [1890], *Principles of Economics*, Vol.1, Macmillan. (永沢越郎訳『経済学原理：序説』岩波ブックサービスセンター，1997年)

Mathias, Peter [1969], "Who Unbound Prometheus? Science and Technical Change, 1600-1800," *Bulletin of Economic Research*, 21 (1), 3-16.

Matsa, David A. [2011], "Competition and Product Quality in the Supermarket Industry," *The Quarterly Journal of Economics*, 126 (3), 1539-1591.

Mazzucato, Mariana [2015], *The Entrepreneurial State: Debunking Public VS. Private Sector Myths*, PublicAffairs. (大村昭人訳『企業家としての国家：イノベーション力で官は民に劣るという神話』薬事日報社，2015年)

McCrae, Robert R. [1987], "Creativity, Divergent Thinking, and Openness to Experience," *Journal of Personality and Social Psychology*, 52 (6), 1258-1265.

Merges, Robert P. and Richard R. Nelson [1990], "On the Complex Economics of Patent Scope," *Columbia Law Review*, 90 (4), 839-916.

Merrill, Stephen A., Richard C. Levin, and Mark B. Myers (eds.) National Research Council of the National Academies [2004], *A Patent System for the 21st Century*, Retrieved January, 20, 2006.

Milgrom, Paul R. and John Roberts [1992], *Economics, Organization and Management*, Prentice-Hall International. (奥野正寛ほか訳『組織の経済学』NTT出版，1997年)

Miyajima, Hideaki and Fumiaki Kuroki [2007], "The Unwinding of Cross-Shareholding in Japan: Causes, Effects, and Implications," in M. Aoki, G. Jackson and H. Miyajima (eds.), *Corporate Governance in Japan: Institutional Change and Organizational Diversity: Institutional Change and Organizational Diversity*, 79-124, Oxford University Press.

Miyajima, Hideaki and Takaaki Hoda [2015], "Ownership Structure and Corporate Governance: Has an Increase in Institutional Investors' Ownership Improved Business Performance?," *Policy Research Institute, Ministry of Finance Japan, Public Policy Review*, 11 (3), 361-393.

Mokyr, Joel [1999], *The British Industrial Revolution: An Economic Perspective* (2nd ed.), Westview Press.

—— [2000], "Innovation and Its Enemies: The Economic and Political Roots of Technological Inertia," in M. Olson and S. Kähkönen (eds.), *A Not-So-Dismal Science: A Broader View of Economies and Societies*, 61-91, Oxford University Press.

—— [2002], *The Gifts of Athena: Historical Origins of the Knowledge Economy*, Princeton University Press. (長尾伸一監訳・伊藤庄一訳『知識経済の形成：産業革命から情報化社会まで』名古屋大学出版会，2019年)

—— [2017], *A Culture of Growth: The Origins of the Modern Economy*, Princeton University Press.

Moser, Petra [2016], "Patents and Innovation in Economic History," *Annual Review of Economics*, 8, 241-258.

Mowery, David C. and Bhaven N. Sampat [2001], "University Patents and Patent Policy Debates in the USA, 1925-1980," *Industrial and Corporate Change*, 10 (3), 781-814.

Mowery, David C. and Richard R. Nelson (eds.) [1999], *Sources of Industrial Leadership: Studies of Seven Industries,* Cambridge University Press.

Mumford, Michael D. and Samuel Todd Hunter [2005], "Innovation in Organizations: A Multi-Level Perspective on Creativity," in Fred Dansereau and Francis J. Yammarino (eds.), *Research in Multi-Level Issues,* Vol.4: Multi-Level Issues in Strategy and Methods, 9-73, Emerald Publishing Limited.

Murayama, Kota, Makoto Nirei and Hiroshi Shimizu [2015], "Management of Science, Serendipity, and Research Performance: Evidence from a Survey of Scientists in Japan and the U.S.," *Research Policy*, 44 (4), 862-873.

Murmann, Johann Peter and Koen Frenken [2006], "Toward a Systematic Framework for Research on Dominant Designs, Technological Innovations, and Industrial Change," *Research Policy*, 35 (7), 925-952.

Myers, Sumner, Donald G. Marquis and National Science Foundation (U.S.) [1969], *Successful Industrial Innovations: A Study of Factors Underlying Innovation in Selected Firms,* National Science Foundation.

Nagaoka, Sadao, Masatsura Igami, John P. Walsh and Tomohiro Ijichi [2011], "Knowledge Creation Process in Science: Key Comparative Findings from the Hitotsubashi-Nistep-Georgia Tech Scientists' Survey in Japan and the US," IIR Working Paper, WP#11-09.

Nakamura, Tsuyoshi and Hiroshi Ohashi [2012], "Effects of Re-Invention on Industry Growth and Productivity: Evidence from Steel Refining Technology in Japan, 1957-1968," *Economics of Innovation and New Technology*, 21 (4), 411-426.

Nanda, Ramana and Matthew Rhodes-Kropf [2017], "Financing Risk and Innovation," *Management Science*, 63 (4), 901-918.

Narin, Francis, Elliot Noma and Ross Perry [1987], "Patents as Indicators of Corporate Technological Strength," *Research Policy*, 16 (2-4), 143-155.

Nelson, Richard R. [1959], "The Simple Economics of Basic Scientific Research," *Journal of Political Economy*, 67 (3), 297-306.

―― (ed.) [1993], *National Innovation Systems: A Comparative Analysis,* Oxford University Press.

―― [1995], "Co-Evolution of Industry Structure, Technology and Supporting Institutions, and the Making of Comparative Advantage," *International Journal of the Economics of Business*, 2 (2), 171-184.

Nelson, Richard R. and Sidney G. Winter [1982], *An Evolutionary Theory of Economic Change,* Belknap Press of Harvard University Press. (後藤晃・角南篤・田中辰雄訳『経済変動の進化理論』慶應義塾大学出版会，2007 年)

Nettle, Daniel and Helen Clegg [2006], "Schizotypy, Creativity and Mating Success in

Humans," *Proceedings of the Royal Society B: Biological Sciences*, 273（1586）, 611-615.

Ng, Thomas W. H. and Daniel C. Feldman［2008］, "The Relationship of Age to Ten Dimensions of Job Performance," *Journal of Applied Psychology*, 93（2）, 392-423.

Nicholas, Tom［2019］, *VC：an American History*, Harvard University Press.（鈴木立哉訳『ベンチャーキャピタル全史』新潮社，2022 年）

Nicholas, Tom and Hiroshi Shimizu［2013］, "Intermediary Functions and the Market for Innovation in Meiji and Taisho Japan," *Business History Review*, 87（1）, 121-149.

Nishiguchi, Toshihiro［1994］, *Strategic Industrial Sourcing: The Japanese Advantage,* Oxford University Press.（西口敏宏『戦略的アウトソーシングの進化』東京大学出版会，2000 年）

Nonaka, Ikujiro and Hirotaka Takeuchi［1995］, *The Knowledge-Creating Company: How Japanese Companies Create the Dynamics of Innovation,* Oxford University Press.（梅本勝博訳『知識創造企業』東洋経済新報社，2020 年）

North, Douglass Cecil［1990］, *Institutions, Institutional Change, and Economic Performance,* Cambridge University Press.（竹下公視訳『制度・制度変化・経済成果』晃洋書房，1994 年）

North, Douglass Cecil and Robert Paul Thomas［1973］, *The Rise of the Western World: A New Economic History,* University Press.（速水融・穐本洋哉訳『西欧世界の勃興：新しい経済史の試み』ミネルヴァ書房，2014 年）

Numagami, Tsuyoshi［1996］, "Flexibility Trap: A Case Analysis of U.S. and Japanese Technological Choice in the Digital Watch Industry," *Research Policy*, 25（1）, 133-162.

Nuvolari, Alessandro［2004］, "Collective Invention During the British Industrial Revolution: The Case of the Cornish Pumping Engine," *Cambridge Journal of Economics*, 28（3）, 347-363.

Ogilvie, Sheilagh［2004］, "Guilds, Efficiency, and Social Capital: Evidence from German Proto-Industry," *The Economic History Review*, 57（2）, 286-333.

―［2014］, "The Economics of Guilds," *Journal of Economic Perspectives*, 28（4）, 169-192.

Okudaira, Hiroko, Miho Takizawa and Kotaro Tsuru［2013］, "Employment Protection and Productivity: Evidence from Firm-Level Panel Data in Japan," *Applied Economics*, 45（15）, 2091-2105.

O'Reilly, Thomas, Robin Dunbar and Richard Bentall［2001］, "Schizotypy and Creativity: An Evolutionary Connection?," *Personality and Individual Differences*, 31（7）, 1067-1078.

O'Reilly III, Charles A. and Michael L. Tushman［2008］, "Ambidexterity as a Dynamic Capability: Resolving the Innovator's Dilemma," *Research in Organizational Behavior*, 28, 185-206.

O'Reilly, III, Charles A. and Michael. L. Tushman［2016］, *Lead and Disrupt: How to Solve the Innovator's Dilemma*, Stanford Business Books.（渡部典子訳『両利きの経営：「二兎を追う」戦略が未来を切り拓く』東洋経済新報社，2019 年）

Owen-Smith, Jason［2003］, "From Separate Systems to a Hybrid Order: Accumulative Advantage across Public and Private Science at Research One Universities," *Research*

Policy, 32 （6）, 1081-1104.

Oxley, Joanne and Tetsuo Wada [2009], "Alliance Structure and the Scope of Knowledge Transfer: Evidence from U.S.-Japan Agreements," *Management Science,* 55 （4）, 635-649.

Parente, Stephen L. and Edward C. Prescott [1994], "Barriers to Technology Adoption and Development," *Journal of Political Economy,* 102 （2）, 298-321.

—— [2000], *Barriers to Riches,* MIT Press.

Perez, Carlota [2003], *Technological Revolutions and Financial Capital: The Dynamics of Bubbles and Golden Ages,* Edward Elgar Publishing.

Pfeffer, Jeffrey [1983], "Organizational Demography," in L.L. Cummings, Barry M. Staw （eds.）, *Research in Organizational Behavior,* Vol.5, 299-357, JAI Press.

Phills, Jr., James A., Kriss Deiglmeier and Dale T. Miller [2008], "Rediscovering Social Innovation," *Stanford Social Innovation Review,* 6 （4）, 34-43.

Piketty, Thomas and Arthur Goldhammer [2014], *Capital in the Twenty-First Century,* Belknap Press of Harvard University Press. （山形浩生・守岡桜・森本正史訳『21 世紀の資本』みすず書房，2014 年）

Pirola-Merlo, Andrew, Charmine Härtel, Leon Mann and Giles Hirst [2002], "How Leaders Influence the Impact of Affective Events on Team Climate and Performance in R&D Teams," *The Leadership Quarterly,* 13 （5）, 561-581.

Plucker, Jonathan A. and Joseph S. Renzulli [1999], "Psychometric Approaches to the Study of Human Creativity," in R. J. Sternberg （ed.）, *Handbook of Creativity,* 35-61, Cambridge University Press.

Polanyi, Karl [1944], *The Great Transformation,* Farrar & Rinehart inc. （野口建彦・栖原学訳『「新訳」大転換：市場社会の形成と崩壊』東洋経済新報社，2009 年）

Polanyi, Michael [1967], *The Tacit Dimension,* Routledge & Kegan Paul. （高橋勇夫訳『暗黙知の次元』筑摩書房，2003 年）

Popper, Karl Raimund [1960], *The Poverty of Historicism,* Basic Books. （岩坂彰訳『歴史主義の貧困』日経 BP 社，2013 年）

Porter, Michael E. [1980], *Competitive Strategy: Techniques for Analyzing Industries and Competitors,* Free Press. （土岐坤・中辻萬治・服部照夫訳『競争の戦略』ダイヤモンド社，2003 年）

—— [1992], "Capital Disadvantage: America's Failing Capital Investment System," *Harvard Business Review,* 70, 65-82.

Porter, Theodore M. [1995], *Trust in Numbers: The Pursuit of Objectivity in Science and Public Life,* Princeton University Press. （藤垣裕子訳『数値と客観性：科学と社会における信頼の獲得』みすず書房，2013 年）

Prahalad, C. K. and Gary Hamel [1990], "The Core Competence of the Corporation," *Harvard Business Review,* May-June, 79-90.

Rajgopal, Shivaram and Terry Shevlin [2002], "Empirical Evidence on the Relation between Stock Option Compensation and Risk Taking," *Journal of Accounting and Economics,* 33 （2）, 145-171.

Reuveni, Yehudit and Dana Rachel Vashdi [2015], "Innovation in Multidisciplinary Teams: The Moderating Role of Transformational Leadership in the Relationship between Professional Heterogeneity and Shared Mental Models," *European Journal of Work and Organizational Psychology*, 24 (5), 678-692.

Roberto, Michael A. [2019], *Unlocking Creativity: How to Solve Any Problem and Make the Best Decisions by Shifting Creative Mindsets,* John Wiley & Sons.（花塚恵訳『Unlocking Creativity：チームの創造力を解き放つ最強の戦略』東洋経済新報社，2020 年）

Rochet, Jean-Charles and Jean Tirole [2003], "Platform Competition in Two-Sided Markets," *Journal of the European Economic Association*, 1 (4), 990-1029.

Rogers, Everett M. [1962], *Diffusion of Innovations,* Free Press of Glencoe (5th ed,, 2003, Free Press).（三藤利雄訳『イノベーションの普及』翔泳社，2007 年）

Romer, Paul M. [1986], "Increasing Returns and Long-Run Growth," *Journal of Political Economy*, 94 (5), 1002-1037.

―― [1990], "Endogenous Technological Change,"*Journal of Political Economy*, 98 (5, Part2), S71-S102.

Rosenberg, Nathan [1976], "On Technological Expectations," *The Economic Journal*, 86 (343), 523-535.

―― [1982a], *Inside the Black Box: Technology and Economics,* Cambridge University Press.

―― [1982b], "Learning by Using," in N. Rosenberg (ed.), *Inside the Black Box: Technology and Economics,* 120-140, Cambridge University Press.

Rosing, Kathrin, Michael Frese and Andreas Bausch [2011], "Explaining the Heterogeneity of the Leadership-Innovation Relationship: Ambidextrous Leadership," *The Leadership Quarterly*, 22 (5), 956-974.

Rothwell, R., C. Freeman, A. Horlsey, V. T. P. Jervis, A. B. Robertson and J. Townsend [1974], "SAPPHO Updated-Project SAPPHO Phase II," *Research Policy*, 3 (3), 258-291.

Ruttan, Vernon W. [2006], *Is War Necessary for Economic Growth?: Military Procurement and Technology Development,* Oxford University Press.

Salazar, Maritza R., Theresa K. Lant, Stephen M. Fiore and Eduardo Salas [2012], "Facilitating Innovation in Diverse Science Teams through Integrative Capacity," *Small Group Research*, 43 (5), 527-558.

Salter, Ammon J. and Ben R. Martin [2001], "The Economic Benefits of Publicly Funded Basic Research: A Critical Review," *Research Policy*, 30 (3), 509-532.

Sampat, Bhaven and Heidi L. Williams [2019], "How Do Patents Affect Follow-On Innovation? Evidence from the Human Genome," *The American Economic Review*, 109 (1), 203-236.

Sanders, WM. Gerard and Donald C. Hambrick [2007], "Swinging for the Fences: The Effects of Ceo Stock Options on Company Risk Taking and Performance," *The Academy of Management Journal*, 50 (5), 1055-1078.

Saxenian, AnnaLee [1994], *Regional Advantage: Culture and Competition in Silicon Valley and Route 128,* Harvard University Press.（山形浩生・柏木亮二訳『現代の二都物語：な

ぜシリコンバレーは復活し，ボストン・ルート 128 は沈んだか』日経 BP 社，2009 年）

—— [2002], *Local and Global Networks of Immigrant Professionals in Silicon Valley,* Public Policy Institute of California.

Schmookler, Jacob [1966], *Invention and Economic Growth,* Harvard University Press.

Schneider, Benjamin [1990], "The Climate for Service: An Application of the Climate Construct," in Benjamin Schneider (ed.), *Organizational Climate and Culture,* 383-412, Jossey-Bass.

Schumpeter, Joseph A. [1942], *Capitalism, Socialism, and Democracy,* Harper.（大野一訳『資本主義・社会主義・民主主義』日経 BP 社，2016 年）

—— [1947], "The Creative Response in Economic History," *The Journal of Economic History,* 7 (2), 149-159.

Schumpeter, Joseph Alois and Redvers Opie [1934], *The Theory of Economic Development: An Inquiry into Profits, Capital, Credit, Interest, and the Business Cycle,* Harvard University Press.（八木紀一郎・荒木詳二訳『シュンペーター経済発展の理論』（初版）日経 BP 日本経済新聞出版本部，2020 年）

Shalley, Christina E. and Lucy L. Gilson [2004], "What Leaders Need to Know: A Review of Social and Contextual Factors That Can Foster or Hinder Creativity," *The Leadership Quarterly,* 15 (1), 33-53.

Shapiro, Carl [2000], "Navigating the Patent Thicket: Cross Licenses, Patent Pools, and Standard Setting," *Innovation Policy and the Economy,* 1, 119-150.

Shimizu, Hiroshi [2019], *General Purpose Technology, Spin-Out, and Innovation: Technological Development of Laser Diodes in the United States and Japan,* Springer.

Shimizu, Hiroshi and Yasushi Hara [2011], "Role of Doctoral Scientists in Corporate R&D in Laser Diode Research in Japan," *Prometheus,* 29 (1), 5-21.

Shimizu, Hiroshi and Yusuke Hoshino [2015], "Collaboration and Innovation Speed: Evidence from a Prize Data-Set, 1955-2010," IIR Working Paper, WP#15-04.

Shin, Shung J., Tae-Yeol Kim, Jeong-Yeon Lee and Lin Bian [2012], "Cognitive Team Diversity and Individual Team Member Creativity: A Cross-Level Interaction," *The Academy of Management Journal,* 55 (1), 197-212.

Simon, Herbert Alexander [1969], *The Sciences of the Artificial,* MIT Press.（稲葉元吉・吉原英樹訳『システムの科学』（第 3 版）パーソナルメディア，1999 年）

Skilton, Paul F. and Kevin J. Dooley [2010], "The Effects of Repeat Collaboration on Creative Abrasion," *The Academy of Management Review,* 35 (1), 118-134.

Slaughter, Sheila and Larry L. Leslie [1997], *Academic Capitalism: Politics, Policies, and the Entrepreneurial University,* Johns Hopkins University Press.

Slaughter, Sheila and Gary Rhoades [2004], *Academic Capitalism and the New Economy: Markets, State, and Higher Education,* Johns Hopkins University Press.（阿曽沼明裕ほか訳『アカデミック・キャピタリズムとニュー・エコノミー：市場，国家，高等教育』法政大学出版局，2012 年）

Soete, Luc [2013], "Is Innovation Always Good?," in J. Fagerberg, B. R. Martin and E. S.

Andersen (eds.), *Innovation Studies: Evolution and Future Challenges,* 134-144, Oxford University Press.

Solow, Robert M. [1956], "A Contribution to the Theory of Economic Growth," *The Quarterly Journal of Economics,* 70 (1), 65-94.

Solow, Robert M. [1957] "Technical Change and the Aggregate Production Function," *The Review of Economics and Statistics,* 39 (3), 312-320.

Stephan, Paula and Sharon Levin [1993], "Age and the Nobel Prize Revisited," *Scientometrics,* 28 (3), 387-399.

Stigler, George Joseph [1968], *The Organization of Industry,* R. D. Irwin. (神谷伝造・余語将尊訳『産業組織論』東洋経済新報社, 1975 年)

Stinchcombe, Arthur L. [1965], "Organizations and Social Structure," *Handbook of Organizations,* 44 (2), 142-193.

Stoneman, Paul [1995], *Handbook of the Economics of Innovation and Technological Change,* Blackwell.

Sutton, John [1991], *Sunk Costs and Market Structure: Price Competition, Advertising, and the Evolution of Concentration,* MIT Press.

Taggar, Simon [2002], "Individual Creativity and Group Ability to Utilize Individual Creative Resources: A Multilevel Model," *The Academy of Management Journal,* 45 (2), 315-330.

Takeishi, Akira [2001], "Bridging Inter- and Intra-Firm Boundaries: Management of Supplier Involvement in Automobile Product Development," *Strategic Management Journal,* 22 (5), 403-433.

Takeuchi, Hirotaka and Ikujiro Nonaka [1986], "The New New Product Development Game," *Harvard Business Review,* January-February, 137-146.

Taylor, Mark Zachary [2004], "Empirical Evidence against Varieties of Capitalism's Theory of Technological Innovation," *International Organization,* 58 (3), 601-631.

Teece, David J. [1986], "Profiting from Technological Innovation: Implications for Integration, Collaboration, Licensing and Public Policy," *Research Policy,* 15 (6), 285-305.

Teece, David J., Gary Pisano and Amy Shuen [1997], "Dynamic Capabilities and Strategic Management," *Strategic Management Journal,* 18 (7), 509-533.

―― [2000], "Dynamic Capabilities and Strategic Management," in Giovanni Dosi, Richaed R. Nelson and Sidney Winter (eds.), *The Nature and Dynamics of Organizational Capabilities,* 334-362. Oxford University Press.

Thompson, Victor A. [1965], "Bureaucracy and Innovation," *Administrative Science Quarterly,* 10 (1), 1-20.

Tidd, Joe and Kirsten Bodley [2002], "The Influence of Project Novelty on the New Product Development Process," *R&D Management,* 32 (2), 127-138.

Tierney, Pamela and Steven M. Farmer [2002], "Creative Self-Efficacy: Its Potential Antecedents and Relationship to Creative Performance," *The Academy of Management Journal,* 45 (6), 1137-1148.

Tseng, Yuen-Hsien, Chi-Jen Lin and Yu-I Lin [2007], "Text Mining Techniques for Patent

Analysis," *Information Processing & Management*, 43 (5), 1216-1247.

Tushman, Michael L. and Philip Anderson [1986], "Technological Discontinuities and Organizational Environments," *Administrative Science Quarterly*, 31 (3), 439-465.

Utterback, James M. and William J. Abernathy [1975], "A Dynamic Model of Process and Product Innovation," *Omega*, 3 (6): 639-656.

Utterback, James M. and Fernando F. Suárez [1993], "Innovation, Competition, and Industry Structure," *Research Policy*, 22 (1), 1-21.

Valle, Sandra and Daniel Vázquez-Bustelo [2009], "Concurrent Engineering Performance: Incremental Versus Radical Innovation," *International Journal of Production Economics*, 119 (1), 136-148.

VanderWerf, Pieter A. and John F. Mahon [1997], "Meta-Analysis of the Impact of Research Methods on Findings of First-Mover Advantage," *Management Science*, 43 (11), 1510-1519.

Verspagen, Bart [2007], "Mapping Technological Trajectories as Patent Citation Networks: A Study on the History of Fuel Cell Research," *Advances in Complex Systems*, 10 (1), 93-115.

von Hippel, Eric [2006], *Democratizing Innovation*, MIT Press. (サイコムインターナショナル訳『民主化するイノベーションの時代：メーカー主導からの脱皮』ファーストプレス, 2006 年)

von Wartburg, Iwan, Teichert Thorstern and Katja Rost [2005], "Inventive Progress Measured by Multi-Stage Patent Citation Analysis," *Research Policy*, 34 (10), 1591-1607.

Wai, Jonathan [2014], "Experts Are Born, Then Made: Combining Prospective and Retrospective Longitudinal Data Shows That Cognitive Ability Matters," *Intelligence*, 45, 74-80.

Walsh, John P. and Sadao Nagaoka [2009], "How 'Open' Is Innovation in the U.S. and Japan?: Evidence from the RIETI-Georgia Tech Inventor Survey," *RIETI Discussion Paper Series*, 09-E-022.

Walsh, John P., Wesley M. Cohen and Charlene Cho [2007], "Where Excludability Matters: Material Versus Intellectual Property in Academic Biomedical Research," *Research Policy*, 36 (8), 1184-1203.

Warsh, David [2006], *Knowledge and the Wealth of Nations: A Story of Economic Discovery*, W.W. Norton. (小坂恵理訳『ポール・ローマーと経済成長の謎』日経 BP 社, 2020 年)

West, Michael A. [1990], "The Social Psychology of Innovation in Groups," in M. A. West and J. L. Farr (eds.), *Innovation and Creativity at Work: Psychological and Organizational Strategies,* 101-122, John Wiley & Sons.

—— [2002], "Sparkling Fountains or Stagnant Ponds: An Integrative Model of Creativity and Innovation Implementation in Work Groups," *Applied Psychology*, 51 (3), 355-387.

West, Michael A., Carol S. Borrill, Jeremy F. Dawson, Felix Brodbeck, David A. Shapiro and Bob Haward [2003], "Leadership Clarity and Team Innovation in Health Care," *The Leadership Quarterly*, 14 (4-5), 393-410.

Wuchty, Stefan, Benjamin F. Jones and Brian Uzzi [2007], "The Increasing Dominance of Teams in Production of Knowldge," *Science*, 316 (5827), 1036-1039.

Xie, Xiao-Yun, Hao Ji, Kun Luan and Ying-Zhen Zhao [2020], "The Curvilinear Relationship between Team Familiarity and Team Innovation: A Secondary Data Analysis," *Journal of Management & Organization*, 26 (5), 700-718.

Yamaguchi, Shotaro, Ryuji Nitta, Yasushi Hara and Hiroshi Shimizu [2018], "Staying Young at Heart or Wisdom of Age: Longitudinal Analysis of Age and Performance in US and Japanese Firms," IIR Working Paper, WP#18-41.

—— [2021], "Who Explores Further? Evidence on R&D Outsourcing from the Survey of Research and Development," *R&D Management*, 51 (1), 114-126.

Yamamoto, Kaoru [1964], "Threshold of Intelligence in Academic Achievement of Highly Creative Students," *The Journal of Experimental Education*, 32 (4), 401-405.

Yamamura, Eiji, Tetsushi Sonobe and Keijiro Otsuka [2005], "Time Path in Innovation, Imitation, and Growth: The Case of the Motorcycle Industry in Postwar Japan," *Journal of Evolutionary Economics*, 15 (2), 169-186.

Zhou, Haibo, Ronald Dekker and Alfred Kleinknecht [2011], "Flexible Labor and Innovation Performance: Evidence from Longitudinal Firm-Level Data," *Industrial and Corporate Change*, 20 (3), 941-968.

Zhou, Wencang, Donald Vredenburgh and Edward G. Rogoff [2015], "Informational Diversity and Entrepreneurial Team Performance: Moderating Effect of Shared Leadership," *International Entrepreneurship and Management Journal*, 11 (1), 39-55.

邦文文献

青木昌彦・安藤晴彦編著 [2002]，『モジュール化：新しい産業アーキテクチャの本質』東洋経済新報社。

青木昌彦・奥野正寛編著 [1996]，『経済システムの比較制度分析』東京大学出版会。

網倉久永・新宅純二郎 [2011]，『経営戦略入門：マネジメントテキスト』日本経済新聞出版社。

伊神満 [2018]，『「イノベーターのジレンマ」の経済学的解明』日経 BP 社。

生稲史彦 [2012]，『開発生産性のディレンマ：デジタル化時代のイノベーション・パターン』有斐閣。

井上達彦 [2015]，『模倣の経営学：偉大なる会社はマネから生まれる』日本経済新聞出版社。

岩尾俊兵 [2019]，『イノベーションを生む"改善"：自動車工場の改善活動と全社の組織設計』有斐閣。

上山隆大 [2010]，『アカデミック・キャピタリズムを超えて：アメリカの大学と科学研究の現在』NTT 出版。

岡崎哲二・奥野正寛編 [1993]，『現代日本経済システムの源流』日本経済新聞社。

岡田羊祐 [2019]，『イノベーションと技術変化の経済学』日本評論社。

小川紘一 [2009]，『国際標準化と事業戦略：日本型イノベーションとしての標準化ビジネ

スモデル』白桃書房。

小川進［2013］,『ユーザーイノベーション：消費者から始まるものづくりの未来』東洋経済新報社。

小田切宏之［2016］,『イノベーション時代の競争政策：研究・特許・プラットフォームの法と経済』有斐閣。

大日方隆［2013］,『利益率の持続性と平均回帰』中央経済社。

加藤俊彦［2011］,『技術システムの構造と革新：方法論的視座に基づく経営学の探求』白桃書房。

──［2014］,『競争戦略』日本経済新聞出版社。

加藤雅俊［2022］,『スタートアップの経済学：新しい企業の誕生と成長プロセスを学ぶ』有斐閣。

輕部大［2001］,「日米 HPC 産業における２つの性能進化：企業の資源蓄積と競争環境との相互依存関係が性能進化に与える影響」『組織科学』35 (2), 95-113 頁。

菊澤研宗編著［2018］,『ダイナミック・ケイパビリティの戦略経営論』中央経済社。

金東勲［2018］,「不確実性, リスクと創造性：日米韓の映画産業に対する時系列の比較研究」一橋大学博士論文。

久保田達也［2017］,「研究開発活動の組織的配置とイノベーションプロセス：問題解決プロセスの比較分析」『組織科学』51 (1), 84-100 頁。

小池和男［1981］,『日本の熟練：すぐれた人材形成システム』有斐閣。

──［1994］,『日本の雇用システム：その普遍性と強み』東洋経済新報社。

兒玉公一郎［2020］,『業界革新のダイナミズム：デジタル化と写真ビジネスの変革』白桃書房。

後藤晃・小田切宏之編［2003］,『日本の産業システム③：サイエンス型産業』NTT 出版。

近能善範・高井文子［2010］,『コア・テキスト　イノベーション・マネジメント』新世社。

榊原清則［1981］,「組織とイノベーション：事例研究・超 LSI 技術研究組合」『一橋論叢』86 (2), 160-175 頁。

──［2005］,『イノベーションの収益化：技術経営の課題と分析』有斐閣。

沢井実［2012］,『近代日本の研究開発体制』名古屋大学出版会。

──［2016］,『日本の技能形成：製造現場の強さを生み出したもの』名古屋大学出版会。

標葉隆馬［2020］,『責任ある科学技術ガバナンス概論』ナカニシヤ出版。

清水洋［2011］,「科学技術におけるコミュニティ構築のリーダーシップ：林厳雄と半導体レーザー」『一橋ビジネスレビュー』58 (4), 52-65 頁。

──［2015］,「価値創りの新しいカタチ：オープン・イノベーションを考える：第３回　外部のトライアル・アンド・エラーの成果を活かすためのモジュール化」『一橋ビジネスレビュー』63 (3), 120-125 頁。

──［2016］,『ジェネラル・パーパス・テクノロジーのイノベーション：半導体レーザーの技術進化の日米比較』有斐閣。

──［2019］,『野生化するイノベーション：日本経済「失われた 20 年」を超える』新潮社。

新宅純二郎［1994］,『日本企業の競争戦略：成熟産業の技術転換と企業行動』有斐閣。

椙山泰生［2005］,「技術を導くビジネス・アイデア：コーポレート R&D における技術的

成果はどのように向上するか」『組織科学』39 (2)，52-66 頁。

鈴木潤・安田聡子・後藤晃編 [2021]，『変貌する日本のイノベーション・システム』有斐閣。

高井文子 [2018]，『インターネットビジネスの競争戦略：オンライン証券の独自性の構築メカニズムと模倣の二面性』有斐閣。

高橋勅徳・木村隆之・石黒督朗 [2018]，『ソーシャル・イノベーションを理論化する：切り拓かれる社会企業家の新たな実践』文眞堂。

武石彰 [2003]，『分業と競争：競争優位のアウトソーシング・マネジメント』有斐閣。

武石彰・青島矢一・軽部大 [2012]，『イノベーションの理由：資源動員の創造的正当化』有斐閣。

立本博文 [2017]，『プラットフォーム企業のグローバル戦略：オープン標準の戦略的活用とビジネス・エコシステム』有斐閣。

立本博文・小川紘一・新宅純二郎 [2010]，「オープン・イノベーションとプラットフォーム・ビジネス」『研究技術計画』25 (1)，78-91 頁。

玉田俊平太 [2020]，『日本のイノベーションのジレンマ：破壊的イノベーターになるための7つのステップ』(第2版) 翔泳社。

円谷昭一 [2020]，『政策保有株式の実証分析：失われる株式持合いの経済的効果』日経BP 日本経済新聞出版本部。

冨浦英一 [2014]，『アウトソーシングの国際経済学：グローバル貿易の変貌と日本企業のミクロ・データ分析』日本評論社。

長岡貞男 [2022]，『発明の経済学：イノベーションへの知識創造』日本評論社。

長岡貞男・平尾由紀子 [2013]，『産業組織の経済学：基礎と応用』(第2版) 日本評論社。

沼上幹 [2003]，『組織戦略の考え方：企業経営の健全性のために』筑摩書房。

―― [2004]，『組織デザイン』日本経済新聞社。

―― [2008]，『わかりやすいマーケティング戦略』(新版) 有斐閣。

―― [2009]，『経営戦略の思考法：時間展開・相互作用・ダイナミクス』日本経済新聞出版社。

沼上幹・軽部大・加藤俊彦・田中一弘・島本実 [2007]，『組織の「重さ」：日本的企業組織の再点検』日本経済新聞出版社。

根来龍之 [2005]，『代替品の戦略：攻撃と防衛の定石』東洋経済新報社。

―― [2017]，『プラットフォームの教科書：超速成長ネットワーク効果の基本と応用』日経BP。

―― [2019]，『集中講義デジタル戦略：テクノロジーバトルのフレームワーク』日経BP。

根来龍之・足代訓史 [2011]，「経営学におけるプラットフォーム論の系譜と今後の展望」『早稲田大学IT戦略研究所　ワーキングペーパーシリーズ』39，1-21 頁。

野中郁次郎 [1990]，『知識創造の経営：日本企業のエピステモロジー』日本経済新聞社。

延岡健太郎 [1996]，『マルチプロジェクト戦略：ポストリーンの製品開発マネジメント』有斐閣。

―― [2006]，『MOT「技術経営」入門』日本経済新聞社。

花崎正晴 [2014]，『コーポレート・ガバナンス』岩波書店。

原拓志・宮尾学編著［2017］,『技術経営』中央経済社。

一橋大学イノベーション研究センター編［2017］,『イノベーション・マネジメント入門』
　（第 2 版）日本経済新聞社。

開本浩矢・和多田理恵［2012］,『クリエイティビティ・マネジメント：創造性研究とその
　系譜』白桃書房。

福嶋路［2013］,『ハイテク・クラスターの形成とローカル・イニシアティブ：テキサス州
　オースティンの奇跡はなぜ起こったのか』東北大学出版会。

藤野仁三・江藤学編著［2009］,『標準化ビジネス』白桃書房。

藤本隆宏［1997］,『生産システムの進化論：トヨタ自動車にみる組織能力と創発プロセ
　ス』有斐閣。

―――［2003］,『能力構築競争：日本の自動車産業はなぜ強いのか』中央公論新社。

藤原雅俊・青島矢一［2019］,『イノベーションの長期メカニズム：逆浸透膜の技術開発
　史』東洋経済新報社。

星野達也［2015］,『オープン・イノベーションの教科書：社外の技術でビジネスをつくる
　実践ステップ』ダイヤモンド社。

堀内昭義・花崎正晴［2000］,「メインバンク関係は企業経営の効率化に貢献したか：製造
　業に関する実証研究」『経済経営研究』21（1）, 1-89 頁。

牧兼充［2022］,『イノベーターのためのサイエンスとテクノロジーの経営学』東洋経済新
　報社。

真鍋誠司・安本雅典［2010］,「オープン・イノベーションの諸相：文献サーベイ」『研究
　技術計画』25（1）, 8-35 頁。

丸山康明・清水洋［2013］,「住友電気工業：研究開発と事業化戦略の転換：青紫色半導体
　レーザー用窒化ガリウム基板の開発を事例として」『一橋ビジネスレビュー』61（2）,
　116-128 頁。

宮田由紀夫［2011］,『アメリカのイノベーション政策：科学技術への公共投資から知的財
　産化へ』昭和堂。

安本雅典・真鍋誠司編［2017］,『オープン化戦略：境界を越えるイノベーション』有斐閣。

横山和輝［2019］,「小学校算術における金融教育：歴史的パースペクティブ」『名古屋市
　立大学経済学会ディスカッション・ペーパー』646, 1-25 頁。

吉岡（小林）徹［2021］,「イノベーション研究における定量分析のデータ源の新潮流」
　『組織科学』55（1）, 31-40 頁。

米倉誠一郎［1993］,「業界団体の機能」岡崎哲二・奥野正寛編『現代日本経済システムの
　源流』日本経済新聞社, 183-209 頁。

―――［1999］,『経営革命の構造』岩波書店。

米倉誠一郎・清水洋編［2015］,『オープン・イノベーションのマネジメント：高い経営成
　果を生む仕組みづくり』有斐閣。

米山茂美・渡部俊也編著［2004］,『知財マネジメント入門』日本経済新聞社。

米山茂美・渡部俊也・山内勇・真鍋誠治・岩田智［2017］,「日米欧企業におけるオープ
　ン・イノベーション活動の比較研究」『学習院大学経済論集』54（1）, 35-52 頁。

和田一夫［2009］,『ものづくりの寓話：フォードからトヨタへ』名古屋大学出版会。

あとがき

本書で一緒に考えてきたのは，イノベーションのメカニズムや論理です。とくに，イノベーションに見られるパターンを基礎にして，その性質を見てきました。本書を読んだだけでイノベーションを起こせるようになるわけではありませんが，メカニズムや論理がわかってくれば，上手くマネジメントすることができるかもしれません。

本書の姉妹書に『アントレプレナーシップ』があります。イノベーションの根本となるものですので，興味がある方はぜひ手にとってください。これらの本は，私にとっては初めての単著の教科書でした。テキストを書くことがこれほど大変だとは知りませんでした。本書を書くにあたって，いろいろな領域の教科書を手にとってみたのですが，すぐれたテキストはそれまでのものとは異なるポイントがあることを知りました。既存の教科書をなぞり，事例などを新しくすることはそれほど難しくありません。しかし，それでは知識の境界は広がりません。本書がどこまで境界を広げられたかはわかりませんが，既存のテキストとは異なるポイントはあるはずです。それが少しでもイノベーションの理解につながっていれば幸いです。

最後に，お世話になった方々へのお礼を述べさせていただきたいと思います。まず，ずいぶん遅れてしまった原稿を（きっと，いやもしかしたら）温かく待っていてくれた有斐閣の藤田裕子さんに感謝を申し上げます。いつもありがとうございます。

本書は私の学生時代の先生方や就職してからの同僚，学会での研究仲間などから大きな影響を受けています。恵まれた研究コミュニティで仕事をさせていただいています。本当にありがとうございます。

一橋大学の大学院生の新田隆司さん，早稲田大学の大学院生の趙夢茹さん，坂井貴之さん，学部のゼミ生の皆さんには丁寧に原稿を読んでいただきました。秘書の遠藤幸子さんにはとても研究しやすい環境をつくっていただいています。ありがとうございます。妻の靖子と娘の希実にはいつも「ちょっと

待ってね」と言ってばかりです。待っていてくれる時には，美味しそうなものを食べている気がしますが（私の分はほぼ残されていません），いつも支えてくれてありがとう。

　イノベーションは創造的破壊といわれています。創造的な側面もあるのですが，同時に既存のモノゴトやスキルを破壊する側面もあります。だからこそ，再分配やスキルのアップデートの機会が大切です。しかし，誰にも同じようにその機会が与えられているわけではありません。たまたま恵まれない環境におかれた子どもたちの支援のために本書の印税をすべて寄付したいと思います。

　　　　2022 年 8 月

清 水　洋

索　引

事項索引

人名索引

50 音順

著者紹介

清 水 　洋（しみず・ひろし）

現在，早稲田大学商学学術院教授

1973 年，神奈川県生まれ。1997 年，中央大学商学部卒業。1999 年，一橋大学大学院商学研究科修士。2002 年，ノースウェスタン大学大学院歴史学研究科修士。2007 年，ロンドン・スクール・オブ・エコノミクスより Ph.D（経済史）。アイントホーヘン工科大学ポストドクトラル・フェロー，一橋大学大学院商学研究科・イノベーション研究センター専任講師・准教授・同教授を経て，2019 年より現職。

【主な著作】

『ジェネラル・パーパス・テクノロジーのイノベーション：半導体レーザーの技術進化の日米比較』有斐閣，2016 年（組織学会高宮賞，日経・経済図書文化賞受賞）。英訳版 *General Purpose Technology, Spin-Out, and Innovation: Technological Development of Laser Diodes in the United States and Japan*, Springer, 2019（シュンペーター賞受賞）．『イノベーション・マネジメント入門　第 2 版』（共編著）日本経済新聞出版社，2017 年。『野生化するイノベーション：日本経済「失われた 20 年」を超える』新潮社，2019 年。『アントレプレナーシップ』有斐閣，2022 年。論文は，*Research Policy, R&D Management, Journal of Evolutionary Economics, Business History Review* などに多数。

イノベーション
Innovation: From Basics to Frontiers

2022 年 9 月 30 日　初版第 1 刷発行

著　者	清　水　　　洋
発行者	江　草　貞　治
発行所	株式会社　有　斐　閣

郵便番号 101-0051
東京都千代田区神田神保町 2-17
http://www.yuhikaku.co.jp/

印刷・萩原印刷株式会社／製本・大口製本印刷株式会社

©2022, Hiroshi Shimizu. Printed in Japan

落丁・乱丁本はお取替えいたします。

★定価はカバーに表示してあります。

ISBN 978-4-641-16602-8

JCOPY　本書の無断複写（コピー）は，著作権法上での例外を除き，禁じられています。複写される場合は，そのつど事前に（一社）出版者著作権管理機構（電話03-5244-5088, FAX03-5244-5089, e-mail:info@jcopy.or.jp）の許諾を得てください。